워치만 니와 상해 지방 교회
나의 잊을 수 없는 기억들

My Unforgettable Memories :
Watchman Nee and Shanghai Local Church

워치만 니와 상해 지방 교회 : 나의 잊을 수 없는 기억들

초판 1쇄 2024년 6월 15일
지은이 릴리 수 · 다나 로버츠
펴낸곳 벧엘서원.IMC
신고번호 제 386-2020-000027 호
주소 (14739) 경기도 부천시 원미구 경인로 160번길 73 1F
전화 032.322.3095
팩스 0303.3440.3452
Facebook https://www.facebook.com/bethelbook
Email btbook.imc@gmail.com

값 29,000 원

ISBN | 978-89-92014-99-1

© 벧엘서원.IMC , 2024 (Printed in Korea)
저작권법에 의하여 보호를 받는 저작물이므로 무단 전제와 무단 복제를 금합니다.

워치만 니, 과연 그는 누구인가?

워치만니와 상해지방교회

나의 잊을 수 없는 기억들

릴리 수 (許梅驪) | 다나 로버츠

MY UNFORGETTABLE MEMORIES

Watchman Nee and Shanghai Local Church

「목차」

- 추천서 _ 5
- 머리말 | 목격자의 증언 _ 11
- 서문 _ 16

Part 1 | 나의 유년 시절
- Chapter 1 나의 유년 시절 _ 22

Part 2 | 워치만 니와 상해 지방교회
- Chapter 2 : 상해 지방교회 설립 _ 29
- Chapter 3 : 항일전쟁 동안, 그리고 그 이후의 상해교회(SCA) _ 43
- Chapter 4 : Nee의 사역재개와 국내 동역자 및 집회 _ 55
- Chapter 5 : 상해교회(SCA)의 사후 재개 _ 74

Part 3 | 워치만 니 체포 후의 상해교회
- Chapter 6 : 청소년 사역 _ 91
- Chapter 7 : 반혁명세력 소탕 작전과 나 _ 101
- Chapter 8 : 반혁명세력 제거 캠페인(CEC)치하의 교회 _ 112
- Chapter 9 : 워치만니의 범죄 증거 전시회 _ 122
- Chapter 10 : 사실이었다! _ 132
- Chapter 11 : 니(Nee)의 재판과 파문 _ 137
- Chapter 12 : 교회의 재건 _ 144

Part 4 | 광야를 방황하다
- Chapter 13 : 광야를방황하다 _ 164

Part 5 | 성찰과 탐색
- Chapter 14 : 1942년 Nee에 대한 정직처분 _ 186
- Chapter 15 : '고령서명'을 종용함 _ 194
- Chapter 16 : 생화학 연구소(CBC)와 니(Nee)의 체포 _ 205
- Chapter 17 : 니(Nee)의 근원적인 문제 _ 224
- Chapter 18 : 상해교회(SCA)내의 문제 _ 259
- Chapter 19 : 감옥에 있는 워치만 니 _ 294

- 결론 _ 303
- 맺음말 _ 313
- 부록1 | 워치만 니의 전기기록 _ 322
- 부록2 | 내가 어떻게 돌아섰는가? _ 326
- 부록3 | 워치만 니의 사후편지 _ 366
- 부록4 | 이연여(리위안루,LiYuanru)와 왕페이진(WangPeizhen) _ 376
- 부록5 | 중국어 용어 : 현대와 옛사용법의 비교 _ 394
- Bibliography _ 396
- Index _ 398

「 추천서 」

저자에게 지혜와 용기를 주신 주님께 감사드립니다. 내 마음은 말로 표현할 수 없는 감정으로 극도로 고통스럽습니다. 이 책은 역사의 공백을 채우고 풀리지 않는 몇 가지 질문을 해결했습니다.

Thomas Wang 목사, The Great Commission Center International, CA 명예회장

교회의 하나 됨을 위하여 역사에서 교훈을 얻고 사랑 안에서 진리를 붙잡는 것(엡 4:15)이 우리 그리스도인들이 해야 할 일입니다. 우리의 모든 사역은 하나님의 나라와 그의 의를 구하는 것입니다(마 6:33).

중국 본토 지방 교회의 사역자 YYM

사역자로서 저는 중국 본토의 한 '가정 교회'에서 7년 동안 섬겼습니다. 수년 동안 복음을 전하고 가르치면서 나는 거의 모든 곳에서 '그리스도인 회중(Christian Assembly)' 또는 '작은 무리(The Little Flock)'라고도 하는 '지방교회'의 형제 자매들을 만났습니다. 지방교회의 창시자인 워치만 니는 틀림없이 하나님의 중요한 그릇인 아브라함, 모세, 다윗과 마찬가지로 하나님의 중요한 종이었습니다. 그러나 니(Nee)에게는 직면해야 할 약점과 죄가 있었습니다. 수(Hsh) 자매님은 개인적인 경험을 바탕으로, 특히 니(Nee)가 구원의 진리를 전파하고 그리스도와 그분의 십자가에 못 박히신 것을 높이자 하나님께서 많은 그리스도인들을 축복하시는 것을 목격했습니다. 그리고 그녀는 또한 교회의 문제와 자신의 투쟁을 눈물과 피로 폭로했습니다. 그녀의 실패와 고통스러운 경

힘을 통해, 그리고 수년 간의 숙고 끝에 그녀는 또한 성경의 진리와 진정한 역사를 목격하고 우리를 성경으로 돌아가도록 격려했으며, 개인숭배를 소멸하고 우리 주 예수 그리스도의 긍휼을 앙망했습니다. 그 중요성은 무엇으로도 대체할 수 없습니다.

왕즈용, 그레이스 그리스도인 교회(PCA) 목사, 버지니아

어떤 사람들은 "니(Nee) 형제님이 이미 돌아가셨는데 왜 공격해야 합니까?"라고 말합니다. 그것은 그가 중국 교회에서 매우 유명하고 논란이 많은 인물이며 적지 않은 부정적인 영향을 끼쳤기 때문입니다. 이 책은 교회가 교훈을 배우는 데 결정적인 역할을 합니다. 또한 사실을 제시하지만 비난은 없습니다.

막크 라오 박사, 사역자 겸 작가, 캘리포니아

워치만 니는 귀중한 공헌을 했지만, 그는 또한 부정적인 영향을 미쳤습니다. 저자와 함께 상해교회(SCA)의 혼란을 겪은 나로서는 사라진 역사의 고리를 파헤치고 과거로 향하는 그녀의 엄청난 용기와 솔직함을 충분히 이해할 수 있습니다. 이것이 이 책의 공헌입니다. 한 개인의 부침(浮沈)에 연연하기보다 저자가 세월과 상처, 피와 눈물을 통해 얻은 교훈에 독자들이 집중하기를 바랍니다. 하나님은 하나님으로 남으시고 사람은 사람이기를 바랍니다.

토마스 시(Thomas Xi), M.D. 캘리포니아

주님은 피곤한 자에게 힘을 주십니다. 안타깝게도 기독교 지도자가 성령을 통해 겸손하지 않으면 그 힘이 독선으로 변할 수 있습니다. 워치만 니와 상해 교회에 관한 수 박사(Dr. Hsu)의 작업은 어떤 나라의 기독교 지도자에게도 강력한 경고를 줍니다.

알빈 스미스(Alvin F. Smith), LCSW 임상 사회 복지사 및 S.S. 교사, 바튼 루지(Baton Rouge), LA

개인적인 기억들(memories) 이상으로 이 책은 20세기 중국 기독교의 가장 다채로운 인물 중 한 명인 워치만 니의 삶과 사역을 이해하는 데 매우 귀중한 공헌을 했습니다. 매우 드문 '내부인/외부인' 관점에서 쓴 릴리 박사(Dr. Lily Hsu)의 학술 작업은 중국 안팎에서 사역을 통해 많은 사람들에게 영향을 미친 한 사람의 삶을 고통스럽지만 가까이서 엿볼 수 있게 해줍니다. 신중한 연구로 뒷받침되는 적절한 세부 사항은 독자들이 상해 지방교회 지도부의 내부 작업을 배경으로 니(Nee)와 그의 개인적인 투쟁에 대한 더 완전한 그림을 얻는 데 도움이 됩니다. 이 책에 대해 니(Nee)를 공격하는 저술로 인식하는 일부 사람들의 의견과 달리 저자의 묘사는 압제적인 환경 속에서 불같은 시련을 이겨낸 교회의 삶을 통해 하나님의 주권적인 손길을 분명히 보여줍니다. 구속(救贖)이라는 주제는 저자가 인간 본성의 타락, 특히 기독교 지도자 위치에 있는 사람들을 힘겹게 기록하는 동안에도 내내 매우 분명합니다. 우리는 과거에 대해 주의 깊게 경청함으로써 중요한 교훈을 얻을 수 있습니다. 이것이 '나의 잊을 수 없는 기억들'이 쓰여진 주된 이유 중 하나입니다. 이 특별한 책을 진심으로 추천합니다.

임가통 목사, 콜린 카운티 중국인 교제 교회(Collin County Chinese Fellowship Church), 플라노(Plano), 텍사스(Texas)

"너희에게 하나님의 말씀을 전하던 인도자들을 기억하라 그들의 생활 방식의 결과를 생각하고 그들의 믿음을 본받으라"(히 13:7). 이 말씀을 읽을 때마다 나는 하나님에 대한 두려움으로 떨립니다. 어제나 오늘이나 영원토록 동일하신 예수 그리스도를 바라보며 서로 생각나게 합시다(히 13:8).

폴 창, 만모쓰 공동체 교회(Paul Chang Monmouth Community Church) 목사, 뉴저지(New Jersey)

지식인으로서 릴리 박사(Dr. Lily Hsu)는 모든 기독교인의 사회적 책임을 우리에게 제시하는 도덕적 용기를 보여줍니다. 그녀는 힘든 삶을 보낸 후에 목가적인 은퇴에 빠지는 대신 이 책을 저술함으로써 중국 교회 역사의 본질적인 부분이 시간의 강물에 잠기도록 내버려두기보다는 자신의 경험을 나눌 수 있기 위해 하나님이 맡기신 기회로 활용하기로 선택했습니다. 이 책은 다른 증인들의 상세한 해명과 함께 저자의 개인적인 경험과 예리한 관찰, 치밀한 조사에서 나온 충실한 기록입니다. 그 힘들고 혼란스러운 시기에 중국 교회에서 일어나는 일들에 대한 명확한 지식 없이 오랫동안 해외에서 살았던 사람으로서 나는 수 박사(Dr. Hsu)가 이룩한 것에 대해 매우 감사를 드립니다. 또한 더 많은 사람들이 이 귀중한 책을 접할 수 있도록 영어판을 출판하게 해주신 하나님께 감사드립니다.

로나 차오(Lorna Chao) 번역가 및 선교사, China Ministries International, California

성숙한 그리스도인은 쉽게 속지 않고 사랑 안에서 진리를 말합니다(엡 4:14-15). 성장을 거부하는 사람들은 쉽게 속임당하고 남을 속일 것입니다. 그들은 진실을 말하지 않으며 심지어 듣기도 거부합니다. 하나님께서 이 책을 사용하여 그리스도인들이 주님 안에서 성장하도록 도와주시기를 바랍니다.

폴콩(Paul Kong) 목사, 콩 라이-청 (Kong Lai-Chung) 쉰이 프렌드쉽 타이베이 장로교회

지방교회의 잘 알려진 지도자 중 한 사람이 제게 말했습니다. "형제님, 지방교회 교인이 당신의 교회에 들어올 때 기뻐하지 마십시오. 그가 지방교회의 좋은 교인이라면 그는 머물러 있지 않을 것입니다. 만약 그가 좋은 교인이 아니라면 그는 당신의 교회에 문제를 일으키는 사람이 될 것입니다." 나의 30여 년 관찰에 따르면 이는 유감스럽고 고통스럽게도 사실이었습니다.

워치만 니의 가르침은 일부 헌신적이고 존경할 만한 하나님의 종들을 길러냈지만, 한편으로는 많은 오만하고 완고한 분리주의자들을 배출했습니다! 내 판단으로, 니(Nee)는 예수 그리스도의 교회를 세우는 것보다 더 많은 피해를 입혔습니다. 그리스도의 몸 안에서의 겸손과 하나 됨이 우리 주님의 핵심 교리가 아닙니까?

수(Hsu) 자매님의 폭로에 대해 하나님께 감사드립니다. 진실을 밝히기 위해서는 진정한 용기가 필요합니다. 나는 그녀가 주님을 경외하고 그분의 교회를 사랑하기 때문에 그렇게 했다는 것을 압니다.

캘리포니아 알함브라에 있는 시페이 추 장로, 중국 기독교 가정교회

1956년에 '워치만 니의 반혁명 패거리'에 대한 소식이 전국적으로 퍼졌으나 그 내용을 알기 어려웠습니다. 이 책은 적절한 증거와 함께 쓰여졌으며, 니(Nee)의 재판에 대해서는 특히 잘 쓰여졌습니다. 다행스럽게도, 이 책의 중국어판이 출간된 지 2년이 되었기 때문에 아직 살아 있는 역사적 증인이 있어서 이 책의 역사적 사실에 대해 다른 의견이 조금이라도 있다면 제시해야 합니다. 그러나 아직 지방교회 지도자들로부터 제시된 것이 없습니다.

린쥔자오 유럽 중국기독언론협회, 파리

다윗 왕은 하나님의 사랑을 받은 특별한 사람입니다. 우리 주 예수 그리스도 외에, 신약은 다윗의 이름으로 시작하여 다윗의 이름으로 끝납니다. 그러나 다윗과 같이 특별한 사람이라도 성경은 그가 지은 죄를 조금도 덮어주지 않았습니다. 또한 그가 지은 죄값은 엄청났습니다. 그는 어둠 속에서 죄를 범했지만, 하나님은 대낮에 그를 수치스럽게 하셨습니다. 더욱이 그의 죄는 신약 시작 부분의 족보에서 다시 언급됩니다. 다윗은 솔로몬의 아버지였고 그의 어머니는 우리아의 아내였습니다. 어떤 체면도 봐주지 않습니다. 하나님의 사랑을 받고 축복을 받은 특별한 사람인 다윗 왕이 범한 죄를 성경이 이렇게 다룬다면, 우리가 워치만 니의 저지른 중대한 범죄를 계속 은폐하고 '우상숭배'를 유지해야 할 이유가 무엇입니까? 교회사를 돌이켜보면, 교회 안에는 늘 죄를 짓는 사람들이 있었습니다. 이 모든 것은 우리 모두가 죄인이며 예수 그리스도의 보혈과 하나님의 은혜가 필요함을 말해줍니다.

니(Nee)의 인생은 비극입니다. 이 책을 다 읽은 후에 나는 하나님 앞에 무릎을 꿇고 언젠가 하나님을 대면할 때까지 내가 평생 하나님을 거역하는 죄를 짓지 않도록 지켜주시기를 기도했습니다. 항상 그 안에 거하여 언젠가 기쁨으로 만나길 기도합니다. 또한 하나님께서 이 책을 사용하여 다른 형제자매들이 하나님께 죄를 짓지 않도록 상기시켜 주시고 항상 그분 안에 거하게 하시기를 기도합니다. 우상을 숭배하는 형제자매들이 이 책을 보고 회개하기를 바랍니다.

또한, 새 신자로서 기독교 신앙에 열정이 있는 젊은 형제자매들에게는 교회의 어두운 면을 상기시켜 보호하는 것이 매우 중요합니다. 그들은 젊고 경험이 없으므로 매우 취약할 수 있습니다. 그들은 실생활 경험이 많지 않은 반면에 교회 사역에 대한 열정이 많습니다. 이 젊은이들은 가장 취약한 집단이며 특별한 보호가 필요합니다. 그들에게 하나님의 사랑을 말해주어야 하며, 또 한면으로 그들에게 사람들의 죄를 말해주어야 합니다.

시아 타이준, 평신도 설교자, 아스버톤(Ashburton) 연합 교회, 멜버른, 호주

머리말 | 「 목격자의 증언 」

여호수아 유 / 사역자이며 '십자가와 고난'의 저자, 중국 기독교 간증 사역, CA

항일전쟁 중에 내 고향은 폭격을 당했고, 나는 친척들과 함께 상하이로 도피했습니다. 1939년부터 나는 워치만 니의 설교를 꽤 자주 들었습니다. 얼마 동안 나는 그가 인도하는 수요일 저녁 청소년 집회에 참석했습니다. 1948년, 주님께 헌신한 갈망 있는 젊은 형제였던 한 지방 교회 인도자가 나에게 고령산에서 열린 크리스천 가정 사역자 훈련에 참석할 것을 추천했습니다.

니(Nee)는 뛰어난 기억력을 가진 박식하고 설득력 있고 재능 있는 사역자였습니다. 그는 또한 광범위한 책들을 읽는 독서가였습니다. 그의 방대한 출판물은 중국인과 해외의 많은 성도들을 도왔으며, 아주 어렸을 때 나는 그의 메시지로부터 유익을 얻었고 그를 놀라운 영적인 사람으로 존경했습니다.

1952년에 워치만 니는 중국 생화학 연구소(CBC)와의 재정적 연결로 인해 상해에서 체포되었습니다. 1956년에 그의 문제는 상당한 범죄 증거와 함께 대중에게 공개되었으며, 그는 15년형을 선고받았습니다(1952-1967). 전국의 지방교회들에게 전례 없는 엄청난 타격이었고, 많은 슬픔과 고통을 가져다주었습니다. 그러나 마음이 청결한 자(마 5:8)는 하나님의 손길을 알아보았습니다. 니(Nee)는 1972년, 노동 수용소에서 세상을 떠났습니다. 그는 풀려나서 집에 가지도 못하였고 가족들을 만나도록 허락되지도 않았습니다.

1958년에 나는 그리스도가 교회의 머리이심을 주장하면서 '삼자교회'가 교회를 인도하는 것을 단호히 거부했기 때문에 '워치만 니 반혁명 패거리'의 젊은 핵심 멤

버로 체포되었으며, 여러 시련을 거쳤습니다. 1978년에 정부는 '개혁개방 정책'을 시작했습니다. 1979년에 주님의 놀라운 손길로 저는 상해로 돌아와 대학에서 영어 교사로 일할 수 있게 되었습니다. [1949년에 해방되고서(일본 점령군으로부터 해방됨: 편자 주) 얼마 지나지 않아 정부는 학교에서 거의 30년 동안 러시아어를 가르치도록 명령했습니다. 그 후에 정부는 영어로 전환시켰습니다.]

워치만 니는 그의 사역에서 항상 '영적 권위'와 '권위와 순복'을 강조했습니다. 1948년에 그의 사역이 재개된 후로 그는 특히 '대리 권위'를 강조했습니다. [워치만 니의 책 '권위와 순복'을 참조하시오.][1] 불행히도 그는 자신을 '대리 권위들'의 우두머리로 여겼고, 함부로 중요한 여러 결정을 내림으로써 당시 정책적인 실수로 보이는 다음과 같은 일들을 행했습니다.

1. 1949년 초, 양쯔강 이남의 지방교회들에게 전보를 보내어 광복군(모택동의 공산당 군: 편자 주)이 강을 건너기 전에 막아달라고 기도하도록 했다.
2. 그는 모든 지방 교회의 동역자들(사역자들)에게 그들의 사역과 그들 자신을 '대리 권위'에게 넘겨줄 것을 요청했다.
3. 토지 개혁 초기에 그는 2만 명이 넘는 신자들을 동원하여 정부가 '토지 개혁'에서 고령의 재산(부지)를 보류하도록 호소하는 데 서명하게 했다.

그 모든 사건들은 니(Nee)를 포함한 지방 교회의 형제자매들을 극도로 위험한 상황에 연루시키고 함정에 빠뜨렸습니다. 이러한 실수로 인해 그는 가벼운 형을 받기 위해 감옥에서 공개적으로 자백했으며, 심지어 한 번도 밝히지 않았던 자신의 부끄러운 부도덕한 일까지 고백했습니다.

권력에 대한 욕망은 아마도 그의 영적인 생활의 주요 쟁점이었을 것입니다. 오랫동안 많은 형제자매들이 그를 경배하고 신격화하기까지 했습니다. 그의 영향력의 결과는 그가 '영적 권위'라는 결론에 이르도록 우리를 잘못 인도했습니다.

---

1 워치만 니의 '권위와 순복', '교회의 정통', 워치만 니 전집, Vol. 47.

내가 기억하는 한, 니(Nee)를 알게 된 때부터 그가 체포될 때까지, 나는 그가 주의 만찬에 참예하는 것을 본 적이 없습니다. 1948년에 내가 고령 훈련 프로그램에 참여하기 위해 몇 달 동안 거기 머물렀을 때 그것은 확실히 사실이었습니다. 모든 설교는 니(Nee)가 했지만, 나는 그가 '주님의 상'에 참예하는 것을 본 적이 없습니다. 고령에서의 성찬은 얀 지알레(Yan Jiale) 형제가 인도했습니다. 그것은 오랜 기간 니(Nee)와 주님 사이에 거리감이 있고 교제에 거리낌이 있음을 강하게 시사했습니다. (나는 이것이 그의 은밀한 죄와 죄책감 때문이라고 믿습니다.)

10여 년 동안 기독교 출판물과 인터넷 통신 상에서 니(Nee)에 관한 꽤 많은 지속적인 논의가 있었습니다. 상당한 불일치가 있는 것의 장단점이 있는데, 불행히도 이러한 다양한 의견의 대부분은 지방교회 외부의 신자들로부터 나왔습니다. 어떤 비평가들은 니(Nee)의 기사나 책에서 도움을 받았을지 모르지만 그의 실지 행실은 알지 못합니다.

니(Nee)의 소재(所在)는 항상 비밀이었습니다. 상해에서 개별적으로나 심지어 주요 동역자들과도 교류하는 일이 매우 드물었습니다. 우리는 늘 '울부짖는 사자'(벧전 5:8-11)와 '광명의 천사'(고후 11:14)를 잊어서는 안 됩니다. 이 말씀은 특별히 하나님께 크게 쓰임받는 종들을 향한 것으로 하나님의 나라와 관련이 있습니다. 모든 하나님의 종들은 예수 그리스도의 증거를 공격하고 교란시키며 무너뜨리려고 하는, '삼키려고 울부짖는 사자'와 '빛의 천사로 가장한 자'의 표적입니다. 그러므로 하나님의 종들은 늘 겸손하게 '항상 깨어 기도하며 주 안에 거하고' 날마다 모든 일에 주께 의지하며 항상 주의 임재 가운데 거해야 합니다(욥 1-2장, 사무엘 하 11-12장 참조).

지방교회에서 어떤 그리스도인들은 만일 누군가가 감히 과거를 폭로하면 민감하고 방어적이 됩니다. '장로들이나 앞선 형제들'에 대해서는 누구도 건드려서는 안 된다는 것이 그들의 금기 사항이었습니다. 그러나 바울은 갈라디아서 2장

11절에서 '베드로가 안디옥에 이르렀을 때 그가 잘못 행하였으므로 내가 그의 면전에서 그를 책망하였다'고 했습니다. 베드로는 모든 사람에게 알려진 교회의 장로였지만, 바울은 베드로의 감정이나 서열을 고려하지 않았습니다. 그 사건은 우리를 위해 성경에 기록되어 있습니다.

오늘날 하나의 연합된 '지방교회'가 없습니다. 지방교회 배경을 가진 형제자매들 중에는 여전히 십자가에 충성하여 생명의 길을 걷는 사람들이 많이 있습니다(행 2:28). 그들의 간증은 계속 빛날 것입니다. '해방' 후에도(중국이 공산화된 상황을 가리킴: 편자 주) 일부 연장한 형제들은 그 좁은 길 안에서 예수 그리스도를 계속 따랐습니다. 여기에는 유성화(Yu Chenghua), 장우지(Zhang Yuzhi), 란지이(Lan Zhiyi), 팡아이광(Fang Aiguang) 및 첸시웬(Chen Xiwen) 등이 포함됩니다. 유성화(Yu Chenghua)와 장우지(Zhang Yuzhi)는 순교했고, 다른 사람들은 추방, 감금 또는 노동 교화형을 선고받았습니다. 순카이(Sun Kai)는 상해에서의 삶을 기꺼이 포기하고 복음을 위해 광산 지역으로 갔습니다. 곧 중국의 광대한 지역에서 큰 부흥이 일어났고, 10,000명 이상의 새로운 회심자가 있었습니다. 주님 안에서 그들이 이룩하고 성취한 영광스러운 광채는 영원합니다.

60여 년 전에 나는 '릴리 수' 자매를 알게 되었습니다. 그때 그녀는 고등학교에서 매우 헌신적인 새로운 그리스도인이었습니다. 1980년, 20여 년 간 주님에게서 멀어져 있던 수(Hsu) 박사님이 저와 제 아내를 방문했습니다. 그녀는 통곡하며 통회했습니다. 우리는 그녀가 통회하는 마음으로 주님께 돌아오는 것을 진심으로 받아들였습니다. 그때부터 수십 년 동안 우리는 때때로 전화와 서신으로 소통했습니다. 주님께서 그녀에게 뜻깊은 은혜를 베푸신 것을 보고 깊은 감명을 받았습니다. 나는 과거를 잊고 목표를 향해 달려가는 그녀가 10여 년 동안 그녀가 지방교회에서 지내온 몇 년 간의 이익과 손실 모두를 심각하게 고려해야 한다는 부담을 가지고 있었다는 것을 알고 있습니다. 두려운 마음으로 그녀는 지난 5년 동안 역사 문서를 성실하게 조사했고, 신뢰할 수 없는 정보를 조심스럽게 무시했으며, 이제 진실하고 증명할 수 있는 출처를 제시합니다. 진지하고 엄숙하게 그녀는 모든 형제 자매들 앞에서 자신의 책을 발표합니다. 주님께서 우리 내면의 눈을 열어 진정한 역사를 이해하고 겸손하게 교훈과 경고를 배우게 하시어(고전 10:6-12; 갈 2:11-19 참조) 유사한 함정을 피하게 되기를 기도합니다. 이것은 매우 필요하고 소중한 것입니다.

　주님께서 그리스도의 몸에 더욱 풍성한 축복을 주시어 우리 마음 깊은 곳에서 몸의 모든 지체들이 진심으로 연합하여 우리 주님을 공경하게 하시기 바랍니다. 그리고 주님께서 십자가에서 흘리신 보혈로 과거의 모든 죄와 잘못을 깨끗이 씻어주시기 바랍니다. 그래서 겸손하고 온유하며 부지런히 성경을 읽고 주님의 말씀을 따라 복음을 널리 전하며 과거의 강점을 이어받아 과거의 잘못과 일탈과 실패에서 완전히 벗어나는 우리가 되기를 바랍니다. 주님의 은혜로 그분의 말씀을 따릅시다. "나의 계명은 이것이니 내가 너희를 사랑한 것같이 너희도 서로 사랑하라."(요 15:12)

「서문」

'나의 잊을 수 없는 기억들(My Unforgettable Memories)'이라는 이 책은 단순히 과거를 역사로 회고하기 위한 것일 뿐 아니라 과거로부터 교훈과 경고를 추출하기 위한 것이기도 합니다.

지방교회 운동은 현대 중국 교회 역사에서 하나의 중요한 장이었습니다. 창립자인 워치만 니는 중국 교회의 성장에 깊고도 오래 지속되는 영향력을 남겼습니다.

1947년, 내가 16세였을 때, 나는 상해 그리스도인 모임(상해지방교회, SCA)에서 침례를 받았습니다. 그때부터 나는 주님께 이끌려 주님께 헌신했습니다. 1949년부터 1951년까지 나는 워치만 니가 인도하는 여러 특별 집회에 참석했습니다. 나는 주님 외에는 아무것도 원하지 않고 교회와 학교 활동과 사역에 전심으로 참여했습니다.

1956년 상해교회(SCA)는 공산주의 정부의 'CEC(반혁명분자 제거 캠페인)' 아래 있었습니다. 상해교회(SCA)의 많은 그리스도인들은 어떤 대가를 치르더라도 희생할 준비가 되어 있었습니다. 그러나 니(Nee)에 대한 범죄 증거와 함께 부인할 수 없는 암울한 사실을 알게 되자 우리는 경악했고 어두운 심연에 빠졌습니다. 우리 각자는 자신의 곤경과 운명에 직면해야 했습니다. 우리의 믿음은 소심해서가 아니라 극도의 부끄러움과 혼란 때문에 비틀거렸습니다. 많은 그리스도인들이 아픈 마음으로 상해교회(SCA)를 떠났습니다.

결국 나는 6개월 간 기도 끝에 주님과 상해교회(SCA)를 떠났습니다. 나는 다시는 돌아오지 않기로 했습니다. 나는 '과거는 바다 밑바닥에 버려라! 다시는 그것을 주워 오지 않을 것이다!'라고 생각했습니다.

그러나 하나님의 사랑은 결코 그치지 않습니다. 그분은 나를 기다리고 계셨습니다. 24년 동안 방황하고 굶주린 끝에 갈 곳이 없어 주님께 돌아왔습니다. 제가 무릎을 꿇고 회개했을 때 제 마음은 다시 한 번 그분께로 이끌렸습니다. 나는 눈물로 뒤범벅이 되었고, 처음에는 말을 하지 못하고 다만 깊이 뉘우치며 하늘 아버지의 팔에 돌아가 안겼습니다.

이듬 해에(1981년) 나는 미국에 왔고 결코 과거를 언급하지 않기로 작정했습니다. 세월이 흐르면서 비극적인 과거가 사라지기를 바랐습니다.

워치만 니는 국제적으로 인정받는 기독교 지도자입니다. 그러나 그는 특히 중국 기독교 공동체 내에서는 논쟁의 여지가 있는 인물이었습니다. 1930년대부터 소문이 들렸습니다. '워치만 니의 순교'(Newman Sze 著)가 1995년에 출판된 이후로 니(Nee)를 둘러싼 논쟁이 뜨거워졌습니다.[1]

바톤 루지(Baton Rouge)의 퇴직한 제임스 천(James Tian) 목사는 제가 대학생일 때부터 저를 알고 있었습니다. 그는 나에게 다음과 같이 권고했습니다: "워치만 니는 수수께끼입니다. 당신은 그것을 기록해 두어야 합니다."

2004년 7월 6일, 홍콩에 있는 중국 성경 신학원(China Bible Seminary)의 은퇴한 교장인 故 요나단 우(Jonathan Wu) 목사는 '작은 에스라(Little Ezra)'라는 필명으로 '공정한 관점에서 말하다(Spoken out from a Sense of Justice)'(未 出版)라는 글을 썼는데, 몇몇 친구들에게만 이 글이 배포되었습니다. 얼마 지나지 않아 여호수아 유(Joshua Yu)에게서 이 글을 받았지만 작가가 누군지 몰랐습니다. 그는 다음과 같이 썼습니다:

> 지난 몇 년 동안 의식적이든 아니든 나는 니(Nee) 형제의 사생활에 관한 긍정적이거나 부정적인 정보를 많이 들었습니다. 그것이 사실인지 아닌지 알 수 없기 때문에 나는 어느 쪽도 따를 용기가 나지 않고 기도하고 숙고할

---

[1] Newman Sze(史伯誠)가 저술한 '워치만 니의 순교사《倪柝聲殉道史》의 중국어판은 1995년에 캘리포니아 컬버 시티에 있는 '간증 출판사(Testimony Publications)'에서 출판되었습니다. 영어판은 1997년에 출판되었습니다. 그것은 논란의 여지가 있는 의견들을 불러일으킵니다.

수 있을 뿐입니다. 이 수수께끼는 언제 풀릴 것인가?

오직 주님의 이름을 위해, 성령의 인도 아래서 사실을 아는 그리스도인들은 용감하게 나아가 정의감을 가지고 말할 수 있을 것인가? 그렇다면 하나님의 자녀들이 이 수수께끼를 푸는 데 도움이 될 것입니다. 더 이상 슬픔, 분노, 연약함, 눈물이 없을 것입니다. 왜냐하면 우리는 주님으로부터 위로를 받을 것이기 때문입니다. 미래에 비슷한 상황이 발생하더라도 우리는 청천벽력 같은 충격을 받지 않을 것입니다.

점차적으로, 상해교회(SCA)와 워치만 니의 역사를 정리하는 것이 나의 부담이 되었습니다. 힘든 작업이었고 처음에는 친한 친구들의 반대도 많았지만, 마음속의 깊은 부담감으로 끈질기게 버텼습니다. 2007년 11월에 우(Wu) 목사님과 개인적인 만남을 가진 이후로, 2008년 그의 이 땅에서의 삶의 마지막 날까지 많은 도움과 격려를 받았습니다.

나는 내가 은혜로 구원받은 죄인인 동시에 하나님의 크신 사랑으로 돌아온 탕자임을 압니다. 하나님에 대한 나의 깊은 감사는 나를 과거로 돌아가 탐구하도록 이끌었습니다. 나의 실패, 상해교회(SCA)의 역사적 사실, 그리고 니(Nee)와 그들의 본색을 보여주고 싶었습니다. 과거의 교훈과 경고와 격려는 오늘날과 다음 세대를 위한 것입니다.

사람들은 순탄한 영적 행로와 순조로운 교회 생활을 하나님의 축복으로 생각할지도 모릅니다. 사실상, 하나님은 많은 우여곡절과 눈물과 깨어짐으로 당신의 자녀들과 교회를 세우십니다. 사탄은 항상 공격하지만 우리의 전능하신 하나님은 항상 다스리십니다. 어둠의 세력은 결코 그의 길을 얻지 못할 것입니다. 어떤 상황에서도 교회와 하나님의 자녀는 성장하고 성숙할 수 있습니다.

성경에서 하나님은 그의 종들의 강점은 기록하시고 그들의 약점은 덮어주지 않으십니다. 성경의 페이지들에 기록된 수많은 부정적인 사건은 분명히 우리가 배우는 데 필요합니다. 하나님의 자녀의 길은 장밋빛이 아닙니다. 우리의 성장과 성숙은 종종 다양한 고난과 좌절을 통해 이루어지므로 이로써 우리는 하나님을 더 잘 알고 우리 자신을 알 수 있습니다.

이 책을 읽고 당신의 마음이 가라앉거나 당혹스러워진다면, 50년 전에 상해교회(SCA) 형제자매들이 겪었던 고통과 혼란을 어느 정도 이해할 수 있을 것입니다. 그것은 하나님의 지혜요, 은혜요, 구원이었습니다. 하나님은 우리의 오만함을 제거하십니다. 그분은 우리의 '영적인 화려함'의 실제 이미지 또는 그것의 결핍을 드러내십니다. 하나님께서는 우리 마음의 보좌에 앉은 이가 그분 자신이 아니라 한낱 사람임을 보여 주셨습니다. 우리는 하나님의 이름을 부끄럽게 했습니다. 이것은 단순히 영적 지도자와 지방 교회의 문제만이 아닙니다. 우리 모두는 하나님을 노하시게 한 우리의 심각하고 피할 수 없는 책임을 받아들여야 합니다.

이 책에서 나는 상해교회(SCA)의 주요 사건들과 워치만 니에 대한 나의 개인적인 경험들을 내 자신의 관점과 함께 소개합니다. 모든 것을 포함하는 세부적인 설명을 제공할 생각은 없습니다. 나는 객관적이기 위해, 또한 주제넘은 결론을 피하기 위해 최선을 다합니다. 나는 이 책을 주님께 바치며 주님께서 하나님의 자녀와 교회를 교화하고 격려하고 경고하시기를 기도합니다.

현재 상해교회(SCA)와 니(Nee)의 역사를 진정으로 아는 사람은 소수에 불과합니다. 전체 역사를 아는 사람을 찾기란 거의 불가능합니다. 그러나 그것은 젊은 세대인 우리가 역사를 탐구하고 숙고하고 배우는 것에 방해가 되지 않습니다. 니(Nee)와 상해교회(SCA)의 과거사에 대한 '논란들(controversial views)'의 주요 원인은 역사적 사실에 대한 무지입니다.

현대 중국 교회사에서 지방교회 운동의 부상(浮上)은 많은 사람들에게 박수와 찬사를 받았습니다. 지방교회 초기에 대부분의 신자들은 주님을 따르기 위해 매우 헌신적이고 기꺼이 자신을 희생했습니다. 지방교회의 역사에서 '구원의 진리', '헌신', '주 안에 거함', '그리스도를 본받음', '교회 전통에서 분리됨', '세상을 사랑하지 말라', '성경으로 돌아가라' 등은 우리가 배워야 할 귀중한 진주들이었습니다. 지난 세기의 이삼십 년 동안 지방교회의 영적 성장은 중국 전체의 기독교 공동체에 큰 힘이 되었습니다. 처음에 그것은 온전한 축복이었고 하나님에 의해 기름부음을 받았습니다. 저는 상해교회(SCA)에서 자란 것에 깊이 감사드립니다.

그러나 교회 역사에서 많은 부흥이 하나님의 축복에 의해 시작되었고 나중에는 인간의 연약함으로 인해 빗나갔다는 것을 기억하는 것이 중요합니다. 어떤 남은 자들은 시든 잎사귀처럼 보이지만 하나님의 눈에는 우리가 배워야 할 귀한 것입니다. 우리는 위대한 부흥의 지고하고 장엄한 성취를 칭송하지만, 또한 우리는 성도들의 눈물과 피로 쓰여진 교훈을 소중히 여겨야 합니다. 그것들로부터 우리는 더 이상의 비극을 피하는 길을 배울 수 있습니다.

이 책의 내용이 역사적 사실과 일치하지 않는다면, 기꺼이 받아들이고 사과하고 정정하겠습니다. 그러나 서로 다른 관점을 두고 논쟁할 필요는 없습니다. 내가 다른 사람들로부터 얻고 기록한 정보의 대부분은 그들의 허락을 받은 것입니다.

이 영문판은 훌롱 출판사(Xulon Press)에서 2011년 3월에 출판한 중국어판 《難泯歲月: 我和上海地方教會及倪柝聲》(The Unforgettable Memoirs: My Life, Shanghai Local Church, and Watchman Nee)과 일치하지만, 추가적인 자료들과 은혜가 있습니다. 나는 이 글을 쓸 자격이 없다고 생각하지만, 하나님께서는 나에게 부담과 용기를 주셨습니다. 또한 오랫동안 등 뒤로 던져버린 아픈 과거를 떠올릴 수 있도록 도와주셨습니다.

이 책에서 대부분의 인명이나 지명은 그 시기에 불린 이름으로 제시하는데, 보통 1949년 해방 이전의 옛 웨이드-자일스(옛 중국어 로마자 표기법)와 정권교체 이후의 국제 핀 인(한어병음방법)이 그것입니다. 괄호 안의 이름은 대안(代案)입니다. 현대 핀인(Pin Yin) 철자와 예전 철자를 비교하려면 '부록 5: 중국어 용어'를 참조하십시오.

수년 동안 저는 많은 영적 선배들과 그리스도 안에서 사랑하는 친구들로부터 격려와 중보 기도, 제안과 정보를 받았습니다. 그들 중 몇몇은 초안을 편집, 검토 및 검증하는 데 도움을 주었습니다. 그들의 도움에 깊이 감사드립니다. 또한 영어 버전을 완성하는 데 도움을 주신 다나 로버츠 씨(Mr. Dana Roberts)에게도 감사드립니다. 나는 그들 모두에게 빚을 지고 있습니다.

Part 1 | 「나의 유년 시절」

• Chapter 1 •
나의 유년 시절

나의 배경

나는 기독교 가정에서 태어나 독실한 할머니 밑에서 자랐습니다. 우리 가족은 원래 절강성 항주에서 살았고, 나의 조부모님은 항주에서 일어난, 허드슨 테일러의 중국 내지 선교회 1세대 그리스도인이었습니다.

그녀 세대의 대부분의 여성들과 마찬가지로 할머니도 처음에는 문맹(文盲)이었습니다. 그러나 선교사들은 먼저 그녀에게 로마자로 표기된 26글자 병음(Pinyin) 성경을 읽고 같은 방식으로 쓰도록 가르쳤습니다. 나중에 그녀(할머니)는 한자를 배우고 전통적인 한자 성경을 읽었습니다. 한동안 그녀는 유명한 선교 고등학교인 항주 연합 여학교에서 기숙사 관리인으로 일했으며, 대가족을 부양할 역량을 가진 주부이기도 했습니다.

아버지에게는 두 명의 형제와 일곱 명의 자매가 있었습니다. 그들은 일요일 예배를 위해 정기적으로 교회에 갔으며, 그의 누이 중 몇몇은 매우 종교적인 가정과 결혼했습니다. 그들의 남편 중 세 명이 목사나 장로였습니다.

나의 대가족은 1920년대 후반에 상해로 이사했습니다. 몇 년 후 대부분의 고모들은 하동로(나중에 Hatong Road, Tongren Road로 불림)에 있는 상해 지방교회(즉, Shanghai Christian Assembly, SCA)에 정기적으로 참석했습니다. 네째 고모의 남편인 린광표(Lin Kuang Piao, Lin Guangbiao)는 상해교회(SCA)에서 장로가 되었는데, 불행히도 그는 40대에 세상을 떠났습니다.

외조부모님은 일찍 돌아가셨습니다. 나중에 어머니는 상해에 있는 성 엘리자벳 간호학교(St. Elizabeth Nursing School, 감리교)에 들어가셨습니다. 그 학교의 등록금, 숙식비 등 모든 학생 경비가 무료였던 중국의 해외 선교 초기 시절이었습니다.

아버지는 항주(Hangchow)에서 저장 의과대학(Zhejiang Medical College)을 졸업했습니다. 1930년에 그는 어머니와 결혼하여 상해 적십자 병원에서 실습을 했고, 1년 후에 내가 태어났습니다. 부모님은 내가 어렸을 때 이혼하셨는데, 아버지가 다른 여자와 관계를 맺고 있었고, 이로 인해 어머니는 매우 슬퍼했습니다. 그녀는 은퇴할 때까지 성 엘리자베스 병원(후에 홍렌 병원, 흉부 외과 병원으로 불림)에 들어가 간호사로 있었습니다. 그것은 그녀의 삶이 되었고 다시는 결혼하지 않았습니다. 그녀는 자신이 일하던 선교 병원에서 가까운 성 베드로 성공회교회에 정기적으로 참석했고, 아버지는 이혼 후에 얼마 지나지 않아 재혼했습니다.

어린 시절에 할머니와 나는 아버지의 새로운 가족과 함께 살았습니다. 아버지와 계모는 다소 사치스러운 생활을 하셨고 교회에 다니지 않으셨습니다. 나는 그 후 세 명의 이복 형제와 한 명의 이복 자매를 갖게 되었습니다. 아버지는 효심이 깊고 나이 든 부모를 공경하면서도 독실한 기독교인인 할머니의 생활 방식을 따르지 않았습니다.

본성적으로 나는 순종적인 아이였습니다. 나는 할머니를 따라 몇 달 동안 숙모들 집에 머물렀는데, 숙모들은 매우 효도했고 그들의 가족은 헌신적이고 평화로웠습니다. 나는 할머니와 함께 꽤 정기적으로 교회에 갔는데, 숙모들의 생활 방식은 상당히 동질감이 있어서 잘 적응하는 법을 배웠습니다. 할머니와 숙모들의 가정생활은 내 성격과 신념에 영향을 미쳤습니다. 내 아버지의 세상은 그렇지 않앉습니다.

나는 할머니의 삶의 중심이었습니다. 그녀는 모두에게 존경을 받았기 때문에 나의 어린 시절은 즐겁고 행복했습니다. 매주 일요일, 나는 그녀와 함께 하동로(Hardoon Rd)의 어린이 주일 학교에 갔습니다. 그들이 무엇을 가르쳐 주었는지는 기억나지 않지만, 그림과 성경 구절이 있는 작고 예쁘고 알록달록한 카드가 마음에 들었습니다.

나는 초등학교에서 대학교까지 선교사 학교에서 성장했습니다. 1944년에 나는 성 마리아 여학교(St. Mary's Girls' School)에 입학했습니다. 성공회 학교였는데, 선생님들은 매우 엄격했습니다. 학교는 영어 교과서를 사용했고, 한문학을 제외한 모든 과목은 영어로 가르쳤습니다. 영문학이 가장 강조되었고, 나는 영어 고전 소설과 영화를 좋아했습니다.

학교에서 우리는 오전 10시경에 오전 예배를 드렸습니다. 나는 또한 성경 수업에 참석했고 방과 후 부흥회에 관심을 갖게 되었습니다. 나는 아직도 저명한 설교자 티모티 자오(Timothy S. K. Zao, Zhao Shiguang) 목사가 인도했던 부흥회를 기억합니다. 그는 매우 활기차고 열정적이었습니다. 그의 말은 불 같았습니다. 관객들은 흥분했고 기대로 가득 차 있었습니다. 그는 짧고 단순하며 열정이 넘치는 복음성가를 부르는 것을 좋아했습니다. 나는 그 당시 꽤 인기가 있었던 그 부흥회를 좋아했습니다. 그 당시 나는 내가 기독교인이라고 생각했지만, 구원에 대한 참된 지식이 많지 않았습니다.

10대 시절의 '정치적 그림자'

1945년 항일전쟁 승리 후 얼마 지나지 않아 국민당과 공산당 군 사이의 내전이 발발했습니다. 한편 국민당 정부의 부패는 명백했고, 우리 동네에서는 10대 몇 명이 모여 어른들처럼 정치 얘기를 나누며 즐겼습니다. 나는 그들과 합류했습니다. 그 당시 많은 젊은 학생들이 그렇듯이 우리는 우리나라의 미래를 걱정했습니다.

그때, 우리는 아마추어 극단을 조직했습니다. 나는 겨우 열네 살이었고, 우리 중 가장 나이가 많은 사람은 겨우 20대 초반이었습니다. 매일 방과 후, 우리는 단막극 몇 개를 리허설했는데, 대부분의 연극은 우리 사회의 불의의 문제를 반영했습니다. 그 당시 젊은이들 사이에서 그것은 드문 일이 아니었습니다.

매일 방과 후에 나는 리허설에 갔고 저녁 식사 후에 숙제를 했습니다. 얼마 지나지 않아 전문 감독 겸 배우가 우리를 돕기 위해 합류했습니다. 우리의 리허설은 정말 좋았고 자선 단체의 공식 공연은 꽤 성공적이었습니다. 그 결과 가난한 학생들을 위한 기금을 마련할 수 있었습니다. 아버지는 열광적이었고 지지해 주셨습니다. 그(아버지)의 좋은 친구 중 한 명인 공무원이 극장에 큰 꽃바구니를 보냈고 그것은 내 자신감을 높여주었습니다. 바구니에 달린 화려한 비단 리본에 그의 인사말과 이름을 적었는데, 그날 공연이 끝나고 극단의 친구들이 갑자기 우울해졌고 이유 없이 나를 멀리하게 되었습니다. 그들은 내가 더 이상 활동에 참여하는 것을 허락하지 않았습니다. 나는 깜짝 놀랐고 이유를 몰랐습니다.

1947년에 나는 'YWCA(Young Women's Christian Association)'의 고등학교 활동에 참여하여 자선 목적으로 판매를 촉진했습니다. 1947년 여름에 나는 고등학생을 위한 여름 캠프의 사회자로 임명되었습니다. 나는 겨우 열여섯 살이었지만 별 생각 없이 받아들였습니다. 다만 YWCA 스태프의 지도력을 따른 것이어서 괜찮았을 것입니다. 다시 말하면, 꽤 성공적인 경험이었습니다. 나는 극도로 지쳤지만 다른 사람들은 모두 행복하고 만족했습니다. 그 이후 또 분위기가 완전히 달라졌습니다. 선임 스태프가 나를 상당히 도외시하며 나와 거리를 두었습니다. 나는 혼란스러웠습니다.

나중에 나는 그 불쾌한 결과의 원인이 한 가지라는 것을 알게 되었습니다. 극단의 친구는 우리를 도우러 온 감독이 사실 지하 공산당원이라고 말했습니다. 그는 내 친구들에게 내 아버지가 국민당과 관련이 있으며 국민당(KMT) 정부의 의심을 피하기 위해 나에게 너무 가까이 다가가서는 안 된다고 말했습니다. 그것은 단지 감독의 계획의 일환이었는데, 그는 당원 후보자를 찾기 위해 극단에서 봉사하기로 자원했던 것입니다. 그는 내 영향력을 최소화해야 한다고 생각했고, 두 가지 측면에서 모두 성공했습니다.

YWCA 여름캠프 회장이었던 나에 대해 가십거리가 있었습니다. 누군가 내가 국민당(KMT) 스파이일지도 모른다고 의심했습니다. 나중에 나는 상하이 해방 이전에 YMCA와 YWCA 모두 공산주의가 이끄는 지하 학생 활동의 활동적이고 잘 조직된 단위를 보호했다는 것을 알게 되었습니다.

나는 그 두 가지 사건에 매우 실망했습니다. 섬기고자 하는 마음이 있었지만 배척당하고 배신자로 여겨졌습니다. 이 세상의 냉정함과 무정함을 처음으로 깨달았습니다. 그러나 나는 여전히 하나님의 은혜 아래 있었고 하나님은 어린 나이에 삶의 진정한 의미를 생각하게 하셨습니다.

상해 지방교회에서 세례를 받음

1947년 8월, 그 여름 캠프 직후에 어머니의 친구가 위트니스 리가 이끄는 일련의 특별 집회에 참석하도록 나를 하동로(Hardoon Rd)로 초대했습니다. 하동로(Hardoon Rd)는 상해교회(SCA)가 있는 거리 이름이었습니다. 나는 사촌들과 다른 교회에 다니고 있었기 때문에 몇 년 동안을 그곳에 가지 않았습니다. 저녁 예배였는데, 집회장소는 사람들로 가득 찼고, 늦지 않았는데도 겨우 안뜰에서 자리를 잡을 수 있었습니다.

그것이 내가 위트니스 리(Witness Lee)라는 연사를 처음 본 때입니다. 그는 에너지가 넘쳤고 그의 설교는 강력했습니다. 예배가 시작되자마자 성령님께서 저를 만지셨습니다. 아버지께 돌아온 탕자처럼 울음을 참을 수가 없었습니다.

나는 어렸지만 세상의 냉담함을 느낄 수 있었고, 나에게는 나의 주님이 필요했습니다. 나는 어린 시절부터 그리스도인이었지만 그날 저녁에 주님은 나를 깊이 감동시키셨습니다.

나는 이모의 격려로 침례를 받기 원했고, 위트니스 리는 1947년 9월 27일에 나에게 침례를 주었습니다.

그날 100명이 넘는 그리스도인들이 침례를 받았습니다. 사람들은 기쁨에 넘쳤습니다. 지금도 그 짜릿했던 장면이 생생히 기억납니다. 우리는 반복해서 찬송을 불렀습니다. "나는 죽었다! 나는 죽었다! 이제부터 나는 완전히 죽었다!" 물에서 나오자마자 누군가가 나에게 물었습니다. "당신의 느낌은 어떻습니까?" 나는 즉시 대답했습니다. "나는 승리의 느낌이 있습니다." 그 느낌은 참되었고, 나는 새로운 생명에 대한 체험을 가졌습니다. 그때부터 내 삶은 극적으로 바뀌었습니다.

그때 나는 성 마리아 여학교(St. Mary's Girls' School) 3학년생이었습니다. 주말마다 나는 일요일 아침 예배에 참석했고 토요일 저녁에는 전체 회중의 친교모임에 참석했습니다. 침례를 받은 후, 일요일 저녁에 집에서 가까운 '열한 번째 집'에서 열리는 주님의 만찬에 참석할 수 있었습니다.

할머니는 나로 인해 매우 기뻐하셨습니다. 과거에는 내가 어디를 가는지 그녀에게 말하지 않았습니다. 나는 그녀가 내가 하는 일을 이해할 수 없다고 생각했습니다. 그녀는 이미 80대 초반이었고 나를 통제할 수 없었습니다. 그런데 그녀는 내가 상해 지방교회(Hardoon Rd.)에 다니고 있다는 것을 알았을 때 매우 기뻐했습니다.

침례를 받은 후 나는 성경을 읽고 기도하고 복음을 전하는 일에 열심이었습니다. 교회의 다른 그리스도인들처럼 매일 무릎을 꿇고 성경을 읽었습니다. 나는 불을 끈 후 룸메이트 중 한 명에게 복음에 대해 이야기했습니다. 우리 침대는 함께 정렬되었고 우리는 이불 속에서 머리를 맞대고 이야기했습니다. 경비가 순찰하는 동안에도 우리는 열광적으로 계속 속삭였습니다. 얼마 지나지 않아 주님은 그녀를 구원하셨습니다. 우리는 학교에서 또 다른 그리스도인 학생과 함께 기도회를 시작했습니다.

침례를 받은 후 나의 삶과 생활 방식에 많은 변화가 있었습니다. 마리아 여학교(Mary's Hall)는 상해에 있는 두 개의 귀족 여학교 중 하나였습니다. 학생들은 보통 꽤 현대적인 옷을 입습니다. 나는 귀족이나 서구식 집안에서 자라지 않았기 때문에 패션에 별로 관심이 없었습니다. 침례를 받은 후에는 좀 더 단정한 옷차림을 하고 머리를 땋았습니다. 나는 사교적이었지만 그때부터 매우 내성적이 되었습니다. 아무도 나에게 그렇게 되라고 요구하지 않았지만, 나는 '상해교회(SCA) 문화'의 영향을 받고 있었습니다. 나는 그것이 헌신된 그리스도인의 표시라고 생각했습니다.

학교는 영어 공부를 매우 강조했습니다. 처음에 제 영어 실력은 급우들만큼 좋지 않았습니다. 하지만 나는 영문학, 특히 고전 소설에 관심이 많았습니다. '바람과 함께 사라지다', '작은 아씨들', '제인 에어', '두 도시 이야기' 등을 영어로 읽었습니다. 로맹 롤랑의 '존 크리스토퍼', 알렉산드라 뒤마의 '카멜리아' 등 외국 소설의 영어 번역을 읽는 것을 좋아했습니다. '전쟁과 평화', '안나 카레리나', '부활', '죄와 벌' 같은 러시아 소설을 중국어로 번역한 것도 좋아했습니다. 호기심과 관심에 이끌렸지만 그것들의 큰 가치를 정말로 이해하지는 못했습니다.

나는 침례를 받은 후, 소설, 영화, 드라마에 대한 관심을 완전히 버렸습니다. 그것은 '나의 옛 사람은 죽었다'는 가르침에 따른 것이었고 또한 나의 의지에서 나온 것이었습니다. 나는 매우 기뻤습니다. 나는 금욕주의를 실천하지 않았지만, 주님을 기쁘시게 하기 위해 모든 것을 기꺼이 포기했습니다.

Part 2 | 「 워치만 니와 상해 지방교회 」

· Chapter 2 ·
상해 지방교회 설립

   초등학교 때 할머니와 함께 상해교회(SCA)에 다니기 시작했기 때문에 세례를 받은 후에 교회 생활을 계속하는 것은 지극히 자연스러운 일이었습니다. 그러나 나는 지방 교회의 발전에 대해 전혀 몰랐습니다. 나중에 그 뿌리를 조사하고 다음의 정보를 확인했습니다.

워치만 니의 초기 투쟁

   워치만 니는 복건(푸젠)성 복주(푸조우) 출신이지만 광동(광둥)성 산터우(스와토)에서 태어났습니다. 그는 뛰어난 기억력을 가진 뛰어난 학생이었습니다. 그는 어머니의 당차고 단호한 성품과 아버지의 온화하고 교양 있는 태도를 물려받았습니다.
   1920년 17세에 그는 주님을 그의 구주로 영접했고, 동시에 그는 주님을 섬기라는 부름을 느꼈습니다. 그는 온 마음을 다해 하나님의 종이 되기로 헌신했습니다. 그때부터 그는 부지런히 성경 연구를 하는 좋은 습관을 갖게 되었습니다.
   그가 회심한 지 얼마 되지 않아 영국 선교사인 바버 자매(Miss Margaret E.

Barber)¹가 1년 이상 젊은 그리스도인 그룹과 함께 그를 훈련시켰습니다. 그녀는 주님을 깊이 사랑했으며 예리한 영적 통찰력을 지닌 영감을 주는 교사였습니다. 그녀는 자신이 말한 것을 실천했습니다. 그녀는 니(Nee)가 견고한 믿음의 기초를 세우도록 도왔습니다. 곧 니(Nee)는 신실하게 고백의 삶을 살고, 복음을 전파하고, 성경을 공부하고, 기도하고, 하나님의 공급하심을 신뢰하게 되었습니다.

바버(Barber)의 지도 아래 니(Nee)는 초대 교회 시대부터 케즈윅(Keswick) 신학자들의 현대 작품에 이르기까지 성서 주석, 묵상 작품, 찬송가, 교회사 및 문학 분야에서 서양의 영적인 책들을 광범위하게 읽었습니다.² 3,000여 권의 영적 서적과 서양 신학의 본질을 열심히 흡수했습니다. 영적인 것들을 탐구하고 이해하려는 열의에 힘입어 그의 생각은 예리해졌습니다. 그는 기독교 경건 신학의 거장들의 생각을 요약하고 체계화할 수 있었으며, 다른 사람의 메시지를 마치 자신의 메시지인 것처럼 표현했습니다. 청취자와 독자는 이것이 특별하다고 생각했습니다. 그런 점에서 그는 중국의 사역자들 가운데서, 심지어 해외에서도 두각을 나타냈습니다.

처음에 니(Nee)는 바버 자매를 존경했고 그녀가 어떻게 그리스도를 닮아가는지 감탄했습니다(고후 2:15). 그녀는 현대의 청교도였으며, 자신의 유아 세례가 무의미함을 깨달은 그녀는 성인이 되어 다시 세례를 받았습니다. 당시로서는 대담한 행동으로 여겨졌는데, 자신의 교회 전통을 깨는 데 나타난 그녀의 용기는 니(Nee)에게 큰 영감을 주었습니다.

동시에 니(Nee)는 바버의 영향을 받은 친구이자 동역자들인 한 그룹의 젊은 전임 사역자들과 함께했습니다. 그룹 리더는 왕재(Leland Wang, Wang Zai,

---

1 마가렛 바버(Margaret E. Barber)(1866-1930)는 1899년에 중국 복주(Fuzhou)로 파송되었다. 처음에 그녀는 성공회 선교사였는데 나중에 독립했다. 그녀는 플리머스 형제단(Plymouth Brethren)과 비공식적인 관계를 가졌다.

2 케즈윅 총회(Keswick Convention)는 1875년부터 영국의 작은 호수 구역(Lake District) 마을인 케즈윅(Keswick)에서 매년 개최되는 성경 교육 행사였다. 1930년대에 그들은 '그리스도 예수 안에서 모두 하나(All One in Christ Jesus)'라는 기치 아래 모였으며 더 높은 생명 운동(Higher Life Movement)으로 부상했다. 기도, 깊은 영적 생활, 성경 공부, 성령, 성결, 해외 전도가 중심이었다. 국제적으로 저명한 많은 복음전도자들과 영적 구루(Guru)들이 대회에 참석하여 그 신학적 핵심을 형성했다.

Tsai Wang)였습니다.³ 모두 열정적이고 헌신적이었습니다. 니(Nee)는 확실히 외롭지 않았습니다. 그는 많은 젊은 동역자들로 더불어 그리스도와 함께하는 영적 행보에서 순조로운 출발을 했습니다.

구원의 교리의 중요성

1920년대까지 선교사들은 복음을 전파했고 중국 해안 지역에 대부분의 교회를 세웠습니다. 그러나 대다수의 중국 기독교인들은 구원의 진정한 의미에 대해 완전히 명확하지 않았습니다. 니(Nee)는 복음을 전파할 때 구원에 대해 명확하게 설명했고, 이 부분에서 그는 잘 알려진 책인 죠지 커팅(George Cutting)의 '구원의 안전성, 확실성, 기쁨'에서 큰 도움을 받았습니다.

니(Nee)는 다음과 같이 말했습니다: *그분의 특별한 축복을 통해 주님께 감사하십시오. 수백 명의 사람들이 구원받았습니다. 그때 구원의 기초가 확연히 드러났습니다. 그때까지 중국의 많은 신자들은 구원에 대해 분명하지 않았습니다. 그 이후로 많은 사람들이 그것을 이해하게 된 것은 그 모임들과 여러 곳에서 우리 형제들의 설교를 통해서였습니다.*⁴ 니(Nee)와 몇몇 다른 젊은 설교자들이 구원의 참된 의미를 강조했기 때문에 중국 전역의 많은 교회들이 '구원'과 '거듭남'에 대한 교리를 전파하기 시작했습니다.

그리스도와 그의 십자가

처음부터 니(Nee)는 그리스도와 그의 십자가에 못 박히심을 아는 것의 중요성을 강조했습니다. 많은 설교(나중에 그의 정기 간행물에 실림)를 통해 그는 많은 그리스도인들이 십자가의 길을 걷도록 이끌었습니다. 그의 십자가 메시지는 다른 사람들로 하여금 그 진정한 의미를 찾고 생명의 길을 걷게 했습니다. 이런 식으로

---

3 왕재(Leland Wang, Tsai Wang), 1898-1975, 잘 알려진 중국의 전도자이자 부흥사.
4 워치만 니, 뉴스레터 모음집(2)의 '두 번째 간증'과 워치만 니의 간증, 워치만 니 전집, 26권, 제 8장 2부.

니(Nee)의 가르침과 영향력은 지방 교회의 범위를 훨씬 넘어섰습니다.

전통을 깨다

니(Nee)는 바버(Miss M. Barber)와 플리머스 형제단의 영향을 받았지만,[5] 그는 성경과 일치하지 않는다고 생각했던 많은 기독교 전통을 깨뜨렸습니다. 즉 유아세례, 교회 정회원제, 거듭남의 경험이 없는 자들에게 성찬에 참예함을 허용함, '성직자에게만 예배를 인도하는 자격이 부여됨' 등입니다. 그는 이처럼 물에 잠기는 침례, 오직 참된 신자들만을 위한 떡 떼는 집회, 성직자의 도움 없이도 집회를 갖는 것을 옹호하는 용감한 발걸음을 내디뎠습니다. 영국의 형제회는 니(Nee)가 중국에 새로운 형태의 교회를 세우도록 영감을 주었습니다.

니(Nee)는 지방교회를 세우는 데 새로운 아이디어를 제시했을 뿐만 아니라 그의 행동은 전통적인 교파 교회에 도전을 주었고, 많은 기독교 지도자들이 그들의 교회 생활과 개인적인 영적 생활에 대한 열정을 갖도록, 그리고 모든 그리스도인이 제사장 직분을 가지고 하나님을 섬기는 데 참여하도록 격려했습니다.

출판물

그의 사역 초기부터 니(Nee)는 출판의 힘을 깨달았습니다. 그는 복음 메시지를 쓰고 자신의 설교를 출판했습니다. 그는 또한 펜 루이스(Mrs. Penn-Lewis)와 G. H. 펨버 등등의 책도 출판했습니다.

---

5 플리머스 형제 운동은 보수적이고 복음주의적인 기독교 운동이었다. 1827년경 아일랜드 더블린에서 시작되어 곧 아일랜드에서 영국으로 퍼졌다. 최초의 영국 모임은 잘 알려진 플리머스에서 열렸다. 운동의 목적은 거룩한 교제를 만들고 단순히 예수 그리스도의 이름으로 함께 모이는 것이었다. 주요 지도자는 존 넬슨 다비(John Nelson Darby)와 벤자민 뉴톤(Benjamin W. Newton)이었다. 형제 생활은 진지한 성경 공부, 강한 영적 분위기 조성, 전도 촉진, 주님을 기념하는 떡 떼는 집회(Breaking the Bread)가 중심이었다. 형제회 운동은 유럽, 북미, 뉴질랜드, 오스트레일리아 등으로 빠르게 확장되었다. 형제회는 또한 다음과 같은 교리에 초점을 맞췄다. 1) 성경 공부와 예언 2) 복음주의 3) 관료주의 배격 4) 만인 제사장 5) 부패한 교회에서 탈피. 1845년 이후, 성경의 예언과 개인 간 긴장에 대한 서로 다른 의견으로 인해 형제회는 공개파 형제회(Open Brethren)와 폐쇄파 형제회(Exclusive Brethren)의 두 그룹으로 분열되었다. 형제 운동은 겨우 20년 동안 호황을 누렸지만 성경 연구, 영적 추구, 전도에서 상당한 성과를 거두었다. 워치만 니는 먼저 형제회의 가르침에서 착안한 지방교회에 대한 자신의 생각을 내놓았다.

정기 간행물을 출판하려는 그의 끈질긴 노력은 그의 메시지가 중국의 수많은 기독교인들에게 전달되도록 했습니다. 정기 간행물은 '복음서방(The Gospel Room)'이라는 이름으로 출판되었습니다. 처음에 그 출판물은 무료였습니다. 그의 참신하고 비판적인 통찰력은 중국 여러 지역의 그리스도인들에게 깊은 인상을 남겼습니다. 나중에 니(Nee)는 그의 정기 간행물을 사용하여 지방교회에 대한 그의 개념을 전파함으로 많은 기독교인을 다른 주류 교회에서 멀어지게 했습니다.

그의 유일한 저작물은 3권으로 된 걸작 '영에 속한 사람'(The Spiritual Man)이었습니다. 그 내용의 대부분은 제시 펜 루이스(Jessie Penn-Lewis) 여사와 그녀의 잡지 '이기는 자(The Overcomer)'의 글에서 발췌한 것이었습니다.[6] 불과 몇 년 만에 니(Nee)의 메시지는 이미 중국의 많은 지역의 기독교인들 사이에서 매우 인기를 얻었습니다. 많은 서양 그리스도인들도 그의 저서를 높이 평가했습니다. 그의 저서 '정상적인 그리스도인의 생활(The Normal Christian Life)'은 여러 언어로 번역되어 신자의 십자가 승리를 명확하게 설명하여 그리스도인의 삶이 더욱 성장하도록 인도해줍니다.

그는 수많은 서양의 영적 거인들의 글을 자신의 것으로 요약하고 통합하는 데 매우 재능이 있었습니다. 그의 국제적 명성은 중국 사역자들 사이에서 타의 추종을 불허했습니다.

서양 찬송가 도입

니(Nee)는 '예배와 고난과 복종', '십자가의 길과 그 승리를 찬양함', '주님 안에 거하며 그리스도인의 삶에서 성장을 추구함' 등에 관한 지난 수세기의 서양 찬송가들을 사랑했습니다. 그는 훌륭한 시적 어법으로 주님의 깊은 사랑을 표현하

---

6 남 웨일즈의 제시 펜 루이스(Jessie Penn-Lewis)(1861-1927) 부인은 웨일스 대부흥에서 이반 로버츠(Evan Roberts)와 함께 사역했다. 그녀의 사역은 그리스도인의 삶과 경험에서 그리스도의 십자가의 중심성을 강조했다. 나중에 그녀는 영적 전쟁 문제에 더 집중했다. 니(Nee)의 초기 동역자 중 한 명인 장퀴젠(Zhang Qizhen)은 영에 속한 사람(The Spiritual Man)이 니(Nee)가 펜 루이스(Penn-Lewis) 부인의 말을 중국어로 기록한 것이라고 생각했다.

는 자신의 찬송가를 쓰기 시작했습니다. 그의 찬송시 대부분-'감람 눌러 짜지 않고'[7], '대가 없이 사랑케 하소서'[8], '아, 상처로 가득한'[9], '포도나무 이야기'[10], '길이와 너비와 높이와 깊이가 어떠한가'[11], '바른 길 벗어나며는'[12] 등의 독창적인 시는 몇 편에 불과합니다. 매우 감동적인 여러 찬송가들이 여전히 기독교인들과 지방교회 회원들 사이에서 소중히 여겨집니다.

지방교회 설립

지방교회의 개념

1921년에 니(Nee)는 구원받은 직후의 유아 세례를 무의미한 것으로 여겼습니다. 후에 바버 자매(Miss Barber)가 그의 어머니와 그의 형제 조지(George)와 그에게 다시 침례를 베풀었습니다.[13] 그리고 1922년에 그는 그의 온 가족이 복주(Fuzhou)의 감리교 성공회의 교인 명부에서 탈퇴하도록 설득했습니다.[14]

1921년부터 1923년까지 대다수의 중국 기독교 지도자들은 구원을 위해 사람들을 열심히 주님께 인도했습니다. 부흥회는 어디에나 있었습니다. 이 기간 동안 니(Nee)는 자신의 통찰력을 덧붙였습니다. 그는 다음과 같이 말하면서 그리스도인들이 지방교회를 세울 필요가 있다고 했습니다:

"그러나 하나님은 나의 눈을 열어 은혜로 구원받은 사람들이 땅에서 하나님의 증거를 대표하고 유지하기 위해 '지방교회'라는 '하나의 입장'에 서도록

---

7 니(Nee), 뉴먼 세(Newman Sze), 찬송가, #386. 뉴먼 세(Newman Sze)는 워치만 니가 편집한 찬송가에서 대부분의 찬송가를 보존했다.
8 니(Nee), ibid, #381.
9 니(Nee), ibid, #399.
10 니(Nee), ibid, #400.
11 니(Nee), ibid, #319.
12 니(Nee), ibid, #372.
13 니(Nee), 과거의 서술, 성경 메시지에 대한 노트, 전집 18권, 8장, 종파 2.
14 니(Nee), ibid, ibid 전집 18권, 8장, 4부.

요구하신다는 것을 보게 하셨습니다. 나의 동역자 중 몇몇은 교회에 관한 진리에 대해 다른 견해를 가지고 있었습니다. 그러나 내가 사도행전을 주의 깊게 공부했을 때, 하나님의 원하시는 바는 각 도시에 지방교회를 세우는 것임을 깨달았습니다...

주님께서 나에게 계시하신 것은 매우 분명했습니다. 오래지 않아 그분은 중국의 여러 지역에서 지방교회를 일으키실 것입니다. 내가 눈을 감을 때마다 지방교회의 출현에 대한 이상이 나타났습니다."[15]

여기에서 니(Nee)는 플리머스 형제단과 그들의 교리를 인정하고 통합했습니다. 니(Nee)가 구원받고서 몇 년 후, 그는 '모든 신자는 제사장이다'에 초점을 맞추었습니다. 그는 한 단계 더 나아가 지방교회에 대한 자신의 생각을 발전시켰습니다.

지방교회의 특징은 1) 교파적인 교회를 탈피하고, 2) 모든 그리스도인은 제사장 직분의 사역에 참여해야 하며 성경의 가르침을 엄격히 따르도록 노력해야 한다는 것입니다. 지방교회에 대한 니(Nee)의 독특한 견해는 '한 지방, 한 교회'였습니다.

그에 따르면, 한 지방에는 오직 하나의 교회만 있어야 합니다. 지방교회는 교파 교회의 전통적 영향 없이 성경의 가르침을 따라야 합니다. 그는 그리스도인이 되는 것은 단지 주일예배에 참석하는 것만이 아니라고 강조했습니다. 뿐만 아니라 복음 전파, 개인적인 헌신, 그리스도의 몸을 섬기는 활동적인 교회 생활, 하나님께 영광을 돌리는 살아있는 간증이 있어야 한다고 했습니다. 그의 가르침은 영적 실제에 초점을 맞추고 있었습니다. 명목상의 그리스도인이 되는 것만으로는 충분하지 않으며, 오직 성경과 성령만이 교회를 인도해야 한다고 했습니다. 플리머스 형제회와 케스윅의 가르침 아래서 니(Nee)는 자신의 영적 성취가 교파들

---

15 니(Nee), 두 번째 간증, 뉴스레터 모음(2) 및 워치만 니의 간증, 전집, 26권. 8장, 3부.

의 영향을 넘어선다고 생각했습니다.

지방교회의 발아

　1923-24년에 6명의 젊은 전임 사역자들-존 왕(John Wang, Leland Wang, Wang Zai), 훼이스 루(Faith Lu), 워치만 니(Watchman Nee), 사이몬 믹(Simon Meek) 및 존 왕(Leland Wang)의 남동생 윌슨 왕(Wilson Wang, Wang Zhi)-이 복주의 쉬에르지안파이(Shi Er Jian Pai)에서 집회를 열었습니다. 사람들은 그들을 '복주 6인방(The Fuzhou Six)'이라고 칭송했습니다. 그 그룹에는 딩숙진(Ding Suxin), 장퀴첸(Zhang Qichen), 장쉬젠(Zhang Shizhen)[16] 등이 있었고, 그들은 주님께 헌신한 자들로서 모두 바버 교사의 훈련 아래 있었습니다.

　그러나 교회 전통에 대해서는 의견이 달랐습니다. 사역자를 목사로 안수하고 모임에 이름을 붙일 필요가 있느냐고 하면서 성경에 그런 예가 없기 때문에 니(Nee)는 그들이 목사 안수를 받아서는 안 된다고 주장했습니다. 그는 또한 '고린도 교회' 등과 같이 성경에서 사용하는 지방 이름 외에는 합당한 이름이 없기 때문에 그들의 교회 이름을 갖는 것에 동의하지 않았습니다. 이러한 이유로 그의 동역자들은 모임을 떠났고 니(Nee)가 자신의 일을 하도록 했습니다.

　그 기간 동안 니(Nee)는 자신의 출판물을 통해 교파 교회를 공개적이고 공격적으로 비판했습니다. 그의 영감 있는 설법은 중국 기독교계 전체를 충격에 빠뜨렸습니다. 그는 이렇게 말했습니다:

　　위에서 우리는 성경이 설교하고 가르치는 일을 하도록 교회가 누군가를 안수하는 것과 같은 것을 보증하지 않는다는 것을 알 수 있습니다. 후자의 관행은 로마 카톨릭 사제직의 다른 형태일 뿐입니다. 그러한 인간의 발명과 전통은 성경에 없습니다...[17]

16　왕지, "왕재의 간증 기록", p.28-29, 이자부(李佳福), "워치만 니와 중국 <지방교회> 운동" 에서 인용, p. 77
17　니(Nee), '묵시록 묵상(2)', 기독도보(2) 전집 4권. 5장, 10부.

성경에서 전도사와 목사와 교사를 위한 안수에 대한 가르침을 찾을 수 없기 때문에 교파 제도는 사람의 전통이며, 주님을 신실하게 사랑하는 그리스도인들에게는 아무런 효력이 없는 것으로 압니다.[18]

1925-1926년에 니(Nee)는 '계시록 묵상'이라는 주제로 요한계시록 2장과 3장에 대해 세세하게 설교했습니다. 그 단일 주제에 대한 세 권의 책이 정기 간행물인 '기독도보'(The Christian, 워치만 니 전집, 3-5권에 수록)에 실렸습니다.

니(Nee)의 정기 간행물의 광범위한 배포는 그의 일이 전국적으로 더 잘 알려지게 했고 지방교회 운동의 급속한 발전에 기여했습니다. 1925년부터 1927년까지 니(Nee) 자신의 교회가 설립되기 전에 수베이(장쑤성 북부), 절강성 남부, 복건성에서 자동적으로 꽤 많은 지방 교회들이 생겨났습니다.[19]

지방교회를 세우는 과정

처음에 지방교회의 설립은 규칙이나 규정, 또는 심지어 니(Nee)의 허락 없이 아주 자동적으로 이루어졌습니다.

과정에는 일반적으로 세 단계가 포함됩니다.
1) 일부 목회자들과 신자들은 니(Nee)의 지방교회 개념을 받아들이고 그들의 원래 교회에서 이탈했습니다.
2) 그들은 새 신자들에게 물에 잠기는 방식으로 침례를 주었습니다.
3) 마지막으로 그 그룹은 매주 일요일마다 자체적으로 '주님의 만찬 집회'(Breaking Bread, the Lord's Table)를 시작했습니다.

매일 지방교회에는 아무런 보상이나 목회 직함 없이 그리스도 안에서 다른 형제자매들을 섬기는 일에 주님께 헌신한 '책임 형제들'이 여러 명 있었습니다. 그

---

18 니(Nee), ibid, ibid, 전집 4권, 5장, 10부.
19 뉴스레터 모음, 전집 25권

들은 많은 비용을 들이지 않고 신자들과 가정에서 모였습니다.

니(Nee)를 접촉한 후, '책임 형제들(responsible brothers)'은 상해에서 '이기는 자 대회' 또는 '지역의 동역자 집회' 중 하나에 참석하도록 초대되었습니다. 그런 다음 그들은 니(Nee)가 인도하는 지방교회의 공식적인 부분이 되었습니다. 교파 교회와 비교할 때, 지방교회를 세우는 이 단순하고 적극적인 방법이 더 생산적인 것으로 판명되었습니다.

상해 지방교회의 설립

'주님의 상(Breaking Bread)' 모임이 남경에서 시작됨

1926년 후반에 니(Nee)의 가르침의 영향으로 몇몇 자매들이 남경(난징)에서 '떡을 떼는(Breaking Bread) 모임'을 시작했습니다. 그들은 이연여(Ruth Lee, Li Yuanru), 묘윤춘(Miao Yunchun), 장퀴난(Phoebe Chang, Zhang Qinian), 왕페이진(Peace Wang, Wang Peizhen) 및 몇몇 자매들이었습니다. 얼마 후 니(Nee)는 남경으로 가서 그들의 집회에 참석했습니다. 결핵에서 회복되어 '영에 속한 사람'을 쓰기 위해 니(Nee)는 남경과 가까운 도시인 무석(우시, Wushi)에 거주했습니다.

1926년 말에 왕페이진(Peace Wang)의 가족은 상해로 이주했습니다. 1927년 3월에 이연여 자매와 다른 자매들도 그곳으로 이사했습니다. 그들은 '떡 떼는 집회(Breaking Bread)'와 더불어 왕자매의 집에서 모임을 재개했습니다. 1927년 5월에 니(Nee)는 상해로 이사했습니다. 그들은 모두 함께 모여 새로운 교회 사역을 시작했습니다.

1928년 1월, '상해 그리스도인 모임'(SCA)는 합동로(Hardoon Rd, Hatong Rd.)의 문덕리(Wen-teh Lane, Wen-Te Li, Wende Li)의 임대 주택에서 공

식적으로 설립되었습니다.[20] 나중에 '상해 지방교회(SCA)'는 중국 지방교회들의 중심(flagship)으로 선포되었습니다. 니(Nee)의 가르침에 따르면, 그것은 '상해에 있는 교회'였지만 또한 문덕리 교회(Wen-teh Lane Church)라고도 불렀고, 나중에 교회가 남양로(Nanyang Road)의 새 주소로 이전하면서 남양로 교회(Nanyang Road Church)가 되었습니다.

니(Nee)의 사역의 초점

처음부터 니(Nee)는 네 가지 일의 영역을 강조했습니다: 1) 출판, 2) 전국적 또는 지역적 동역자를 위한 이기는 자 대회, 3) 지방교회의 발전, 4) 젊은 그리스도인 훈련.[21] 이러한 전략을 통해 지방교회는 빠르게 발전했습니다.

상해 이기는 자 대회

상해교회(SCA)가 설립된 직후에 니(Nee)는 지역적인 이기는 자 대회를 시작했습니다. 그는 여러 지역에서 지방교회의 책임 형제들을 모았고, 첫 대회는 1928년 2월 1일에 시작되었습니다. 저장성 원저우 지역 자립교회들의 목사와 형제들, 쑤베이 지역의 장로교회에서 온 목사들과 형제들, 심지어 중국 내지 선교회(CIM)의 일부 목사들과 형제들도 있었습니다. 약 20-30명이 그 첫 번째 집회에 참석했습니다. 그 후 그들은 신자들에게 종파교회에서 분리되도록 격려했으며 지방교회의 발전을 위해 고향으로 돌아갔습니다.[22] 니(Nee)는 이 집회를 다른 사람들을 만나고 지방교회에 대한 그의 개념을 공유하는 기회로 사용했습니다. 7년(1928-1934) 안에 '이기는 자' 집회는 지방교회를 발전시키는 사전 접근 방식이 되었습니다. 1929년부터 1930년대 초까지 지방교회들은 절강성 사오싱

---

20 니(Nee), '과거에 대한 이야기, 성경적 메시지 기록에서(2), 전집 18권, 8장, 7부.
21 니(Nee), '두 번째 간증, 뉴스레터 모음집(2) 및 워치만 니의 간증: 전집 26권, 8장, 5부.
22 렌중샹(任鍾祥), <상해 교회의 간략한 역사>, p. 4. 렌중샹(1918-1997)은 집사이자 교회 일상 업무의 집행 관리자였습니다. 그는 상해교회(SCA)에 거주했습니다. 그는 1940년대 후반에 장로로 승진했습니다. 1956년 이후 그는 '삼자 교회'와 긴밀한 관계를 구축했습니다. 그렇게 함으로써 그는 상해교회(SCA)의 대다수 신자들을 실망시켰습니다.

과 샤오산 지역에도 설립되었습니다. 니(Nee)는 더 나아가 중국 북부 지역으로 가서 베이징, 천진, 진안 지역에 지방교회들을 세웠습니다.

1931년에 상해교회(SCA) 집회 장소는 200석을 수용할 수 있도록 확장되어야 했습니다.[22] 1928년부터 1942년까지 니(Nee)는 상해에 있었습니다. 장로들이 상해교회(SCA)를 담당하는 동안 니(Nee)는 이연여(Ruth Lee), 왕페이진(Peace Wang), 루안 페일리(Philip Luan, Luan Feili)의 도움으로 전국의 지방교회들을 담당했습니다.

동역자들 훈련

니(Nee)는 이기는 자 집회(Overcomer Conferences) 및 대량 출판물을 통한 훈련을 강력하게 선호했습니다. 이 두 가지 접근 방식이 가장 효과적임이 입증되었습니다.

그의 동역자들과의 개인적인 접촉은 형식적이었고 거의 일상적이지 않았습니다. 그는 감정 표현이 거의 없이 항상 침착하고 단호했습니다. 동역자들과의 일상적인 접촉에서 그의 말은 정확하고 단호했으며 거만해 보이지 않았습니다. 그는 농담도 하지 않고 웃지도 않았습니다. 위트니스 리는 니(Nee)에 대해 다음과 같이 썼습니다. "그는 결코 나와 헛된 말로 대화하지 않았다."[23] 니(Nee)의 모든 문장들은 타당하게 명확한 '결론'을 맺었습니다.

그는 일에서 그의 주요 동역자들을 훈련시켰고 그들에게 아주 짧은 메시지로 설교할 기회를 주기도 했습니다. 위트니스 리는 이렇게 말했습니다;

또한 그는 상해에 있는 지방교회에서 일과 사역에 참여할 수 있는 위치에 나를 안배했습니다. 이것은 나에게 주님을 섬기는 법을 배울 수 있는 훌륭한 기회를 제공했습니다. 그러나 그는 나를 그런 상황에 두기 전에 나를 시험했습니다. 그의 시험 방법은 은밀했습니다. 처음에 나는 그가 무엇을 하고 있

---

23 위트니스 리, '금세기 신성한 계시의 선견자', 31장, 5부.

는지 몰랐습니다. 나는 내가 시험을 받고 있다는 것을 깨닫지 못했습니다… 하지만 우리가 보다 오랜 기간 함께 있을 때 그는 나를 은밀하게 관찰하고 시험했습니다. 처음 상해에 도착하자마자 주일 오전 집회에서 말씀을 전해 달라는 요청을 받았습니다…

그 당시 상해교회는 두 개의 강당에서 모였습니다. 메인 홀은 홀 1이었고 홀 2는 다소 부차적이었습니다. 내가 상하이에 도착한 지 얼마 안 되어 형제들은 내가 2번 홀에서 집회를 갖도록 마련해 주었습니다. 이것은 나를 좀 시험하기 위한 워치만의 지시에 따른 것이라고 생각합니다. 나는 매일 밤 말씀을 전했고 모두에게 드러났습니다. 일 주일 정도 시험을 거쳤습니다. 워치만 니는 거기에 없었지만 내가 말한 것은 무엇이든 그에게 전달되었습니다…

1934년 1월 상해에서 워치만 니의 세 번째 이기는 자 대회가 열렸습니다. 전국 각지에서 온 많은 동역자와 성도들이 대회에 참석했습니다. 월요일에 시작되었는데, 거의 모든 외부인들이 대회가 시작되기 전 주일에 도착했습니다. 주일 아침 워치만 니는 '우리 모두가 기다리고 있는 동안 그 집회에서 말씀을 전해 달라'는 짧은 편지를 내게 보냈습니다. 나와 참석자들은 모두 그가 그 집회에 나타나지 않은 것에 놀랐습니다. 그러나 나는 그의 요청에 따라 집회에서 말씀을 전했고 새로운 경험을 얻었습니다.

한 번은 상해의 제 1집회소에서 복음 집회를 열었는데, 아무도 누가 말씀을 전할지 몰랐습니다. 많은 사람들은 워치만 니가 말할 것이라고 생각했습니다. 나는 아주 편안하게 그에게서 메시지를 들을 준비가 되어 있었습니다. 나는 또한 복음을 전파하는 방법에 관해 더 배우기를 바랐습니다. 집회 약 한 시간 전에 문을 두드리는 소리가 났고 쪽지가 나에게 전달되었습니다. '윗트니스 형제! 당신이 오늘 밤 복음에 대한 메시지를 전합니다.' 그것은 저에게 충격을 주었습니다! 어떻게 해야 하나요? 어쨌든 나는 말씀을 전해야 했습니다… 결국, 나는 내가 말하는 동안 그가 문 뒤에 서서 내 말을 듣고 있음을 발견했습니다. 그는 모든 것을 들었습니다. 그 무렵 나는 그가 계속해서 나를 시험하고 있다는 것을 깨달았습니다.[24]

니(Nee)는 같은 방식으로 다른 동역자를 훈련시켰습니다. 약 1년 동안 니(Nee)는 그에게 주일 아침에 설교를 부탁했습니다. 니(Nee)는 그에게 미리 알리지 않았습니다. 항상 주일 오전 7시에 니(Nee)는 간단하게 쓴 메모를 보냈습니다. '당신이 설교합니다.' 혹은 '내가 설교합니다'[25] 이것은 상당한 도전이었습니다. 그의 동역자는 항상 말씀 전할 준비가 되어 있어야 했습니다. 이런 식으로 니(Nee)와 동역자들과의 그의 권위적인 관계는 의심할 여지 없이 유지되고 확인되었습니다.

---

24 위트니스 리, '금세기 신성한 계시의 선견자', 31장, 6-7부. 위트니스 리(1905-1997)는 산동성 옌타이에서 태어났다. 그는 1925년에 주님을 영접했다. 1932년에 그는 산동성의 황시안에서 워치만 니를 만났다. 이후에도 자주 연락을 주고받았고, 1933년에 리(Lee)가 주님에 의해 부름을 받은 후, 니(Nee)는 더 나은 의사소통을 하면서 일하기 위해 그를 상해로 초청했다. 그 시간 동안 니(Nee)는 리(Lee)에게 설교하게 하고, 니(Nee)의 이름으로 된 편지에 답장하고 또 '뉴스레터 모음집(The Collection of Newsletters)'을 편집하도록 요청했다. 그때에 위트니스 리는 워치만 니의 주요 동역자였다.
25 개인정보, JDM.

• Chapter 3 •

항일전쟁 동안, 그리고 그 이후의 상해교회(SCA)

워치만 니를 추적하다

니(Nee)는 1926년부터 서신을 통해 플리머스 형제회와 관계를 맺었습니다. 그는 그들의 통찰력과 영적인 성취를 높이 평가했습니다.[1] 그는 '모든 믿는이가 제사장이라는 것', 주님의 만찬의 예배 방식, '집회 중 여성이 머리에 수건을 쓰는 것'을 옹호하는 그들의 발자취를 따랐습니다. 1928년부터 1942년까지 니(Nee)는 상해에 살면서 중국의 많은 지역에서 지방교회를 발전시키는 데 동일한 원칙을 적용했습니다.

1932년 가을, 폐쇄파 형제회는 상해 지방교회(SCA)와 쑤베이 지역의 지방 교회들을 방문했습니다. 그들은 중국 지방 교회의 믿음이 그들의 것과 유사하다는 사실에 놀랐습니다. 이듬해에 니(Nee)는 답례로 그들을 방문했습니다. 그러나 니(Nee)와 상해교회(SCA) 장로들은 형제회의 극히 배타적인 관점에 동의하지 않았습니다. 영국의 폐쇄적인 형제회와 상해의 지방교회 사이의 교제는 1935년 7월에 공식적으로 단절되었습니다.[2]

1938-1939년에 니(Nee)는 런던에 있는 오스틴 스팍스(T. Austin-Sparks)[3]

---

1 렌종샹(任鍾祥, Ren Zhongxiang), '상해교회의 <간략한 역사>', p. 5.
2 니(Nee), 그리고 기타의 사람들. '런던 집회에 대한 답변,' 뉴스레터 모음집(2) '워치 만 니의 간증' 전집 26권, 4장, 2-5부; 앙구스 키니어, '파도를 넘어서', p. 137-138.
3 스팍스(T. A-Sparks, 1888-1971)는 국제적인 영향력을 가진 영국의 전도자이자 작가였다. 그는 처음에 펜 루이스(Jessie Penn-Lewis)와 관련이 있었다. 1926년에 그는 런던에 오너오 크 크리스챤 교제센터(Honor Oak Christian Fellowship Center)를 설립하여 영적 인도를 구 하는 많은 기독교인들을 훈련시켰다. 그는 많은 책을 저술했으며 적어도 세 권은 기독교 고 전으로 간주된다: '그리스도의 학교', '주 예수 그리스도의 중심성과 초월

를 방문했고 그와 함께 케스윅(Keswick) 대회에 참석했습니다. 니(Nee)는 또한 다른 나라에 초청되어 설교했습니다. 그의 설교는 해외에서 잘 받아들여졌습니다. 그러나 그의 지방 교회 개념은 거의 납득하지 못했습니다.

1938년 런던에 있는 동안 니(Nee)는 동생의 사업에 뛰어들기로 결정했습니다.[4] 죠지 니(George Nee)는 제약 회사인 생화학 공장(China Biological and Chemical Laboratories)(CBC)을 소유하고 있었는데, 니(Nee)는 1939년에 회사의 모든 책임을 맡았습니다. 그는 거기에 너무 많은 시간과 노력을 들였기 때문에 결국 사업을 운영하는 속임수에 빠져들었습니다. 하나님을 위한 그의 사역은 상당히 제한되었고 지방교회 운동의 확장은 느려졌습니다. 니(Nee)는 생화학 공장(CBC) 운영을 하기로 한 그의 결정에 대해 그의 동역자들이나 상해교회(SCA) 장로들과 논의하지 않았습니다. 생화학 공장(CBC)이 지아저우 로(Jiaozhou Rd)에 있는 새로운 시설로 확장되고 이전하기 전까지 교회 인도자들은 니(Nee)가 그의 형제의 사업에 관여하고 있음을 깨닫지 못했습니다. 간섭하기에는 너무 늦었습니다.[5]

1942년에 생화학 공장(CBC)의 관리 문제와 다른 얽힘으로 인해 상해교회(SCA) 장로들에 의해 니(Nee)의 말씀을 전하는 사역이 중단되었습니다. 한동안 복주로 돌아온 후에 그는 일본의 전시 점령을 피해 피난처인 '내륙'의 중경(충칭)으로 갔습니다.[6] 니(Nee)는 중경에서 생화학 공장(CBC)을 계속 운영했으며, 그곳의 지방 교회는 거의 섬기지 않았습니다. 그의 사역은 1948년까지 재개되지 않았습니다.

성', '우리가 그의 영광을 보니'. 스파크스의 저서의 주요 주제는 '주 예수 그리스도의 높여지심'이다.
4 앙구스 키니어, '파도를 넘어서—워치만 니의 이야기' p. 170-171. 키니어는 T. 오스틴 스파크스의 사위였다.
5 개인정보, J.Y.
6 '내륙' 항일전쟁 당시 일본군은 중국 동북부, 동부, 중부를 포함한 중국의 많은 지역을 점령했다. 국민당(KMT) 정부와 주요 대학은 중국 서부와 남부 지역으로 후퇴했다. 수도를 북경에서 중경으로 옮겼다. 내륙이란 일본의 점령하에 있지 않은 중국 내륙과 서부의 광활한 지역을 의미했다.

유성화가 '하나님 안에 거함'에 초점을 두다

1936년에 니(Nee)와 이연여 자매는 유성화(Yu Chenghua, 1901-1956) 박사를 초대하여 후난성(Hunan) 창사(Changsha)에서 상해로 돌아와 다시 한 번 상해교회(SCA)의 장로가 되게 했습니다. 수석 장로로 재직하는 동안 그는 안과 의사로서 시간제 의료 활동을 계속했습니다. 그는 조용하고 겸손했으며 권위를 강조하지 않았습니다. 그러나 회중은 그를 존경하고 그의 발자취를 따랐습니다.

1937년부터 1945년까지 상해는 일본군의 잔인한 점령 아래 있었습니다. 유성화(Yu Chenghua), 두종첸(Du Zhong Chen), 주첸(Zhu Chen)은 계속해서 하나님과 상해교회(SCA) 회중을 섬겼습니다. 그들 모두는 세속 직업을 가졌습니다. 유성화(Yu)는 주일 예배의 주요 설교자였습니다. 주(Zhu)와 두(Du)는 교회의 행정 업무를 담당했습니다.

1937년 유성화(Yu)는 로렌스 형제의 '하나님의 임재를 실행함'을 번역했고, 이듬해에 마담 귀용의 '향기로운 몰약(Sweet Smelling Myrrh)'를 번역했습니다.[7] 그 책들은 자기희생과 함께 하나님과의 친밀한 관계를 추구하는 하나님의 자녀들에게 큰 축복을 가져다주었습니다. 두 권의 책은 지방 교회 밖의 목사들을 포함하여 오늘날까지 중국 기독교인들 사이에 지속적인 영향을 미쳤습니다. 유(俞, Yu)씨는 '생명의 길'과 '하나님 안에 거함'을 설득력 있게 설교했을 뿐만 아니라 평생 하나님과 동행하는 일상 속에서도 그것을 실천했습니다. 그 이후로 내적 생명의 성장은 많은 중국 그리스도인들의 목표가 되었습니다.

순우신(Sun Wuxin, Timothy W. Sun)은 상해교회(SCA)의 선임 집사였습니다. 그는 수십 년 동안 주님을 섬겼습니다. 20년 동안 여러 노동 수용소에서 고통을 겪은 후에도 그는 여전히 유(Yu)의 번역을 소중히 여겼습니다. 그가 이렇게 기록했습니다:

---

7 유성화(Yu Chenghua)는 귀용 부인의 '향기로운 몰약', '로렌스의 영적인 말씀'을 중국어로 번역했다.

나는 많은 것을 배우고 알았지만 그 모든 건전한 교리는 20년 동안의 시련과 환난에서 거의 쓸모가 없었습니다. 나의 유일한 도움은 주님을 사랑하고 그분과 지속적으로 교제하는 내적 삶을 실천한 귀용 부인과 로렌스 형제의 경험이었습니다.[8]

유성화의 설교 노트는 해외 기독교인들 사이에서도 널리 유포됐습니다. 그 내용은 그의 저서 '하나님 안에 거함'(중국어로만 제공)과 '생명의 길(The Path of Life)'에 수집되었습니다. ['생명의 길'에 첨부된 유성화의 전기 '지성소의 삶'은 그의 아들 유종지아(Yu Chongjia)가 썼습니다.][9]

1939년에 동역자 탕슈린(Tang Shou-ling, Tang Shoulin, Tang Xin)과 얀저우시밍(Yuan Zhou Jieming)은 카우만 부인(L. B. Cowman)의 '사막의 시냇물(The Streams of the Desert)'을 중국어로 번역했습니다. 그것은 현재까지 수많은 중국 그리스도인들을 도왔습니다.

그 기간 동안 상해의 일본 헌병국은 일본 통제하에 있는 중국 교회들의 연합 전선인 '동부 중국 기독 선교회(East China Christian Mission)'를 장려했습니다. 모든 교회는 선교회에 동참해야 했고, 선교회 외부의 교회 활동은 허용되지 않았습니다. 상해교회(SCA)의 동역자들과 장로들은 만장일치로 선교회 가입을 거부했습니다. 합동로(Hardood Rd)에서 교회 활동이 중단되었습니다. 그러나 유성화(Yu)는 일요일 밤 그의 집 지하를 열고 '떡을 떼는 예배'를 갖는 용기가 있었습니다. 매주 50명 이상의 그리스도인들이 그의 응접실로 몰려들었고, 이 일은 1년 넘게 계속되었습니다. 더 많은 신자들이 지하 모임을 위해 집을 열었습니다.

전시(戰時)에 정부 기관들, 많은 기구들, 대학들, 그리고 많은 사람들이 내륙으로 피신했습니다. 극도로 힘든 나날들이었습니다.

---

8 티모시 W. 순(Timothy W. Sun), '오! 그가 얼마나 사랑하는지!' p.44.
9 '하나님 안에 거함'은 유성화(Yu Chenghua)에 의해 쓰여졌고, 유성화의 아들 유총과 (Yu Chonghua)는 '하나님께 가까이 감'을 중국어로 썼으며, 또한 '생명의 길(유성화 著)을 중국어와 영어로 첨부했다.

니(Nee)는 무한과 위난과 귀주에 갔습니다. 탕슈린은 무한과 중경으로 갔습니다. 이연여, 왕페이진, 장우지는 무한, 중경, 청도로 갔습니다. 주푸루는 창사와 고령으로, 장쉬다오(스티븐 강)는 광주, 홍콩 등지로 갔습니다.[10]

항일 전쟁은 1945년 8월에 끝났습니다. 대부분의 니(Nee)의 동역자들은 상해로 돌아왔는데, 이연여, 왕페이진, 장우지, 탕슈린, 주푸루가 거기에 포함됩니다.

위트니스 리가 상해교회(SCA)를 맡다

1946년 6월에 니(Nee)는 산동성 연대(옌타이, 치푸)에 있는 위트니스 리에게 사역을 위해 상해로 오라고 요청했습니다. 앙구스 키니어(스팍스의 사위)는 이렇게 말했습니다:

> "이제 1946년 중반에 워치만 니(Watchman Nee)는 푸저우에서 편지를 보내어 위트니스 리에게 상해의 필요를 제시하고 도움을 요청했습니다."[11]

리(Lee)는 또한 상해교회(SCA)의 왕페이진(Wang Peizhen)과 '책임 형제들'에게 초청을 받았습니다.[12] 리(Lee)가 상해에 온 후로 그와 왕페이진(Peace Wang)은 니(Nee)를 자주 초청하여 상해교회(SCA)를 방문해달라고 했지만, 1945년에 상해로 돌아온 후에도 니(Nee)는 상해교회(SCA) 활동에 참여하지 않았고 다른 교회 지도자들을 만나지 않았습니다.

1946년 10월에 리(Lee)와 그의 가족은 연대(옌타이)에서 남경(난징)으로 이주했는데, 남경은 상해와 가까웠기 때문에 그는 두 지방교회를 모두 책임지고 두 도시를 오갔습니다. 그때부터 리(Lee)는 상해교회(SCA)의 수석 인도자가 되었으며, 장로들은 다만 허수아비들일 뿐이었습니다.

---
10 렌종샹(任鍾祥), ,<간략한 역사>, p. 7, 18.
11 앙구스 키니어, '파도를 넘어서', p. 177.
12 위트니스 리, '워치만 니-금세기 신성한 계시의 선견자', 14장 8부, 33장 2부.

리(Lee)가 복음 전파에 집중하다

위트니스 리는 대학에서 청소년 사역과 전도 사업을 발전시키는 데 집중했습니다. 그는 동역자, 장로, 집사들을 자오퉁 대학으로 인도하여 연이어 열흘 저녁에 걸쳐 복음을 전했습니다. 그는 또한 '상해 의과 대학'과 '국방 의과 대학'에도 갔습니다. 전도 사역은 여러 대학의 캠퍼스에서 번창했습니다. 많은 학생들이 주님을 영접하고 그들의 삶에서 중요한 변화를 보여주었습니다.

복음 행진

위트니스 리는 상해에서 '복음 행진'을 인도했습니다. 그것은 1948년 5월에 시작되어 몇 달 동안 지속되었습니다. 매번 수백 명의 형제자매들이 행진에 동참했습니다. 우리 모두는 복음 메시지가 새겨진 흰 조끼를 입었습니다. 우리는 성경 구절이 새겨진 현수막을 들고 다녔습니다. 교회는 마이크, 드럼, 깃발을 제공했습니다. 3월에는 모두가 작은 깃발을 들고 '사람이 한번 죽는 것은 정해진 것이다'(히 9:27), '주께서 가까이 계시니 회개하고 복음을 받아들이십시오'… '모든 사람은 예수가 필요하다', '오, 큰 도시 상해여, 회개하라!'… 회개하지 않으면 평화가 없다! 등등… 우리는 깃발을 들고 슬로건을 외치며 상해교회(SCA)에서 와이탄(Bund)까지 용감하게 행진했습니다.[13] 많은 구경꾼들이 우리를 지켜봤습니다. 동역자 장우지(Zhang Yuzhi)는 1948년 9월에 다음과 같은 뉴스 기사를 썼습니다.

> 우리는 몇 번밖에 나가지 않았고 뚜렷한 열매가 없습니다. 그러나 한 가지 사실이 남아 있습니다. 상해에 작은 복음 폭탄이 떨어졌다는 것입니다. 우리가 행진할 때 수천, 수만 명의 사람들이 우리를 지켜보았습니다. 사람들은 골목과 건물에서 우리를 보기 위해 나왔습니다. 돌아올 때마다 우리는 내적으로 기쁨과 열심으로 가득 찼습니다. 우리는 주님과의 내적 교제가 이제 더

---

13 와이탄(The Bund): 황포강(Huangpu River) 서쪽 기슭을 따라 있는 상하이 시내 지역.

친밀함을 느낍니다. 우리는 세상과 더 멀어지는 것 같았습니다.[14]

그것이 상해교회 역사상 유일한 복음 행진이었습니다. 1948년은 공산당에 의해 도시가 해방되기 전 해였습니다. 정치적 상황은 불안정했고 경제는 혼란스러웠습니다. 도시에는 많은 불안이 있었습니다. 1949년 해방 이후 새 정부는 '복음 행진'을 '반공산주의 운동'으로 규정했습니다. 그들의 비난은 '복음을 사용하여 혁명을 진압함...' '...전국을 점령함' 같은 니(Nee)의 말에 근거한 것입니다. 복음 행진의 거의 모든 참석자들은 나중에 정부에 의해 '대중의 감정을 불러일으키기 위해' 흰옷을 입은 자들의 반동 행진에 가담한 것으로 낙인이 찍혔습니다. 행진에 참석한 우리 모두는 '반혁명분자'였습니다.

복음을 위한 이민

지방교회의 첫 이민 팀은 1940년에 조직되었습니다. 이 팀은 절강성 샤오산에서 발생한 참혹한 산사태를 피해 탈출하기 위해 시작되었습니다. 농부들은 장시성 이양으로 이주했습니다. 1942년, 위트니스 리는 많은 실업자 신자들이 농부로 생계를 꾸려가며 복음을 전할 수 있도록 그들을 산동성 옌타이에서 장시성으로 이주시키도록 안배했습니다.

니(Nee)가 1948년에 그의 사역을 재개한 후, 복음을 위한 이주가 그의 국가적 전략 계획에 포함되었습니다. 동역자 장우지(Zhang Yuzhi)가 이민 업무를 담당했습니다.

복음을 위한 결혼

나는 그 기간 동안 교회 결혼식에 참석했습니다. 첫 번째는 펑헤런(Feng

---

14 장우지(Chang Yuzhi), '복음을 부끄러워하지 않음', '사역들(The Ministries)'과 '열 린문(the Open Door)', 전집 55권 3장, 8부. 장우지(Chang Yuzhi, 1914-1970)는 니(Nee)의 주요 동역자 중 한 사람이었다. 그는 1970년 공산정권하에서 순교했다.

Heren, 이양 이민 팀장)과 첸비준(Chen Bijun)의 결혼식이었고, 두 번째는 두 커플의 결혼식이었습니다. 결혼식은 남양로의 신회관에 있는 원래 서양식 건물 응접실에서 거행되었습니다. 신부와 신랑은 이미 '자신을 교회에 양도 했습니다.' 모두가 결혼식에 온 것을 환영했고, 매번 100명 이상의 손님이 있었습니다.

결혼식은 평범한 교회 모임과 같았습니다. 신랑과 신부가 앞자리에 앉았고, 교회 지도자들은 설교를 하고 새로운 부부에게 복음을 위해 목숨을 바치도록 격려했습니다. 그것이 그들의 결혼의 목적이었습니다. 꽃도, 음악도, 결혼 행진도, 기념품 교환도 없었습니다. 신부는 특별한 웨딩드레스나 정장을 입지 않았습니다. 집회 장소는 장식되지도 않았고 다과로 채워져 있지도 않았습니다. 무엇보다 분위기가 엄숙했습니다. 결혼은 하나님을 섬기기 위한 진지한 서약일 뿐이었습니다. 중대한 책임에 대한 부름이 있을 뿐 즐겁거나 설레는 감정은 없었습니다. 신랑 신부뿐만 아니라 하객들도 엄숙했습니다. 나도 같은 느낌을 공유했습니다.

1948년 9월 이후 국민당(KMT)의 경제 상황은 매우 혼란스러웠지만, 상해교회(SCA)에서 우리는 희망과 열정으로 가득 차 있었습니다. 우리 자신과 우리의 모든 소유물을 주님께 바쳤습니다.

사역을 개편하다

위트니스 리의 은사는 '복음에 대한 열심'이었습니다. 또 그에게는 행정적 재능도 있었습니다. 1947년에 그는 '가정 모임'의 수를 15개로 늘렸습니다. '가정'은 주일 저녁 '떡 떼는 집회(Breaking Bread)'와 화요일 저녁 기도회를 위해 26개로 더 늘어났습니다. 집마다 수십 명의 교인들이 있었고, 제 1 가정 모임은 100명이 넘는 신자들이 집회소에서 모였습니다. 4-6명의 집사들이 각 집(House)을 담당했고, 팀 리더들이 그들의 지휘 아래 있었습니다. 각 팀 리더는 동성(同性) 신자 10명을 돌보았고 모든 가정 집회에서 호명을 했습니다. 1948년에 나는 청소년 리더로 임명되었습니다.

또한 위트니스 리와 왕페이진은 헌신적인 신자들을 교회 직분(주로 집사), 방문, 살림, 어린이 주일학교, 안내인, 부기(簿記) 등을 위해 15개의 사역 팀으로 배치했고, 명확한 임무와 책임이 주어졌습니다. 사역팀은 '전체 사역(Serve in Totality)'이라는 이름의 산하에서 리(Lee)의 직접적인 지도 아래 있었습니다.

1946년 위트니스 리가 상해교회(SCA)를 맡은 후, 주일 참석자는 평균 800-900명으로 증가했습니다.[15] 1948년의 '등록 카드'(성찬에 참석할 수 있는 교인과 유사)에 따르면, 1,683명의 신자가 있었습니다. 근로자 267명, 농민 6명, 학생 및 교사 336명, 사업가 221명, 간호사 115명, 의사 47명, 군인 18명(군의대생 포함), 공무원 24명, 경찰 3명, 기타 646명(주부, 전문직, 그리고 실업자), 문화계, 교육계, 건강관리 전문가 등의 신자들이 거의 30퍼센트에 달했습니다.[16]

'등록 카드'에 따르면 1950년까지 상해교회(SCA)에는 2,379명의 신자가 있었습니다. 수백 명의 참석자들이 일요일 아침 지우장로(Jiujiang Rd)에서 만났고, 그곳이 두 번째 집회소가 되었습니다. 그리고 지우장로(Jiujiang Rd) 모임은 불과 몇 년 동안만 지속되었는데,[17] 그것은 상해교회(SCA) 역사상 최고의 성장 기간이었습니다.

새로운 모임을 세우기 위한 전주곡

새롭게 헌신함

1947년 4월, 위트니스 리는 '헌신을 새롭게 하기 위한' 며칠 간의 특별 집회

---

15 렌종샹(任鍾祥): <간략한 역사>, p. 10.
16 ibid p. 16.
17 장시캉(張錫康)(1922~)은 상해교회(SCA)의 선임집사였다. 그의 아버지 장광롱(Zhang Guangrong, John Chang)은 상해에서 니(Nee)의 초기 남성 동역자였다. 장광롱 장로와 그의 가족은 1928년 상해로 이주한 후 수십 년 동안 문덕리에서 살았고, 그들의 집은 상해교회 (SCA)와 같은 골목을 공유했다. 장시캉(Zhang Xikang)은 6살 때부터 상해교회(SCA)와 인연 을 맺었다. 수년 동안 그는 니(Nee)의 재정 문제를 담당했다. 이 책에서 그가 제공하는 모든 정보는 대부분 그의 미발표 자서전인 '60년의 기억'(The Reminiscence of Sixty Years)에 서 가져온 것이다.

를 시작했습니다. 장시캉(Zhang Xikang)의 자서전 '60년을 회고함(Reminiscence of Sixty Years)'에 따르면, 리(Lee)의 설교 주제는 다음과 같습니다. 리(Lee)의 메시지는 재물을 취급함과 하나님을 섬김, 전체의 몸을 섬김. 세상과 맘몬에 의해 신자들이 점유됨 등이었습니다.[17] 1년 후, 니(Nee)는 전국 동역자 집회에서 정확히 같은 주제로 메시지를 전했습니다.[18] 확실히 니(Nee)는 더 정교하게 리(Lee)의 주제를 채택한 것 같습니다.

상해교회(SCA)의 주님을 향한 열정이 뜨거워졌습니다. 많은 사람들이 자신의 실패를 고백하고 눈물로 회개했습니다. 그들은 마음을 주님께 돌이키고 '양도각서'를 썼습니다. 그들은 자신의 모든 재산과 경력과 미래를 교회에 바쳤습니다. 회중은 큰 격려를 받았고 상해교회(SCA) 예배에 참석하는 사람들의 수가 급증했습니다.

'양도 운동'

처음에 위트니스 리는 그 운동을 '헌신을 새롭게 함'이라 명명하고 모든 교인들에게 동참할 것을 촉구했습니다. 그것은 1947년 초부터 1949년 4월, 즉 그가 대만으로 떠나기 전인 1949년 1/4분기까지 지속되었습니다. 1948년에 니(Nee)는 그것을 '내어드림' 혹은 '양도(Handing-Over)'라고 불렀습니다.

젊은 그리스도인들은 복음 전파에 열심이었습니다. 매달 수십 명, 때로는 100명 이상의 새 신자들이 침례를 받았습니다. 모임 장소가 꽉 찼습니다. 점점 더 많은 사람들이 복음 사무실과 문덕리 집회소가 공유하는 골목에 있는 다섯 명의 동역자 집의 응접실로 밀려왔습니다. 그 집은 장광룽(Zhang Guangrong), 이연여(Li Yuanru), 왕페이진(Wang Peizhen) 및 장우지(Zhang Yuzhi)의 거주지였습니다. 모든 계단, 안뜰 및 인접한 골목이 꽉 찼습니다.

---

18 워치만 니 '사역 재개 메시지', 전집 57권, 어디에나(everywhere).

새 모임장소 건축을 촉구하다

교회의 수용인원을 확충해야 하는 시급한 필요성 때문에 리(Lee)는 훨씬 더 큰 집회소를 지을 것을 제안했습니다. 렌종샹(任鍾祥, Ren Zhongxiang)은 다음과 같이 썼습니다.

> 1947년 8월 30일 저녁, 리(Lee)는 새 집회소 건축 계획을 추진하기 위해 회중의 '특별 회의'를 소집했습니다. 신자들은 엄청난 양의 현금, 은화, 크고 작은 금괴, 미화, 보석류, 골동품, 심지어 옷, 가구, 자전거, 생필품까지도 드렸습니다. 1947년 4월부터 1948년 3월까지 기부금 총액은 대형 금괴 100개 이상에 해당했습니다. 각 금궤의 무게는 10온스(구 시스템)였습니다. 위트니스 리는 항일 전쟁 기간 동안 산동성 옌타이에서 '양도함'의 운동을 가르쳤으며, 그것을 1947년에 상하이로 가져왔습니다. 나중에 그것은 워치만 니와 위트니스 리의 양도(Handing-Over) 운동의 서곡(prelude)이 되었습니다.[19]

위트니스 리는 활력이 넘쳤지만 '하나님 안에 거하거나 그리스도의 생명으로 성장하는' 헌신적이고 영적인 차원에는 거의 시간을 할애하지 않았습니다. 그의 리더십 스타일과 초점은 유성화(Yu Chenghua)와 분명히 달랐습니다. 리(Lee)가 상해교회(SCA)에서 인도자로 활동하는 동안 유씨는 묵묵부답이었습니다.

상해교회(SCA)에서의 나의 영적 성장

침례를 받은 후, 나의 생활 방식과 태도가 완전히 바뀌었습니다. 나는 매우 내성적이 되었고, 화려한 옷도, 반소매 드레스도 입지 않았습니다. 나는 니(Nee)의 가르침에 따라 옷을 입었습니다. 여성의 몸은 가능한 한 많이 가려야 합니다. 그러한 변화는 하나님을 향한 나의 사랑을 표현했을 수도 있습니다. 그러나 나는

---
19 렌종샹(任鍾祥) <간략한 역사> p. 12-13.

내가 불경건한 사람으로 비춰질까봐 그만큼 두려웠습니다. 점차적으로, 그리고 무의식적으로 나는 또한 영적인 치장을 겹겹이 쌓았습니다. 대학 생활 동안 나는 계속해서 매우 내성적이고 진지했으며 결코 크게 웃지 않았습니다. 몇 년 후 나는 내가 수녀 같다는 말을 들었습니다.

나는 직접 '양도운동'(Hand-over)에 간단한 서면 메모를 제출한 후, 가사 팀에서 봉사하도록 배정되었고, 나중에는 방문 팀에서 봉사하도록 지정되었습니다. 나는 복음 집회에 온 불신자들을 찾아가 관심을 보였고, 나중에는 어린이 주일 학교에서 수년 간 봉사했습니다.

교회 봉사를 통해 하나님의 사역에 진지하고 충성하는 법을 배웠습니다. 제가 자라면서 집안일을 하라는 요구는 없었습니다. 좋은 학생이 되라는 요구만 있었을 뿐입니다. 그러나 나는 교회에서 신도들의 좌석과 창문과 문을 닦는 법을 배웠습니다. 모든 일을 하나님 앞에서 하는 것같이 하라고 배웠습니다. 하나님을 기꺼이 섬기고 싶었기 때문에 교회 일과 모든 일에서 진지함을 배웠습니다. 그 습관은 평생 동안 매우 도움이 되었습니다. 주님을 섬기기 위해 새로운 교회 임무를 맡을 때마다 나는 기쁨이 넘쳤습니다.

• Chapter 4 •

니(Nee)의 사역 재개와 국내 동역자들 및 집회

1945년 8월 항일전쟁은 중국의 승리로 끝났습니다. 니(Nee)는 충칭의 생화학 공장(CBC)에서의 수익성 있는 사업을 즉시 끝내고 상해와 복주를 오갔습니다. 그는 지방교회의 미래를 염려했지만 상해교회(SCA) 활동에는 참여하지 않았습니다. 복주(Fuzhou)에서 그는 부모로부터 물려받은 저택을 개조했습니다. 그는 또한 복주 인근의 산악 지역인 고령(Kuling)에서 부동산을 구입했습니다. 그의 목적은 미래에 사용할 훈련 시설을 준비하는 것이었습니다.

니(Nee)의 재개의 전주곡

위트니스 리가 동역자들에게 니(Nee)를 받아들이도록 설득함

리(Lee)는 니(Nee)에게 변함없이 충성스러웠습니다. 그는 1942년의 상해교회(SCA) 폭풍으로 인해 상해교회(SCA) 지도자들 사이에 니(Nee)에 대한 쓴 느낌(bitter feelings)이 있음을 깨달았습니다.[1] 난징과 상하이에 도착하자마자 위트니스 리는 이연여(Li Yuanru), 장우지(Zhang Yuzhi), 후다웨이(Xu Dawei, David Hsu), 두종첸(Du Zhongchen), 유성화(Yu Chenghua)를 포함한 대부분의 선임 동역자들과 이야기를 나누었습니다. 그는 그들이 영적으로 뒤로 물러가는 원인이 정말로 워치만 니의 잘못에 있었는가에 초점을 맞추면서 설득했습니다. 그는 그들이 니(Nee)에게 영적 도움을 받은 것에 대한 감사를 잊어버렸다고

---

1 14장, '1942년 워치만 니의 사역의 중단'을 보라.

하면서 강조하기를, "문제는 '선악을 알게 하는 지식의 나무'인가 '생명나무'인가 이다."라고 했습니다. 키니어(Kinnear)는 다음과 같이 썼습니다.

> 이미 1946년에 위트니스 리는 상해 장로들에게 다음과 같이 도전했습니다. "여러분이 그를 거절하는 결정을 내렸을 때 영 안에 있었습니까? 그리고 그 결과는 무엇이었습니까? 그것이 생명을 가져왔다고 말할 수 있습니까?" 그들은 각 질문에 '아닙니다(No).'라고 슬프게 대답했습니다. [2]

동역자들은 리(Lee)의 '생명을 주의하라는' 관점을 수용했지만, '선악(옳고그름)을 알게 하는 나무'는 수용하지 않았습니다. 그래서 그 이전의 나쁘게 생각했던 것(원한)은 해결되었습니다.

리(Lee)와 왕페이진이 니(Nee)의 사역 재개를 촉구함

위트니스 리와 왕페이진은 니(Nee)가 그의 사역으로 돌아오기를 간절히 원했습니다. 리(Lee)는 이렇게 말했습니다:

> 상해에 다시 옴으로써 나는 6년 이상 헤어져 있던 니(Nee) 형제님을 만날 기회가 많았습니다... 또한 이때 왕페이진과 나는 워치만 니의 사역의 회복에 관심을 가졌습니다. 이런 이유로 우리는 기회가 있을 때마다 그와 교제를 나누었습니다.... 우리는 그에게 상해교회의 회복과 새로운 분야의 넓은 문이 열리기 때문에 그의 사역을 재개해야 할 긴급한 필요성을 제시했습니다. 나는 그에게 사역을 재개할 것을 요청했지만, 그는 어떤 거역적인 형제들 때문에 그의 사역의 영이 그가 상해교회에서 사역하는 것을 허용하지 않을 것이라고 말했습니다. 나는 이를 통해 그의 사역을 회복하기 위해서는 우리 가운데 부흥이 절실히 필요하다는 것을 깨달았습니다. [3]

---

2 앙구스 키니어, '파도를 넘어서'(Kinnear Augus, Against the Tide), p. 182.
3 위트니스 리, '워치만 니―금세기 신성한 계시의 선견자', 33장, 2부.

1947년 2월, 위트니스 리는 왕페이진(Wang Peizhen)과 리라지에(Li Lajie, Rachael Lee)와 함께 복주에 도착했습니다. 그는 지역 동역자들을 위한 지역 및 특별 모임에 설교하도록 초청되었습니다. 그들은 나중에 니(Nee)와 교제할 계획을 이미 세웠습니다.

그 당시에 27명의 지역 교회 지도자들이 니(Nee)와 교제하기를 요청했습니다. 리(Lee)는 다음과 같이 썼습니다:

> 복주에서 수양회가 끝난 후, 우리는 워치만 니의 사역 회복이 가속화되어야 한다는 것을 교제하기 위해 또 다른 2주 동안 워치만 니와 함께 지냈습니다. 다른 동역자들과 인도자들도 이 교통에 대해 들었을 때 떠나지 않고 그들도 교통에 참여할 수 있도록 워치만 니의 허락을 받아달라고 요청했습니다. 처음에 그는 허락하지 않았지만 더 간청하자 넓은 거실의 다른 구역에 멀리 떨어져 앉는 조건으로 참석하는 데 동의했습니다. 오직 왕페이진(Peace Wang, Wang Peizhen), 리라이제(Rachel Lee, Li Lajie), 그리고 나만 그와 함께 교제를 나누었습니다. 나는 그에게 복건과 광동 지방의 모든 교회가 혼란에 빠진 이유를 물으며 교제를 시작했습니다. 즉시 그는 예루살렘 노선에 대한 메시지를 발표함으로써 응답했습니다. 그 말은 한 시간 넘게 그에게서 흘러나왔습니다. 우리는 놀라서 거기에 앉아 있었는데, 놀랍게도 멀리 떨어져 있는 사람들 사이에 앉아 있던 한 자매가 소리를 질렀습니다. "니(Nee) 형제님의 메시지에 따라 지금 당장 해서는 안 됩니까?" 니(Nee)는 대답했습니다. "만일 여러분이 그것을 원한다면 여러분은 여러분의 일(사역)을 양도해야 합니다. 여러분의 헌신을 나타내는 문서에 서명하고 그것을 리(Lee) 형제님에게 전달하십시오." 그들은 모두 그렇게 했습니다.
>
> 복주에 있는 교회의 인도하는 형제들이 이 소식을 듣고 그날 저녁에 와서 그들 자신과 교회를 사역의 일에 넘겼습니다. 이에 복주의 모든 성도들이 동요하여 치만 니는 온 교회를 소집하기로 결정하였습니다. 그는 나(Lee)에

게 그 집회에서 말해 달라고 요청했지만, 나는 그가 가서 말하지 않으면 그 집회에 참석하지도 않겠다고 강하게 말했습니다. 그러므로 그는 그 부담을 짊어지고 그 집회에서 말했습니다. 우리 모두는 이것이 그의 사역의 회복의 시작임을 깨달았습니다. 우리 수백 명은 이에 대해 기뻐했습니다. 이 사건들은 1948년 3월에 일어났습니다. [4]

여러 해 동안 복주에는 두 개의 지방교회가 있었습니다. 하나는 진먼로에, 다른 하나는 퀴우창 허우에 있었습니다. 진먼로(Jinmen Road)의 지도자들은 그들의 교회를 니(Nee)와 리(Lee)에게 기꺼이 넘겨주었습니다. 그러나 장퀴첸(Zhang Qizhen)이 이끄는 퀴우창 허우(Qiuchang Hou)의 지도자들은 니(Nee)의 집에서 가진 첫번째 회의에 대한 통지를 받지 못했습니다. 장(Zhang)은 그 말을 들은 후, '한 지방, 한 교회'라는 니(Nee)의 원래 원칙을 고수하는 것을 선호했고 양도하기를 단호히 거부했습니다. 그렇게 해서 복주의 두 지방교회는 공개적으로 분열되었습니다.

전국 동역자 모임

리(Lee)와 왕(Wang)의 촉구에 응하여 니(Nee)는 전국적인 동역자 모임을 위해 상해로 왔습니다. 회의는 상해교회(SCA) 지도자들에 의해 주선되었지만, 니(Nee)는 그것을 완전히 인수했습니다. 첫날부터 리(Lee)의 도움으로 그는 유일한 책임자였습니다. 짧은 대화와 참석자들의 짧은 질문을 제외하고 그는 유일한 연사였습니다. 이것은 항상 지방교회 집회에서 그의 주도적인 스타일이었습니다. 그는 마치 그의 설교 사역이 중단된 적이 없었던 것처럼 회의에서 유일하고 의심할 여지가 없는 리더십의 태도를 보여주었습니다.

---

4 위트니스 리, ibid, 33장, 3부.

1948년 4월 9일부터 5월 15일까지 합동로(Hardoon Rd)에 있는 집회소에서 열린 동역자 모임은 5주 동안 계속되었습니다. 교회 지도자들은 전국 여러 지역에서 왔습니다. 상해교회(SCA) 장로들과 집사들, 몇몇 대학생들도 비공식적으로 집회에 참석했으며, 전체적으로 약 200명이 참석했습니다.[5]

니(Nee)의 이론

이 중요한 모임에서 니(Nee)의 연설 주제는 다음과 같았습니다:
'권위와 위임된 권위', '몸의 간증', '예루살렘 원칙', '양도' 등.. 그는 특히 그리스도인은 맘몬을 섬겨서는 안 되며, 모든 소유는 복음을 위해 자발적으로 교회에 양도되어야 한다고 강조했습니다. 그의 '양도(hand over)' 전략과 함께 이 일련의 연설은 본질적으로 1942년 위트니스 리의 가르침에서 채택되었습니다. 이에 더해서 니(Nee)는 위임된 권위와 양도 이론을 지지하는 예루살렘 원칙 같은 몇몇 새로운 아이디어를 너무 강조해서 말했습니다.

1948년 집회 때 리(Lee)는 1942-1943년 연대(옌타이) 부흥을 다음과 같이 보고했습니다.

1942년 말부터 돈 문제가 해결되지 않으면 하나님의 복음이 효과적으로 나갈 수 없음을 분명히 보았습니다... 형제자매들이 돈을 풀어놓지 않으면 진정한 부흥이 일어날 수 없음을 보았습니다... 1942년 12월 13일에 주님은 우리 가운데 일을 하셨습니다. 그날 오후 나는 생명에 대한 메시지를 전할 준비를 하고 있었습니다. 우리는 2, 3년 동안 생명에 관한 메시지를 전했지만 그날 오후 내 메시지는 전환점을 맞았습니다. 그날 이후로 우리는 돈

---

5 렌종상(任鍾祥), <간략한 역사>. 참석자 수에 대한 여러 계정이 있다. 그러나 렌(Ren)의 자료가 더 신뢰할만 했다. 그는 상해교회(SCA)의 행정 집사였으며 전국 동역자 집회들(Coworkers' Meetings)에 참석했다.

문제가 해결되지 않는 한 하나님의 복음이 결코 나아갈 수 없음을 보았습니다... 이렇게 하여 약 6-700명이 주님께 모든 것을 바쳤습니다.[6]

니(Nee)는 동역자 집회(Coworkers Meetings) 직후에 예정된 '고령의 동역자 훈련(Guling Training Coworkers)'에서 같은 주제를 반복했습니다. 그의 유창하고 설득력 있는 연설을 통해 니(Nee)는 쉽게 모든 지방 교회의 지도력을 장악했습니다. 니(Nee)와 리(Lee)는 지방교회의 사도라고 주장하는 두 사람이 되었습니다. 1949년 4월 30일에 리(Lee)가 대만으로 떠나자[7] 니(Nee)는 중국 본토의 유일한 지도자가 되었습니다.

상황이 확실히 바뀌었습니다. 1928년에 지방교회들이 설립되고서 얼마 지나지 않아 니(Nee)는 '일과 교회의 분리 원칙'을 옹호했습니다. 그는 일을 책임지고, 장로들은 그들의 지방교회를 책임졌습니다. 그는 복음 사역, 출판, 특별 집회 및 훈련 등과 같은 국가 및 지역 사역을 관리했습니다. 그러나 그의 새로운 '예루살렘 원리' 이론에 따르면, 모든 지방교회는 '사역'의 주도 아래 자기 교회를 넘겨주어야 했습니다. 그것은 그의 이전의 원칙인 '각각의 지방교회의 독립'과 배치됩니다. 그는 '한 지방, 한 교회'라는 지방교회의 관점을 버렸습니다.

권위와 위임된 권위

이 집회에서 니(Nee)는 반복적으로 교회의 권위를 확증했습니다. 그는 항상 교회의 권위를 강조했지만, 지금은 위임된 권위에 더 초점을 맞추고 있습니다. 그는 이렇게 말했습니다:

> 몸에서 우리가 배워야 할 첫 번째 일은 우리 자신을 복종시켜야 할 사람을 찾는 것입니다. 우리는 누가 우리 앞에 있는지를 알아야 합니다. 성경의 모

---

6 위트니스 리, 치푸 교회 부흥에 대한 간증, : 워치만 니 사역의 재개. 전집 57권, 16장, 5 부.
7 렌종상(任鍾祥), <간략한 역사>, p. 17.

든 권위는 대리 권위이지 직접적인 권위는 아닙니다.[8]

사역이 있는 한 권위가 있습니다. 사역에 권위가 있는 이유는 무엇입니까? 신자마다 맡은 사역이 다르기 때문입니다. 사역의 차이가 권위를 낳습니다. 동시에 사역의 권위에는 한계가 있습니다. 하나님께서 나에게 귀가 되어 들을 수 있는 은혜를 주실 수 있습니다. 한편으로 그분은 내가 듣는 것으로 몸을 섬기기를 원하십니다. 반면에 그분은 내가 나 자신의 한계를 받아들이기를 원하십니다. 보고 싶으면 눈에게 도와달라고 해야 합니다. 오늘날 문제는 듣지 못하는 사람은 듣고 싶다고 주장하고, 말하지 못하는 사람은 말해야 한다고 주장하고, 달릴 수 없는 사람은 달리겠다고 주장한다는 것입니다. 우리는 다른 사람들이 무언가를 하는 것이 우리가 그 일을 하는 것과 같다는 것을 깨달아야 합니다. 그들의 은사는 곧 우리의 은사입니다. 동시에 우리는 제한 받기를 배워야 하고 교회가 몸이라는 것을 깨달아야 합니다.

어떤 사람들은 단순히 성경을 연구할 뿐 가르치는 방법을 모릅니다. 그러나 그들은 하겠다고 주장하며 그 결과 많은 문제가 발생합니다.[9]

머리는 아이디어와 제안을 통해 머리로 나타납니다. 머리의 권위에 복종한다는 것은 사람이 많은 제안을 할 필요가 없고 자신의 아이디어가 많지 않다는 것을 의미합니다.[10]

사역은 권위입니다. 주님이 어떤 사람에게 사역을 주실 때 그분은 그 사람에게 권위를 주시는 것입니다. 많은 사람들이 많은 문제에 대해 걱정하지만, 우리는 지체로서 우리 자신의 머리를 제거하는 법을 배워야 합니다.[11]

---

8 니(Nee), '몸의 회복과 사역의 권위', 워치만 니의 사역 재개, 전집 57권. 6장, 3부.
9 니(Nee), ibid, 6장, 4부.
10 니(Nee), 몸과 몸의 의식 안에서 권위의 행사, 워치만 니의 사역 재개, 전집 57권, 24장, 2부.
11 니(Nee), '기꺼이 가난하게 됨과 권위에 대한 복종'(Voluntary Poverty and Submission to Authority), 워치만 니의 사역 재개, 전집 57권, 24장 2부

니(Nee)는 1930년대에 그가 한 말을 잊었습니다:

> 사역자들은 교회에서 우월한 지위를 차지하지 않습니다... 사역자의 위치는 초기 사도들의 위치와 비슷합니다. 그들이 사도의 일을 하나 사도의 권세는 갖지 않습니다.[12]

예수님의 성육신을 생각해 봅시다. 그는 세상에 오셔서 우리의 죄를 위해 십자가에서 죽으셨습니다. 그는 자신의 권위를 강조하지 않으셨습니다. 대신 그분은 자신의 특권을 포기하시고 이렇게 말씀하셨습니다:

> "이방인의 집권자들이 저희를 임의로 주관하고 그 고관들이 저희에게 권세를 부리는 줄을 너희가 알거니와 너희는 그렇지 않으니 너희 중에 누구든지 크고자 하는 자는 섬기는 자가 되고 누구든지 으뜸이 되고자 하는 자는 모든 사람의 종이 되어야 하리라"(마가복음 10:42-44.)

성경에 위임된 권위에 대한 몇 가지 예가 있다는 것을 니(Nee)가 본 것은 옳았지만, 그 어떤 것도 흠잡을 수 없거나 절대적으로 신성하게 위임된 권위는 없었습니다. 인간은 결코 하나님만큼 완전하지 않습니다. 우리는 결코 하나님의 종을 하나님 자신처럼 섬기거나 존경해서는 안 됩니다. 예수 그리스도는 성육신하신 하나님의 형상이시지만 자기를 비워 종의 형체를 가지셨습니다(빌 2:7).

지방교회-시대의 사역

워치만 니는 지방교회를 '하나님의 사역의 초점'이라고 주장했습니다. 그는 다음과 같이 말했습니다 :

> "오늘날 하나님의 사역은 '지방교회 안에' 있고 '지방교회를 위한' 것입니다... 오늘날의 길은 '교회의 길'입니다. 따라서 우리는 주제넘거나 부주의하

---

12 니(Nee), '사역자들과 관련된 질문들' 현재의 간증(4), 전집 11권, 16장, 2부

게 행동해서는 안 됩니다.[13]

니(Nee)는 하나님이 오직 지방교회만을 신뢰하신다고 선언했고, 그는 절대 지도자였습니다. 더욱이 그는 시대의 사역자로서 지방교회의 역할을 자랑했습니다.

"구약에서 솔로몬과 다윗은 모두 주님을 대표했습니다. 두 사람은 두 가지 방법으로 한 사역을 표현했습니다. 구약에는 많은 사역자들이 있었습니다. 모세 이후에 사사들이 세워졌습니다. 그 다음에는 솔로몬과 왕들과 선지자들이 있었습니다. 이스라엘 백성이 포로로 잡혀간 후에 회복을 위한 그릇들이 세워졌습니다. 구약은 다양한 종류의 사역으로 가득 차 있습니다. 모든 시대에는 그 시대의 사역이 있습니다. 이 시대의 사역자들은 지방적 사역자들과 다릅니다. 루터는 그 시대의 사역자였습니다. 다비(J.N. Darby) 또한 그 시대의 사역자였습니다. 각 시대마다 주님은 그분이 이루고자 하시는 특별한 일들이 있습니다. 그분께는 자신의 회복과 해야 할 일이 있습니다. 그분이 한 시대에 행하신 특별한 회복과 일이 그 시대의 사역입니다… 사람이 그 시대의 사역을 보고 접할 수 있는 것은 하나님의 긍휼입니다."[14]

니(Nee)는 '하나님의 시대의 사역'이 특정 시대에 하나님이 하기를 원하시는 가장 중요한 사역임에 틀림없다고 말했습니다. 니(Nee)는 '지방교회'를 유일한 '지방 사역'이자 '시대의 진리'라고 지적했습니다.

비록 형제회가 니(Nee)가 회심한 직후에 영감을 주긴 했지만, 그는 형제회가 그가 본 것처럼 지방교회의 진리를 분명히 보지 못했다고 말했습니다. 그래서 니(Nee)는 '지방교회(the Local Church)'의 개념을 자신의 통찰력으로 표현했습니다. 1945년에 그는 다음과 같이 말했습니다:

---

13 니(Nee) '몸의 회복과 사역의 권위' '워치만 니의 사역 재개', 전집 Vol. 57 장. 6. 13부.
14 니(Nee), '부서짐과 사역,' /워치만 니의 사역 재개/, 전집 57권, 27장, 1부.

더군다나 그 당시 부족했던 점은 형제들이 교회가 '지방적(local)'인 것의 근거와 경계를 보지 못했다는 것입니다. 그들은 소극적인 면에서 교회의 죄를 분명히 보았지만, 긍정적인 면에서는 교회가 어떻게 서로 사랑하고 지방의 입장과 경계에서 어떻게 하나가 되어야 하는지를 제대로 보지 못했습니다.[15]

나는 '형제회의 운동'이 종교개혁보다 훨씬 더 중요하다고 이미 언급했습니다. 종교개혁은 양적(quantity)인 개혁에 불과한 반면, 형제회 운동은 교회의 본질(substance)을 회복하는 질적인 개혁이었습니다.[16]

니(Nee)의 성취가 다비(John N. Darby)와 다른 형제회 지도자들보다 더 컸습니까? 니(Nee)의 업적이 과거와 현재 시대의 다른 기독교 지도자들의 업적보다 컸습니까? 아니면, 그게 그의 자존심이었을까요? 니(Nee)는 또한 함부로 다른 교회들을 다음과 같이 비난했습니다:

> 오늘날 많은 사람들이 그들이 교회이거나 권위라고 주장합니다. 로마 카톨릭 교회, 장로교회, 침례교회 또는 감리교회에 관계 없이, 교회라고 주장하거나 권위를 가지고 있다고 주장하는 사람들은 왕좌를 가장하는 자들입니다.[17]

몸의 간증 - 모든 사람이 복종해야 함

니(Nee)는 이렇게 말했습니다:

> 교회 생활을 하는 것은 우리의 생명 자체를 요구합니다. 우리가 해야 할 첫 번째 일은 생각하는 것이 아니라 복종하는 것입니다. 성도는 모든 문제를 장로들에게 제시해야 하고, 장로들은 문제를 하나님 앞에 제시해야 합니다. 그리하여 성도들은 장로들을 통하여 하나님께 나아갈 수 있고 하나님의 권

---

15 니(Nee), '교회의 정통', '권위와 복종', 전집 47권, 10장, 7부.
16 니(Nee), ibid, 전집 47권, 11장, 2부
17 니(Nee), '몸과 몸의 의식에서 권위의 행사', '워치만 니의 사역 재개', 전집 57권, 24장, 3부.

세가 성도들 가운데서 나타날 수 있습니다.[18]

우리는 오늘 하나님께 한 가지 일을 해달라고 구해야 합니다. 어떤 사람이 몸의 인도를 거부하면 그는 모든 인도를 박탈당할 것입니다. 일에 있어서 주님의 인도하심은 몸 안에서 나타납니다. 우리가 개인의 길에 주의를 기울인다면 하나님의 인도하심을 놓치게 될 것입니다.[19] 교회의 섬김의 원칙은 한 달란트가 다 일어나야 한다는 것입니다. 그러나 그들이 일어나자마자 육체도 일어납니다. 그러므로 교회가 교회 되기 위해서는 모든 한 달란트가 일어나야 하지만, 또한 육체가 처리받기 위해서는 권위의 행사가 있어야 합니다. 여기서 유일한 해결책은 사람이 듣고 순종하는 것입니다. 어떤 것이 옳다고 생각한다면 순종해야 합니다. 뭔가 옳지 않다고 생각되더라도 순종해야 합니다. 모든 사람이 일어나야 하고 모든 사람이 순종을 배워야 합니다.[20]

우리가 온 몸으로서 일어나면 중국 전체가 얻어질 것입니다. 아무도 우리를 감당할 수 없을 것입니다.[21]

마르틴 루터 때부터 하나님은 회복의 길을 차근차근 밟기 시작하셨습니다. 지난 400년 동안 하나님은 50년마다 회복의 역사를 하셨습니다. 지난 100년 동안 그분의 일은 특히 강력했습니다. 지난 수십 년 동안 회복의 정점을 본 것 같습니다. 지금처럼 교회가 부요했던 때는 없었습니다… 이 모든 역사 가운데 궁극적인 역사는 '몸의 간증의 회복'일 것입니다.[22]

예루살렘 원칙

니(Nee)는 1922년에 종파 교회들로부터 떨어져 나갔습니다. 이듬해에 그는

---

18 니(Nee), '온 몸의 봉사와 권위의 회복', 워치만 니의 사역 재개, 전집 57권, 11장, 4부.
19 니(Nee), '몸의 인도와 온 몸의 섬김'(The Leading of the Body and the Whole Body Serving) 전집 57권, 12장. 3부.
20 니(Nee), ibid, ibid, 전집 57권 12 장. 4부.
21 니(Nee), '온 몸의 섬김' ibid, 전집 57권, 20장. 4부.
22 니(Nee), '온 몸의 섬김' ibid, 전집 57권, 22장. 1부.

그의 동료들과 함께 복주(Fuzhou)의 시에르잔파이(Shi Er Jian Pai)에서 지방 교회를 세웠습니다. 그는 성경을 따르기 위해서는 오래된 교회 전통을 피해야 한다고 주장했습니다. 1924년부터 1936년까지 니(Nee)는 200개 이상의 지방교회를 발전시켰습니다.[23] 그는 지방교회에 대한 자신의 개념을 안디옥 원리라고 불렀습니다. 안디옥 원리는 무엇이었습니까? 그는 1938년에 그것을 다음과 같이 정의했습니다.

> 안디옥 교회는 하나님의 말씀에 나타난 모델 교회입니다. 왜냐하면 그것은 유대인과 이방인이 연결된 교회로서, 교회가 설립된 후 처음으로 존재했기 때문입니다… 기록된 최초의 성령의 사도 파송은 안디옥에서였으므로 우리는 그 세부 사항을 주의 깊게 살펴보아야 합니다.[24]

> 그들(사도들)은 교회가 세워지고 어느 정도 건축의 역사가 완료된 곳을 떠나기 전에 그곳에서 책임을 질 장로들을 임명했습니다(14:23). 성경에는 사도가 한 자리에 너무 오래 머물며 교회를 관리한 사람이 하나도 없습니다. 장로들은 지방교회를 돌봐야 하지만 사도들은 그렇지 않습니다.[25]

그러나 1948년에 니(Nee)는 예루살렘 원칙을 옹호했습니다. 그는 이렇게 말했습니다.

> 오늘날 우리는 예루살렘의 원칙을 새롭게 생각해볼 필요가 있습니다. 하나님의 일은 예루살렘에서 시작되었습니다(행 1:4, 8). 주의 말씀은 예루살렘에서부터 복음이 전파되어야 한다는 것이었습니다. 성경에서 예루살렘은 하나님의 일을 상징합니다. 하나님은 예루살렘을 사역의 중심으로 세우셨습니다. 하나님의 눈에는 모든 사도들이 예루살렘에 남아 있어야 했습니다(행

---

23 니(Nee), '대화'(Talks) (4), 집회(Conferences), 메시지(Messages), 교제(Fellowship) (2), 전집 42권, 34장, 1부.
24 니(Nee), 정상적인 그리스도인의 교회 생활, 전집 30권, 5장, 1부.
25 니(Nee), ibid, 전집 30권, 7장. 6부. 인용문의 일부는 중국어판에서 가져왔다. 이 책은 처음에 영어로 출판되었으며 나중에 저자가 중국어로 일부 수정했다.

1:4, 8:1, 14, 25). 우리는 전에 한구(한커우)에서 한 말을 한 마디도 철회하지 않을 것입니다. 의심할 여지없이 교회는 지방적입니다. 그러나 하나님의 눈에는 그분의 일에 중심이 있습니다... 오늘날 우리의 실패는 우리에게 예루살렘이 없이 먼저 지방교회들이 있게 되었다는 사실에 있습니다. 주님의 길의 순서는 첫째는 예루살렘이요 그 다음은 사마리아요 그 다음은 땅끝입니다(행 1:8). 먼저 예루살렘이 있고 그 다음에 지방교회들이 있습니다. 과거에 우리는 이것을 보지 못했습니다. 이것이 우리가 작은 교회들이 많았음에도 불구하고 동역을 배우지 못한 이유이며, 지방교회들이 두세 명의 책임 있는 형제들과 한 사역자의 손 아래서 작은 왕국이 된 이유입니다. 과거 주님의 간증의 문제는 우리가 예루살렘에서 시작하지 않았다는 것입니다.[26]

오늘날 동역자들이 안디옥의 길을 가기에는 너무 이릅니다. 우리가 이전에 실행한 안디옥 원리는 사도행전 13장부터 시작됩니다. 우리는 예루살렘 노선을 건너뛰었습니다(행 8:1).[27]

니(Nee)가 주님을 섬기기 시작하고서 몇 년이 지난 후에 그는 지방교회에 대한 그의 기본 이론으로 안디옥의 원칙을 옹호했습니다. 이와 관련하여 그의 주요 저서는 다음과 같습니다. 1) '정상적인 그리스도인의 교회 생활'(Watchman Nee의 전집, 30권), 1939년 런던에서 출판된 '우리의 사역에 관하여'(혹은 '사역의 재고')라는 이름으로도 명명됨, 2) '교회의 정통'(The Orthodoxy of the Church, 전집 47권), 1945년 중경(충칭)에서 출판됨. 후자는 동역자들을 위한 중경 특별집회의 기록입니다. 1945년까지 니(Nee)는 20년 이상 지방교회에 대한 그의 기본 이론을 고수했습니다.

그러나 1948년에 그는 생각을 바꾸었습니다. 정치 체제가 바뀌기 일 년 전에

---

26 니(Nee), '질그릇 안의 보배와 예루살렘의 원리', 워치만 니의 사역 재개, 전집 57권 3 장. 3부.
27 니(Nee), 일의 보고(Report of the Work), ibid, 전집 57권, 28장, 1부.

니(Nee)는 그의 주요 원칙에서 급진적인 변화를 제안했습니다. 그는 상대적으로 독립적인 모든 지방교회들이 사도(위임된 권위)의 지도력 아래서 독점(monopoly)에 가입할 것을 촉구했으며, 그 지도자는 니(Nee) 자신이었습니다. 그는 '주님을 위해 중국을 점령하는' 더 큰 목표를 위해 힘을 기울이고 있었습니다. 그렇게 중국 지방교회는 역사의 한 페이지를 넘겼습니다.

<안디옥과 예루살렘의 노선의 비교>

안디옥 원칙 (1924-45)	예루살렘 원칙 (1948-52)
지방교회들의 독립	지방교회들을 사도(들)에게 양도
지방의 장로들이 교회를 다스림	사도(들)이 모든 교회들과 장로들을 다스림
깊은 영적 문제에 대한 강조	일 중심과 일 지향적
생명의 성장을 강조	복음 전파와 양도를(handing-over) 강조
하나님과의 관계 강조	전체 지방교회들의 하나를 강조

'양도함'과 '중국 전체를 장악함'

니(Nee)는 전체 회중과 모든 지방교회가 그들이 가진 모든 것을 사도들에게 '양도할 것'을 요청했습니다. 그는 이렇게 말했습니다:

> 일(work)의 원칙은 동일합니다. 각처의 동역자들에게 먼저 자신을 양도하고 머리 아래 두며 머리의 지시를 받아야 합니다. 그래야만 주님이 하실 수 있고, 그래야만 사역이 진행될 수 있습니다. 이 시대에 주님께서 최소한 우리에게 나아갈 길을 주시기 바랍니다. 이제부터 우리는 몸의 심판(judgement)을 받아들여야 합니다. 모든 주요 결정과 지시는 몸의 손(hands of the Body)에 맡겨야 합니다… 장차 몸의 나타남은 오늘날 지방교회들의 간증의 본질에 의해 결정될 것입니다. 지방교회들은 장차 올 보편교회(universal church)의 모델들입니다.[28]

---

28 니(Nee), 교회의 길(The Way of the Church), ibid, 전집 57권, 7장, 6부.

형제자매들은 자신의 앞날, 직업, 거처, 사업, 재산, 생활의 일부가 되는 모든 것이 교회의 교통에 포함되어야 한다는 것을 알아야 합니다. 이전에는 스스로 결정을 내릴 수 있었습니다. 그러나 이제 하나님을 섬기는 일을 중심 삼으려면 모든 사람이 한 걸음씩 나아가야 합니다. 이제부터는 아무도 스스로 결정하거나 자기 마음대로 할 수 없습니다.[29]

누가 나에게 얼마를 드려야 하느냐고 묻는다면, 나는 '우리 전부'라고 대답할 것입니다. 리(Lee) 형제는 교회가 우리를 위해 헌신한 것들을 따로 떼어놓을 것이라고 말씀했습니다. 그러나 교회가 그것들을 제쳐두지 않는다면 우리는 어떻게 하겠습니까? 우리가 하나님을 섬기고 싶다면 필사적으로 그분을 섬겨야 합니다.[30]

주님은 1세기에 하신 일을 하셔야 합니다. 우리는 1세기 복음을 믿는 것을 두려워하지 않습니다. 우리는 1세기 복음 전파를 두려워하지 않습니다. 우리는 1세기 복음에 따라 행동하는 것을 두려워하지 않습니다. 우리가 온 몸으로서 일어나면 중국 전체를 취하게 될 것입니다. 아무도 우리를 감당할 수 없을 것입니다. 철저하게 복음을 믿지 않고 철저한 헌신이 없으면 주님께서 우리를 사용하시기 어렵습니다.[31]

모든 신자는 복음을 중심으로 생활해야 합니다. 그의 일, 직업, 거처, 생업이 모두 복음을 위한 것이어야 합니다. 교회는 계속해서 더 많은 사람들을 보내야 합니다. 우리가 집회소 건축을 마친 후 한 달 정도 지나면 숫자가 두 배가 되는 것을 보는 것이 어렵지 않을 것입니다. 일 년 안에 우리의 수를 세 배 또는 네 배로 늘리는 것도 가능합니다.[32]

---

29 니(Nee), 일의 보고(Report on the Work) (2), ibid, 전집 57권, 29장. 1부.
30 니(Nee), 온 몸의 섬김(The Service of the Whole Body), ibid, 전집 57권, 20장. 3부.
31 니(Nee), ibid, 전집 57권, 20장, 4부.
32 니(Nee), 일의 보고(Report on the Work) (1), ibid, 전집 57권, 28장. 1부.

그는 지방교회의 모든 동역자들에게 그들의 모든 노력과 돈을 복음을 위해 쏟도록 요청했습니다. 그의 원대한 계획은 다음과 같이 요약될 수 있습니다.[33]

1. 동역자 및 교회 신자 훈련:
   - 동역자들을 고령(Guling)에서 훈련함(1948년 및 1949년 여름-가을)
   - 동역자를 파견하고 일부는 직장을 포기해야 함
   - 주일 설교를 강화함
   - 전체 회중을 훈련하고, '새 신자들을 온전케 하기 위한 메시지'(워치만 니 전집 제48-49권)라는 제목으로 니(Nee)에 의해 제공된 공과 시리즈로 새 신자들을 위한 집회를 가짐
   - 연례 지역 합동 집회

2. 문서 작업:

   정기 간행물 출판, 찬송가 재편집, 책 출판 지속. 니(Nee)는 각 정기 간행물에 대한 책임을 맡도록 특정 동역자들을 특별히 다시 지정했습니다.
   - '현재의 간증(The Present Testimony)', '더 성숙한 그리스도인들을 위해', 유성화(Yu Chenghua) 담당
   - '기독도보(The Christian)', '새 신자들을 위하여' 위트니스 리(Witness Lee) 편집.
   - '기쁜 소식', '복음을 위해' 스티븐 강(Stephen Kaung)이 담당
   - '뉴스레터(Newsletters)'와 '열린 문(open door)'의 모음-이연여가 편집장으로서 지방교회들의 실제적인 문제를 다룸.

---

[33] 니(Nee), ibid, 전집 57권, 28장. 1-5부; '결정과 승인' ibid, 전집 57권, 29장. 1-4부; 진 리의 절대적임과 몸과 지체들 사이의 관계(The Absoluteness of the Truth and the Relationship between the Body and Its Members), ibid, 전집 57권, 14장. 4부.

3. 지리적 전략
- 상해는 지방교회의 중심이자 모델이다.
- 상해에 거대한 모임 장소를 짓는다. 남경과 복주에도 더 큰 모임 장소를 짓고, 상해와 복주에서 동시에 해안 지역에서의 일을 시작하라. 상해에 있는 형제들의 책임은 서쪽에 있는 항주와 중경 같은 도시들에 있다. 천진은 만주와 북서부와 연결되어 있으며, 청도는 자오지 철도 노선 때문에 특히 중요할 것이다. 청도에서 교회는 산동성 전체를 얻을 수 있다.

  복건성 방향은 서쪽을 향해야 하고 대만도 돌봐야 한다. 광동과 광서의 작업은 광주에서 시작된다. 앞으로 동남아시아가 일어나는 동안 홍콩이 주도적인 역할을 할 것이다.

4. 잡다한 것
- 복음을 위한 이민.
- 장차 모든 학생들이 하나님을 섬기는 것이 가능하다. 그들의 미래는 복음을 지향할 것이다.
- 가난한 자들을 돌보라.

간단히 말해서, 예루살렘 원리는 이론이고, '양도'는 과정이며, '복음을 위해 중국 전체를 장악하는 것'이 목표다.

분명히 니(Nee)의 제안은 동역자들에게 잘 받아들여졌습니다. 그의 사역 재개(resumption)는 집회에서 분명히 인정되었습니다. 그때부터 니(Nee)는 중국 지방교회의 유일한 지도자로서의 역할을 다시 시작했습니다.

1947년 7월까지 공산주의자들은 국민당 군대를 크게 패배시켰고, 많은 사람들 사이에 긴박감이 있었습니다. 모든 곳에서 연례 합동 회의가 필요하다는 제안을 제외하고, 니(Nee)의 모든 계획은 즉시 행동에 옮겨졌습니다. 1948년 9월 이후 공산군의 최종 승리와 함께 니(Nee)는 그의 지리적 전략을 군사 상황의 급격한 변화에 맞게 조정했습니다. 위트니스 리는 교회 개척을 위해 대만으로 갔습니다. 1950년 봄에 니(Nee)는 교회를 부흥시키기 위해 홍콩에서 리(Lee)와 합류했습니다.

니(Nee)는 동역자들의 집회에서 복음을 위한 그의 모든 이론과 전략과 계획을 홍보했지만, 다른 도시에 다양한 자본 기업을 세우는 데 주된 노력을 기울였습니다. 그는 농장과 여러 공장을 세우기 위해 '자신을 양도한' 많은 형제자매들을 배치했습니다.

한때 지방 정부는 장시성 이양에 있는 '직신 마을'(Jixin Village, 그리스도를 믿는 마을)을 '집단 농장'의 모델로 보았습니다. 그때까지 지방 정부는 '협동 농장 설립'의 사회주의/공산주의 미래에 대해서만 이야기했을 뿐 아직 시작하지는 않았습니다. 분명히 워치만 니는 정부보다 앞서 있었습니다. 직신 마을(Jixin Village) 모든 구성원은 헌신적인 기독교인이었습니다. 한편 니(Nee)는 재빨리 상해, 무한, 천진, 홍콩에 여러 공장과 기업을 세웠습니다.

그의 전략은 하나님을 기쁘시게 하기 위한 것이었습니까, 아니면 권력을 강화하고 정부의 관심과 존경을 받기 위한 것이었습니까?

자신감과 기쁨

전국 동역자 집회에서 전달된 니(Nee)의 새로운 전략은 강력한 요구였습니다. 분명히 모든 동역자들은 주저 없이 그의 말을 받아들였습니다. 그것은 지방교회들의 전환점이었습니다. 니(Nee)의 지도력은 이제 이전보다 훨씬 더 높은 수준으로 확립되었습니다. 지방교회들의 대부분의 자원은 그의 손에 있었습니다.

동역자들은 흥분했습니다. 그들의 느낌은 마치 '땅에서 하늘에 있는 것 같다'고 표현되었습니다. 마지막으로, 니(Nee)는 1948년 5월 8일에 권면의 말을 했습니다.

지난 며칠 동안 나는 내가 보았던 중 가장 행복한 사람들을 만났습니다. 많은 분들이 제 손을 꼭 잡아주셨고, 모두 함께 설레고 기뻐하셨습니다. 하나님을 찬양합니다. 오늘 이곳에는 행복한 얼굴들이 많이 있습니다. 그들은 모두 자신을 전심으로 주님께 바쳤습니다. 오늘밤은 마치 막차가 떠나려는 것 같습니다. 이 기차를 놓치는 사람이 없고, 뒤처지는 사람이 없기를 바랍니다.[34]

상해교회(SCA) 형제자매들도 들떠 있었고 기뻐했습니다. 나는 고등학생에 불과했고 많은 기여를 할 수 없었지만, 나는 행복했고 기꺼이 나의 모든 삶을 주님과 교회에 바쳤습니다. 나도 '가장 행복한 사람 중 하나'였습니다.

---

34 니(Nee), 성도들의 간증 및 권면의 말씀, ibid, 전집, 57권, 32장. 1부.

• Chapter 5 •

상해교회(SCA)의 사후 재개

상해교회(SCA)에서 '자신을 양도함'

니(Nee)의 전략에 따라 예루살렘의 원리는 먼저 상해교회(SCA)에서 실행된 다음 중국 전역의 지방교회로 빠르게 전파되었습니다.

앞서 언급한 바와 같이 위트니스 리는 니(Nee)의 재개 1년 전에 '헌신을 새롭게 함'을 위해 상해교회(SCA) 회중을 소집했습니다. 전국 동역자 모임 이후 '헌신을 새롭게 함' 슬로건은 '양도함'으로 대체되었습니다. 리(Lee)는 전체 상해교회(SCA) 교인들을 모으기 위해 '특별 모임'을 주선하고 '양도함'의 의미를 설명했습니다. 매일 저녁에 많은 형제자매들이 니(Nee)와 리(Lee)에게 복종하기 위해 소유물과 가족을 포함하여 그들 자신을 넘겼습니다. 많은 사람들이 직업 선택을 넘겼습니다. 그들은 필요하다면 기꺼이 직장을 그만두거나 직업을 바꿀 의향이 있었습니다. 그들은 복음을 위해 어떤 일이든 기꺼이 했습니다.

게다가, 상해의 '양도(Handing-Over)' 운동은 거대한 집회소를 짓기 위한 재정적 필요와 직결되었습니다. 모임 장소는 이제 꽉 찼습니다. 새로운 시설을 건축하는 것이 시급했습니다. 불안정한 정치 상황과 혼란스러운 경제 때문에 형제자매들은 기꺼이 교회에 자신을 완전히 내어주고자 했습니다. 앞으로 공산당이 부자들의 재산을 몰수할지도 모른다는 무언의 두려움도 있었기 때문에 재산을 교회에 넘기는 것이 훨씬 나았습니다.

2,000명 이상의 좌석을 수용할 수 있는 대집회 장소를 짓는 데는 비용이 많이

들었습니다. 장시캉(Zhang Xikang)은 다음과 같이 말했습니다:

> 1948년 SCA 부흥 이후 형제자매들은 약 370온스의 금에 상당하는 돈과 귀중품을 바쳤습니다. 이 금액은 땅과 건물을 구입하는 데 충분했습니다. 집회소를 건축하려면 370온스의 금이 추가로 필요했습니다.
>
> 어느 날 니(Nee)는 리(Lee)에게 금괴 37개(각 금괴당 10온스의 금)를 건네주었습니다. 집회소를 짓는 데 총 370온스의 금이 사용되었습니다. 당시 금 1온스는 미화 50달러에 해당했습니다. 리(Lee)가 물었습니다. 이것은 어디서 나온 것입니까? 니(Nee)는 대답했습니다: 이 돈은 제약회사에서 나온 것입니다.
>
> 1948년 후반에 난양로 145호 부지를 매입하였습니다. 얼마 후에 대회는 합동로에 있는 문덕리에서 새 주소로 이전되었습니다. 복음실은 새 건물의 정문 앞쪽으로 이전되었습니다. 옛 집회소는 그 후 복음실, 편집실, 교회 사무실, 방문하는 형제자매들의 공간 등으로 사용되었습니다.

장시캉(Zhang Xikang)은 새로운 집회소 건축의 필요성이 이미 1940-41년에 논의되었다고 언급했습니다. 10,000 은화 이상의 금액이 모금되었습니다. 그러나 그것은 작은 땅을 사기에만 충분했고 또 적절한 위치를 찾을 수도 없었습니다. 나중에 니(Nee)는 그의 생화학(CBC) 사업을 위해 돈을 빌렸고, 적당한 땅을 찾았을 때 두 배로 갚겠다고 약속했습니다.

자신을 '양도한' 대부분의 동역자들은 '고령 훈련'에 배정되었습니다. 생화학 공장(CBC)에서 그들의 목적은 주님을 위해 돈을 버는 것이었습니다. 장시캉(Zhang Xikang)은 '그때 전국의 거의 모든 동역자들이 이미 양도했다'고 말했습니다.

마지막으로, 145번지의 남양로(Nanyang Road)의 멋진 서양식 건물, 넓은 정원, 4.71mu(0.775에이커에 해당)의 토지가 최선의 선택지로 여겨졌습니다. 교통이 편리한 번화한 지역에 위치가 훌륭하고 조용했습니다. 정원 부지는 미래의 집회소로 지정되었습니다.

1948년 여름, 리(Lee)는 집회소 설계를 맡았습니다. 공사는 1948년 겨울에 시작되었는데, 그 동안 대문과 공사장 사이에 거대한 갈대 천막이 세워졌습니다. 1948년 말에 회중은 집회를 위해 천막으로 이사했습니다.

1949년 가을, 혼란스러운 경제와 치솟는 건축 자재 가격에도 불구하고 2,400석 규모의 벽돌과 나무로 된 단층 건물이 완공되었습니다.[1] 이제 새 건물로 인해 주일 참석자들이 급격히 증가했고 곧 용량이 가득 찼습니다. 상당수의 새 신자들은 젊은 기독교인들이었습니다.

더 특별한 집회

1949년 5월 27일, 공산군은 상해를 해방시켰습니다.

1949년부터 1951년까지 니(Nee)는 상해에서 일련의 특별 집회를 열었습니다. 그는 정기적인 교회 활동에 참석하지 않고 회중과의 교제에도 참여하지 않았지만 특별 집회에는 나섰습니다.

각 시리즈마다 특정한 주제가 있었습니다. 동역자, 장로, 집사, 여집사, 그리고 헌신적인 젊은이들 같은 지정된 형제자매들만 참석하도록 통지를 받았습니다. 니(Nee)는 항상 젊은 그리스도인 훈련을 강조했습니다. 참석자들은 회의 내용을 다른 사람들에게 말할 수 없었습니다. 그들의 숫자는 백 오십 명 남짓했고, 나는 그 모든 집회에 참석했습니다.

"어떻게 성경을 공부하는가"

1949년 1월과 2월 사이에 상해교회(SCA)와 가까운 '직센 여중(女中, Xizhen Girls Middle School)'에서 일주일 간의 저녁 집회가 열렸습니다. 주제는 '어떻

---

[1] 렌종상(任鍾祥),〈상해교회 간략한 역사〉, p. 14.

게 성경을 공부하는가'[2]였습니다. 니(Nee)는 성경 공부의 가장 중요한 핵심이 '사람(인격)을 준비시키는 것'이라고 강조했습니다. 그는 우리에게 경건한 마음으로 성경을 공부하라고 격려했습니다. 그런 다음 그는 다양한 성경 공부 방법을 소개했습니다. 우리는 성경을 한 장 한 장, 한 권씩 암기해야 했습니다. 그의 설교는 매우 영향력이 있어서 적지 않은 형제자매들이 성경을 한 권씩 암기하기 시작했습니다. 성경 암송에 대한 헌신이 널리 퍼지게 되었습니다.

나는 학교 일정이 매우 빡빡한 의대에 다녔는데, 최선을 다해 성경 구절을 외웠습니다. 나는 길을 걸으면서 휴대용 성경책을 들고 한 구절 한 구절을 외웠으며, 교회에 가는 버스에 있을 때 나는 앉아서 외웠습니다. 나는 몇 초 동안 구절을 흘끗 보고 외웠습니다. 내가 서 있으면 기도하는 시간을 가졌고, 매 순간을 붙잡고 기도하거나 성경 구절을 외우는 습관이 생겼습니다. 상해교회(SCA)에서는 성경을 암기하는 열정이 대단했습니다. 어떤 그리스도인들은 모든 서신을 암송할 수 있었고 나는 그것을 나의 목표로 삼았습니다. 내 삶은 엄청 바빴지만 나는 많은 성취감을 느꼈습니다.

나는 성경 구절을 많이 외웠지만 하나님 말씀의 본질에 들어가지 못했습니다. 1966-1976년 문화대혁명 기간 동안, 성경은 정부에 의해 자발적으로 양도되거나 압수되어 폐기되어야 했습니다. 하지만 일부 그리스도인들은 큰 대가를 치르고 성경을 숨겼습니다.

오늘날 그리스도인의 태도

1950년 초 니(Nee)는 인민해방 후 처음으로 또 한 번의 특별 집회를 가졌습니다. 주제는 '오늘날 그리스도인의 자세'[3]이고, 그 본질은 '순종'이었습니다. 하나님은 우리가 믿음으로 하나님께 순복할 뿐만 아니라 정치에서도 정부 당국에 순

---

2 니(Nee), '성경을 연구하는 방법', 어떻게 성경을 연구하는가, 겉사람의 파쇄와 영의 해방', 전집 54권에서.
3 니(Nee), '오늘날 그리스도인의 태도', (미출판)

복하도록(롬 13:1) 부르셨다고 했습니다. 집회 녹취는 중국 전역의 지방교회에 공식 문서로 보내져 전국의 성도들이 같은 이해를 갖도록 했습니다.

처음 대학에 다니는 학생으로서 우리는 니(Nee)의 설교에 매우 만족했습니다. 우리는 모든 방과 후 활동에 참석하고 제한 없이 다른 학생들과 연결을 시작할 수 있다고 생각했습니다. 우리는 정치 수업에 참석하고 팀 토론에 적극적으로 참여하겠다는 의지를 표명했습니다. 우리는 또한 운동팀이나 레크리에이션 팀과 같은 방과 후 활동에 참여했습니다. 그러나 얼마 지나지 않아 우리는 그 일을 할 시간이 충분하지 않다는 것을 알게 되었습니다. 학업이 무거웠고 모든 정치 활동에 참석해야 했습니다. 또한 교회 모임, 성경 읽기, 기도, 학교 그리스도인 교제 등을 위해 할애해야 할 시간이 너무 많았습니다. (일부 그리스도인들은 학교 활동에 너무 몰두해서 더 이상 교회에 다니지 않았습니다.) 우리들 대부분은 우리끼리 의논하지 않고 원래 패턴으로 돌아가서 방과 후 활동에 교회 생활을 계속했습니다. 우리는 학교 활동을 최소한으로 유지했습니다.

'신의 존재'

해방 후 선교사 학교를 포함하여 모든 대학은 공산 정부의 통제 아래 있었습니다. 모든 학생들은 매 학기에 적어도 한 과목의 정치학을 의무적으로 수강해야 했습니다. 정치학의 과정은 '원숭이에서 사람으로' '정치경제학' '공산당(볼셰비키)의 역사' '사회 발전사' 등이었습니다.

1950년 여름에 니(Nee)는 대학과 고등학교 그리스도인들을 위해 일련의 특별 집회를 열었습니다. 200명 이상의 기독교 학생들이 참석했습니다. 그는 창조론에 대한 과학적 증거와 진화론이 이론에 불과하다는 것을 설명했습니다. 니(Nee)의 설교는 우리의 자신감을 키우는 데 매우 도움이 되었으며, 우리가 분별력을 가지고 '원숭이에서 사람으로' 수업에 참석할 수 있게 해주었습니다.

산상수훈의 여덟 가지 복

1950년 10월, 정부는 전쟁 캠페인을 지원하기 위해 모든 사람들에게 비행기, 대포, '애국 채권'을 구입하기 위한 돈을 기부할 것을 촉구하는 '미국 저항 및 한국 원조 캠페인'을 시작했습니다. 청년들은 중국 인민지원군에 입대해 북한으로 가라는 요청을 받았습니다. 그 시간 동안 교회의 젊은 그리스도인들은 이미 '정치에 대해 초연함'과 '세상을 사랑하지 않음'의 태도를 회복했습니다.

니(Nee)는 산상수훈의 팔복에 관한 일련의 특별 집회를 열고 말했습니다. 그는 우리가 천국 시민이며 정치에 초연해야 한다고 말했습니다. 우리는 솜과 거즈를 기부할 수 있지만 직접적인 살인 수단이 되는 비행기나 대포는 기부할 수 없다고 했습니다. 물론 우리는 사람을 죽여서는 안 된다는 데 전적으로 동의했습니다.

나는 니(Nee)의 '세상을 사랑하지 말라'는 설교를 전적으로 받아들였습니다. 나는 내 집이 이 세상에 속한 것이 아님을 깨달았습니다. 나는 가족에 대해서조차 관심을 보이지 않았습니다. 나는 미군이 압록강(중국과 북한의 경계선)에 접근하고 있다는 소식을 들었을 때 속으로 말했습니다. '만약 제국주의자들이 내 문 앞에 온다면 나는 그들을 무시할 것이다. 왜냐하면 나는 천국 시민이기 때문이다.' 그러나 교회는 여전히 우리가 캠페인에 기부하도록 동기를 부여했습니다. 나는 지지를 보이기 위해 피아노를 팔아 애국 채권을 구입했습니다.

니(Nee)는 항상 '세상을 사랑하지 말라', '아무것도 네 마음을 만지지 말게 하라'고 강조했습니다. 그는 이 세상의 모든 것이 지나갈 것이라고 말했습니다.

그 동안 우리 교회 근처에 있던 합동 정원(Hardoon Garden)[4] 부지에 크고 화려한 건물인 '중러우호회관'이 세워졌습니다. 탑 꼭대기에는 밝게 빛나는 붉은 별이 있었는데, 나는 그것을 현재 세상의 상징으로 여겼으며, 지나갈 때마다 나는 그것을 보려고 고개를 들지 않았습니다. 나는 내 마음이 그것에 끌려 하나님

---

4 합동 정원(Hardoon Garden)은 성공한 유대인 억만장자 실라 하둔(Silas Hardoon, 1851-1931)이 소유한, 당시 상해에서 가장 큰 개인 정원이었다.

을 노하시게 하고 싶지 않았습니다.

'상해 제일 백화점'은 상해에서 가장 큰 백화점이었습니다. 해방 후 1949년에 개관하였는데, 나는 거기에 한 번도 가본 적이 없었습니다. 매일 길을 걸을 때 나는 상점 진열장을 보려고 고개를 돌리지 않았습니다. 마음이 산만해질까봐 두려웠습니다. 걸으면서 눈은 똑바로 앞을 쳐다보았고, 동시에 나는 성경 구절을 외웠습니다. 나중에 어떤 사람들은 나의 극단주의를 비판했습니다. 그러나 꽤 많은 젊은 그리스도인들이 동일한 극단적인 경건을 공유했습니다.

니(Nee)는 또한 '누가 네 오른편 뺨을 치거든 왼편도 돌려 대며'라는 말씀을 역설했으며(마태복음 5:39), 나중에 정부는 미국의 침략을 돕기 위해 '무저항 교리'를 주창했다고 니(Nee)를 비난했습니다.

고령(Guling)에 대한 서명을 종용함

사역자들의 그리스도인 가정

1945년 항일전쟁이 끝났습니다. 니(Nee)는 그의 조상으로부터 물려받은 복주(푸저우)의 커스텀가(Custom Lane)에 있는 세 개의 건물을 개조했습니다. 또한 복주(福州) 부근 고령산(古陵山)의 토지도 구입하였습니다.[5] 그는 매우 낮은 가격으로 한 번에 하나씩 구입하였는데, 200mu(약 33에이커)의 땅에 약 12채의 서양식 오두막이 있었습니다.[6] 원래 일부 선교사들이 피서지로 그 부지를 소유하고 있었습니다.

1948년에 니(Nee)는 '그리스도인 사역자들의 가정'(Christian Family of

---

5 렌종샹(Ren Zhongxiang)에 따르면, 니(Nee)는 1943년에 고령(Guling) 땅을 구입하기 시작했다. 그러나 복주(Fuzhou)가 10/1944-5/1945년 일본 점령 하에 있었기 때문에 그것은 불가능해보였다. 렌종샹(任鍾祥, 간략한 역사), p. 18.

6 리창(李強, Li Qiang, '그리스도인 집회소'의 역사적 형성, 구조 및 사회적 메커니즘), p.18, 1989. 이것은 상해 사회과학원의 대학원 논문으로 미발표되었다. 루오주펑(Luo Zhufeng)은 그의 고문 중 한 명이었다. 그는 1956년 상해교회 반동분자척결운동(CEC) 기간 동안 상해 정부종교국(BRA) 책임자였다.

Ministers)이라는 이름으로 지방교회 지도자들을 위한 훈련 센터를 설립했습니다. 여기에는 두 개의 시설이 포함되어 있습니다. 복주(Fuzhou) 난타이(Nantai)의 커스텀 가(Custom Lane) 4호에 있는 건물은 지방교회 지도자들을 위한 관리 사무실 및 훈련 센터 역할을 했습니다. 고령(Guling)의 시설은 국내 지도자들을 훈련하기 위한 것으로 숙식을 제공했습니다. 저우 리 빅시아 박사(Zhou Li Bixia, Mrs. Zhou Kangyao)는 고령 훈련(Guling Training)에 참여한 의사였습니다. 그녀는 건물 중 하나를 지역의 가난한 농부들을 무료로 치료하기 위한 진료소로 사용했습니다. 사역 재개 후 니(Nee)는 두 가지 훈련 코스를 가졌습니다. 각각 3~4개월 동안 지속되었습니다(1948년 6-10월, 1949년 4-7월).[6]

1948년 6월에 니(Nee)는 고령(Guling) 재산과 함께 커스텀 가(Custom Lane)에 있는 건물의 소유권을 '그리스도인 사역자 가족단'(Christian Family of Ministers)에 양도했습니다.[6]

고령의 서명(The Guling Signature)

1950년 7월 어느 일요일 오후, 나는 여느 때처럼 주님의 만찬에 참석했습니다. 예배가 끝난 후 한 집사님이 일어서서 지방교회 지도자들의 편지를 낭독했습니다. 그들은 고령(Guling) 재산을 보호하기 위해 토지 개혁 철회를 호소하는 우리들의 이름에 서명할 것을 회중에게 요청했습니다. 집사는 간단한 설명을 했고, 그런 다음 우리는 이름에 서명하기 위해 한 줄씩 앞으로 나아갔습니다. 전혀 논의가 없었습니다. 나는 그것이 정부의 심기를 건드릴 위험이 있다고는 생각조차 하지 않았습니다. 자신의 이름에 서명한 거의 모든 사람들이 1956년 '반혁명 분자 제거 캠페인(CEC)' 동안에 '워치만 니 반혁명 갱단의 일원'으로 낙인이 찍힐 것이라고 누구도 예측할 수 없었습니다.

니(Nee)가 '혁신 선언'을 지지하다

'기독교 성명서'의 시발

1950년 7월, 중국 청년 기독교 협회(YMCA) 전국협의회 대표인 우야오종(Wu Yaozong, Y. T. Wu)과 몇몇 다른 기독교 유명 인사들이 삼자애국운동(TSPM, Three-Self Patriotic Movement)을 시작했습니다. 그들은 공산주의 정부의 직접적인 지도 아래 있었습니다.[7] 우(Wu)는 자유주의 신학을 믿었습니다. 우리에게 그는 불신자였습니다.

주은래(저우언라이, 周恩來) 총리의 직접적인 지도 아래[8] 우야오종(오노종, 吳老宗)과 그의 동료들은 이른바 '기독교 선언문(혁신 선언)'을 탄생시켰습니다. 서명 운동이 시작되었으며, 제반 교회들의 모든 그리스도인들이 지지하는 표시로 그들의 이름을 서명하도록 요청되었습니다. 그 목표는 '자치, 자조, 자기 발전'의 메시지로 모든 기독교에게 다가가는 것이었습니다. 이것이 삼자 운동의 초기 단계였습니다.

'자치'를 촉진하는 정부의 의도는 우리를 외국 선교사들에게서 돌아서게 하려는 것뿐만 아니라, 또한 교회가 정부의 통제 아래 있도록 강요하는 것입니다. 본질적으로 그것은 리더십의 문제였습니다.

여섯 개 광역시 동역자 모임

1950년 11월에 니(Nee)는 북경(베이징), 청도(칭다오), 시안(쉬안), 중경(충칭), 항주(항저우), 남경(난징)을 포함한 여섯 대도시의 동역자들을 위한 모임을 소집했습니다. 집회는 10일 이상 상해에서 열렸습니다. 토론에는 다음 사항이 포함되었습니다.

---

7 자오티아넨(Zhao Tianen, Zhuang Wanfang), "현대 중국 기독교 발전사", p. 17-23.
8 ibid, "현대 중국 기독교 발전사", p. 22.

1. 복음을 위한 이민: 5개의 해안 도시가 집회에 참석했습니다. 그들은 교회 개척을 위해 회원들의 내륙 도시로의 이민을 촉진할 예정이었습니다.
2. 제조업의 발전: 니(Nee)는 무한(우한), 중경(충칭), 청도(칭다오), 상해(상하이)에 제약 회사와 화학 공장을 설립하기 위한 자금을 제공하고자 했습니다. 엘림(Elim) 인쇄소도 확장해야 했습니다.
3. 복음실(출판사역소) 확장 및 인원 충원을 통한 집필 역량 및 발행 부수 강화.
4. 근본적인 신앙을 고수하는 목회자들을 지방교회로 끌어들이기 위한 교회 일치 개발을 지원하기 위해 책(books)이나 소책자들(articles)이 인쇄될 것입니다. 이를 위해 복음실은 '교회의 정통', '교회의 입장', '교회의 길'을 펴냈습니다.[9]

이러한 동역자들 모임은 니(Nee)의 전략 계획을 더욱 확인하고 실행하는 데 도움이 되었습니다.

니(Nee)가 '기독교 선언문'을 지지하다

그 모임에서 니(Nee)는 삼자애국운동(TSPM)에 제출하기 위해 '고령 서명(Guling Signature)' 사본을 사용하기로 결정했으며, 지방교회들의 지지를 보여주었습니다. 렌종샹(Ren Zhongxiang)은 다음과 같이 썼습니다:

> 워치만 니는 새로운 중국의 여러 지역에 있는 지방교회들의 생존과 발전을 위해 우리는 삼자애국운동(TSPM)에게 지지를 표하는 서명을 받아야 한다고 결론지었습니다. 그는 고령훈련(Guling Signatures) 사본을 우야종(Wu Yaozong)에게 제출하기로 결정했습니다. 그 결과 1950년 12월 '우야종'(삼자애국운동대표)에게 제출한 서명 명부는 7월 복건성 인민정부에 제출한 명부보다 1만명이 더 많았습니다. '기독교 선언문'(The Christian Manifesto,)[9]을 지지하는 475개 지방교회의 총 32,782명의 서명이 있었습니다.

---
9 렌종샹(Ren Zhongxiang), <간략한 역사>, p. 18-21

그 후 전국 지방교회 신자 3만 명이 넘는 '고령서명' 명단이 삼자애국운동(TSPM)에 제출되었습니다. '기독교 선언문(The Christian Manifesto)'에 대한 매우 많은 수의 지지자들 서명이 기독교 선언문(The Christian Manifesto) 발표 후 불과 몇 달 만에 '우야종'에게 전달되었습니다. 삼자애국운동(TSPM)의 초기 단계에서 근본적인 신앙을 가진 대다수의 교회는 그 운동에 동참하는 것에 대하여 꺼려하고 주저하고 있었습니다. 니(Nee)와 지방교회의 빠른 반응은 그들에게 큰 타격이었습니다.

삼자애국운동(TSPM)을 위한 '고령(Guling) 서명' 제출

'고령(Guling) 서명 목록'을 삼자애국운동(TSPM)에 제출한 것은 니(Nee)의 단독 결정이었습니다. 그는 지방 교회 지도자들에게 알리지 않았습니다. 회중은 그가 신자의 서명을 조작한 것에 대해 아무것도 알지 못했습니다.

삼자교회의 지침에 따라 각 교인은 자신의 이름을 서명해야 합니다. 그러나 우리는 고령(Guling)에서의 우리의 서명이 삼자교회를 지원하는 데에도 사용되었다는 사실조차 몰랐습니다. 정부가 그것을 공개적으로 폭로한 1956년이 되어서야 우리는 진실을 알게 되었습니다.

니(Nee)의 행동은 교활하고 부정직했으며 우리의 의지에 반하는 것이었습니다. 이를 통해 공산 정부는 무료로 전국의 지방교회와 교인의 명단과 분포 정보를 얻었습니다.

동역자 탕슈린(Tang Shoulin)은 서명 목록을 우야종(오노종, Wu Yaozong)에게 건네주고 삼자애국운동(TSPM)의 공식 잡지인 '천풍(Tian Feng)'에 게시하도록 요청했습니다.

센드롱(Shen Derong)은 다음과 같이 썼습니다.

> 1953년 봄, 탕슈린(Tang Shoulin)은 전국 YMCA 협회의 우야종(Wu Yaozong) 사무실로 가서 지방교회를 대표했습니다. [참고: 1950년 12월임에

틀림없다.] 우야종(Wu Yaozong)은 선언문을 지지하는 지방교회의 서명이 3만 명 이상이라는 말을 들었습니다. 탕슈린(Tang)은 우야종(Wu)에게 서명 목록을 '천풍(Tian Feng)'에 인쇄할 수 있는지 물었습니다. 서명 운동이 강력하게 추진되는 동안, 물론 3만 개 이상의 서명은 우야종(Wu)의 관심을 끌 것입니다. 그는 문제를 논의하기 위해 나를 사무실로 불렀습니다. 그때까지 나는 천풍(Tian Feng)의 편집장이었습니다. 나는 지방교회와 별로 관련이 없었기 때문에 그 배후에 무엇이 있는지 깨닫지 못했습니다. 천풍(Tian Feng)의 각 호는 32페이지에 불과했습니다. 3만 개 이상의 서명을 인쇄하면 공간의 절반 이상을 차지할 수 있습니다. 나는 주저했고, 토론 후에 나는 지방교회가 자비(自費)로 3만 명의 서명 목록을 팜플렛으로 인쇄하도록 제안했습니다. 그것의 배포를 위해 천풍(Tian Feng)에 부착할 수 있습니다. 탕슈린(Tang Shoulin)은 그에 따라 수행하기로 완전히 동의했습니다. 그때부터 탕(Tang)은 삼자교회를 대하는 데 있어서 지방교회를 대표했습니다. 우리는 뒤에서 그를 지방교회의 '외교부 장관'이라고 불렀습니다.[10]

잉푹창(Ying Fuk-tsang)은 말했습니다:
　　마침내 1951년 3월 17일호에 천풍(Tian Feng)이 추가로 500부 인쇄되었습니다. 이것들은 서명 목록의 소책자와 함께 그들이 배포할 수 있도록 지방교회에 전달되었습니다.[11]

잉(Ying)은 또한 다음과 같이 기록했습니다:
　　다음은 2002년 7월 10일 상해에 있는 공식 상해교회(SCA 회원, 익명)를 방문한 기록입니다. 인터뷰 대상자는 1948년에 상해교회(SCA)에 가입했었

10　첸푸중(진복종, Chen Fuzhong), "워치만 니 전기", 108쪽, 센드롱(Shen Derong), "삼자체제와 함께 일한 50년", p65-66.
11　싱푸젱(Xing Fuzeng), "반제국주의, 애국주의, 영에 속한 사람", p. 44

고, 그는 복주(푸저우)에 있는 '사역자들의 집' 보호를 호소하기 위해 두 장의 서명서에 서명했다고 말했습니다. [참고: 고령(Guling) 재산의 소유권은 니(Nee)에서 '사역자들의 집'(the House of the Ministers)이라는 이름으로 변경되었습니다.] 그는 니(Nee)가 선언문을 뒷받침하기 위해 서명의 두 번째 사본을 사용했다고 추측했습니다.[12]

니(Nee)가 서명 목록을 우야종(Wu Yaozong)에게 직접 건네주었다는 또 다른 소식통이 있습니다. 잉푹창(Ying Fuk-tsang)이 이렇게 말했습니다:

> 얀지알레(Yan Jiale)는 어느 날 밤 워치만 니가 우야종(Wu Yaozong)을 저녁 식사에 초대했고 얀지알레(Yan Jiale)와 탕슈린(Tang Shoulin)이 손님으로 그와 동반했다고 언급했습니다. 그 당시 니(Nee)는 선언문을 지지하는 모든 지방교회를 대표한다고 말했습니다. 그런 다음 그는 *100피트가 넘는 서명 목록을 제출했습니다.*[13]

얀지알레(Yan Jiale)와 센드롱(Shen Derong)의 설명 간에 불일치가 있습니다. 얀지알레(Yan Jiale)는 베이징의 지방교회 지도자였습니다. 탕슈린(Tang Shoulin)이 니의 대표를 맡은 것은 놀라운 일이 아닙니다. 그는 꽤 재치가 있었습니다. 탕슈린이 우(Wu)씨의 사무실에 명단을 제출했을 가능성이 컸지만, 니(Nee)가 서명 목록을 우야종(Wu)에게 직접 제출하는 것이 전혀 불가능한 것은 아닙니다. 센드롱(Shen Derong)이 말했습니다: '그리스도인 모임 집회소'(지방교회를 말함-역자 주)의 지도자인 워치만 니(Watchman Nee)가 우야종(Yaozong)씨를 방문하여 그의 개인적인 문제와 교회 문제에 대해 이야기했습니다.[14]

삼자교회에 서명 목록을 제출하기로 한 결정은 분명히 탕(Tang)이 아니라 니

---

12 ibid, "반제국주의, 애국주의, 영에 속한 사람", p. 44 각주 34.
13 얀지알레(Yan Jiale), "워치만 니와 그리스도인의 집회 장소", 185p, Xing Fuzeng(싱푸젱)에서, ibid, p. 44 각주 31.
14 센드롱(Shen Derong), "삼자운동에서 활동한 50년", p. 138

(Nee)가 한 것입니다. 고령(Guling) 목록을 다른 목적으로 사용하고 서명 목록을 인쇄하는 것은 니(Nee) 혼자 결정해야 합니다. 지방 교회에서 니(Nee) 외에는 누구도 감히 그런 중요한 결정을 내리지 못합니다. 당시 니(Nee)는 상해에 있었습니다.

니(Nee)는 지방교회 지도자들의 지지(support) 없이 그렇게 했습니다. 그는 자신의 행동을 그들에게 알리지도 않았습니다. 그는 매우 교활했고 교회의 의지에 반했습니다. '하나님이 위임한 권위의 행동'이었습니까, 아니면, 니(Nee) 자신의 행동이었습니까?

미국 보조금을 받는 기독교 단체 취급 협약

1951년 4월 16일부터 21일까지 중앙정부 종교사무국(BRA)은 '미국 보조금을 받는 기독교 단체 취급에 관한 대회'를 개최했습니다. 그것은 단순히 베이징 대회라고 불렀습니다. 그 대회의 목적은 미국 선교사들로부터 받는 모든 보조금을 중단하여 선교사들과의 모든 연결을 끊음으로써 '미국 제국주의적 문화적 침략'의 영향을 제거하기 위해서였습니다. 그때쯤 그들은 미국 선교사들에 대한 '고발 운동'을 시작할 수 있었습니다.

이 대회에서 '전국 삼자준비위원회'가 결성되었습니다. 종교를 이용하여 중국을 침략한 미제국주의자 고발 캠페인도 시작되었습니다.

베이징 대회는 지방교회 지도자들에게 어떤 영향을 미칠 수 있었습니까? 고발 캠페인은 교파 교회의 지도자들을 겨냥하여 선교사들에 대한 고발을 제기했습니다. 구체적인 대상은 외국 선교사들로부터 정기적으로 보조금을 받는 교회들이었습니다.

지방교회는 항상 어떤 외국 보조금도 받지 않는 토착 교회였습니다. 니(Nee)는 개인적으로 형제회(Brethren)와 오스틴 스팍스(T. Austin-Sparks) 교회에서 몇 가지 기부금을 받았습니다. 지방교회들은 어떤 외국 기독교 단체와도 금전적 관계가 없었지만, 니(Nee)는 방청객(Observer)이라는 명목으로 대회에 참석하기로 결정했습니다. 또 다른 토착 교회의 유명한 지도자인 '왕명도'는 공개적으로 대회 참석을 거부했습니다.

대회에 참석한 니(Nee)는 순응과 비겁함을 보여주었습니다. 지방교회는 입지를 잃기 시작했습니다.

'내가 어떻게 돌아섰는가?'

니(Nee)는 베이징 대회 후에 매우 긴장했습니다. 그는 1951년 8월 20일, 21일, 9월 12일에 상해교회(SCA)에서 특별 집회를 소집했습니다. 그는 '내가 어떻게 돌아섰는가?'(부록 2 참조)라는 연설문을 발표했습니다. 각 집회에는 100명 이상의 참석자가 있었습니다. 나는 모든 집회에 다 참석했습니다. 니(Nee)의 주요 주제는 '인민의 입장'을 홍보하는 것이었습니다.

처음에 그는 자신의 생각의 중요한 변화에 대해 이야기했습니다. 그는 '정치에 초연함'에 대한 그의 기존의 시각이 틀렸다고 인정했습니다. 그는 우리에게 '인민의 입장'에 서서 '제국주의를 고발하라'고 요청했습니다. 그는 만일 우리가 종교적인 입장에 선다면 분명히 보지 못할 것이고, 정치적 관점(인민적 관점)에 서게 된다면 그것이 완전히 명백해질 것이라고 했습니다. 니(Nee)의 생각의 이러한 전환, 특히 '인민적 관점'에 대한 그의 강조는 교회 지도자들과 상해교회(SCA)의 그리스도인 및 기타 지방 교회들에게 장기적인 영향을 미쳤습니다.

니(Nee)의 연설의 깊은 영향

니(Nee)의 연설에 따르면, 우리는 정부에 복종해야 하며 선교사들을 '미국 제국주의자'라고 비난해야 합니다. 우리는 "정부를 따르고 인민의 입장을 굳건히 지켜야 합니다." 니(Nee)의 연설은 즉시 기록되어 중국의 모든 지방교회에 배포되었습니다. 그의 목적은 지방교회의 모든 구성원이 선택의 기준을 '인민의 입장 (The People's Standpoint)'에 두도록 확신시키는 것이었습니다. '인민'이 옳다고 했다면 옳을 것이고, 정책이 바뀔 때마다 관점을 바꾸고 그에 따라야 했습니다. 하나님의 말씀이 아닌 '인민의 관점'에 대한 니(Nee)의 생각의 전환은 지방교회의 회중에게 해를 끼쳤습니다. 그것이 니(Nee)의 인생에서 마지막 연설이었습니다.

워치만 니가 체포됨

1950년에 워치만 니는 그의 생화학공장(CBC)과 대부분의 시설을 중국 동북 선양에 있는 국영 동북제약회사(NPC)에 매각했습니다. 대부분의 직원도 선양으로 이사했습니다. 그러므로 니(Nee)는 재정적인 혼란과 생화학공장(CBC)에서의 비기독교 일꾼들의 빈번한 괴롭힘으로부터 성공적으로 자신을 자유롭게 했습니다.

1952년 2월, 국영동북제약회사(NPC)는 삼반 오반(3-Anti/5-Anti) 캠페인 하에 있었습니다. 삼반(1951)과 오반(1952)은 전국적인 운동이었습니다. 삼반운동(Three-Anti)은 부패, 낭비 및 관료주의에 맞서 싸웠습니다. 오반(Five-Anti)은 뇌물 수수, 국가 재산 절도, 탈세, 정부 계약 사기, 국가 경제 정보 도용에 맞서 싸웠습니다. 상해 생화학 공장(CBC)의 원래 부사장인 SSL은 회사가 매각될 때 '선양'의 국영제약회사(NPC)로 옮겨졌습니다. 그때까지 그(SSL)는 니(Nee)가 고압 가마솥을 부당하게 높은 가격에 국영제약회사(NPC)에게 팔았다고 비난했으며, 니(Nee)는 '국가 재산을 훔친 죄'로 고발당했습니다.

1952년 4월 10일, 중국 동북부 공안국 법집행원들이 상해로 왔습니다. 그들은 장시로(Jiangxi Road)에 있는 니(Nee)의 사무실(그의 거주지이기도 함)로 갔습니다. 그는 재정 문제를 자백하기 위해 즉시 선양으로 떠나라는 요청을 받았는데,

니(Nee)의 아내 장핀훼이(Charity)와 다른 집사(LJL)가 현장에 있었습니다.

니(Nee)의 비서인 GXY가 건물에 있었는데, 그는 그들이 니(Nee)의 사무실에서 약 30분 동안 머무는 것을 보았습니다. 창 밖을 내다보고 있던 그는 니(Nee)가 두 명의 보안 요원 사이에서 건물 밖으로 끌려나오는 것을 보았습니다. 채리티(Charity)는 GXY에게 그를 경찰서로 데려간 다음 중국 북동부로 데려갈 것이라고 말했습니다. 채리티(Charity)는 겉으로 보기에 그다지 걱정하지 않았습니다. GXY는 회상했습니다. "우리는 그것을 체포라고 생각하지 않았습니다. 자백을 위해 자본가들을 데려가는 것은 매우 흔한 일이었습니다."[15]

니(Nee)는 선양(Shenyang)으로 가는 도중에 기차에서 공식적으로 체포되었습니다. 상해교회(SCA) 지도자들은 침묵을 지켰습니다. 니(Nee)가 본래 교회 집회에 참석하지 않았었기 때문에 회중은 그의 부재를 알지 못했습니다.

1952년의 지방 교회들

위트니스 리는 니(Nee)의 사역에 대해 다음과 같이 말했습니다:

> 그의 사역의 성취는 주로 극동 지역에 수백 개의 지방 교회를 세우는 것으로 완성되었습니다. 그가 1952년에 체포될 때까지 중국에는 약 400개의 지방 교회가 세워졌습니다. 이들 중 약 100개는 중국 남부 절강성의 핑양(Ping-Yang) 현에 있었습니다(저자 기록으로는 저장성). 40개 이상이 중국 북서부의 쑤이위안 지방에 있었습니다. 약 20개는 걍수(Kiangsu, Jiangsu) 지방의 북쪽에 있었습니다. 20개 이상이 대만 지방에 있었습니다. 나머지는 중국 지방 전역의 주요 도시와 항구에 흩어져 있었습니다. 상황이 바뀌지 않았다면 워치만 니의 사역 아래 있는 이 지방교회들은 쉽게 중국 전역에 복음을 전할 수 있었을 것입니다."[16]

---

15 개인정보 : GXY.
16 위트니스 리, '워치만 니, 금세기 신성한 계시의 선견자', 29장, 3부.

Part 3 | 「워치만 니 체포 후의 상해교회」

· Chapter 6 ·

청소년 사역

세인트존스 대학교에서

나는 상해 해방 직후인 1949년 8월에 세인트존스 대학교 의과대학 의예과에 입학했습니다. 이 학교는 성공회 선교사들에 의해 설립되었으며 상해의 명문 대학 중 하나였습니다. 예배당 옆에는 기독교 학생 활동을 위해 지어진 독립된 작은 오두막이 있었습니다. 한동안 몇몇 상해교회(SCA) 기숙 학생들이 그 시설에서 매일 아침 열렬히 기도했습니다. 비록 수년 동안 캠퍼스에서 그리스도인 교제가 있었지만 우리는 우리 스스로 또 다른 주간 교제를 시작하는 것을 선호했습니다. (우리 마음속에는 항상 남이 주도하는 활동이 충분히 영적인 것이 아니라는 생각이 있었습니다.) 정기적으로 참석하는 기독교인은 약 20명 정도였습니다.

유성화(Yu Chenghua)의 아들 유종신(Yu Chongxin)도 의예과 학생이었습니다. 그와 화학과의 마진난(Ma Jiannan, James Ma)이 교제를 담당했습니다. SLY, MPL, 그리고 나는 이 모임에 있는 자매들을 돌보았습니다. 우리는 서로 매우 가까웠고 진심으로 주님을 사랑했습니다. 주님을 향한 우리의 헌신은 전염성이 있었습니다.

YCE는 우리 학생회 소속 형제였지만 상해교회(SCA) 출신은 아니었습니다.

거의 60년 동안 연락이 없었던 그가 2011년 11월에 나에게 전화를 했습니다. 그는 상해교회(SCA) 기독교 학생들의 주님을 향한 뜨거운 사랑이 너무나 인상적이었지만, 우리가 니(Nee)를 너무 숭배하는 것을 느꼈다고 말했습니다. 공립학교와 미션스쿨의 대학에서 기독교 학생 활동이 처음에는 제한되지 않았지만, 우리를 감시하는 누군가가 있다는 것을 우리는 알았습니다.

대학생을 위한 사역

1952년에 정부는 '대학 및 학과 조정'이라는 전국적인 운동을 시작했습니다. 그들은 모든 대학의 학과를 재편성했습니다. 정부가 직접 통제할 수 있도록 모든 사립 및 선교사 대학이 공립학교 시스템으로 통합(축소)되었습니다. 같은 시기에 상해교회(SCA)의 지도자들은 대학 청소년 사역에 집중하기 시작했습니다.

1949년에 위트니스 리가 (중국을) 떠나고 1952년에 니(Nee)가 떠난 후, 유성화(Yu Chenghua), 주첸(Zhu Chen), 두종첸(Du Zhongchen) 장로가 상해교회(SCA)를 이끌었습니다. 동역자인 장우지(Zhang Yuzhi)와 란지이(Lan Zhiyi)는 일요일 설교를 담당했습니다. 새로 합류한 동역자 첸벤웨이(Chen Benwei)가 청년 사역을 맡았습니다.

이연여(Li Yuanru)와 왕페이진(Wang Peizhen)은 여성 동역자였습니다. 자매로서 그들은 어떤 리더십 직함도 가질 수 없었습니다. 그러나 그들은 성숙하고 지혜로우며 모든 지역의 지방 교회들로부터 높은 존경을 받았습니다. 그들은 실제로 지방교회를 목양하는 조언자들의 역할을 했습니다.

니(Nee)의 부재로 상해교회(SCA) 지도자들은 권위나 위임된 권위를 강조하지 않았지만 지도자들에 대한 복종의 전통은 동일하게 유지되었습니다. 교회 지도자들의 생각과 목표를 이해하면 자동으로 세부 사항을 처리했습니다. 더 이상 상기시킬 필요가 없었습니다.

청소년 모임

　청소년 리더십을 형성하기 위해 젊은 형제자매들을 하나님의 절대적인 사랑으로 훈련했습니다. 활동들을 안배하는 것보다 우선적으로 주님을 더 사랑하는 것이 축복이었습니다. 우리는 정기적으로 함께 기도하는 것을 강조했습니다. 우리 의제에는 레크리에이션 활동이 없었습니다. 우리는 서로 사랑했지만 진지했습니다. 상해교회(SCA) 지도자들은 학교 사역의 세부적인 부분을 담당하지 않았습니다. 그들은 우리를 믿고 일정 거리에서 바라보기만 했습니다.

　매주 일요일 오후에는 상해교회(SCA)에서 학생들이 이끄는 청소년 모임이 있었습니다. 교회에서는 집회에 참석한 사람들에게 점심을 대접했습니다. 유종신(Yu Chongxin, 상하이 제2의과대학)과 마오종(Mao Zhong, 상하이 제1의과대학)이 리더였습니다. 각 대학의 지도자들이 적극적으로 참여했습니다. 참석자는 일부 고등학생을 포함하여 일반적으로 50명이 넘었고 때로는 100명이 넘었습니다. 청년회의 주요 안건은 일상생활 속에서 우리의 신앙을 나누는 것이었습니다. 교제하는 동안 우리는 개인적인 영적 여정과 캠퍼스 사역의 축복을 나누었습니다. 첸벤웨이(Chen Benwei) 동역자는 집회에 자주 참석했습니다. 왕페이진(Wang Peizhen)은 가끔 왔습니다. 그들은 의도적으로 눈에 띄지 않게 하고 기껏해야 몇 마디만 말했습니다.

　집회를 통해 우리는 서로에 대해 알게 되었고, 여러 학교의 기독교 교류의 일반적인 상황도 알게 되었습니다. 우리는 조만간 새 정권 하에서 어려움에 직면하게 될 것임을 알고 서로를 격려했습니다. 비록 사역자들의 설교는 없었지만 우리는 강력했고, 서로 격려하는 간증을 나누었습니다. 우리는 미래에 대한 기쁨과 자신감으로 새 힘을 얻었습니다. 주님께서 우리와 함께 계신다면 우리는 두려움을 가질 필요가 없습니다.

청소년 사역

교회 지도자들은 네 가지 사역팀(영성팀, 복음팀, 행정팀, 보조팀)을 편성했습니다. 그것은 우리 자신의 청소년 사역을 돌보기 위한 것이었습니다. 나는 유종신(Yu Chongxin), 얀홍빈(Yan Hongbin), 그리고 왕롱주(Wang Rongzhu) 자매와 함께 영적 팀에 배정되었습니다. 매주 토요일 저녁에는 영적팀 식구들이 교회에 모였습니다. 우리는 대부분의 시간을 기도로 보냈습니다. 때때로 우리는 일요일 오후 모임의 준비와 대학 활동을 전체적으로 처리하는 방법에 대해 논의하는 시간을 할당했습니다. 이전과 마찬가지로 우리 젊은 형제자매들은 교회 지도자들의 감독 하에 청소년 사역의 주요 책임을 맡았습니다.

다른 팀들은 우리 기도회에 참석하지 않았고, 우리는 그들의 상황을 알지 못했습니다. 각 팀은 합동회의 없이 개별적으로 운영되었습니다. 그 안배는 회중에 공개되지 않았습니다. 아마도 상해교회(SCA) 지도자들은 공개 집회가 정부나 삼자교회에게 쉽게 감시받을 수 있다는 것을 알고 있었을 것입니다.

상해에 있는 대부분 대학의 그리스도인 교제는 1952년 전국적인 대학 및 대학 학과 조정 이후 많은 축복을 받았습니다. 그때까지 세인트존스 대학교 의과대학은 오로라 대학교 의과대학(가톨릭 학교) 및 통덕 의과대학과 합병되었습니다. 사립대학인 통덕 의과대학을 공립 상해 제2의과대학으로 설립한 것입니다. 이 새로운 학교에서 우리는 매주 화요일 저녁 식사 전에 기도회를 시작했습니다. 보통 10명에서 15명의 형제자매들이 모였습니다. 학교 근처에 있는 기독교 교사 기숙사에서 진행되었습니다. 우리 학교의 모든 기독교인은 매주 수요일 저녁 도보로 10분 거리에 있는 예배당에서 모였습니다. 참석한 학생은 약 40-50명 정도였습니다. 우리는 상해교회(SCA)의 동역자들뿐만 아니라 다른 교회의 몇몇 목사들을 연사로 초대했습니다. 유종신(Yu Chongxin), 얀홍빈(Yan Hongbing), 주루오이(Zhou Luoyi)와 나는 학생 사역을 담당했습니다. 이런 모임 외에도 우리와 몇몇 다른 사람들은 종종 함께 모여 소그룹 기도와 교제를 했습니다.

학교에서의 우리의 주요 목표는 1) 복음을 전파하는 것, 2) 헌신된 기독교인을 상해교회(SCA)에 흡수하고 원래 교회에서 분리하는 것, 3) 기독교인의 영적 성장을 돌보는 것이었습니다. 우리는 지방교회가 성경의 가르침을 따르는 유일한 교회이고 상해교회(SCA)에 가입하는 것이 그리스도인들이 하나님과 동행하는 유일한 길이라고 확실히 믿었습니다. 다른 학교의 학생회는 매우 유사했으며 일반적으로 상해교회(SCA) 그리스도인이 주도했습니다. 우리는 기도와 서로 사랑을 통해 봉사의 직무를 강화했습니다. 반세기가 넘는 시간을 되돌아보면, 우리 학교에서의 헌신과 즐거운 교제 생활은 여전히 저와 많은 사람들에게 깊은 인상을 남깁니다.

상해 대학 기독교 학생 컨퍼런스

1952년부터 1954년까지 매 학기 말에 우리는 상해 대학 기독교 학생회(CSCSCU)를 위한 회의를 가졌습니다. 첫 번째 컨퍼런스에는 500명이 넘는 기독교 학생들이 참석했습니다. 다음 컨퍼런스에는 각각 천 명이 넘는 기독교 학생들이 참석했습니다. 난징, 항저우 등 인근 도시에서 꽤 많은 학생들이 왔습니다. 컨퍼런스는 상해에서 가장 큰 교회 건물인 상해교회(SCA) 집회소에서 열렸습니다.

각 회의 전에 준비위원회가 있었습니다. 위원회 구성원은 대규모 친목 모임이 있는 각 학교의 대표 한 명으로 구성되었습니다. 나는 첫 번째 회의를 제외하고 준비위원회에 모두 참석했습니다. 지난 한두 번은 의도적으로 위원회에 빠졌습니다. 그때까지 상해교회(SCA)는 삼자교회 운동으로부터 분리되려는 우리의 경향 때문에 상당한 압력과 조사를 받고 있었습니다. 모든 상해교회(SCA) 회원은 눈에 띄지 않는 것이 더 나았습니다. 그렇지 않으면 정부는 상해교회(SCA)가 배

후에서 회의를 조직하고 통제하고 있다고 비난할 수 있습니다. 지난 여러 회의에서 상해교회(SCA) 학생들은 회의 의장직을 기피했습니다. 같은 이유로 다른 교회에서도 더 많은 연사가 초대되었습니다. 그러나 수양회가 끝날 무렵, 상해교회(SCA)와 다른 교회의 기독교 학생들은 모두 엄격한 조사와 비판과 비난을 받았습니다.

컨퍼런스의 조직 및 등록 작업은 정교했습니다. 우리는 대학에서 거듭난 기독교 학생들만 초청했고, 불신자나 학생이 아닌 사람은 거절했습니다. 우리는 '외부인'이 우리를 감시하러 올 위험을 알고 있었습니다.

우리는 컨퍼런스 비용이나 연사들에게 상해교회(SCA)의 돈을 지불할 생각은 전혀 하지 않았습니다. 모든 재정적 비용은 자유 의지 기부에서 나왔습니다. 모든 요구 사항이 충족되는 것을 보니 정말 기뻤습니다. 학생들은 모든 행정 업무를 수행했습니다. 상해교회(SCA) 지도자들은 우리가 회의를 주관하는 것을 편안하게 여겼습니다. 이러한 사역을 통해 상해교회(SCA) 청소년들은 책임감과 성숙함을 빠르게 익혔습니다.

집회는 보통 3-4일 동안 진행되었으며 점심만 제공되었습니다. 점심은 간단했지만 우리는 매우 즐거웠습니다. 발표자들은 주제를 선택했습니다. 하나님께 대한 절대적인 희생, 십자가의 길, 하나님을 향한 헌신, 용감한 전사가 되기 등, 집회는 성령의 임재로 하나님을 향한 열정으로 가득 차 있었습니다.

각 집회의 마지막 모임은 전체 회중과의 교제 시간이었습니다. 우리는 믿음과 용기를 가지고 매일 그리스도 안에서 행하는 영적 경험을 나누었습니다. 나는 1954년 마지막 대회 마지막 날, 성령의 감동을 받아 자리에서 일어나 간증을 했던 것을 아직도 생생하게 기억합니다. 우리는 교회를 향한 정치적 압력이 치솟고 있음을 깨달았습니다. 우리 마음속에는 기쁨과 무거운 압박감이 뒤섞여 있었습니다. '순교의 때가 다가오고 있다'는 생각에 우리는 설렘을 느꼈습니다.

우리를 하늘로 높이 올려 이 땅의 모든 고난과 염려와 고난을 굽어보게 하시는 것이 하나님의 뜻임을 말씀드렸습니다. 그러면 땅 위의 모든 무거운 짐은 가볍고 일시적이며 두려워할 가치가 없게 될 것입니다. 그리스도께 초점을 맞추면 모든 짐이 사라져 우리는 안도감과 안식을 얻을 수 있습니다. 성령은 분명히 회중 가운데서 역사하셨습니다. 모두가 일어서서 마음속으로 하나님께 부르짖었습니다. 성령께서 우리를 만지셨습니다. 우리는 하나님께서 하늘에서 우리를 바라보고 계시다는 것을 확실히 알았습니다. 그분은 누구보다 크셨고 모든 것이 그분의 통제 하에 있었습니다. 집회가 끝날 무렵, 더 깊은 믿음과 소망, 하나님에 대한 사랑과 서로에 대한 사랑이 우리 마음을 가득 채웠습니다.

1955년 초, 겨울방학을 앞두고 여러 대학의 대표들이 다시 한자리에 모였습니다. 우리는 평소처럼 또 다른 집회를 열어야 할지를 논의했습니다. 정치적 압력이 우리 마음을 무겁게 했습니다. 논의 끝에 우리는 더 이상 집회를 열지 않는 것이 좋겠다고 만장일치로 의견을 모았습니다. 우리는 상해교회(SCA)에 추가적인 압력을 가하고 싶지 않았습니다.

그 기간 동안 상해대학 기독교 학생회(CSCSCU)는 하나님을 위한 불을 지폈습니다. 이는 상해의 많은 어린 학생들을 성숙하고 책임감 있게 키웠습니다. 그들은 주님께 매우 열심이고 헌신적이었고 기꺼이 그분을 위해 살고 하나님과 진리를 굳건히 옹호했습니다.

삼자애국운동(삼자교회)로부터의 분리를 위한 투쟁

'삼자교회'로부터의 분리를 둘러싼 투쟁은 니(Nee)의 속박(bondage of Nee)에서 벗어나는 것이었습니다. 1950년 12월 니(Nee)는 '기독교 선언문(Christian Manifesto)'을 지지하는 지방 교회 신도 32,782명의 서명 목록 사본을 '삼자교회'에 제출했습니다. 그것은 정부에 우호적이고 지지적인 표현이었지만, 아직 삼자교회(TPSM)의 공식 조직이 확립되지 않았기 때문에 삼자교회에 가입하겠다는 뜻은 아니었습니다. 1952년 4월 니(Nee)가 체포된 후, 상해교회(SCA) 지도자들은 삼자애국운동(TSPM)과의 우호적인 관계를 계속하기를 원하지 않았습니다.

1952년 10월, 장우지(張玉治) 동역자는 '삼자(Three-Self)' 운동에 가입하는 것을 거부하는 강력하고 분명한 원칙을 지닌 유명한 설교자 왕명도(Wang Mingdao)를 방문하기 위해 베이징으로 파견되었습니다. 왕명도는 그의 일기에 다음과 같이 썼습니다.

> *1952년 10월 20일: 장우지가 얀지알레와 함께 방문하여 오늘날의 교회가 어떤 길로 가야 하는지 물었다. 나는 지방교회의 잘못을 지적했다. 그들은 겸비하게 회개하고 하나님께 자비를 구해야 했다. 도움을 청하기 위해 애굽으로 내려가지 마시오.*
>
> *10월 28일: 장우지(Zhang)는 오늘날 세상에서 하나님의 일이 거대한 교회를 부흥시키는 것이 아니라 소수의 신실한 이기는 자들을 부르는 것임을 깨달았다. 그(Zhang)는 이를 실현함으로써 사역의 표준이 정의될 수 있다고 말했다.* [1]

장우지의 방문은 상해교회(SCA)에 큰 영향을 미쳤습니다. 나(필자)는 어느 토요일 밤에 장(Zhang)이 베이징의 왕명도(Wang Mingdao) 방문에 대해 이야기하는 동안 교회에서 열린 교제 모임에 참석했습니다.

1953년 정부가 교회들에게 삼자교회운동(TPSM)을 지지하도록 강력하게 압력을 가하자 가입을 꺼렸던 교회들은 더욱 고립되었습니다. '생명의 떡 교회'(링량탕, Ling Liang Tang) 조우푸징(Zhou Fuqing) 장로가 세 교회(생명의 떡 교회, 우베이 교회, 상해 교회)의 동역자들과 합동 모임을 주선하였습니다. 첫 번째 모임은 '생명의 떡' 교회와 상해교회(SCA)에서 있었습니다. 상해교회는 다음

---

1 왕명도, <왕명도일기> p. 421.

의 모임들을 책임졌습니다. 참석자는 상해교회(SCA)의 탕슈린(Tang Shoulin), 장우지(Zhang Yuzhi), 란지이(Lan Zhiyi) 및 렌종샹(Ren Zhongxiang), 생명의 떡 교회의 조우풍칭(Zhou Fuqing), 화메이시(Hua Meixi), 루촹팡(Lu Chuanfang), 우베이(Wubei) 교회의 양샤오탕(Yang Shaotang, David Yang, Yang Shao-tang), 티얀야제(Tian Yage, James Tian)였습니다. 모임의 목적은 삼자교회에 맞서는 과정에서 의사소통과 상호 지원을 강화하는 것이었습니다. 모임은 1-2주에 한 번씩 열렸습니다. 그것은 1년 넘게 지속되다가 상해교회(SCA)가 삼자교회에서 분리되기로 결정하면서 중단되었습니다. 마지막 회의는 우베이(Wubei)에서 열렸습니다.[2]

1954년 8월, 삼자교회는 공식적으로 중국 개신교 '삼자애국운동 전국위원회(TSPM)'로 설립되었습니다. 그때쯤에는 교회들을 삼자교회(TSPM)에 가입하도록 압박하는 힘이 점점 더 커졌습니다. 1954년 말에 상해교회(SCA)는 공식적으로 삼자교회에서 분리되었습니다. 이연여(Li Yuanru), 왕페이진(Wang Peizhen), 장우지(Zhang Yuzhi), 란지이(Lan Zhiyi) 및 주첸(Zhu Chen)을 포함한 교회 지도자들은 이 결정을 확고히 지지했습니다. 상해교회(SCA)는 상해에서 삼자교회에 가입하지 않은 유일한 교회가 되었습니다. 그들은 하나님의 간증을 옹호하고 고난을 받을 준비가 되어 있었습니다. 우리는 상해교회(SCA) 지도자들의 확고한 결정에는 큰 대가가 따른다는 것을 느꼈습니다. 그것은 젊은 그리스도인들을 포함한 회중의 뜻이기도 했습니다.

상해교회(SCA)의 대외(對外) 사역자(외무부 장관격)인 탕슈린(Tang Shoulin)은 이와 관련하여 오랜 기간 투쟁을 거쳤습니다. 삼자교회에 가입하게 하려는 정부의 당근과 채찍 전략에 따라 그는 기꺼이 그들과 협력하려고 했습니다. 그러나

---

2 렌종샹(任鍾祥, 간략한 역사), p. 24-25. '생명의 떡 교회'는 자오시광(조세광, Timothy S. K. Zao, Zhao Shiguang, 趙世光) 목사에 의해 설립되었다. 우베이교회는 '우루무치로 (북)교회'의 약칭으로 양샤오탕 목사와 티얀야거 목사가 지도했다. 이 교회는 중국내지선교회(CIM, China Inland Mission)에 의해 설립되었다. 1953년부터 1954년까지 이 세 교회의 동역자들은 삼자교회에 가입하는 것을 꺼렸다.

대다수의 상해교회(SCA) 지도자들은 타협을 단호히 거부했습니다. 1954년 8월 상해에서 열린 삼자교회운동(TSPM) 제1차 회의에서 탕슈린(Tang)은 상임위원회 위원으로 선출되었지만, 이는 자신의 개인적인 지위일 뿐 상해교회(SCA)를 대표하지 않는다고 말했습니다. 1955년 3월 격렬한 투쟁과 상해교회(SCA) 지도자들의 압력으로 탕슈린(Tang)은 삼자교회운동(TSPM)의 선두 자리를 사임했습니다. 이는 삼자교회(TSPM)에서 상해교회(SCA)가 완전히 분리된 것을 의미합니다.[3] 1954년에 탕슈린(Tang Shoulin)은 젊은 그리스도인을 대상으로 다니엘서에 관해 일련의 강연을 했습니다. 그는 다니엘과 그의 세 친구가 하나님께 너무나 충성스러워 어떤 박해도 두려워하지 않았다는 점을 상기시켜 주었습니다. 우리는 하나님과 진리를 위한 고난의 시간이 다가오고 있음을 실감했습니다. 우리는 모두 준비가 되어 있었고 기꺼이 고통받을 준비가 되어 있었습니다.

 1952년에 정부는 산동에서 '예수 가정'[4]을 고발했습니다. 심지어 상해에서는 '예수 가정을 비판하는 박람회'가 있었습니다. 한 자매와 나는 그 박람회에 갔는데, 소위 '범죄 증거'는 대부분 상당히 과장된 캐리커처(풍자만화 비슷함– 역자주)를 사용한 선전이었습니다. 증거는 분명히 설득력이 없었습니다. 실질적인 증거도 없이 막연하게 비방하는 모습에 나는 혐오감을 느꼈습니다. 우리는 그 설명에서 한 가지 매우 중요한 교훈을 배웠습니다. 우리는 온갖 거짓 비난으로 박해를 받게 될 것이라는 사실입니다.

---

3 렌종상(任鍾祥), ibid, p. 24-25.
4 '예수 가정'은 1920년대 후반 산동성에서 처음으로 설립된 독특한 오순절 공동체 집단이었다. 그들은 매우 단순한 생활 방식으로 농촌 지역에서 함께 살았다. 그들은 서로 공유하고 개인 소유물 없이 살았다.
공동전선 정책은 러시아 혁명으로부터 물려받은 공산주의 정부의 가장 효과적인 도구 중 하나이다. 중국에는 중앙 공산당 조직부터 지방 공산당 조직까지 다양한 수준의 '통일전선부'가 있다. CPC는 자본가, 종교인 등을 단결시켜 정치적 목표를 달성하기 위해 '관점 제시의 자유 보장'이라는 용어를 사용했다. 공산당의 이러한 부드러운 '당근' 정책은 사람들을 속이는 강력하면서도 신뢰할 수 없는 속임수의 전략이었다.

• Chapter 7 •
반혁명세력 소탕 작전(CEC)과 나

시작

1955년 여름, 정부는 '반혁명 세력 제거 캠페인'(CEC)을 시작했습니다. 대학을 포함한 문화/교육 기관에서 시작되었습니다. 얼마 지나지 않아 캠페인은 전국적으로 빠르게 퍼졌습니다.

중국에서는 의과대학 커리큘럼에 인턴십 1년이 포함되어 있습니다. 1955년 6월 말에 인턴십을 마친 후 나는 의과대학으로 돌아가 연구반에 참석해야 했습니다. 대학원생 집중배치를 통한 취업준비의 일환이었습니다. 전국에 민간시설이나 기업이 없어 정부기관 취업만 가능했고, 매년 정부는 모든 졸업생에게 전국적으로 취업 알선을 할당했습니다.

1955년 여름, 취직을 하기 전에 모든 졸업생은 '반혁명 세력 제거 캠페인'(CEC) 수업을 들어야 했습니다. 정치적 요구는 매우 컸습니다. 우리 반에는 200명이 넘는 학생들이 있었습니다. 우리 모두는 CEC(반혁명세력 제거 운동) 스터디 클래스를 위해 학교에 남아 있어야 했습니다. 그 해에 그 수업은 적어도 몇 달 동안 엄청나게 연장되었습니다. 일자리를 얻으려면 CEC 수업을 통과해야 합니다.

학생들은 '정치적 문제'에 대한 심각도에 따라 개별적으로 처리되었습니다. '심각한 문제'가 있으면 학습 과정이 더 오래 지속됩니다. 가장 '문제가 있는' 학생들은 '격리 조사'에 배치되었습니다. 문제가 적은 학생들은 '중요한 도움' 아래에 배치되었습니다. 다른 학생들은 몇 달 후에 '연구 수업'에 배치되었습니다. 모든 기독교 학생들은 헌신적이든 그렇지 않든 기독교 활동에 참석하는 것조차 심각한 문제가 있는 것으로 취급되었습니다.

모두가 자신의 '나쁜' 생각과 행동과 함께 그의 가족과 부모로부터 온 다양한 '나쁜 영향'에 대해 목소리를 높여야 했습니다. 그는 그의 정보를 그의 연구팀의 학생들 앞에서 자발적으로 드러내어야 합니다. '나쁜' 생각이 1초라도 있으면 혹 '나쁜' 행동이 없더라도 우리는 목소리를 내도록 격려받았습니다. 일단 드러나면 '원칙들'의 더 높은 차원으로 올라와 비판을 받게 되어 있었습니다. 그 '이유'는 '나쁜' 생각이 악의 뿌리가 될 수 있기 때문입니다.

마지막으로, 각 학생은 공식 기록으로 서면 보고서를 제출해야 했습니다. 그 파일은 '정치 직무원(political staff)'의 결론과 함께 비밀리에 학생들이 갈 직장으로 보내질 것입니다. 각 학생의 결론은 기밀이었고 대부분의 학생들은 쓰여진 내용을 전혀 알지 못했습니다.

부모님의 '출신계층'(계급신분)이 우리를 분류했습니다. 사회의 모든 사람들과 마찬가지로 학생들의 '계급 출신'은 노동 계급, 중저농민 계급, 소부르주아 계급, 자본가 계급의 네 가지 계급으로 나뉘었습니다. 전자의 두 계급은 '프롤레타리아 계급'이라고도 불렸고, 후자의 두 계급은 부르주아 계급이라고도 불렸습니다. 해방 직후인 1949년 가을에 대학에 입학하면서 많은 학생들이 부르주아 가정에서 태어나고 자랐지만, 이제는 사회에서 가장 밑바닥이자 가장 위험한 계층으로 낙인찍혔습니다. (후에 부르주아 계열의 학생들은 대학에 진학하는 것이 거의 허락되지 않았다.) 그러므로 그들은 부모의 '나쁜 영향'을 비판해야 했습니다. '인민의 입장'에 굳게 서려면 '나쁜 부모'를 적으로 대해야 했습니다. 또한 부모가 정부에 반대하여 말하거나 행동했을 가능성이 있는 경우 신고해야 했습니다. 기독교 학생들은 또한 기독교 부모, 교회 지도자 및 학생 친교 단체를 폭로하고 비난하고 고발해야 했습니다.

우리는 기독교인이든 비기독교인이든 다른 사람들과 어떤 것도 논의할 수 없었습니다. 만일 그렇게 한다면 우리의 문제는 배가(倍加)될 것이며 '다른 사람들과 협력하여 사실을 은폐한다'는 비난을 받게 될 것입니다. 기독교인이 다른 기독교인과 대화를 나누면 대화의 동기와 목적과 함께 그들이 이야기한 내용을 '정치 직무원'에게 즉시 보고해야 했습니다. '다른 사람은 이미 모든 것을 자백했는데 너는 왜 다 말하지 않고 은폐하려고 하느냐?'고 말하곤 했는데, 사실상 양편 모두에게 동일한 방식으로 질문하는 강압적인 계략을 몰랐던 것입니다. 결과적으로, 모든 기독교 학생은 상당한 압력을 견뎌야 했고 혼자서 어려움에 직면해야 했습니다.

격리 조사

나는 1955년 7월 초에 '반혁명세력 제거 캠페인'(CEC) 연구팀에 참석했습니다. 그 달 말에 나는 '격리 조사'(Isolated Investigation)에 배치되었고, 학교를 떠나는 것이 허락되지 않았습니다. 그들은 내 사건을 다루기 위해 '정치 간부(political cadre)'를 임명했고, 필요할 때마다 아무리 밤늦게라도 나를 불러 심문할 권한이 있었습니다. 나는 언제든지 준비가 되어 있어야 했습니다. 그들은 또한 공산당 청년 단원인 동급생 중 한 명을 나의 '동반자'로 지정했습니다. 뿐만 아니라 '조사'를 위해 정치 간부가 심지어 매점까지 나와 동행했습니다. 내가 화장실에 가거나 샤워를 할 때에도 그녀는 나와 함께 있어야 했습니다. 내가 잠자리에 들지 않으면 그녀도 잠들 수 없었습니다. 내가 일찍 일어나면 그녀도 일찍 일어나야 했습니다. 내가 어디에 있든 그녀는 거기에 있어야 했습니다. 그녀는 나의 그림자였지만 나에게 말을 걸지 않았습니다. 그녀의 역할은 나를 감시하는 것이었지만 더 이상 내 사건에 관여하지는 않았습니다.

물론 나는 학교의 어떤 기독교인들이나 외부 세계의 가족들을 접촉하지 않았습니다. 그것은 많은 문제를 가져올 것입니다. 캠퍼스를 걸을 때 내 눈은 내 주변의 누구도 보지 않고 똑바로 앞만 바라보았습니다. 나는 다른 사람들의 경멸, 의심, 적개심의 표현에 개의치 않았습니다. 기독교인을 만나면 눈을 마주쳐 메시지를 전달한다는 의혹을 피하려고 길 건너편으로 갔습니다.

그런 상황에도 불구하고 내 마음은 꽤 만족스러웠습니다. 오래전부터 예상했던 상황을 마주하면서 하나님의 임재를 누렸습니다. 내 마음에는 투쟁이 없었습니다. 나는 잘 먹고 잘 자고 감옥에 갈 준비가 되어 있었습니다. 나는 할머니에 대해 걱정하지 않았습니다. 왜냐하면 이모와 어머니가 할머니를 돌보실 것이라는 확신이 있었기 때문입니다.

내 마음은 마치 내가 죽은 것처럼 평화로웠습니다. 비천해졌다는 생각도 없었고 자기 연민도 없었습니다. 나는 전혀 우울하지 않았고 남을 원망하거나 미래에 대해 걱정하지도 않았습니다. 날씨가 쌀쌀해졌지만 겨울옷을 입지 않았습니다. 나는 감옥에 있게 될 앞으로를 위해 대비하려고 했습니다. 나는 감옥이 매우 음습하고 추운 곳일 거라고 생각했습니다. 내 마음은 기록된 바와 같습니다. "…도수장에 끌려가는 어린 양과 털 깎는 자 앞에 잠잠한 양과 같이 그 입을 열지 아니하였음이여"(이사야 53:7). 나는 이미 모든 것이 주님을 위한 것이었고 내가 모든 것에 대하여 죽었다는 것을 받아들였습니다. 그것이 니(Nee) 형제님의 가르침이었습니다. '당신의 마음은 어떤 것에 의해서도 만져져서는 안 됩니다.'

놀랍게도, 나의 큰 사촌이 9월에 우리 학교에 왔습니다. 그는 할머니가 평온하게 돌아가셨다고 말했습니다. 그녀는 89세였습니다. 나는 장례식을 돌보기 위해 3일 동안 집에 갈 수 있었습니다. '감시견들'은 내가 항상 할머니와 단둘이 산다는 것을 알고 있었습니다. 내 '그림자'는 그것이 진짜인지 확인하기 위해 나와 동행하도록 지정되었습니다. 속임수가 없다는 것을 깨닫고 그녀는 떠났습니다.

이모들과 어머니의 도움으로 다음날 장례를 준비하고 그 다음 날 장례를 치렀습니다. 묘지는 이미 오래 전에 구입했습니다. 슬픈 표정도 눈물도 없이 담담하게 정리했습니다.

나는 그날 저녁 상해교회(SCA)에 갔고 조우징메이(Zhou Jingmei) 자매를 보았습니다. 그녀는 교회에서 살면서 내부 일을 담당하는 동역자였습니다. 나는 눈물을 터뜨렸고 멈출 수 없었습니다. 그러나 나는 한 마디도 하지 않았습니다. 그녀도 말없이 나를 따라다녔습니다. 우리 둘 다 얼굴을 맞대고 있어도 서로 말하지 않는 것이 현명하다는 것을 알고 있었습니다. 삼 일 휴가 동안의 모든 말들과 모든 행동을 학교에 보고해야 했습니다.

장례식과 그 다음 날 장례 때에도 나는 울지 않았습니다. 상해교회(SCA)에는 많은 친척들과 교인들이 있었는데, 그들은 나의 눈물 없이 차분한 모습에 놀랐습니다. 격리 수사 대상자인 나를 위로하기 위해 추도식에 왔지만 감히 말하거나 감정을 표현하는 사람이 없었습니다. 나는 그들에게 너무나 고마웠지만 표현하지 않는 것이 낫다는 것을 알았습니다.

내 마음은 온통 어린아기 때부터 나를 키워주신 할머니로 가득했습니다. 나는 내가 마음 편하게 감옥에 갈 수 있도록 할머니가 세상을 떠나는 것이 아마도 하나님의 선하신 뜻일 것이라고 생각했습니다.

학교에 돌아온 후, 나는 아무런 보고도 하지 않았습니다. 나는 애도를 위해 굵은 모시로 덮인 흰 천 신발을 신고 침착하게 침묵을 지켰습니다. 나중에 '반혁명 세력 제거 캠페인'(CEC)이 끝난 후, 정치 간부들은 격리 조사 기간 동안 나의 침착한 태도에 매우 놀랐다고 말했습니다. 내가 그렇게 하는 것은 아주 자연스러운 일이었습니다. 그것은 성경이 말한 바와 같습니다: "내가 그리스도와 함께 십자가에 못 박혔나니 그런즉 이제는 내가 산 것이 아니요 오직 내 안에 그리스도께서 사신 것이라"(갈 2:20). 그리고 "(십자가로 말미암아) 세상이 나를 대하여 십자가에 못 박히고 내가 또한 세상에 대하여 그러하니라"(갈 6:14). 불신자들은 결코 이것을 이해할 수 없습니다.

반혁명세력 제거 캠페인(CEC) 기간 동안 우리가 탐구하도록 요청받은 첫 번째 것은 우리 자신의 '심각한 정치적 문제'였습니다. 간부는 내가 솔직하다고 칭찬했습니다. 그들은 상해교회(SCA)의 모든 활동, 즉 조직, 리더십, 활동, 청소년 사역, 모든 대학에서의 기독교 활동 등을 자백하기를 원했습니다. 나는 모든 세부 사항을 말해야 했습니다. 간부의 태도는 표정이 없이 진지하고 엄격했습니다. 모든 문장은 명령이었습니다.

나는 처음부터 진지하고 정직한 태도를 유지했습니다. 하지만 무엇을 고백해야 할까요? 내 생각에는 교회 활동이 일상생활의 일부였습니다. 어떻게 먹고 어떻게 자는가도 고백해야 할까요? 나는 막막했고 무엇을 비판해야 할지 몰랐습니다.

한계점

나중에 나는 평생 동안 내가 개방적이고 공명하다고 생각했습니다. 감춰야 할 것도, 고백할 것도 없었습니다. 그래서 나는 그들에게 모든 것을 말하겠다고 표명했습니다. 그러나 그것은 고백이 아니었습니다. 나는 내 교회나 나 자신을 비판할 이유가 없었습니다. 그리고는 과장이나 거짓된 비난 없이 내가 알고 있는 모든 것을 말했습니다. 그 시점에서, 나는 여전히 상해교회(SCA)나 내가 잘못한 것이 있다고 생각지 않았습니다.

마침내 간부(cadre)가 나에게 '조국을 사랑합니까?'라고 물었습니다. 나는 깜짝 놀랐습니다. 마음속 깊이 '아니오'라고 말하려 했습니다. 나는 이미 찬송가에서 말하듯, 내 가족을 내려놓았고 내 나라와 모든 것을 내려놓았습니다. 나는 이미 세상을 등졌습니다. "세상을 등 뒤에, 멀리 등 뒤에 두었네!"[1] 나는 주님께 모든 것을 바쳤기 때문에 어떻게 대답해야 할지 몰랐습니다. 나는 조국을 사랑하지 않는다는 사실을 그들에게 말할 수 없었고 그들은 결코 이해할 수 없을 것입니다. 나의 유일한 선택은 침묵하는 것뿐이었습니다.

그는 또 다른 질문을 했습니다. '너는 너의 나라를 사랑해야 하는가?' 다시 말

---

1 이것은 내가 가장 좋아하는 찬송가 중 하나로서 엘리샤 A. 호프만의 "세상에 등을 돌렸네"이다.

하지만, 그것은 어려운 질문이었습니다. 주님 외에는 어떤 것도 내 마음을 차지할 수 없었습니다. 나는 이 세상과 아무 상관이 없었습니다. 그러나 나는 내 생각을 말할 수 없었습니다. 내가 어떻게 '나는 조국을 사랑하면 안 된다'고 말할 수 있겠습니까? 그것은 그들에게 구실이 될 것입니다. 나의 유일한 선택은 침묵이었습니다. 나는 어떻게 대답해야 할지 몰랐습니다.

그때까지 나는 정말로 무지했습니다. '나라 사랑'에 대한 정의는 다를 수 있습니다. 그 대답은 정치적 개념과 국가적 관점의 변화에 따라 이때 저때 달라질 수 있습니다. '어떻게 조국을 사랑하는가'라는 질문에 대답하는 데는 확실히 다양한 변수가 있습니다. 특히 정권이나 정치적 분위기가 다르면 오늘의 '예'가 내일의 '아니오'가 될 수도 있고 그 반대의 경우도 될 수 있습니다.

그 기간에, 나는 하나님께 돌이켜 답을 구하지 않았습니다. 지금 나는 내가 하나님을 사랑하고 하나님의 말씀대로 사람을 사랑한다면 틀림없이 '나의 나라 사랑'에 대한 모든 종류의 상황을 만족시킬 수 있다는 것을 압니다.

인민의 입장(People's Standpoint)을 지킴

내가 아는 한 나는 그들에게 상해교회(SCA)에서의 모든 활동을 자세하게 이야기했지만, 나는 그 어떤 것도 비판할 수 없었습니다. 간부는 내가 '인민의 입장'에 서야 한다고 반복해서 강조했습니다. 옳고 그름의 관점은 '인민의 입장'에 서느냐 아니냐에 달려 있다고 했습니다.

오, 그 말은 나에게 너무 친숙하게 들렸습니다! 그것이 니(Nee)가 1951년에 '내가 어떻게 돌아섰는가?'에서 강조한 것입니다.

나는 감히 조국을 사랑한다고 말하지 못하고, 감히 아니라고도 말하지 못했습니다. 주님 외에는 아무것도 사랑하지 않았고 아무것도 원하지 않았습니다. 아무것도 내 마음을 끌 수 없었습니다. 니(Nee)는 우리에게 '세상을 사랑하지 말라'

고 가르쳤을 뿐만 아니라 인민(people)의 입장에 굳게 서라고 가르쳤습니다. 그것은 오랫동안 나를 혼란스럽게 했습니다.

차츰 내 원래 생각에 문제가 있음을 알게 되었습니다. 인민의 입장에 선다면 조국을 사랑해야 합니다.

1955년에 우리 교회 근처에 웅장한 '중소 우호 빌딩'이 완공되었을 때, 나는 그 탑 꼭대기에 있는 빛나는 붉은 별을 바라보는 것을 피했습니다. 나에게 붉은 별은 사랑하지 말아야 할 분주한 세상의 상징이었습니다. 나는 1948년 해방 이후 가장 크고 새로운 상점인 '상해 제1백화점'에 쇼핑을 가본 적이 없었습니다. 할머니는 내가 아주 어렸을 때부터 나를 키우셨습니다. 하지만 그녀가 세상을 떠났을 때 나는 감정이 없었습니다. 내가 '인민의 입장(people's standpoint)'에 선다면 내 생각은 어떠해야 하겠습니까?

갑자기 나는 충격을 받았습니다. 내가 어떻게 철없고 무심한 젊은이가 될 수 있단 말인가? 나는 침례를 받기 전 고등학생이 되었을 때를 회상했는데, 나는 다른 젊은이들처럼 얼마나 열정적이었는지 모릅니다! 나는 호기심이 많았고 모든 것에 관심이 있었습니다. 그러나 이제 내 마음은 모든 것에 대해 얼음처럼 차갑습니다.

나는 나 자신을 어떻게 바라볼지 몰라서 더욱 조용해졌습니다. 그러나 내 마음은 나 자신에게 질문할 만큼 조금 열렸습니다. 나는 내가 절대적으로 옳았다는 확신이 없었습니다. '인민의 입장'에서 생각하려고 노력했습니다. 내 마음은 여전히 하나님을 찾고 있었지만 그분의 임재를 느끼지 못했습니다. 나는 기도했지만 그분은 침묵했습니다. 내 마음에는 깊고 끔찍한 공허함이 있었습니다.

파란 하늘의 날벼락

12월 초, 나는 장시로(Jiangxi Road)에 있는 상해市 종교사무국(BRA)으로 이송되었습니다. 나는 그들이 나를 체포할 것이라고 생각했습니다. 놀랍게도 그들은 나에게 워치만 니의 범죄 증거(criminal evidence)를 보여주었습니다. 그들은 또한 워치만 니가 매우 더러운 삶(filthy life)을 살았다고 말했습니다. 그는 내가 잘 아는 교회의 두 여자 동역자와 불륜을 저지르는 등 성적으로 부도덕한 삶을 살았습니다. 활동사진(motion picture)의 네거티브 필름(밝은 부분은 어둡게, 어두운 부분은 밝게, 음화를 만드는 필름) 한 부분이 나에게 보여졌습니다. 누드 여성의 사진이 있었습니다. 나는 그것이 그들(두 여자 동역자들) 중 하나의 이미지라고 들었습니다. 또한 두 사람 외에도 다른 많은 여성들과의 성적 부도덕에 관련된 니(Nee)의 서면 자백(written confession)이 있었습니다. 나는 말문이 막히고 무표정했지만 아연(struck dumb)하게 되었습니다.

　파란 하늘에서 번개가 치는 것 같았습니다. 나는 힘이 빠지고 땅이 내 주위를 도는 것처럼 어지러웠습니다. 나는 일어설 수 없었습니다. 믿을 수 없어! 공산정권하에서 거짓말과 무고가 너무 많다는 것을 깨닫고 곰곰이 생각했습니다. 나는 증거를 부정할 수 없었습니다. 과거에 나는 '예수 가정' 엑스포에 갔는데, 그들의 증거가 사실이 아니라는 것을 알 수 있었고 혐오감을 느꼈습니다. 하지만 이번에는 말문이 막혔습니다.

　원래 나는 모든 종류의 속임수를 간파할 수 있는 경험 많고 두려움 없는 전사라고 생각했습니다. 그러나 나는 이 엄청난 일격에 완전히 패배했습니다! 갑자기 내 뇌는 완전히 텅 빈 느낌이 들었고 전혀 기능을 할 수 없었습니다.

　내 마음의 찌르는 듯한 고통을 참을 수 없었습니다. 몸과 마음이 완전히 마비되었습니다. 한 발짝 내딛는 것조차 힘들었습니다. 나는 마치 식물인간처럼 허약하고 혼미 상태에 있었습니다. 나는 항상 워치만 니를 크게 존경했기 때문에 더 이상 살 수 없을 것 같은 느낌이 들었습니다. 그는 내 믿음의 일부가 되었습니다. 이제 나는 정말로 어떻게 살아야 할지 몰랐습니다. 워치만 니와 상해교회(SCA)는 내가 죽음까지도 단호하게 맞설 수 있도록 굳건히 버틸 수 있는 힘이 되었었습니다. 하지만 그들은 지금 생명을 지탱해주는 힘을 잃었습니다.

나는 하나님을 발견할 수 없었습니다. 내가 그런 추잡한 짓을 한 것처럼 너무 부끄러웠습니다. 걸으면서 나는 깊은 부끄러움을 느끼며 땅을 내려다보았습니다. 나는 사람들이 나를 쳐다보는 것을 원치 않았습니다. 나는 마음속의 괴로움으로 며칠 동안 말문이 막혔습니다.

그 무렵 나는 이미 '격리 조사'를 받는 생활에 익숙해져 있었습니다. 텅 빈 방을 마주하며 혼자 싸우고 범죄자처럼 무자비한 심문을 당하는 것에 익숙해졌습니다. 나는 마음속으로는 고요하고 평화로웠습니다. 그러나 지금은 나조차도 여전히 말없이 무표정하게 마음의 동요를 제어할 수 없었습니다. 나에게는 평화가 없었습니다. 주님을 위해 순교하려는 용감하고 강한 의지가 갑자기 무너져 내렸습니다. 하루도 더 살 수 없었습니다. 물론 정부의 가혹한 압력 때문은 아니었습니다. 인도자에 대한 신뢰를 상실한 것 때문이었습니다. 나는 깊은 수치심과 혼란에 시달렸습니다. 어떻게 살 수 있습니까? 나는 하나님을 불렀습니다. "오 하나님, 어디 계십니까?"

분노

약 2주 후, 나는 지난 8년 동안 내 삶의 변화를 숙고하기 시작했습니다. 주님 외에는 이 세상 그 어떤 것도 사랑하지 않았습니다. 학업, 미래, 사랑하는 가족을 소홀히했습니다. 나는 이 세상에 대해 어떤 감정도 가지고 있지 않았습니다. 내 옷은 구식이었고 내 말은 가능한 한 '영적'이었습니다. 주님 외에는 이 세상 그 어떤 것에도 관심이 없었습니다. 나는 그리스도 안에서 형제자매를 긍휼히 여기고 교회에 헌신할 뿐 그 외에는 아무 것도 없었습니다.

니(Nee)는 그리스도인들에게 '세상을 사랑하지 말라고' 요청했고, 그래서 우리는 우리가 가진 모든 것을 그에게 넘겨주었는데 그가 한 일은 무엇입니까? 그는 거룩했습니까? 내 앞에는 커다란 물음표가 있었습니다. 내 믿음에 대한 충격은 체포되어 감옥에 갇히는 것보다 훨씬 더 끔찍했습니다. 후자였다면 내 믿음은 그대로 남아 있었을 것입니다.

왜 그는 이중 거래자로서 그토록 신성하게 행동했습니까? 그는 단지 연기자였습니까? 그는 왜 사기꾼이 될 것을 선택했고, 그의 동역자들과 수많은 형제자매들을 속였을까요? 왜?

나는 내가 니(Nee)에게 너무 오랫동안 속았고 아무것도 보거나 잡을 수 없다는 것을 알고 슬펐습니다. 나는 내 마음과 믿음이 깊은 소용돌이 속으로 가라앉는 것을 느꼈습니다. 이제 내 마음에서는 분노가 치솟았습니다. 나는 하나님과의 평화를 잃었습니다.

오, 하나님, 누구에게 돌아가야 합니까? 누구를 믿을 수 있습니까? 누가 답을 줄 수 있습니까? 나는 응답 없이 하나님께 부르짖었습니다. 나는 깊은 구덩이에 홀로 남겨졌습니다.

내가 버틸 수 있는 유일한 것은 '인민의 입장(people's standpoint)'인 것 같았습니다.

• Chapter 8 •

반혁명 세력 제거 캠페인(CEC) 치하의 교회

다른 도시에서 일부 지방교회 지도자들이 체포되었다는 소식이 있었고, 상해교회(SCA)에도 필연적으로 재난이 닥쳤습니다. 1956년 1월 29일 일요일이었습니다.

1956년 1월 29일 일요일 오후 10시경, 떡을 떼는 모임 후 모두 집으로 돌아갔을 때, 상해시 공안국(BPS) 요원들이 상해교회(SCA)의 주요 동역자와 장로 대부분을 그들의 집에서 체포했습니다. 체포된 사람에는 이연여(Li Yuanru), 왕페이진(Wang Peizhen), 장우지(Zhang Yuzhi), 란지이(Lan Zhiyi), 주첸(Zhu Chen) 및 첸벤웨이(Chen Benwei)가 포함되었습니다. 체포되지 않은 교회 지도자들은 수색을 당했고 그들의 집은 압수당했습니다. 그들은 심문을 위해 상해시 공안국(BPS)로 보내진 다음 '격리 수사'에 처해졌습니다.

천찬(Tian Chan) 극장에서의 집회

다음 날인 1월 30일 오후, 시종교국(BRA) 주최로 복주로에 있는 천찬극장에서 대규모 집회가 열렸습니다. 홀은 2500명으로 가득 찼습니다. 상해교회(SCA)의 모든 교인들은 참석하라는 통보를 받았습니다. 또한 정부 지도자, 삼자교회 유명 인사, 다른 교회의 목사와 사역자, 신학교 교사와 학생들도 있었습니다.

공안국장은 워치만 니의 범죄를 공식적으로 발표하고 상해교회(SCA) 지도자들을 '워치만 니 반혁명 갱단의 일원'으로 체포했습니다. 검사는 공소장을 낭독했습니다. 몇몇 상해교회(SCA) 교인들은 니(Nee)를 고발했습니다. 범죄, 정치, 금융 범죄 외에도 정부는 니(Nee)의 타락한 사생활과 교회에서 두 명의 여성 동역자에 대한 명예훼손(defamation)을 폭로했습니다(이름은 밝히지 않음).

나는 니(Nee)에 대한 고발을 준비하라는 지시를 받았고 내 목소리를 내기로 동의했습니다. 유난히 심각하고 긴장된 상황에서 수많은 청중들 앞에 섰을 때, 나는 니(Nee)가 나를 속인 것에 대해 분노로 가득 찼습니다. 나는 두려움이 없었습니다. 나는 '세상을 사랑하지 말라', '자신을 복종시키라', '생각을 사용하지 말라'는 등의 교리에 내가 완전히 지배당하고 있었다는 사실에 초점을 맞췄습니다. 나를 키워주신 할머니가 돌아가셨다는 사실에도 감흥이 없었습니다. 중소 우호 빌딩(Sino-Soviet Friendship Building)의 밝은 붉은색 별을 보는 것이 너무 무서웠습니다. 나에게 그것은 세상의 상징이었습니다. 길을 걸으면서 세상의 유혹에 넘어가지 않으려고 고개를 돌려 쇼윈도우를 바라보지 않았습니다. 가장 최악은 내가 조국을 사랑하지 않았다는 것입니다.

사기를 당했기 때문에 고발하는 동안 나는 매우 슬프고 화가 났습니다. 니(Nee)는 그가 설교한 대로 행동하지 않았습니다. 내 언어 표현은 강하고 적대적이었습니다. 그 고발의 시대에 우리에게 기대되는 음성이었습니다.

내 마음이 극도로 혼란스러워서 나는 하나님께 도움을 청하지 않았습니다. 나는 정부와 니(Nee)가 옹호하는 '인민의 입장(people's standpoint)'만 생각했습니다. 그 관점은 옳고 그름에 대한 나의 기준이 되었을 뿐만 아니라, 또한 하나님께 대한 믿음에서 나를 혼란스럽게 만들었습니다. 내가 어떻게 이방인들 앞에서 그리스도 안의 형제를 고발할 수 있겠는가 하는 생각은 조금도 하지 않았습니다.

수십 년 동안 나는 무고를 당할 만한 일을 행하지 않았기 때문에 내가 옳다고 생각했습니다. 그러나 성령님은 분명히 나의 비난하는 행위를 인도하지 않으셨습니다. 나는 의로우신 하나님과 그의 종의 실패를 구별하지 않았습니다.

정부 발표는 청중, 특히 상해교회(SCA)의 하나님의 자녀들에게 극도로 충격적이었습니다. 대부분의 교회 지도자들이 체포되었을 뿐만 아니라 니(Nee)의 성적 부도덕도 있었습니다. 청중의 마음에는 많은 혼란과 혼돈이 있었습니다. 이러한 비난이 사실이었습니까?

해산된 후, 누군가가 니(Nee)의 아내인 장핀훼이에게 그녀의 감정에 대해 물었습니다. 그녀는 짧게 대답했습니다. "하늘에서는 더 높은 심판이 있을 것입니다(There will be higher judgment in heaven)."

2월 1일, 이 소식은 지역 주요 신문의 헤드라인을 장식했습니다. 각계 각층의 대표들은 더 많은 비난에 대응하기 위해 회의를 가졌습니다. 정부는 많은 저명한 목회자들이 공개적으로 니(Nee)를 고발하도록 압력을 가했습니다. 그들의 연설은 신문이나 천풍(Tian Feng)에 게재되었습니다. 그들이 일어서서 고발하지 않는다면, 정부는 그들을 '굳건한 입장을 취하지 않는다고' 고발할 것입니다. 그들의 말은 많은 그리스도인들에게 큰 영향을 미쳤습니다.

그 직후 상해교회(SCA)의 모든 구성원은 BRA(시종교국)의 지도하에 집중적인 '반혁명 세력 제거 캠페인(CEC)' 학습 수업에 참석해야 했습니다. 그들은 전시간 집중 학습에 참여하기 위해 몇 주 동안 직장을 그만두어야 했습니다.

조사팀이 들어오다

1월 30일, 반혁명분자 소멸 작전(CEC) 조사팀원들이 상해교회(SCA)에 들어왔습니다. 처음에 그들은 남양로(Nanyang Road) 145번지에 있는 교회 사무실 건물과 문덕리(Wende Li)에 위치한 복음실에서 모든 문서와 기록을 검색했습니다. 팀장 샤오루양(Shao Luoyang)은 1952년 오반운동(Five-anti Campaign) 당시 니(Nee)의 생화학 공장(중국 생화학 연구소, CBC)에 대한 검사 팀장을 역임한 적이 있습니다. 그는 니(Nee)의 재정 문제를 잘 알고 있었기 때문에 다시 한 번 니(Nee)의 그룹과 상해교회(SCA)를 대상으로 검사하는 일에 리더로 임명되었습니다. 1956년에도 상하이에 있는 시종교사무국(BRA)의 개신교 업무 책임자로 임명된 것입니다.

이제 상해교회(SCA) 건물은 모든 것을 장악한 무신론자들로 가득 차 있었고, 교회 지도자들은 '격리 수사'를 받고 있었습니다. 그들은 죄수 취급을 받았습니다. 이것은 재난의 시작(the beginning of the disaster)에 불과했습니다. 교회와 하나님의 자녀들은 이방인에게 포로가 되어 있었습니다. 나는 니(Nee)의 영향에서 해방되었다고 생각했지만, 정부의 '인민의 입장'이라는 강압(coercion)에 의해 덫에 걸려들었다는 사실을 깨닫지 못했습니다.

상해교회(SCA)는 '인민의 입장'이라는 도전에 직면해 있었습니다. 상해교회(SCA) 지도자들은 니(Nee)의 영적 족쇄에서 벗어나려고 노력했지만, '인민의 입장'의 함정에 빠졌습니다. 인도직분은 니(Nee)로부터 무신론 정부(atheist government)로 바뀌었습니다.

하나님께서는 여전히 절대적인 통제권을 갖고 계셨지만, 그분은 그분의 자녀들이 광야에서 거친 노정을 배우도록 허락하셨습니다.

상해교회(SCA)에서의 고발 집회

나흘 후인 2월 3일, 전체 상해교회(SCA) 회중이 집회소에 모여서 니(Nee)에 대한 고발집회를 가졌고, 열 명의 교회 회원이 일어나 고발했습니다. 그들은 두 명의 동역자, 주 푸루와 궈 하이진(Zuo Furu, Guo Haizhen), 네 명의 집사와 여집사들-류웨한, 차오징웬, 장시캉, 장진화(Liu Yuehan, Qiao Jingwen, Zhang Xikang, Zhang Zhenhua), 그리고 생화학 공장(CBC) 직원 두 명, 청소년 대표 두 명-장주화이와 나-이었습니다. 궈하이진은 1948년에 니(Nee)가 "혁명을 제거하기 위해 복음을 취하라"는 슬로건을 발표했다고 말했습니다. 그녀는 그것이 니(Nee)의 모든 이론과 행동 뒤에 숨은 목적이라고 말했습니다.[1] 니(Nee)의 장기 회계사인 장시캉(Zhang Xikang)은 니(Nee)의 재정적 결함에 연루되어 3년 동안 감옥에 갇혀 있었다고 말했습니다. 회의에는 쑤저우 지방교회와 난징(남경) 지방교회의 대표자들이 참석했습니다. 전체적으로 약 3,000명의 참석자가 있었습니다.[2]

지도자들에 대한 격리 조사

검거되지 않은 지도자들은 모두 '격리 조사' 과정을 거쳐야 했습니다. 이들은 상해교회(SCA)에서 각각 별도의 방에 격리됐습니다. 그들은 감시자 없이는 방에서 나갈 수 없었습니다. 그들은 밤낮 자기 방에 머물며 그곳에서 식사를 했습니다.

유성화(Yu Chenghua)는 선임 동역자이자 장로였습니다. 그는 '조사'에 응하지 않고 침묵을 지켰습니다. 그는 아무 것도 기억하지 못한다고 말했고 곧 체포되었습니다. 그의 간경화는 악화되었고 며칠 후 그는 치료를 위해 보석을 받았습니다. 며칠 후 유성화(Yu)는 간성 혼수와 간부전으로 병원에서 사망했습니다.

주푸루(Zuo Furu)는 50세가 넘었습니다. 그녀는 30년 이상 주님을 섬겼고 지방교회들 사이에서 잘 알려져 있었습니다. 그녀는 치유의 은사가 있었고 정직하고 직설적이었습니다. 처음에 그녀는 순교자가 되기를 열망했습니다. 대규모 체포가 있던 날 밤, 그녀가 소환장을 받았을 때 그녀는 자신이 체포되지 않은 것에 대해 속상해했습니다. 그녀는 자신을 '반혁명분자'라고 부르며 체포를 요청했습

---

1 니(Nee)는 여러 번 이렇게 말했다: "혁명을 제거하기 위해 복음을 취한다." 아마도 그것은 그의 진짜 목적이 아니라 단지 고상한 말투였을 것이다. 추론은 다음과 같다. 1) 이 슬로건은 단지 그리스도인들이 그분을 온 마음으로 따르도록 복음에 대한 열의를 불러일으키기 위해 사용되었을 수 있다. 니(Nee)가 활동을 재개한 이후의 전체 모습을 보면, 그는 복음을 위한 실질적인 활동에 전혀 참여하지 않았다. 2) 아마도 그것은 자신의 '예루살렘 원칙'과 '양도'를 합리화할 수 있다는 그의 말투였을 것이다. 3) 그 말은 장래에 그가 공산당을 상대하기 위해 자신의 힘과 지위를 쌓기 위해 돈을 모으고 권력을 중앙 집중화할 수 있다는 말이었다.

2 렌종샹(Ren Zhongxiang), <간단한 역사>, p. 27

니다.

그녀의 기대에 따라, 그녀는 자신의 믿음이 침해되지 않고 상해교회(SCA)가 생존할 것이라고 들었습니다. 니(Nee)의 범죄 증거 전시에 갔던 다른 자매들은 그녀에게 그 증거들이 사실이라고 말했습니다. 그리고서 그녀는 전시회를 보러 갔고 그녀의 마음은 점차 바뀌었습니다. 주푸루는 하나님과 대면하기를 간절히 원했습니다. 그녀는 하나님께서 의를 사랑하시고 악을 미워하시는 것을 하나님께서 그녀에게 보여 주셨고(히 1:9) "자기 죄를 숨기는 자는 형통하지 못하나 죄를 자백하고 버리는 자는 자비를 얻느니라"(잠언 28:13)는 말씀을 보여주셨다고 말했습니다. 그리고 레위 지파와 비느하스에 관한 사건을 생각했고(민 25:6-9), 니(Nee)의 죄가 폭로된 것이 하나님의 심판임을 깨달았습니다. 하나님께서는 참으로 교회 부흥을 위한 수년 간의 교회의 기도를 들어주셨습니다. 그녀는 말했습니다:

"*내 마음은 내가 구원받았을 때처럼 완전히 바뀌었고 깨끗해졌습니다.*" 그리고 새벽 2시에 일어나서 고발장을 썼습니다.

혼돈하지 말아야 할 옳고그름의 기준은 두 가지입니다. 하나는 택하신 백성이요 왕 같은 제사장들이요 거룩한 나라요 하나님께 속한 백성이요(벧전 1:9) 우리의 기준은 하나님을 좇는 것입니다. 다른 하나는 지상의 백성이 되는 것입니다. 우리의 기준은 '인민의 유익'에 따른 것입니다.[3]

주푸루(Zuo)는 '인민의 유익'에 대한 불변의 기준이 없다는 것을 깨닫지 못했습니다. 그리스도인의 참된 기준은 궁극적으로 하나님의 가르침에 따른 것입니다. 그것이 그녀가 몇 년 후 문제를 겪은 이유였습니다. 지구상의 어느 나라에서나 옳고그름에 대한 국가적 기준은 수시로 바뀔 수 있습니다. 그것이 그리스도인

---

[3] 조셉 루(Joseph Ru), <하나님은 나의 약함 속에서 그분의 능력을 나타내신다.> 상해교회 집회소 <뉴스레터> 창간호에 실렸다.

의 기준이 되어서는 안 됩니다. 그녀의 마음은 '내가 어떻게 돌이켰는가?'라는 니(Nee)의 말에 영향을 받았습니다.

교회 지도자들과 회중에게 가장 상처를 준 문제는 니(Nee)의 성적 부도덕이었습니다. 우리는 그의 가르침의 문제점을 완전히 분별하지 못했습니다.

그때부터 주푸루(Zuo)와 탕슈린(Tang Shoulin)은 상해교회(SCA)의 대표가 되었습니다. 정부는 베이징에 있는 주푸루(Zuo)와 얀지알레(Yan Jiale, Caleb Yan)를 전국 지방교회의 지도자로 간주했습니다. 상해교회(SCA)의 모든 지도자들은 매우 고통스러운 과정을 겪었습니다. 탕슈린(Tang Shoulin)은 다음과 같이 말했습니다.

> "자백할 때 작은 것 하나도 감출 수 없는 심판대(딤전 5:24) 앞에 있는 내 자신을 바라보았습니다. 나는 내 모든 문제를 하나씩 정부에 알렸고, 그러는 동안 나는 내 모든 죄를 하나님께 자백하고 용서를 구했습니다." [4]

니(Nee)의 둘째 누나인 니귀첸(Nee Guizhen, 동역자이자 집사)은 이렇게 말했습니다.

> 하나님께서 제 눈을 열어주셔서 교회의 죄와 저의 심각한 잘못을 심판하시는 분이 하나님이심을 알게 하셨습니다. 과거에는 이 시대의 하나님의 뜻과 우리가 걸어가야 할 길을 알지 못했습니다... 나는 내 믿음에 '정치로부터 초연함'의 독소를 넣었습니다... 반혁명분자 소멸작전(CEC) 기간 동안 내 마음은 깊은 죄책감을 느꼈습니다. 나는 죽을 수도 살 수도 없었습니다. 나의 고통은 극에 이르렀습니다. 나는 내 어리석음과 어두움이 싫었습니다. 예전에는 하나님을 위해 산다고 생각했고, 주님을 위해 충성하고 기꺼이 고난을 받았습니다. 나는 충성스럽기 원했고, 주님을 위해 고난받기를 간절히 원했으며 순교자가 되기를 원했습니다. 사실상, 나는 하나님을 괴롭게 하고 사람

---

4 개인 정보: 장시캉, <60년 회고록>, 미간행.

들을 괴롭게 했습니다! ⁵

조우징메이(Zhou Jingmei, 동역자 및 집사)의 연설 주제는 "어리석은 사람이 되지 말고 주님의 뜻이 무엇인지 이해하십시오."였습니다. (엡 5:17) 그녀는 말했습니다.

체포되었을 때 보안국 간부들에 대한 나의 태도는 매우 단호했고 나는 반동분자들을 옹호했습니다. 나중에 정부 보고를 듣고 엑스포(워치만 니 범죄 증거물 전시장-역자 주)에 가서 생각이 바뀌었습니다.

마음의 고통은 말로 표현하기 어렵습니다. 나는 정말로 내가 즉시 죽을 수 있기를 바랐습니다... 나는 워치만 니의 죄를 의심하지 않았습니다. 그러나 나는 여전히 이연여(Li Yuanru), 왕페이진(Wang Peizhen), 란지이(Lan Zhiyi)가 반혁명가라는 것을 믿을 수 없었습니다. 전시회에 가서 범죄 증거를 보고 이연여(Li Yuanru), 왕페이진(Wang Peizhen), 란지이(Lan Zhiyi)의 방송 자백을 듣고 깨어났습니다. 그들 모두는 그들이 반혁명분자임을 인정했습니다! 나는 많은 절망과 분개와 괴로움 속에 있었습니다... 나는 주님께서 내 기도를 들어주시어 죽게 해주시거나 반혁명 사건을 꿈으로만 여기게 해달라고 기도했습니다. 밤에 나는 침대 옆에 있는 의자를 여러 번 흔들었습니다. '꿈에서 깨어났으면 좋겠다...' 주님은 내 마음 깊은 곳에 이렇게 말씀하셨습니다. "어리석은 자가 되지 말고 주의 뜻이 무엇인지 깨달으라"(엡 5:17)... 그때 저는 하나님의 거룩하심과 의로우심을 깊이 느꼈습니다. 하나님은 죄를 미워하시고 드러내시며 또한 죄를 심판하십니다. 주님의 눈은 불꽃과 같습니다. 하나님의 위엄은 두려운 것입니다. ⁶

---

5 니귀첸(니(Nee)의 둘째 누나), <하나님께서 내 눈을 뜨게 하셨다>, <교제, Communications> 나중에 니귀첸은 워치만 니에 대한 자신의 비난을 뒤집었다. 1963년에 그녀는 다시 반혁명분자로 분류되었다. 그리고 그녀는 얼마 지나지 않아 세상을 떠났다.
6 저우징메이(Zhou Jingmei), <어리석게 행동하지 마십시오. 주의 뜻이 무엇인지 이해하십시오.> "(교제, Communications)에 게재됨. 참고문헌 3-6의 정보는 장시캉(Zhang Xikang)의 <60년 회고록>에서 발췌한 것이다.

집사들과 여집사들

70명 이상의 집사들과 여집사들이 직장에서 끌려갔습니다. 그들은 상해교회(SCA)와 가까운 페이밍 여자중학교(Peiming Girls' Middle School)에 배치되어 정치적인 공부를 하고 조사를 받았습니다. 모든 사람은 자신의 문제를 말하고 다른 사람을 폭로해야 했습니다. 또한 그들은 '니(Nee)의 범죄 증거 전시회'에 갔습니다.

그 시절은 참으로 가혹하고 힘들었을 것입니다. 그들은 밤낮으로 공부했지만 그들의 마음은 혼란과 고통으로 가득 차 있었습니다. 이 연구모임(Study Camp)에서 그들은 다른 사람들과 공유할 방법이 없었고 집에 갈 수 없었습니다. 수년 동안 집사들과 여집사들은 서로 매우 친밀하고 신뢰했습니다. 갑자기 그들은 그들이 믿을 수 있는 사람이 있는지 알지 못했습니다. 모두가 정부에 대한 충성심을 표현하기 위해 다른 사람들을 폭로하도록 부름을 받았습니다. 감찰단의 압박감 외에도 마음속엔 풀리지 않는 의문이 있었습니다. 그들은 니(Nee)에 대해서, 그리고 그들 자신의 믿음에 대해서 어떻게 다루어야 할지 당황했습니다. 니(Nee)는 그들의 영성과 '강한 믿음'의 상징이었는데, 이제는 참을 수 없는 고통, 즉 환멸의 뿌리가 되었습니다.

니(Nee)의 자백서와 함께 그 증거를 알고 모두는 그가 1920년대 중반부터 1950년대 초반까지 수많은 성적으로 부도덕한 죄를 지으면서도 어떻게 같은 시기에 말씀을 전할 수 있었는지 의아해했습니다. 많은 사람들이 하나님의 진리를 위해 기꺼이 굳게 서고 심지어 기꺼이 감옥에 가고 목숨을 바치기까지 했습니다. 그러나 니(Nee)의 죄가 폭로된 후에 그들이 니(Nee)를 위해 기꺼이 희생할 것인가?

오랜 기간 상해교회(SCA)에 있는 대부분의 그리스도인들의 헌신 패턴은 니(Nee)와 그의 가르침에 집중되었습니다. 니(Nee)는 상해교회(SCA)의 바로 그 영혼(the very soul)이었습니다. 그리고 이제 그의 가르침은 얼마나 지킬 가치가 있었습니까? 깊은 공허함과 혼란이 있었습니다. 우리 모두가 확실히 알고 있는 한 가지는 하나님께서 상해교회(SCA)를 심판하러 오셨다는 것입니다. 그것은 끔찍한 심판이었고 우리는 진정으로 회개해야 했습니다. 그러나 앞으로 우리는 어떻게 주님을 따라야 할까요?

아무도 워치만 니를 옹호하지 않았다

공산당이 지배하던 그 해에 중국이 수많은 거짓 고발과 거짓 비난에 휩싸였다는 것은 잘 알려져 있습니다. 그러나 니(Nee)의 핵심 문제, 특히 그의 성적 부도덕의 증거는 상해교회(SCA)에 있는 대다수의 믿는이들에게 확신을 주었습니다. 불행하게도, 해외의 많은 기독교인, 특히 니(Nee)와 관련된 교회의 신자와 지방교회는 여전히 니(Nee)의 성적 부도덕이 조작되었다고 생각합니다. 그러나 내가 아는 한, 니(Nee)의 부패한 사생활이 폭로된 후, 지방교회의 동역자 중 누구도 니(Nee)를 변호하기 위해 일어서지 않았습니다. 그 이후로 상해교회(SCA) 지도자 중 누구도 증거에 대해 의심을 표명하지 않았습니다.

지난 반세기 동안 지금까지 내가 아는 한, 니(Nee)를 진정으로 아는 사람들이 출판한, 견고하고 설득력 있는 니(Nee)에 대한 변호는 없었습니다. 그의 오랜 동역자 중 어느 누구도 그를 옹호하기 위해 일어서지 않았습니다. '자유주의 세계' 해외에서조차 말입니다. 그들의 태도는 매우 독특했습니다. '침묵을 지키고 있습니다.' 이것은 이상한 반응입니다. 그것은 무엇을 의미합니까? 니(Nee) 자신의 고백과 피해자들의 고백이 그의 심각한 문제의 강력한 근거가 된 것입니다. 그리고 니(Nee)의 문제는 그의 사생활 문제를 넘어섰습니다.

• Chapter 9 •
워치만 니의 범죄 증거 전시회

전시회

    1956년 2월 8일부터 16일까지 워치만 니의 범죄 증거에 대한 폭로는 상해교회(SCA) 근처의 난징 로드 웨스트에 있는 상해 연합 보건 학교에서 전시되었습니다. 니(Nee)의 사건이 대중에게 공개되고서 10일 후에 시작되었습니다. 엑스포(전시회)에는 4,700명 이상이 참석했습니다. 상해교회(SCA)의 모든 구성원은 전시회에 가야 했습니다. 다른 교회 지도자들과 삼자교회 지도자들, 그리고 신학교 교사들과 학생들도 참석했습니다.

    그 방문객들 중에는 수년 동안 니(Nee)를 따라온 많은 동역자들, 기꺼이 목숨을 바치려는 많은 젊은 그리스도인들, 그리고 스스로를 '양도'한 많은 사람들이 있었습니다. 그들 대다수는 그들의 위임된 권위인 니(Nee)에게 절대적으로 복종했습니다. 많은 사람들이 너무 헌신적이어서 니(Nee)의 글을 읽기 위해 무릎을 꿇곤 했습니다. 많은 미혼 자매들이 그들의 전 재산을 사도인 니(Nee)에게 기부했습니다. 금괴, 주식, 소유권 증서, 골동품 등을 넘겨주는 부유한 상인들이 많았습니다. 다른 지역의 일부 지방교회 지도자들도 박람회에 왔습니다. 그들 대부분은 정부에 대해 상당히 회의적이었고 또한 불안한 감정을 가지고 있었습니다.

전시회(Exposition)에는 여섯 부분이 있었습니다.[1]

---

1 형제단은 수베이(장쑤성 북부의 낙후된 농촌 지역)에서 일어나고 있는 지방교회들을 방문했다.

1. 니(Nee)에 대한 군사적, 정치적 고발에 대한 범죄 증거 및 서면 자백.[2]
2. 농지 개혁을 '훼손'한 증거:
   1) 니(Nee)가 다른 지도자들과 함께 토지 개혁에서 고령에 있는 재산을 철회하는 데 서명을 요구하는 모든 지방교회에 쓴 편지.
   2) 700개 지방교회의 2만 명 이상의 신자들의 서명 목록.
3. '복음 행진' 사진.
4. 중요한 증거가 있는 '양도'의 세부 계정.
5. 니(Nee)가 해외에서 돈을 받은 것에 대한 서면 자백.
6. 니(Nee)가 직접 찍은 포르노 필름, 영사기 한 대, 그의 서명이 있는 많은 포르노 책들.

니(Nee)의 부도덕한 삶을 인정하는 문서가 하나 있었습니다. 그는 1948년 그의 사역이 재개된 이후에도 여러 명의 매춘부를 방문했다고 진술했습니다. 그들 중 다섯 명은 처녀였으며[3] 그는 '백인 러시아 매춘부'[4]와 장기간 관계를 유지했고

---

2 전시회에 '범죄 증거 및 자백서'가 있었다:
- 정보 전달을 위해 비밀 경호원에게 니(Nee)를 소개한 KMT CC 시스템 부국장 훼더핑(Xue Dunping)의 자필 편지. - 장시성 국민당 국장 첸자오양(Chen Zhaoying)이 니(Nee)를 전대장에게 소개한 자필 편지 정보를 보고하는 Bull.
- 니(Nee)는 그의 셋째 동생인 BIS 특수 요원 니홍주(Ni Hongzu, Ni Hong-tsu, Paul Nee)에게 군사, 정치, 경제 정보를 대만 특수 요원인 젱지밍(Zheng Jieming)과 장시(Zhangshi)에게 전달하도록 알렸다. BIS 시스템. 니홍주(Ni Hongzu)의 관련 자백도 있었다.
- 니홍주(Ne Hongzu)는 주혈흡충증 치료를 위해 중국에 수출되었던 주석산 안티몬 칼륨의 IV 주사제의 생산을 중단할 것을 국민당에 제안했다. 니(Nee)는 주혈흡충병의 유행 지역으로 잘 알려진 타이 호수 주변에서 공산군이 훈련 중이라는 정보를 얻었고, Schistosoma 유충의 기생 숙주인 달팽이가 많이 있었기 때문에 니(Nee)는 (공산당)군인들이 주혈흡충증에 감염될 것을 예측한 것이다.
- 니(Nee)는 중국의 모든 대도시의 발전소를 공격하기 위해 강력한 폭탄을 사용할 것을 제안했다. 그 제안은 국민당이 1950년 2월 6일 상해의 발전소에 대대적인 폭격, 이른바 '2.6 폭격'을 한 후에 발표되었다. [작성자 주: 정부에서 제공한 보고서였습니다.]
3 그의 고백에서 니(Nee)는 성매매 업소의 외설적인 용어를 사용했다. 이 용어는 낯선 것으로서 평범하고 품위 있는 사람들이 사용하거나 알지 못하는 것이었다. 이 책에 대한 정확한 세부 사항을 인용하는 것은 적절하지 않다.상해의 백인 러시아 사람들(Shanghai White Russians)은 1920년대 러시아 혁명 당시 상해로 피신한 러시아 피난민과 관련된 용어이다. 그들 대부분은 상해의 프랑스 정착촌에 모여 살았다. 그들 중 다수는 혁명 이전에 귀족과 군 장교의 가족 출신이었다. 1949년 이전에 그 지역의 백인 러시아 여성 중 상당수가 전문 매춘부였다는 것은 잘 알려져 있다.
4 상해의 백인 러시아 사람들(Shanghai White Russians)은 1920년대 러시아 혁명 당시 상해로 피신한 러시아

그녀에게 거액의 돈을 주었습니다. 그는 두 명의 여성 동역자와 그의 '입양 딸'을 강간했습니다.[5] 그는 한 번도 신원이 노출된 적이 없는 두 명의 여성 동역자의 이름까지 적었습니다. 정부는 작은 종이로 그들의 이름을 가렸는데, 누군가 그것을 들어올렸고 그들 이름이 노출되었습니다. 그런 다음 그들의 이름은 모든 곳에 빠르게 퍼졌습니다.

이연여(Li Yuanru)와 왕페이진(Wang Peizhen)의 고백은 확성기(microphone)에서 반복적으로 방송되었습니다. 그들은 자신들이 반혁명분자임을 눈물로 시인했습니다.

전시회 현장은 유난히 비극적이었습니다. 많은 방문객들이 있었지만 전시회는 이연여와 왕페이진의 고백 방송 외에는 아주 조용했습니다. 어떤 사람들은 끊임없이 울거나 흐느꼈고, 일부는 현장에서 기절했습니다. 일부는 떨고 있었고, 또 다른 일부는 보기를 주저하거나 보는 것을 참을 수 없었습니다.

후 메일리언(Xu Meilian)은 이연여(Li Yuanru)와 모녀처럼 친밀한 관계를 유지했으며 감옥에 갈 준비를 했는데, 전시회를 보고 이연여의 고백을 들은 후에도 그녀는 여전히 믿기지 않았습니다. 그녀는 나에게 전시회를 네 번 꼼꼼하게 방문하고 나서야 비로소 그것이 진짜라는 것을 받아들였다고 말했습니다. 그녀는 스스로에게 물었습니다. '이연여와 왕페이진이 그들 스스로 반혁명분자임을 인정했다면, 내가 왜 여전히 그들이 아니라고 주장해야 하는가?'

상해교회(SCA)의 거의 모든 신자들이 전시장에 갔습니다. 고통과 슬픔은 참을 수 없었고 말로 표현할 수 없었습니다. 가장 끔찍한 증거는 니(Nee)가 쓴 그 두 동역자와의 성적 부도덕에 대한 서면 자백과 여성 동역자의 누드 네거티브였

피난민과 관련된 용어이다. 그들 대부분은 상해의 프랑스 정착촌에 모여 살았다. 그들 중 다수는 혁명 이전에 귀족과 군 장교의 가족 출신이었다. 1949년 이전에 그 지역의 백인 러시아 여성 중 상당수가 전문 매춘부였다는 것은 잘 알려져 있다.

5 J. Y.의 개인 정보, 그때까지 상해 사람들은 어린 가정부들을 '입양된 딸'이라고 불렀다. 교회 지도자들은 1939년에 니(Nee)가 영국에서 돌아온 후로 그의 집에서 일련의 집회가 있었기 때문에 니(Nee)의 '입양된 딸'을 알고 있었다. 몇몇 교회 자매들과 '입양된 딸'이 그들을 위해 매일 점심을 준비했다. 당시 10대였던 J. Y.는 니(Nee)의 집 근처에 살았는데, 그는 거의 매일 니(Nee)의 집에 오면서 니(Nee)의 '양녀'를 보았다.

습니다. 니(Nee)는 왜 그들의 이름을 정부에 공개하기 원했을까요?

처음에는 나는 그런 일들이 언제 일어났는지 몰랐습니다. 나에게는 그의 부도덕이 1950-1951년 상해에서 계속되었다는 것이 더 끔찍했습니다. 나중에 1950년 홍콩에서도 그런 일이 있었다고 들었습니다. 저에게 친숙한 젊은 형제인 MJN이 목격한 것입니다. 우리는 세인트존스 대학교(St. John's University)에서 함께 섬겼습니다.[6] 제가 감동을 받고 있는 동안에, 니(Nee)의 특별 집회에 참석한 기간에 니(Nee)의 성적 부도덕이 일어났습니다. 그 흥분된 느낌은 성령이 촉발한 것입니까, 아니면 단지 심리적인 것입니까? 어떻게 니(Nee)의 설교가 그렇게 강력할 수 있었습니까? 그러면서 동시에 그는 매음굴에 갔습니까? 그것이 나의 최고의 의구심이었습니다.

나에게 가장 큰 의문은, 그의 잘못된 행동이 사실이라면 내 감동은 어디에서 오는 것일까요? 어떻게 설명할 수 있을까요? 나의 믿음은 나의 생명이었고 나의 전부였습니다. 나는 그런 강한 타격을 견딜 수 있습니까?

지금은 그때의 '감동적인 느낌'이 성령님에게서 온 것이 아니라고 생각합니다. 1948년에 있었던 '고령훈련'에 대해 동역자들은 '땅에서도 하늘에 있는 것 같은' 감동을 느꼈다고 묘사했습니다. 그러나 그것은 성령님으로부터 오는 것이 불가능했습니다. 왜냐하면 니(Nee)의 모든 웅변적이고 '강력하고' 설득력 있는 연설이 결국 헛수고가 되었기 때문입니다. 암울한 결과가 답이었습니다. 하나님은 축복하지 않으셨습니다.

또한 "나는 어떻게 돌아섰는가?"라는 그의 연설에서 많은 생각들이 분명히 비성경적이었습니다. 전시회의 증거는 단순하고 과장이 없었습니다. 나는 '예수 가정(The Jesus Family)' 전시회에서 경험했던 선전자(propagandist)의 불성실

---

6 개인정보, MJY, MJN의 사촌. 홍콩에서 니(Nee)의 거주지에서 니(Nee)와 외설적인 여성들과의 부적절한 개인적 관계가 MJN에 의해 우연히 발견되었다. MJN은 니(Nee)에게 너무 헌신적이었으므로 니(Nee)가 알지 못하는 사이에 그의 집까지 그를 바짝 따라갔다가 상황을 발견하게 되었다. 그는 상하이의 기독교 학생 지도자 중 한 명이었고, 나와 성 요한 대학교(St. John's University)의 학교 친구이기도 했다.

함에 대해 느꼈던 혐오감을 느끼지 않았습니다.

장광룡의 슬픔

장시캉(Zhang Xikang)은 아버지 장광룡(Zhang Guangrong)의 슬픔을 다음과 같이 기록했습니다.

전시회에 다녀온 후 아버지(ZGR)는 극도로 슬퍼했습니다. 1928년에 그는 니(Nee)의 첫 번째 동역자 중 한 사람으로 상해에 왔습니다. 그는 니(Nee)에 대해 많은 것을 알고 있었지만, 니(Nee)가 폭로하기를 꺼리는 몇 가지가 있었습니다:

1. 개인적으로나 사역을 위해 외국인 형제자매들이 그에게 헌금한 돈에 관하여. 니(Nee)는 '왼손이 하는 일을 오른손이 모르게 하지 말라'고 말했습니다. 그는 사역(Work)의 재정 문제를 처리하는 유일한 사람이었습니다. 그는 결코 회계 장부를 간직하지 않았고 누구도 감히 그에게 묻지 않았습니다. 그는 '사역'의 재정을 돌보는 유일한 사람이었습니다. 그 돈은 출판, 생화학공장(CBC) 투자, 또는 고령(Guling) 훈련과 같이 그가 원하는 곳에 투자되었습니다. 때때로 그는 일부 동역자나 지방교회 등을 위해 약간의 돈을 헌금함에 넣었습니다.

1932년에 8명의 외국인(배타적 형제회) 형제자매들이 우리를 찾아왔습니다. 니(Nee)의 재방문을 위해 제공된 돈 외에도 그들은 장수(Jiangsu)성 북부의 수베이(Subei) 지역에 있는 지방 교회들을 위해 그에게 돈을 주었습니다. 니(Nee)는 돈이 얼마인지 다른 사람들에게 말하지 않았습니다. 그러나 1948년에 장시캉(ZXK)은 고령훈련(Guling Training)의 비용을 위해 복주(Fuzhou)의 고령(Guling)으로 돈을 가지고 갔을 때, 니(Nee)는 그가 형제들에게 돈을 빚지고 있다고 말했습니다. 처음에는 니(Nee)가 갚을 수 없었지만 언젠가는 갚을 수 있을 것이라고 말했습니다. 그것은 형제회가 수베이 지방교회에 보낸 돈이었는데 그는 그것을 다른 용도로 사용한 것입니다.

2. 니(Nee)의 개인적 동선(track): 그는 매우 신비했고 그의 행동은 예측할 수 없었습니다. 게다가 위트니스 리나 이연여 외에는 아무도 그의 행방을 알지 못했습니다. 그는 항상 거주지를 변경했습니다. 외국인 형제들이 그에게 많은 돈을 보냈기 때문에 그는 장덕로(Changde Rd)에서 집의 소유권을 얻었고 그곳에서 혼자 살았습니다. 그는 차를 사서 우시(무석)와 난징(남경)으로 차를 몰고 다녔습니다. 또한 그와 마무(MaMu, 마 목사)[7] 형제는 곤명으로 차를 몰고 갔는데, 결국 그 차는 고장이 나서 팔아버렸습니다.

3. 영국에 갔을 때 그는 중국 스타일의 파란색 천 긴 가운과 중국 천 신발 대신 정교한 서양 의상을 입었습니다. 많은 형제자매들은 그 점에 대해 불편해했습니다. 그는 항상 독단적으로 일을 처리하고 독단적인 결정을 내리고 강압적인 행동을 취했습니다. 그는 교회의 보호를 받지 못했기 때문에 사탄이 쉽게 그를 공격했습니다.

전시회를 보고 재정 상황과 그의 사생활에 대해 나(장시캉)의 아버지(ZGR)는 니(Nee)의 재정 상황에 대해 아무것도 모르기 때문에 매우 화가 났습니다. 한번도 교회에 공개된 적이 없습니다.

장광룽(Zhang Guangrong)은 20년 이상 니(Nee)와 동역자였지만, 그는 니(Nee)와 그의 본색을 전혀 알지 못했습니다. 하지만 뒤를 돌아보니 여기저기서 단서가 보였습니다. 그의 후회는 니(Nee)를 더 일찍 보지 못한 것이었습니다. 니(Nee)는 항상 비밀스러운 삶을 유지했습니다. 재개(1948년 사역 재개)한 후에 그는 선택된 추종자들과의 특별 모임을 제외하고는 회중에게 자신을 공개하지

---

[7] 마무(Ma Mu)는 MJN의 아버지였다.

않았습니다. 그는 사람들이 그에게 절대적으로 복종하지 않는 한 사람들을 신뢰하지 않았습니다.

수년 동안 탕슈린(Tang Shoulin)은 니(Nee)와 지방교회의 찬송가를 편집하는 동역자였습니다. 몇 년 후, 그는 이렇게 말했습니다. 나는 여러 해 동안 니(Nee)의 동역자였지만 그를 알지 못했습니다. 어떻게 그는 영적으로 그렇게 깊으면서도 그의 행동은 그렇게 형편없을 수 있었습니까? 정치에 관해서는… 복주에 있는 그의 집에서 그가 소장으로 임명된 증서와 함께 군복 한 벌을 찾았습니다.

또 다른 동역자는 소장인 니(Nee)에 대하여 다음과 같이 말했습니다. 항일 전쟁 승리 직후, 충칭(중경)의 많은 사람들이 상해와 니(Nee)에게로 급히 돌아가고 싶었지만 소장 계급을 가진 사람만이 비행기 표를 얻을 수 있었습니다. 니(Nee)는 빠져나갈 구멍(loophole)을 이용해 편의를 취했습니다.[8]

형제자매들의 반응

많은 사람들이 상해교회(SCA) 형제자매들에게 가장 큰 타격을 준 것은 천찬극장의 집회도, 기독교인들의 비난도 아니라는 데 동의했습니다. 그것은 전시회에서 부인할 수 없는 증거에서 나온 것이었습니다. 사람들은 니(Nee)와 자신이 쓴 자백서를 보고 깜짝 놀랐습니다. 모든 사건이 단지 무고일 뿐이라는 헛된 희망이 무너졌습니다. 그러나 오늘날까지도 많은 신자들이 현실을 받아들이지 못하고 있습니다. 거부는 방어의 선택입니다.

장시캉(Zhang Xikang)은 계속해서 다음과 같이 말했습니다.

반혁명주의자 박멸 작전(CEC)의 결과 중 일부는 몇몇 형제자매들이 공산

---

8 개인정보, JDM. 항일전쟁 당시 충칭(중경)은 국민당 정부의 임시 수도였다. 많은 사람들이 정부를 따라 남경과 상해 지역에서 충칭(중경)으로 왔다. 자연히 그들은 전쟁이 끝나면 고향으로 돌아가고 싶어했다.

주의 인민의 관점에서 비난을 받았다는 것입니다. 그들은 후에 그들의 믿음을 포기했습니다.

어떤 사람들은 워치만 니가 구원받지 못했다고 말했습니다. 어떻게 사람이 구원을 받고 그런 죄를 지을 수 있겠습니까? 어떤 사람은 한 샘에서는 단 물이든 쓴 물이든 한 종류밖에 나올 수 없다고 말했습니다. 그 물이 쓰다면 우리는 그 우물의 물을 마실 수 없습니다. 한 여집사는 장로들 사무실에 와서 신앙 포기를 알렸습니다. 많은 그리스도인들이 더 이상 교회에 나오지 않았습니다. 다른 기독교인들이 교회에 왔지만 그들은 깊은 상처를 입고 믿음에 굳게 설 수 없었습니다. 그들은 교회를 떠나는 것이 불편했지만 교회에 오는 것으로 만족할 수 없었습니다. 그들의 상처는 니(Nee)가 '사람'에 대한 정치적이거나 유해한 활동, 혹은 '양도(handing-over)', '이주(immigration)' 등과 같은 해방 이전의 그의 전략과 행동으로 인한 것이 아니라 기본적으로 그의 성적 부도덕(sexual immorality)에 기인한 것입니다. 그것은 영적인 사람과 일치하지 않았습니다. 또 다른 사람들은 여전히 전시회의 증거가 조작될 수 있다고 의심했습니다.

세 번째 부류의 형제자매들은 '종교의 자유'라는 정부 정책을 신뢰하지 않았습니다. 교회에 간다는 이유만으로 더 심한 정치적 박해를 받을 가능성을 고려하여 교회를 떠났습니다.

헌신적인 학생 지도자인 ZLD 형제님이 나에게 말했습니다. "1956년에 우리는 당신들의 비난 때문이 아니라 니(Nee)의 문제를 확신하게 되었기 때문입니다. 가장 설득력 있는 것은 전시회 증거였습니다."

니(Nee)를 존경하고 숭배하던 사람들은 깜짝 놀랐습니다. 전시회의 증거 앞에서 대부분의 교회 지도자들과 교인들은 할 말을 잃었고 극도로 수치스러워했습니다. 그들은 공산주의 선전과 관련된 그 어떤 것도 그 신빙성에 대해 그다지 확신하지 못했지만, 니(Nee)가 자신의 서면 고백으로 성적 부도덕을 저질렀다고 하는 증거는 부인할 수 없었습니다. 많은 신자들의 믿음이 마비되었고 어떤 사람들은 믿음이 무너졌습니다.

신자연구위원회

1956년 2월 정부는 상해교회(SCA)에 신자 연구 위원회(Study Committee of Believers, SCB)를 설립했습니다. 교회 활동을 재개하고 정치 연구를 주도하고자 하는 교회 활동가들로 구성되었습니다. 그 무렵에는 더 이상 주도적인 장로가 없었습니다.

신자연구위원회(SCB)는 20명 이상의 회원과 사무실 직원으로 구성되었습니다. 류유한(Liu Yuehan) 박사가 신자연구위원회(SCB) 회장으로 임명되었습니다. 그는 집사이자 저명한 의학 교수였습니다. 그는 정직하고 직설적이었습니다. 나는 비서로 임명되었습니다. 장시캉(Zhang Xikang, 집사)은 신자연구위원회(SCB) 사무실의 전무이사였습니다. 장주훼이(Zhang Zhuhuai, 청년 리더)와 주푸루(Zuo Furu, 동역자)가 사무실 직원이었습니다. 조위민(Zhou Yimin, 집사)과 몇몇 다른 사람들은 신자연구위원회(SCB) 회원이었습니다.

주푸루(Zuo Furu)는 정직하고 직설적이며 올곧았습니다. 그녀는 또한 회중과 좋은 개인적 관계를 가졌습니다. 몇 주 후 그녀가 정부 간부들의 신뢰를 얻자마자 그녀는 많은 권한과 책임을 부여받았습니다. 그때에 그녀는 신자연구위원회(SCB) 사무실과 교회를 이끌기 시작했습니다. 신자연구위원회(SCB) 사무소는 '교제들(The Communications)'이라는 저널을 발행했습니다. 1956년 5월부터 1957년 12월까지 8호가 발간되었습니다.

장기간의 정치적 연구 끝에 교인들은 양극화되었습니다. 몇몇 기독교인들은 반혁명분자를 제거하는 것은 우리의 믿음을 제거하는 것이라고 생각했습니다.

어떤 사람들은 자신의 믿음에 대해 의심을 품었습니다. 그러나 반혁명세력제거(CEC) 기간 동안 신앙을 포기한 기독교인은 거의 없었습니다. 주님을 부인하는 사람들은 대개 오랜 기간의 고통스러운 투쟁을 겪었습니다. 일부 젊은 그리스도인들은 점차 일상적인 성서 연구와 기도 생활을 포기했습니다.

나의 투쟁은 극도로 고통스러웠지만, 나는 여전히 하나님을 의지하고, 동료 그리스도인들과 함께 걸으며, 깊은 고통 속에 있는 사람들을 긍휼히 여기고 싶었습니다.

· Chapter 10 ·

사실이었다!

묘윤춘의 사역

이연여(Li Yuanru), 장퀴난(Zhang Qinian, Phoebe Chang) 및 묘윤춘(Miao Yunchun) 사이의 친밀한 우정은 그들이 갓 그리스도인이 되었을 때인 1918년[1]에 이미 시작되었습니다. 그들은 매우 어렸고 주님을 섬기도록 주님의 부름을 받았습니다.

니(Nee)의 영향으로 그들은 난징(남경)에서 만찬을 시작했습니다. 니(Nee)는 남경에 올 때마다 그들의 집회에 참석했습니다. 그때부터 그들은 지방교회에서 니(Nee)의 동역자들이었습니다. 수십 년 동안 그들은 지방교회 내에서 존경을 받았으며 결혼하지 않았습니다.

묘윤춘(Miao Yunchun)은 지방교회에서 중요한 동역자가 되었습니다. 항일전쟁 때 대부분의 동역자들이 '내륙'으로 갔을 때, 묘윤춘(Miao)은 상해교회(SCA)에서 자매 사역을 담당했습니다. 그녀는 유능하고 열정적이면서도 겸손하고 조용했습니다.

니(Nee)는 체포된 후, 두 피해자 묘윤춘(MYC)과 장퀴난(ZQN)의 이름을 공개했습니다. 1956년이 되어서야 우리는 니(Nee)와 장퀴난(ZQN)의 관계를 알게 되었습니다. 그리고 그의 불륜의 발견이 1942년 '상해교회(SCA) 폭풍'의 근

---

1 1918년 9월, 이연여는 난징(남경)에 있는 미국 장로교(북부) 선교 학교인 민데(민덕) 여학교의 학장으로 고용되었다. 교장인 메어리 린만(Mary Leaman)은 다음과 같이 기록했다. "우리는 이연여(Li Yuanru), 묘윤춘(Miao Yunchun) 및 장퀴난(Zhang Qinian)과 함께 매우 행복한 시간을 보냈다." p. 38-39

본적인 원인이었습니다. 1956년 이전에는 기껏해야 소수의 교회 지도자들이 장 퀴난(ZQN)이 희생자라는 것을 알고 있었습니다.[2] 그러나 아무도 묘윤춘(Miao Yunchun)이 니(Nee)에 의해 모욕을 당했다는 것을 알지 못했습니다.

피해자 방문

1956년 2월, 상해교회(SCA)에서 반혁명분자소탕작전(CEC)이 시작된 직후에 연구위원회의 여러 형제자매들이 묘윤춘(MYC)의 건강상태에 대해 우려했습니다. 그녀는 허약했고 만성적인 심장 문제를 가지고 있었습니다. 사무실에 있는 한 형제와 나는 '연구위원회'를 대신하여 그녀를 방문하도록 파견되었습니다.

62세의 나이에 그녀는 수십 년 전의 자신에 대한 니(Nee)의 부끄러운 행동이 폭로되어 깊은 충격을 받았습니다. 우리는 그녀가 과거의 부담감을 되살리는 것을 참을 수 있을지 확신할 수 없었지만, 우리가 그녀를 방문한 목적은 단순히 우리의 연민을 보여주기 위한 것이었습니다. 정부는 우리를 보내지 않았습니다. 그리스도인의 연민이 그렇게 했습니다. 그녀는 징장 호텔(Jing Jiang Hotel) 근처의 고급 아파트에 위치한 그녀의 오빠의 가족과 함께 살았습니다. 존경하는 선배님에 대해 마음이 무거웠고 무슨 말을 해야 할지 몰랐습니다. 심장이 쿵쾅쿵쾅 뛰는 게 느껴지고 발걸음이 가빠졌습니다. 정말 어떻게 표현해야 할지 몰랐습니다.

우리가 거기에 도착했을 때 묘윤춘(MYC)은 우리를 그들의 거실로 안내했습니다. 그녀는 우리에게 소파에 앉으라고 했습니다. 비록 그녀는 약해 보였지만, 마음을 가라앉힐 수 있었습니다. 그녀는 싱글 소파에 앉아 눈물을 흘리며 우리의 발언에 앞서 과거 일을 자세히 이야기했습니다. 그녀는 낮은 목소리로 말했습니다:

> 그 사건은 우시(무석)에서 일어났습니다. 니(Nee)는 나에게 전화를 걸어 만나러 오겠다고 했습니다. 그는 차를 몰고 와서 나를 태웠습니다. 나는 아

2 개인정보, J. Y.

무 생각 없이 그를 따라갔습니다... 내가 벌거벗은 상태에서 그는 사진을 찍었고, 나는 그에게 사진을 찍고 싶은 이유를 물었습니다. 그의 대답은, '앞으로 서로를 볼 기회가 많지 않기 때문에 이것을 기념으로 간직하고 싶다'는 것이었습니다.[3]

나는 그에게 그것을 파기해달라고 여러 번 요청했고 그는 약속했습니다. 그런데 왜 그렇게 오래 보관했는지 모르겠습니다. 이런 이유로 그는 주님의 상에 참여하는 것을 두려워했습니다. 특별 집회가 있을 때마다 그는 항상 나에게 자백하기 위해 편지를 썼습니다.

그 사건은 아마도 1926-1931년에 니(Nee)가 우시(Wushi)의 차오치오 마을(Tsao-chio Town, 무석의 Chaoqiao)에 여러 차례 머물렀던 때에 일어났을 것입니다. 그것은 니(Nee)가 '영에 속한 사람(The Spiritual Man)'을 집필하던 때였습니다.[4]

그 방문의 시간 동안 묘윤춘(MYC)은 유일한 내레이터(말하는 사람)였습니다. 우리 둘 다 아무 말도 하지 않았고, 처음부터 끝까지 그냥 들었습니다. 우리는 방해하거나 질문을 제기하지 않았습니다. 나는 어렸고 눈물을 흘리며 사적인 슬픔을 털어놓는 나이 드신 자매님의 말을 들을 때 가슴이 두근거렸습니다. 나는 고개를 숙이고 감히 그녀를 쳐다볼 엄두조차 내지 못했습니다. 나는 무엇을 말해야 할지 몰랐습니다. 그녀가 말을 마친 후 우리는 위로의 말을 했습니다. 우리는 그녀를 상하게 할 의도가 없다고 확신시킨 다음 작별 인사를 했습니다.

우리는 '연구 위원회'에 우리의 방문을 보고했습니다. 내가 아는 한, 그녀는 어떤 정치적 압력도 받지 않았으며 동역자들과 장로들에 대한 의무적인 반혁명세력 제거운동(CEC) 연구에 참석하도록 요청받지도 않았습니다. 나중에 새로 임

---

3 20여 년이 지난 후인 1956년 공개 재판에서 니(Nee)는 판사에게 동일한 질문을 받았다. (11장 을 보라)
4 니(Nee), 과거의 이야기(Narration of the Past) 말씀 기록들(Notes on Scriptural Messages) (2), 전집 18권, 8장, 7부; 니(Nee), '두 번째 증언,' 뉴스레터 모음집(2) '워치만 니'의 간증, 전집 26권, 8장, 3부.

명된 장로들도 묘윤춘(MYC)을 방문하여 같은 정보를 얻었습니다. 반혁명세력 제거팀들(CEC)을 통해 묘윤춘(MYC)은 다시 한 번 굴욕을 당했습니다. 그녀는 과거에 대한 폭로에 직면했을 뿐만 아니라 방문객들에게 과거의 사실을 솔직하고 기꺼이 인정해야 했습니다. 그녀는 우리와 장로들, 동역자 장우지(Zhang Yuzhi)의 아내인 장리량(Zhang Li Liying)을 포함한 다른 사람들에게 주저 없이 이것을 인정했습니다.[5] 그녀의 솔직한 태도는 그녀가 과거에 주님으로부터 배웠음을 나타냅니다. 그녀는 심문을 받을 때마다 고통스러운 매를 다시 느껴야 했습니다. 그녀의 말을 들으면서 우리는 그녀의 과거가 이미 처리되었고 그녀의 짐이 십자가 아래서 가벼워졌다는 것을 알았습니다.

같은 해에, 그녀는 자신에게 질문을 하러 온 젊은 형제에게도 대답했습니다. "내가 십자가 저편이 아니라 이편에 있었기 때문에 이제는 괴로움 없이 진실을 말할 수 있습니다. 그것은 당신을 위한 경고입니다."[6] 십자가의 은혜로 묘윤춘(MYC)은 피하거나 숨기거나 자기 연민에 휩싸이지 않았습니다. 그녀는 젊은 세대인 우리가 죄를 짓는 것의 심각한 결과를 이해할 수 있기를 진심으로 바랐습니다. 그녀의 마음 깊은 곳에서 나온 말은 너무나 강력했고, 너무나 이타적이었습니다.

니(Nee)에 대해 숙고할 가치가 있는, 답이 없는 질문이 여전히 있습니다. 여러 차례 자백을 한 후에 니(Nee)는 왜 영상을 파기하지 않았습니까? 아무런 조치도 취하지 않은 채 반복되는 고백의 의미는 무엇일까요? 니(Nee)가 그 기간 동안 자동차와 영화 카메라를 모두 소유하는 것이 정말 가능하고 감당할 수 있었습니까? [앙구스 키니어(Kinnears)는 니(Nee)에 대해 다음과 같이 말합니다. '상해에 있는 누군가가 그에게 작은 피아트(Fiat)를 주었고, 수명이 다할 때까지 차고에 넣어 두었습니다...'[7] 그것은 대략 1930년대 중반에서 1940년대 초

---

[5] 개인정보, 장우지 가족, GX.
[6] 개인정보, XQZ.
[7] 앙구스 키니어 '파도를 넘어서'(Kinnears, Angus, Against the Tide), p. 165.

반에 대해 묘사한 것입니다.] 1920년대 후반에서 1930년대에 카메라와 자동차는 번화한 새로운 국제 대도시인 상해에서 막 유행하기 시작했습니다.[8] 소유가 가능했지만 매우 비쌌습니다. 그때 그는 어떻게 감당할 수 있었습니까? 그는 그 멋진 사치품이 정말로 필요했습니까?

---

8 1930년대 상해의 유명 잡지인 '좋은 친구 화보 잡지'(Good Friend Pictorial Magazine, Linglong, Exquisite)에 실린 화보 광고에 따르면 코닥(Kodak)과 아그파(Agfa)는 가족용 휴대용 고가 영화 카메라를 홍보하는 경쟁사였다.

• Chapter 11 •

니(Nee)의 재판과 파문

재판

1956년 6월 21일, 상해 고등인민법원은 워치만 니에 대한 재판을 열었습니다. 정부, 삼자교회, 교회 지도자들을 포함해 100명이 넘는 사람들이 참석했습니다. SCA의 12명의 대표가 참석하라는 통보를 받았습니다. 그들은 동역자 주푸루(Zuo Furu), 장로 탕쇼린(Tang Shoulin), 류웨한(Liu Yuehan) 및 렌종창(Ren Zhongxiang), 장시캉(Zhang Xikang) 집사 및 청소년 대표 류한펜(Liu Hanfen), 장주훼이(Zhang Zhuhuai), 그리고 나와 다른 몇몇이었습니다. 2008년에는 12명 중 약 절반이 아직 살아 있었습니다.

고등인민법원은 분드(Bund, 시내) 근처에 있었습니다. 법정은 우리가 편안하게 앉을 수 있을 만큼 컸습니다. 니(Nee)의 영적, 육적 모순(contradiction)에 대해 여전히 묵상하고 있는 내 마음은 평온을 유지했습니다. 나는 두려움이나 죄책감이 없었습니다. 그러나 나는 우리를 더 큰 목표로 인도할 수 있기를 바랐던 바 나의 신(神)이었으나 그저 인간에 불과한 니(Nee)에게 환멸을 느끼고 있었습니다. 이 환멸은 매우 고통스러웠지만 하나님의 놀라운 은혜였습니다.

집행관들은 워치만 니를 데려왔습니다. 그는 단정한 옷차림을 하고 수갑을 채우지 않았습니다. 그는 건강해 보였고 야위거나 우울해보이지 않았습니다. 수년간의 감옥 생활 후에도 그는 여전히 침착했습니다. 그의 목소리는 전보다 낮아졌고, 여느 때처럼 표정이나 몸짓이 과하지 않았습니다. 그의 걸음걸이는 조금 느렸고, 그는 우리 12명의 왼쪽 통로를 따라 그의 자리로 올라갔습니다.

처음에 니(Nee)는 피고석에 섰습니다. 나중에 그는 앉도록 허락되었습니다. 재판장은 검사로부터 온 소송을 제기했습니다. 그가 각 항목을 읽을 때 니(Nee) 앞에 있는 탁자 위에 제시된 증거를 니(Nee)에게 보여 주는 관리가 있었습니다. 판사는 그에게 증거가 사실인지 확인하도록 요청했습니다. 니(Nee)는 침착함을 유지하면서 모든 질문에 즉시 대답했습니다. 그의 발언은 낮은 톤으로 짧았습니다. 처음부터 끝까지 그의 모든 대답은 망설임 없이 'Yes(예)'였습니다. 그의 태도는 순종적이었지만 부끄러워하는 기색이 전혀 없었습니다.

판사가 니(Nee)에게 외설물더미를 보여주고 '이것들이 당신의 것입니까?'라고 물었을 때, 그는 '예(Yes)'라고 대답했습니다. 그 다음 판사는 그에게 필름 두 롤(roll)을 보여주고 이것들을 당신이 찍었느냐고 물었습니다. 그는 두 롤(roll) 중 하나는 촬영했고 다른 롤은 영국에서 구입했다고 대답했습니다.[1] 그는 동역자의 누드(nude) 사진을 찍었다고 인정했습니다. 판사는 그가 누드 영상을 찍고 싶어 했던 이유를 물었습니다. 그의 대답은 다음과 같습니다. '내가 그녀를 다시 찾을 필요가 없게요.'라고 하면서, 니(Nee)는 그것이 자기가 10년 이상 '(주님의 상에서) 떡을 떼지 않은' 이유라고 했습니다. 그는 덧붙였습니다. '나의 개인 도덕은 나쁩니다.'

장내 전체가 조용했습니다. 니(Nee)가 많은 항목을 확인하고 동의해야 했기 때문에 재판을 처리하는 데 매우 오랜 시간이 걸렸습니다. 마침내 판사가 선고를 내리려고 할 때 모두 일어섰습니다. 그는 니(Nee)가 종교를 위장하여 반혁명 활동을 저질렀다고 선언했습니다. 니(Nee)는 철저한 자백을 하고 다른 반혁명분자들에 대한 정보를 제공하였기 때문에[2] 자백에 대한 관대함의 정책에 따라(체

---

1 니(Nee)는 1933년과 1938-1939년에 영국을 방문했다. 3장을 참조하시오.
2 1990년대에 S 자매는 지방교회의 책임감 있는 형제인 미국 JY에게 그녀의 남편이 국민당(KMT)의 특수 요원이라고 말했다. 그는 니(Nee)가 나중 감옥에 있는 동안 니(Nee)에게 배신당했다.

포된 날부터 시작하여) 15년 형을 선고받았고 5년 간 참정권을 박탈당했습니다.[3] 해산할 시점에 나는 침착했지만 상실감이 컸습니다.

주일 아침 예배 후, 재판이 있은 지 이틀 후에 새로 지명된 장로 세 명이 니(Nee)의 재판을 회중에게 보고했습니다. 그들은 워치만 니의 파문을 제안했습니다. 회중의 지지로 결정이 확정되었고 '워치만 니의 파문 발표' 문서가 다음과 같이 전국의 모든 지방교회에 보내졌습니다.

워치만 니의 파문 발표

6월 21일 오후, 우리는 워치만 니의 반혁명 사건에 대한 공개 재판을 듣기 위해 상해시 고등법원에 갔습니다. 법정에서 니(Nee)는 자신의 모든 반혁명 활동을 인정했습니다. 범죄의 경중과 '피고인에 대한 관대함' 정책에 따라 고등법원은 그에게 징역 15년과 정치권 박탈 5년을 선고했습니다. 우리는 그것이 적절하고 합리적이라고 생각합니다. 우리는 정부의 선고를 진심으로 지지하기 위해 상해 그리스도인 모임의 모든 형제자매를 대표합니다! 우리는 악을 제거하고 교회를 정화하는 데 도움을 주신 인민 정부에 감사드립니다!

일찍이 항일 전쟁 중에 니는 국민당(KMT)의 특수 요원과 연결되었습니다…![4] *게다가 그는 전국의 집회소 형제자매들을 선동하여 토지개혁을 공개적으로 무효화하도록 하였습니다. 중국 생화학 연구소를 이용하여 육군에 필요한 의약품 구매 주문 정보를 훔치고 국유재산 172억(구 화폐)을 훔쳤습니다. 그는 또한 많은 여성과 두 명의 여성 동역자를 뻔뻔스럽게 모욕하고*

---

3 저자는 정치적, 경제적 범죄는 생략했다.
4 당시 정책에 따르면 니(Nee)의 형량은 비교적 가벼웠다. 니(Nee)의 주요 동역자 이연여(Li Yuanru), 왕페이진(Wang Peizhen), 장우지(Zhang Yuzhi)도 15년 형을 선고받았다. 동료 란지이(Lan Zhiyi)는 10년형을 선고받았다. 첸벤웨이(Chen Benwei)는 상해교회(SCA)에 들어간 지 몇 년밖에 되지 않은 젊은 동역자였는데, 10년형을 선고받았다. 그들 모두는 니(Nee)를 따르는 사람들일 뿐이었지만, 니(Nee)처럼 가벼운 형을 선고받지는 않았다. 니(Nee)의 자백은 분명히 정부를 만족시켰다.

누드 영상을 찍었습니다. 이것은 나라를 위태롭게 하고 교회를 더럽히며 주의 이름을 부끄럽게 하는 비열하고 더럽고 비인간적인 추문입니다. 그는 심히 가증한 자입니다!

"그러나 내가 이제 너희에게 편지하노니 자칭 형제라 하는 자와 음행하는 자나 탐람하는 자나 우상 숭배하는 자나 중상하는 자나 술 취하는 자나 토색하는 자와 사귀지 말라…그런 사람과 함께 먹지 말라… 너희 중에서 악한 사람을 쫓아내라."(고전 5:11-13) 심각한 반혁명 범죄 외에도 워치만 니는 성적 부도덕과 탐욕(거대한 국유재산 탈취)을 꾸준히 저질렀습니다. 위 성경의 교리에 따라 하나님의 거룩하심과 의로우심을 증거하기 위하여 우리는 워치만 니를 교회에서 추방하기로 결정했습니다! 6월 23일 교회 집회에서 발표한 것 외에도 우리는 온 나라의 형제자매들에게 발표할 것입니다. 우리는 이미 가장 죄 많은 워치만 니를 교회에서 추방했습니다.

또한 우리는 워치만 니에게 모욕을 당한 두 여성 동역자를 다루었습니다. 그들은 그것이 10년 또는 20년 전에 일어난 일임을 인정했습니다. 그들은 니(Nee)에게 강간을 당했고, 그들 중 한 명은 그에게 찍힌 누드 사진이 있었습니다. 동역자로서 죄를 은폐하여 교회에 막대한 피해를 입혔으니 마땅히 출교시켜야 합니다. 그러나 그들이 회개한 만큼 우리는 다르게 대처해야 합니다. 6월 23일 교회 집회에서 우리는 그들의 동역자 사역을 폐지하고 성만찬 참석을 중단한다고 발표했습니다:

"하나님이 우리 가운데 심판을 행하셨으므로 우리는 엎드려 경배합니다. 우리가 섬기는 주님은 거룩하시고 의로우십니다. 그분은 두려운 하나님이십니다. 속지 마십시오! 하나님은 조롱당하실 수 없습니다. 사람은 뿌린 대로 거둡니다. 죄의 본성을 기쁘게 하기 위해 심는 자는 멸망을 거둘 것입니다. 성령을 기쁘시게 하려고 심는 자는 성령으로부터 영생을 거둘 것입니다(갈 6:7-8). 우리는 이것으로부터 경고를 받기 바랍니다. 하나님께서 죄를 제거하시고 교회를 정결케 하사 부흥의 역사를 행하실 줄 믿습니다. 하나님께서 그의 교회를 부흥시키시기를!"⁵

이 문서는 전국의 모든 지방교회에 발송됐지만 많은 지방교회 지도자들이 이를 막았을 가능성이 큽니다. 수조우 교회의 HT 형제는 이렇게 말했습니다: "수조우 집회에서 워치만 니의 파문은 아무도 그 문제에 대해 논의하고 싶어하지 않았기 때문에 발표되지 않았습니다. 우리는 가능한 한 뉴스를 퍼뜨리는 것을 피했습니다."⁶

교회 회원들의 반응

상해교회(SCA)의 교인 대부분은 니(Nee)를 교회에서 추방하는 결정을 지지했습니다. 정부의 판결을 지지하는 사람은 극소수에 불과했고, 교회에서 그를 파문하는 것에 대해서는 유보했습니다. 그들은 니(Nee)가 이미 그의 부도덕과 10년, 20년 전에 일어난 모든 일을 정부에 자백했다고 느꼈습니다. 장로들은 니(Nee)의 정치적, 재정적 범죄 때문에 그가 감옥에 있는 동안 교회 일원이 될 수 없다고 결정했습니다. 사실 니(Nee)는 교회 지도자들에게 솔직하게 고백한 적이 없었습니다. 더 중요한 것은 그가 자신을 바로잡지 않았다는 것입니다. 항일전쟁이 끝난 뒤 상해와 홍콩으로 돌아온 뒤 1950년대 초반까지 성적 부도덕을 계속 행했습니다. 교회의 거룩함을 위해서 니(Nee)와 그의 성적 부도덕만을 생각하면 그는 상해교회(SCA) 내에서 용납될 수 없었습니다.

니(Nee)의 성적 부도덕이 정부의 선고 이유는 아니었지만, 그러나 그것은 교회에 매우 심각한 일이었습니다. 그것은 하나님의 교회를 더럽혔고 하나님의 영

---

5 장시캉<張錫康, 육십년 회고록, 미공개>. '강한 비판의 어조는 당시의 정치적 분위기에 부합했다.'
6 HT: 《잊기 힘든 세월》을 읽고 난 후의 생각, 2011년 11월.

광에 이르지 못했습니다.

여성 동역자들에 대한 반응

두 여성 동역자에 대한 교회의 징계에 대해 몇몇 교인들은 서로 다른 의견을 냈습니다. 그들은 동역자의 사역을 주님의 부르심으로 여겼습니다. 교회는 특히 수년 전에 일어난 일 때문에 그 소명을 무효화할 권리가 없다는 것입니다.

누군가 왜 교회에 알리지 않았느냐고 물었습니다. 그러나 만일 그들이 교회에 알리고 폭로한다면 교회 지도자들의 반응은 어떠했을까요? 교회 지도자들이 감히 니(Nee)에게 직면할 수 있었겠습니까? 니(Nee)는 애매한 말로 핑계를 대고 거기서 빠져나갈 만큼 영리하지 않았을까요?

그 기간 동안 나는 연구위원회 간사였습니다. 나는 장로들의 결정에 적극적으로 관여하지 않았지만, 그러나 반대하지도 않았습니다. 여성이 피해자라면 왜 처벌을 받아야 하는가?

두 여성 모두 1928년 지방교회의 몇 안 되는 창시자 중 한 명이었습니다. 그들은 마음이 아파도 불평 없이 일평생 온 마음을 다해 주님을 섬겼습니다. 나는 그들이 니(Nee)의 악행을 폭로하지 않은 데에는 여러 가지 이유가 있을 수 있다고 생각합니다.

1. 니(Nee)는 지방교회에서 무오한 위치를 차지했습니다. 만약 그들이 그를 폭로한다면 그들은 곤경에 처하게 될 것이고, 니(Nee)는 그것을 피할 수 있는 더 많은 능력을 가졌습니다. 또한 그들은 서로의 이야기를 알지 못했고, 각자 자신이 유일한 희생자라고 생각했을 수도 있습니다.

2. 중국 전통 때문에 자신을 드러내는 부끄러움을 견딜 수 없었을 것입니다. 그것을 은폐하는 것이 당시의 문화였고, 이른바 '가정의 수치는 공개해서는 안 된다'는 것이었습니다.

3. '교회와 사역의 이름을 위해' 그들은 고통을 견디고 그것을 드러내지 않는 것을 선호했을 수 있습니다.

돌이켜보면, 나도 방관자라는 죄책감이 듭니다. 나는 주님께만 고백할 수 있지만 그리스도 안에서 존경하는 두 자매에게 고백할 기회를 놓쳤습니다.

· Chapter 12 ·

교회의 재건 [1]

회복된 교회 생활

상해 종교사무국(BRA)은 상해교회(SCA)가 반혁명파 제거(CEC) 기간 동안 정기적인 활동을 유지해야 한다는 점을 매우 관심했습니다. 더 이상 주일 오전 예배가 없다면 정부가 우리의 믿음을 말살하려 한다는 의심과 소문이 날 수도 있습니다. 따라서 정부가 우리 종교에 간섭한다는 인상을 남기지 않도록 조심했으며, 그들의 즉각적인 목적은 삼자교회(TSPM)에 가입하도록 하여 상해교회(SCA)를 통제하에 두는 것이었습니다. 정기적인 교회 활동을 유지하도록 하는 공산당 전략은 상해교회(SCA) 회원들로 하여금 교회의 반혁명파 숙청(CEC) 운동 배후에 있는 진정한 목적이 단지 니(Nee)에 대한 조사에 있다고 생각하게 만들었습니다.

반혁명파제거운동(CEC) 초창기에 말씀을 전하던 대부분의 지도자들은 '격리 조사'를 받았습니다. 장시캉은 첫 번째 일요일 아침에 설교하도록 배정되었고, 그의 설교는 회중들에게 잘 받아들여졌습니다. '조사'가 끝난 후 동역자인 탕슈린(Tang Shoulin)과 저우싱지(Zhou Xingyi)는 일요일에 말씀을 전하기 시작했습니다. 토요일 저녁의 온 교회의 교제 모임, 화요일 저녁 기도회, 주일 저녁 주의 만찬이 이어졌습니다. 그러나 일정 기간 동안에 참석자 수는 급격히 감소했습니다.

---

1 이 장의 많은 자료는 장시캉 자서전(六十年來的回顧)에서 발췌한 것이다.

니(Nee)의 관점을 재고하다

반혁명파제거(CEC) 스터디 클래스의 두 번째 시간은 니(Nee)의 믿음의 관점을 토론하는 것이었습니다. 니(Nee)의 가르침은 진실했습니까, 아니면 유해했습니까? 반혁명파제거운동(CEC)이 막 시작되었을 때, 상해교회(SCA)의 모든 사람들은 '인민의 관점의 기준'에 따라 토론했습니다. 점차 우리는 성경으로 돌아왔습니다. 많은 논의 끝에 교회 지도자들과 대다수의 교회 신자들은 '인민의 관점'이란 말이 니(Nee)의 독특하고 잘못 지도한 말이라는 데 동의했습니다.

'세상을 사랑하지 말라'

대다수의 형제자매들은 "세상을 사랑하지 말라"는 말은 "죄인의 정욕과 안목의 정욕과 그의 소유와 행실의 자랑"을 사랑하지 말라는 뜻이라고 말했습니다(요한1서 2:15). 어떤 사람들은 주님께서 다음과 같이 말씀하신 것처럼 여기에는 영적 세상에 대한 이해도 포함되어야 한다고 말했습니다. "내가 아버지의 말씀을 저희에게 주었사오매 세상이 저희를 미워하였사오니 저희도 나처럼 세상에 속하지 아니하였음이니이다 내가 기도하는 것은 그들을 세상에서 데려가시기를 위함이 아니요 오직 악한 자로부터 보호하시기를 위함이니이다"(요한복음 17:14-15). 그러므로 "세상을 사랑하지 말라"는 말이 성경적이었지만 "사람을 사랑하지 말라"는 뜻은 아닙니다.

'마음과 생각을 사용하지 말라'

성경에는 "오직 여호와의 율법을 즐거워하여 그의 율법을 주야로 묵상하는 자로다"(시 1:2)라는 말씀과 같이 우리가 '생각'해야 함을 일깨워 주는 구절들이 많이 있습니다. 바울은 디모데에게 이렇게 썼습니다. "내가 말하는 것을 생각하라 그리하면 주께서 너에게 범사에 총명을 주시리라"(딤후 2:7). 그러므로 성경에서 '생각을 새롭게 함으로'(롬 12:2) 우리가 하나님의 뜻을 이해할 수 있다고 말한 것처럼 우리는 새롭게 된 생각을 사용해야 합니다.

'지식을 얻으려고 애쓰지 말라'

지혜와 지식은 대개 서로 연결되어 있습니다. "여호와를 경외하는 것이 지식의 근본이니라"(잠언 1:7), "여호와를 경외하는 것이 지혜의 근본이니라"(잠언 9:10). 저우이민(Zhou Yimin, 집사)은 이렇게 말했습니다:

> 하나님은 우리가 지식이 없는 것을 원하지 않으십니다. 하나님께서는 다음과 같이 분명히 말씀하십니다. "나의 기도는 이것이니 너희 사랑을 지식과 모든 총명으로 점점 더 풍성하게 하사 이는 너희로 가장 선한 것이 무엇인지 분별하고 그리스도의 날까지 순전하고 흠이 없게 하려 함이라"(빌립보서 1:9-10). 하나님께서는 또한 "내 백성이 지식이 없으므로 망하는도다"(호세아 4:6)라고 말씀하십니다. "지식을 추구하지 말라"고 너무 강조하는 것은 잘못된 것입니다.[2]

성경은 이렇게 말씀합니다. "지혜가 네 마음에 들어가고 지식이 네 영혼을 즐겁게 하리라"(잠언 2:10).

"옳고 그름을 분별하지 말라"

그리스도인들에게 옳고 그름의 기준은 하나님의 말씀에 따른 것입니다. 성경은 이렇게 말씀합니다. "그러므로 너희가 지극히 선한 것을 분별하여…"(빌 1:10). "두세 명의 선지자가 말하고 다른 이들은 그 말한 것을 신중하게 판단하라"(고전 14:29). 주님은 지식과 깊은 분별력 안에서 우리의 사랑이 더욱 풍성하여지기를 원하십니다. 지식이 없이는 영적인 분별력을 가질 수 없습니다.

---

2 장시캉(張錫康), <六十年來的回顧>

"믿지 않는 자와 멍에를 같이 하지 말라"

믿음과 사역에 있어서 우리는 믿지 않는 자와 멍에를 같이 할 수 없습니다. 그러나 우리는 또한 이 땅의 시민이며, 시민이 되기 위해 우리는 불신자들과 함께 일할 수 있습니다. 이것이 바로 '믿지 않는 자와 멍에를 같이 하지 말라'는 뜻입니다. (고후 6:14)

'영적 권위'

교회에서 권위를 가진 사람은 하나님의 말씀에 절대적으로 순종해야 합니다. 우리는 하나님의 권위에 복종해야 합니다. 그렇지 않으면 하나님께서 심판하러 임하실 것입니다. 우리는 사람의 권위에 복종하지 말고 하나님의 권위를 경시해서는 안 됩니다.

'여전히 혼란스러움'

반혁명세력제거운동(CEC)은 상해교회(SCA)에 극심한 충격을 주었습니다. 오랫동안 우리는 박해와 고통에 대비되어 있었고 감옥에 가거나 목숨을 바칠 각오도 되어 있었습니다. 그러나 니(Nee)의 성적인 부도덕에 대한 부인할 수 없는 증거는 우리 모두에게 극도로 고통스럽고 충격적이었습니다. 반혁명세력제거운동(CEC) 이후 많은 그리스도인들이 교회에 나오지 않았습니다. 그들은 자신의 어떻게 믿음을 대해야 할지 몰랐습니다. 우리가 가진 믿음이 진짜였습니까? 니(Nee)는 그토록 많은 존경을 받았는데 어떻게 그렇게 더러울 수가 있었습니까? 일부 사람들은 교회에 계속 참석하면 앞으로 더 많은 정치적 문제가 생길 것을 두려워했습니다.

어떤 교회 지도자들은 1948년에 니(Nee)가 한 일련의 연설과 행동이 임박한 체제 변화에 대처하기 위해 만일의 사태를 위한 비상계획이라고 생각했습니다.

니(Nee)는 왜 '복음으로 중국을 장악하라'는 슬로건을 선호했습니까? 그는 복음 활동에 전혀 관여하지 않았습니다. 그는 '주님의 상'에 참여하지도 않았습니다. 그는 매우 은밀한 삶을 살았고 교회 생활을 하지 않았습니다.

니(Nee)의 모든 연설과 계획은 그가 하나님으로부터 재개된 이후였습니까, 아니면 니(Nee) 자신에게서 나왔습니까? 그것이 우리의 주요 관심사였습니다. 그는 정말 '하나님이 위임하신 권위'였습니까, 아니면 하나님의 이름을 사용하여 자신의 생각을 홍보했을 뿐입니까? 하나님께서 니(Nee)에게 전국의 모든 지방교회를 다스릴 수 있는 유일한 권한을 주셨습니까? 그는 공산주의자들과 대적할 강력한 기반을 갖기 위해 모든 권력을 중앙 집권화하고 지방교회의 유일한 독재자가 되기를 원했습니까?

삼자에 가입함

1956년 3월 중순, 주푸루(Zuo Furu), 류웨한(Liu Yuehan), 차오징웬(Qio Jingwen, 원로 집사)과 나는 베이징에서 열린 삼자위원회(확장) 제2차 전국대회에 투표권이 없는 대의원으로 초청을 받았습니다. 대회 후 주푸루(Zuo Furu)는 삼자교회에 가입하는 것과 우리의 믿음 사이에 갈등이 없다고 말했습니다. 당시 공산당 종교사무국(BRA) 간부는 우리의 믿음과 지방교회의 특정 신념을 건드리지 않을 것이라고 반복해서 확언해 주었습니다. 그들이 상해교회(SCA)에 요청한 '유일한 한 가지'는 애국심(patriotic)이었습니다. 그들이 상해교회(SCA)를 통제하기 위해 유화적이고 회유하는 정책을 사용하는 것은 매우 교활하고 효과적이었습니다.[3]

주푸루(Zuo Furu)와 우리 대부분은 정부/삼자교회와 교회 사이의 근본적인

---

3 당시 종교사무국(BRA)은 매우 교활하고 효율적이었다. 간부들은 상해교회(SCA) 리더들과 좋은 관계를 구축했다. 그러나 나중에 그들은 상해교회(SCA)에 '부드럽게' 접근하는 것에 대해 당의 좌파들로부터 비난을 받았다. 그들은 반우파 일탈 운동 중에 징계를 받기도 했다.

모순을 잊었습니다. 우리는 단지 지방교회의 믿음이 '존중받는다는' 사실에 만족했습니다. 그러나 삼자교회는 사실상 정부의 도구였기 때문에 삼자교회에 가입하는 것이 정부의 지도부에 복종하는 것임을 잊었습니다.

1956년 4월, 교회 지도자들은 주일 오전 예배 후에 삼자교회에 가입하겠다는 제안을 발표했습니다. 회중 전체가 손을 들어 지지를 표시한 것 같습니다. 이의가 전혀 없었습니다. 그때 상해교회(SCA)는 공식적으로 '삼자(Three-Self)'에 합류했습니다.

5월 7일부터 11일까지 제2차 상해 삼자대회가 우리 상해교회 모임장소에서 열렸습니다. 주푸루(Zuo Furu)는 상해 삼자(Shanghai Three-Self)의 부회장으로 선출되었고, 탕슈린(Tang Shoulin)은 상임위원회 위원으로 선출되었습니다.

상해교회(SCA)는 4년 간의 투쟁 끝에 공식적으로 삼자운동 가입을 거부했지만(1954), 반혁명제거운동팀(CEC)의 전략과 힘으로 뒤집혔습니다. 니(Nee)의 약점을 무기로 정부는 마침내 상해교회(SCA)에 큰 타격을 가하고 전투에서 승리했습니다. 상해교회(SCA)의 소심함도, 정부의 거센 압박도 아니었습니다. 정부의 성공은 대체로 교회에 깊은 수치심, 슬픔, 혼란을 초래한 니(Nee)의 성적 부도덕과의 연합 전선을 편 유화 정책이 결합된 결과였습니다. 당의 종교사무국(BRA) 간부는 무례하거나 거슬리지 않았습니다. 그들은 채찍과 당근 정책을 사용했고 교회는 믿음을 위해 굳건히 서야 할 필요성을 간과했습니다. 교회의 인도직분은 정부가 아니라 하나님과 성령이셔야 합니다. 우리는 정부에 복종해야 하지만, 그러나 교회의 절대적인 지도자는 하나님이십니다. 어쨌든 이중 표준은 없어야 합니다.

상해교회(SCA) 지도자 중 어느 누구도 공산당의 교회 지도력을 장악하려는 기만적인 목적을 간과할 수 없었습니다. 거의 모든 사람들이 정부가 '우리의 믿음을 건드리지 않을 것'이라고 믿었습니다. 우리 모두는 정부가 니(Nee)의 부도덕함을 폭로하여 교회가 정화될 수 있도록 해준 것에 감사했습니다. 삼자교회에 가입하는 것이 합리적이고 유일한 선택인 것 같았습니다. 우리는 이연여(Li Yuanru), 왕페이진(Wang Peizhen), 장우지(Zhang Yuzhi), 란지이(Lan Zhiyi)와 같은 상해교회(SCA)의 다른 지도자들이 체포된 이유에 대해 생각하지 않았습니다. 그들이 어떤 범죄를 저질렀습니까? 돌이켜보면, 이들을 체포한 것은 다만 삼자와의 결합에 대한 저항 때문이었을 것입니다.

2008년 3월에 나는 류한펜(Liu Hanfen) 자매와 함께 상하이의 전 당종교국(BRA) 책임자 중 한 명인 SLY를 방문했습니다. 그는 우리에게 솔직하게 말했습니다. "상해교회(SCA)를 반혁명으로 분류한 진정한 목적은 상해교회(SCA)의 반(反)삼자(Anti-Three Self) 세력을 통제하기 위함이었습니다."

저장성과 복주 지방교회들을 방문함

반혁명세력제거운동(CEC) 이후 얀지알레(Yan Jiale, 베이징)와 주푸루(Zuo Furu, 상해)는 전국 지방 교회의 지도자가 되었습니다. 얀지알레(Yan)는 베이징의 지도자였습니다. 두 사람 모두 니(Nee)와 상해교회(SCA)의 상황에 대한 많은 지방교회들의 반응에 대해 매우 염려했습니다. 그들은 믿음이 무너지고 혼란으로 큰 고통을 겪는 많은 신자들을 다루어야 했습니다.

중국 공산당 종교국(BRA)의 지원으로 얀(Yan)과 주(Zuo)는 전국 동역자 집회를 소집했습니다. 먼저 그들은 1956년 12월 17일부터 25일까지 상해에서 준비위원회를 소집하고 중국 각지에서 온 11명의 동역자들을 초청했습니다. 이 위원회 동안 동역자들의 주요 관심사는 지방교회가 장차 퇴보하는 것을 피하는 것이었습니다. 그들은 성도들에게 단번에 주신 믿음(유 3절)과 지방교회의 고유한 몇 가지 믿음을 엄격히 지켜야 한다고 만장일치로 결정했습니다. 그들은 또한 얀(Yan)과 주(Zuo)가 저장성과 복건성(Zhejiang/Fujian) 지역의 지방교회들을 방문하고 전국적인 동역자 집회를 소집해야 한다는 데 동의했습니다.

1957년 3월 21일부터 4월 24일까지, 얀(Yan)과 주(Zuo)는 동역자 황득은(Huang De-en)[4]과 함께 저장(Zhejiang)과 푸젠(Fujian) 지방을 방문했으며, 그때 지방교회가 가장 번성했습니다. 그들은 항저우, 온주, 징화, 푸저우, 4개 도시를 방문했습니다. 각 도시에서 그들은 또한 많은 주변 도시와 농촌 지역의 지도자들을 만났습니다. 통틀어 그들은 400개가 넘는 지방 교회의 동역자들과 책임형제자매들과 접촉했습니다.

그 모임 동안 주푸루(Zuo Furu)는 상해교회(SCA)에서의 반혁명세력제거운동(CEC)에 대한 직접적인 정보를 보고했습니다. 그녀는 니(Nee)의 서면 및 구두 자백, 물적 증거, 피해자들의 자백을 보고했습니다. 얀(Yan)과 주(Zuo)는 참석자들에게 하나님은 질투하시는 하나님임을 기억하라고 촉구했습니다. 하나님은 그분의 판단에서 우리에 대해 선의를 갖고 계시며 또한 우리는 정부에 복종해야 합니다. 비록 그 방문이 지도자들과 그들 교회 대부분의 의심과 질문을 해결하는 데 많은 도움이 되었지만, 교회 내의 혼란은 짧은 활동(short trip)으로 해결하기에는 너무 어려웠습니다.

1957년 전국동역자대회

1957년 5월 20일부터 6월 5일까지 전국 동역자 모임이 상해교회(SCA)에서 열렸습니다. 교회간사들을 포함하여 69명의 지역 리더가 참석했습니다. 몇몇 다른 사람들과 나는 방문자로 참석할 수 있었습니다.

기도와 회개로 시작

반혁명세력제거운동(CEC)이 시작되자마자 체포되지 않은 상해교회(SCA)의 교회 지도자들은 그들이 하나님의 심판 아래 있음을 즉시 깨달았습니다. 그래서

---
4 황득은(Huang De-en)은 장시(江西)성 난창(南昌) 출신의 동역자였다.

1957년 동역자 모임은 간절한 기도와 간절한 고백으로 시작되었습니다. 그들의 고백에서 그들은 니(Nee)의 죄를 덮은 것에 대해 회개하면서 몹시 울었습니다. 동역자 황득은(Huang De-en)은 대회 첫날 아침의 감동적인 장면을 다음과 같이 설명했습니다:

> 1957년 5월 상해교회(SCA)에서 온 사람들을 포함하여 책임 형제들과 여러 지역의 동역자들이 남양로에 모였습니다. 60명 이상의 참석자가 있었습니다. 첫째 날 아침 기도회는 죄를 고백하고 하나님 앞에 엎드려 긍휼을 구하는 모임이었습니다. 모두가 눈물을 흘리며 가슴 아파했습니다. 나는 린 니 귀젠(Lin Ni Guizhen 자매, Nee Kuei-cheng, 니(Nee)의 둘째 누나)의 기도를 기억합니다. 그녀는 하나님께 다음과 같이 기도했습니다. "이제 우리는 주님의 손 아래 엎드려 주의 심판을 받고 정결케 하고 주의 긍휼을 구합니다…" 우리가 하나님의 순수함과 심판을 보지 못한다면, 그 당시 우리의 슬픔의 의미를 이해할 수 없습니다. [5]

작성된 두 개의 문서

이 모임의 주제는 '우리의 믿음을 확정함과 삼자를 수행함'이었습니다.[6] 그 모임에서 두 개의 공식 문서가 논의되고 작성되었으며, 중국의 모든 지방교회에 전달되었습니다. 첫 번째 문서는 첸케산(Chen Kesan)[7]과 황득은(Huang De-en)이 초안을 작성한 것으로 '우리의 믿음을 굳게 붙듦'이었습니다. 세례, 안수, 주의 만찬, 머리 덮개 등 지방교회의 근본적인 믿음을 확신시켜 주는 것으로 명확하고 꼼꼼하게 기록되었습니다. 이러한 지방교회의 관점은 워치만 니에서 비롯되었습니다. 그러나 1948년 재개 이후의 '권위', '위임된 권위' 같은 니(Nee)의 관

---

5 황득은(Huang De-en),<황득은 형제가 사백성신에게 보낸 편지, 쉬메이리에서 발췌>, "워치만 니 순교사에 따른 탐구"(미출판 정보) p.59.
6 렌종샹(Ren Zhongxiang), <상해교회의 간략한 역사> p. 29.
7 첸커샨(Chen Keshan)은 중국 남부의 주요 동역자였다.

점과 그의 행동 계획은 생략되었습니다. '이전 실수에 대한 몇몇 개념들'이라는 주제 아래 후회가 표현되었습니다:

1. 사람을 따르거나 성경보다 사람을 지나치게 존경하는 것은 사람이 만든 권위에 맹목적으로 복종하게 합니다. 우리는 그런 관념에 사로잡혀 잘못된 함정에 빠졌습니다. 하나님의 이름을 부끄럽게 하고 형제자매가 쇠약해졌습니다.

2. 편협함과 교만과 자기 영광은 우리로 하여금 교회의 간증을 살아내도록 인도하지 않습니다. 심지어 성경을 이해하지 못하고 오직 우리만이 구원받았다고 말하는 몇몇 형제자매들이 있었습니다. 오직 우리만이 들림받아 왕국에 들어갈 것이라고 했습니다.

3. 고령을 위한 서명운동 (the Signature Drive for Guling)[8] 사건과 같이 마치 우리가 하나님을 옹호하는 것처럼 지상의 권위에 대한 저항을 고려했습니다.

4. 'Handing-over(양도함)', 'Immigration(이주)', 소위 'Church United Together(교회 연합)'[9] 등을 고취하는 것은 분명히 조작적이었고, 많은 형제자매들에게 상당히 해로운 재앙을 초래했습니다.

5. 성경의 진리를 지나치게 강조하고, 과장하고, 심지어 이용하는 것은 교리적 오류를 낳았습니다. 이것은 하나님의 말씀의 오류가 아니라 다음과 같은 '인간의 잘못된 해석'입니다. 아래와 같은 내용들입니다.

   A. 하나님의 집에 있는 종들인 우리는 하나님의 손에 있는 그릇으로서 하나

---

8 당시 교회 지도자들은 공산주의 정권 아래 있었다. '고령 서명'은 지상의 권위에 대항하는 조치로 분류되었다. 사실 그것은 오히려 인간이 하나님의 뜻을 고려하지 않은 결정이었다. 워치만 니는 지방교회의 인력과 힘을 과시하기 위해 모든 지방교회의 대중 집회를 활용하는 것을 목표로 삼았다. 니(Nee)는 정부의 한계를 시험하고 싶었다. 그것은 조작된 일이었고 하나님께서는 확실히 승인하지 않으셨다.

9 1950-1951년에 워치만 니는 '함께 연합하는 교회'를 강조하였다. 그와 동역자들은 그들의 힘을 강화하기 위해 다른 교회들과 목사들과 신자들을 지방교회로 끌어들이려고 노력했다. 당시 외국에 본부를 둔 내지선교회(CIM)가 중국에서 철수했기 때문에 중국 내지선교회의 여러 교회가 지방교회에 합류했다.

님의 자녀들을 섬길 뿐, 그들을 통제해서는 안 됩니다. 교회에서 어떤 종류의 권위의 표현도 성령의 인도 없이, 또는 성경적 진리를 벗어나서는 안 됩니다. 과거에 어떤 사람은 권위에 대한 복종을 부적절하게 강조하고 권위와 진리의 관계를 무시하여 인간이 만든 권위로 이끌었습니다. 어떤 사람은 성령의 권위를 넘어서 '모래로 유리를 깨끗하게 하라고 해도 복종해야 한다.' 또는 '거꾸로 나무를 심으라고 해도 청종해야 한다.' 등의 극도로 그릇된 말들을 함으로써 형제자매들로 하여금 진리의 표준이 붙잡고 있는 "말한 것의 무게를 주의 깊게 달아보라" 혹은 "다른 이들은 분별하라"(weigh carefully, 고전 14:29, NIV)는 말씀에서 빗나가게 했습니다. 그리고서 맹목적인 복종을 하도록 장려되었습니다. 과거에 그러한 관념에 순복했던 우리는 하나님의 종으로서 깊이 반성하고 있습니다.

B. 하나님의 자녀는 성령의 기름부음의 가르침에 따라 '하나님 안에 거해야' 합니다 (요한 일서 2-4장). 그러므로 옳고그름의 문제를 떠나서 생명을 인도하는 것은 잘못된 것입니다. 지식과 생명의 관계도 마찬가지입니다. 지식은 생명을 대신할 수 없습니다. 마찬가지로 생명은 지식을 지울 수 없습니다. 예전에 생명만을 강조하고 옳고 그름과 지식의 표준을 무시하는 것은 잘못된 일이었습니다.

C. 또한 우리는 이 땅의 시민으로서의 책임을 무시했습니다.[10]

이 문서에는 니(Nee)의 파문을 뒷받침하는 진술이 있습니다.

하나님은 '반혁명세력척결팀'(CEC)을 사용하여 워치만 니의 숨겨진 더러움과 죄악된 삶을 드러내셨습니다. 우리는 하나님의 거룩하심과 의로우심 편에 서서 하나님의 질투하시는 마음을 가지고 하나님이 정죄하신 것을 정죄해야 합니다. 그러므로 우리는 정부의 니(Nee)에 대한 판결을 전적으

---

10 장시캉(張錫康, 六十年來的回顧, 60년 회고록).

로 지지합니다. 또한 우리는 워치만 니를 제명(expel)하기로 한 '상해교회(SCA)'의 결정에 전적으로 '아멘' 합니다.[10]

두 번째 문서는 '삼자운동을 수행하기 위한 큰 노력'[6]으로서, 렌중샹(任中祥)이 초안을 작성한 것입니다.[10]

참회와 탐구를 거쳐 중요한 문서가 나왔지만, 이 집회는 여전히 정부의 지도와 통제 아래 있었습니다. 집회 후 베이징(북경), 푸저우(복주), 칭다오(청도), 우한(무한)과 같은 대도시의 몇몇 지방교회만이 삼자교회(TSPM)에 가입했습니다. 지방교회들은 삼자교회(TSPM) 멤버십에 대한 공통의 입장을 공유하지 않았습니다.

1956년 이후

1956년 이후 교회 참석자 수가 감소했고 상해교회(SCA)는 예산 적자에 직면했습니다. 정부 및 기타 지역 사회 활동을 위해 거대한 집회소를 임대해 주어야 했습니다.

1958년 대약진운동(Great Leap Forward Movement)[11] 동안 상해시종교국(Shanghai BRA)은 모든 기독교 교회가 지구별로 통합될 것을 촉구하며, 대부분의 교회 건물이 국가의 '생산적인 건설'에 특별히 사용 가능하도록 했습니다. 상해교회(SCA)의 장로들은 집회소를 정부에 기부하기로 결정했습니다. 그 후 상해교회(SCA)는 10개 이상의 다른 교회들과 함께 화이은당(은혜기념교회, Huai En Tang, Grace Memorial Church)으로 합병되었습니다. 기본적으로 각 지역마다 연합예배(United Worship)를 위한 장소는 단 하나뿐이었습니다.

---

11 대약진 운동(1958-1961): 중국의 산업화와 집단화를 가속화하기 위한 경제적, 사회적 캠페인. 그로 인해 심각한 재난이 발생했다.

지방교회의 출판사(복음실, Gospel Room)는 문을 닫았습니다.

다른 교회와 함께 예배를 드리면서 상해교회(SCA)는 사실상 존재하지 않게 되었습니다. 상해교회(SCA) 건물은 사라지고 성만찬과 기도 모임이 있는 지방교회 고유의 예배 방식이 중단되었습니다.[12] 상해교회(SCA)는 더 이상 교파 교회와 분리될 수 없었습니다. 니(Nee)의 '한 지방, 한 교회'라는 교회 정책은 더 이상 가능하지 않았고 상해교회(SCA)의 형제 자매들은 매우 실망했습니다. 연합예배(United Worship)의 상해교회(SCA) 참석자들은 크게 줄었습니다.

1956년 반혁명세력제거운동(CEC) 이후 새로 탄생한 상해교회(SCA)는 3년도 채 되지 않았습니다. 그때까지 정부에 의한 교회 통제가 명백해졌고 그것이 정부의 궁극적인 목적이었습니다. 정부의 목적은 상해교회(SCA)를 완전히 통제하는 것이었습니다.

주푸루(Zuo Furu)와 탕슈린(Tang Shoulin)은 성도들에게 영적 자양분을 제공하기 위해 최선을 다했습니다. 주푸루(Zuo Furu)는 신자들을 배려하고 보호하며 잘 소통했기 때문에 정부는 그녀를 불쾌하게 여겼습니다. 점차 그녀는 자신이 올바른 길을 걷고 있는지 고민하기 시작했습니다.

1966년 이후

중국의 문화대혁명은 1966년 중반에 시작되었습니다. 갑자기 전국의 모든 종교 활동이 강제로 중단되었습니다. 모든 교회가 파괴되고 점령당했습니다. 전국의 거의 모든 목사들과 기독교인들이 박해를 받았습니다. 무자비한 비난, 대중의 비판, 다양한 수준의 조사가 '홍위병, 반란군, 혁명 대중'의 여러 그룹에 의해 수행되었습니다. 중국 근대사에서 가장 어두운 시기였습니다.

대부분의 지방교회 회원들은 다양한 정치적 꼬리표가 붙었습니다. 대부분은

---

12 당시 대부분의 교단에는 정기 또는 주간 공동기도회가 없었다. 그러므로 상해교회(SCA)의 기도회는 독특했다.

'워치만 니 갱단의 반혁명분자'로 낙인찍혔습니다. '반동 백의 행진'(복음 행진)과 '고령 서명 운동'에 참석한 거의 모든 신자들이 국가에 대한 반동세력으로 비난을 받았습니다. 그 결과 온갖 종류의 비난과 육체적, 정신적 박해, 노동 수용소로의 추방, 체포, 가정 파탄 등이 초래되었습니다.

'반동적'이라는 정치적 호칭은 '인민의 적'을 의미했습니다. 그것은 '반혁명적'의 대명사였고 모든 정치적 권리와 인권을 박탈당했습니다. 우리는 평범한 사람들이 아니라 '이상한 사람들'(혹 괴짜, oddities)이었습니다. 모두가 우리를 국가의 적으로 바라보고 있었습니다. 아무도 감히 우리에게 말하거나 연락하지 않았습니다. 가족들조차 소외감을 드러내고 거리를 두어야 했습니다. 아이들은 당에 대한 충성심을 보여주기 위해 부모의 의심스러운 활동을 정부에 폭로하고 신고해야 했습니다. 법적 절차가 필요하지 않았습니다. 구두 또는 가벼운 비난이 필요한 전부였습니다. 누구나 홍위병이나 '혁명적 대중'에 의해 고발될 수 있고, 꼬리표가 붙을 수 있었습니다.

우리가 교수, 엔지니어, 의사, 교사 또는 간호사인지 여부는 중요하지 않으며, 뛰어난 성과로 권위 있는 위치를 차지했습니다. 우리가 기독교인인 한 우리는 나라에서 가장 미신적이고 정치적으로 열등하며 신뢰할 수 없는 사람들로 비하되었습니다. 정부에 따르면, 다른 어떤 교회보다 '지방교회' 회원들이 기독교인들 사이에서 가장 '반동적'이었습니다.

많은 목회자들과 기독교 가정들이 흩어지고 부서졌으며, 추방당하거나 박해를 받아 죽기까지 했습니다. 기독교인들은 하나님을 예배하기 위해 함께 모임으로 인권을 상실했을 뿐만 아니라 안전상의 이유로 서로 자동적으로 고립되었습니다.

그런 종류의 소외는 그 시절에 이치에 맞았습니다. 모두 마음속 깊은 곳에 쓴 감정을 묻어야 했고 감히 가족들과 공유하지도 못했습니다. 모두가 친구와 친척, 심지어 직계 가족으로부터 소외된 상태를 유지하려고 했습니다. 보이는 친구가 없었습니다. 다른 사람에게 우정이나 공개적인 애정을 보이는 것은 모든 관계가 반혁명적이라는 비난을 받을 수 있기 때문에 위험했습니다. 우리의 표정은 대개 무뚝뚝했고 결코 "아니오"라고 말하지 않았습니다. 무표정한 태도와 침묵을 유지하는 것은 일반적으로 "아니오"를 의미하지만, 누구도 당신을 공격할 빌미를 찾지 못했을 뿐입니다. 귀하를 고발할 정보를 제공하기 위해 당신의 친구와 내부자가 정부나 홍위병에 의해 조사를 받을 수도 있습니다. 실제로 가까이에 있는 사람이 당신의 말과 행동을 신고할 수도 있습니다. 당신의 가족과 가장 친한 친구를 포함한 누구든지 당신을 배신할 수 있습니다.

그 시절에는 서로 '소연함(alienation)'이 자기방어를 위한 필수조건이었습니다. 그런 간격이나 냉담함이 없다면 정치적 목적으로 모이는 반동파로 낙인찍힐 수 있었습니다. 그것은 기독교인뿐만 아니라 대다수의 사람들을 위한 것이었습니다. 전국의 그리스도인들은 교회 생활을 전혀 하지 않았습니다. 많은 사역자와 그리스도인들의 주님에 대한 믿음이 분명 약해졌습니다. 큰 시련의 기간이었습니다.

반면에 하나님의 자녀들은 여러 가지 시련을 겪으면서 하나님의 사랑과 공급하심과 신실하심을 더 많이 깨닫게 되었습니다. 그들은 자신의 죄의 본성과 연약함을 더 잘 알게 되었습니다. 많은 기독교인의 믿음이 한동안 비틀거리더니 하나님의 은혜로 점차 굳건해졌습니다. 오히려 그 고난과 시련을 통해 더욱 성숙해졌습니다. 하나님은 예상치 못한 다양한 상황에서 항상 승리하셨습니다. 따라서 여전히 하나님의 영광스러운 간증으로 굳건히 서 있는 그리스도인들이 많이 있었습니다.

1976년 이후

10년 후, 마침내 문화대혁명이 막을 내렸습니다. 정치적 압력은 점차 감소했습니다. 그 무렵 주푸루(Zuo Furu)는 중병이었고 많은 형제 자매들이 그녀를 방문했습니다. 그들은 그녀의 머리맡에서 서로 만났고 그리스도 안에서의 따뜻함과 친교가 점차 다시 나타났습니다.

1980년 말까지 정부는 몇몇 교회를 대중에게 열도록 허용했습니다. 일부 이전 상해교회(SCA) 그리스도인들은 은혜기념교회(원래 상해교회, Grace Memorial Church-역자 주)로 돌아가기 시작했습니다. 얼마 지나지 않아 그들은 일요일 오후에 그들만의 모임을 시작했습니다. 현재 상해교회(SCA) 성도들은 주일 오후에 각자의 설교와 주님의 만찬으로 뉴그레이스 교회에서 모입니다.

2008년 3월, 주일 예배와 주의 만찬을 위해 갔을 때, 교회에는 수백 명의 성도들로 가득 찼습니다. 책임 형제 중 한 명인 리(Li) 형제는 나에게 이렇게 말했습니다. "회중은 열정적이지만 그 시절만큼은 아닙니다." 이야기를 나누는 동안 우리 마음속에는 온갖 감정이 솟아올랐습니다.

"대도시 상해의 극적인 확장으로 인해 원래 상해교회(SCA) 신자들은 널리 흩어져 있습니다. 그들 모두를 상해 대도시에서 '한 지방, 한 교회'로 모이게 하는 것은 불가능하고 비현실적입니다. 그 결과 많은 가정집회와 집에서 모이는 교회가 생겨났습니다."

자책감

1956년에 니(Nee)의 실체가 드러나고 그의 죄가 근절되고 당종교국(BRA)에 의해 '종교의 자유'가 약속되면서 상해교회(SCA)는 더 나은 미래를 가질 수 있을 것 같았습니다. 그러나 1957년까지 당의 극좌파 간부들이 종교국(BRA)을 담당했고 그들은 종교의 자유와 헌법을 정면으로 무시했습니다. 주님의 축복과 상해교회(SCA)의 갱신과 부흥의 소망은 모두 무너졌습니다. 깊은 상실감과 절망감이 있었습니다.

주푸루(Zuo Furu)는 1979년에 세상을 떠나기 전 몇몇 방문자들에게 '내가 잘못된 길을 선택했다'고 자주 말했습니다.[13] 그럼에도 그녀의 말은 소중하고 고무적입니다.

1956년에 주(Zuo)의 실패는 그녀의 소심함 때문이 아니었습니다. 그것은 '인민의 관점'을 따를 때의 정부 간부들의 약속과 기독교 신앙이 보호될 것이라는 헌법상의 약속을 신뢰했기 때문입니다. (약속을 한 간부들은 결국 당 내에서 비판을 받았고 자신의 운명을 통제할 수 없었습니다.) 그녀와 나를 포함한 많은 상해교회(SCA) 기독교인들이 공산주의 '인민의 관점'에 빠지게 된 중요한 이유는 니(Nee)의 '나는 어떻게 돌아섰는가?(How Did I Turn around)'라는 지지 연설 때문이었습니다. 그러나 우리 모두는 하나님 앞에서 우리 자신의 책임에 직면해야 합니다.

상해교회(SCA)에서는 아쉬움이 더 컸습니다. 반혁명분자제거운동(CEC) 기간에 니귀젠(워치만 니의 둘째 누나)은 교회가 니(Nee)의 죄를 은폐했다고 애통하며 통곡했습니다. 그러나 나중에 그녀는 자신의 고백을 후회했습니다. 저우이민(연로 집사)도 아쉬움을 드러냈습니다. 장시캉(Zhang Xikang)은 저장성에서 열린 집회에서 많은 형제자매들 앞에 공개적으로 유감을 표명했다고 나에게 직접 말했습니다. 그는 공개적으로 반혁명세력제거운동(CEC)에서 했던 니(Nee)에 대한 그의 고발이 잘못된 것이라고 표명했습니다. 왜냐하면 그것들이 사탄의 책략이었기 때문이라는 것입니다.

나의 후회

'나는 피해자였다'

1956년에 나는 니(Nee)의 본색이 드러난 것을 보고 몹시 기분이 상했습니다. 그가 나를 속였기 때문에 나는 슬프고 몹시 화가 났습니다. 나는 내가 피해자라

---

13 개인정보, J.Y.

고 생각했습니다.

1956년 1월 30일, 나는 천찬(TianChan) 극장에서 수천 명의 청중, 신자, 비신자 앞에서 일어서서 니(Nee)를 고발했습니다. 나는 '인민의 입장(the People's Standpoint)'에 서서 정부에 전적인 충성을 보였고 하나님의 임재를 느끼지 못했습니다. 그 후 나는 교회를 떠나 신앙을 포기했습니다. 수년 동안 나는 내 자신을 피해자로 여겼습니다.

그러나 1980년에 하늘에 계신 우리 아버지께서 나를 그분께 다시 이끄시자 나는 그분의 사랑에 감동을 받았습니다. 나는 통곡하며 배신자로서의 죄를 자백했습니다. 그분은 방탕한 나를 받아주셨습니다. 나는 은혜로 구원받은 죄인임을 깊이 느끼고 하나님의 크신 사랑을 찬양했습니다.

내 책임-'내가 틀렸다'

2011년 3월 이 책의 중국어판이 출간된 후에 일부 독자들은 나를 '배신자 유다', '배신자'라고 비난했습니다... 나는 부정적인 피드백이 예상되었고 이상한 일이 아니라고 생각했습니다.

그런데 나의 오랜 지지자 중 한 사람인 그리스도 안의 형제는 1956년에 나 자신의 책임에 대해 생각해야 한다는 점을 여러 번 일깨워 주었습니다. 이방인 앞에서 그리스도 안의 형제를 고발하는 것이 옳은 일이었습니까? '연구위원회'에서 나의 책임은 무엇이었으며 상해교회(SCA)가 삼자교회에 가입하도록 지원하는 것이었습니까?

처음에 나는 그의 말에 화가 나고 기분이 상했습니다. 참된 역사를 말하다 단두대(guillotine)에 올라가야 하나? 나중에 나는 이 문제를 수시로 하나님 앞에 제기했습니다. 2011년 9월 중순, 하나님의 자비로 나는 내 잘못을 인식하기 시작했습니다. 제가 간절히 기도하는 동안 하나님께서 나를 만져 주셨습니다. 내 마음은 심각하고 깊은 부담을 느꼈고 기꺼이 주님께 고백했습니다.

6개월 동안 '격리 조사'를 당하면서 상해교회(SCA)에 대해 알고 있는 모든 것을 정부에 알렸습니다. 내가 제공한 모든 세부 정보가 정부에서 면밀히 조사되고 활용된다는 사실을 몰랐습니다. 그들의 관점에서 우리가 주님을 섬기는 모든 활동은 전복적(subversive)이고 공산주의 정부에 반대하는 것이었습니다. 나는 거짓 증언을 하지 않았지만 속임수를 간파할 만큼 지혜롭지 못했습니다.

돌이켜보면, 나는 1956년 1월에 한 니(Nee)에 대한 나의 비난이 성령으로부터가 아니라 나의 인간 본성의 분노에서 나온 것임을 깨달았습니다. 나는 단지 내 자신의 슬픔과 절망을 토로하고 있었습니다. 나는 내가 얼마나 많이 속았는지에 대해 완전히 짓눌려서 화가 났고 슬펐습니다. 나는 안식하거나 하나님을 신뢰하지 못했습니다. 내 마음은 니(Nee)의 추잡한 사생활에 집중했지만, 하나님의 신실하심에는 관심이 없었습니다. '내가 큰 일과 미치지 못할 기이한 일을' 직면하면서(시편 131:1) 나는 나 자신의 방식으로 대응했습니다.

니(Nee)는 확실히 영적, 도덕적 문제가 있었고, 교회 지도자들은 그것을 은폐했습니다. 그러나 불신자, 이방인 앞에서 내가 니(Nee)를 고발한 것은 정부와 불신자들이 그리스도 안에서 실패한 형제인 니(Nee)를 조롱하는 데 도움이 되었습니다.

반혁명분자척결(CEC) 기간 동안 정부의 진정한 목적은 교회를 통제하는 정부의 도구인 삼자교회운동(TSPM)에 가입하도록 상해교회(SCA)에게 강요하는 수단으로 니(Nee)의 도덕적 정치적 문제를 이용하는 것이었습니다.

1956년 4월에 나는 '연구위원회'의 주요 위원 중 한 사람이었습니다. 교회 지도자들이 삼자교회에 가입하기로 결정했을 때 나는 동의했습니다. 1956년 처음 6개월 동안 나는 '연구 위원회' 서기로서 다른 사람들을 격려하고 위로하는 영적인 말을 했습니다. 그러나 그 말은 정부를 돕고 존경하기 위한 장식에 불과했습니다. 성령과 성경은 더 이상 나의 추론 기준이 아니었고 '인민의 입장'이 기준이었습니다. 나는 진심으로 정부를 따랐습니다. 나는 하나님을 두려워하지 않았고 하나님을 노하시게 했습니다.

나는 니(Nee)를 비난하고 나 자신의 책임에 대해 걱정하지 않을 수 없었습니다. 성령과 성경을 따르지 않고 '인민의 입장'만을 따른다는 나의 관념은 하나님께 대한 나의 죄였습니다.

하나님은 나에게 너무나 자비를 베푸셨습니다. 그분은 나의 반역적이고 제멋대로인 행위를 용서하시고 나를 다시 그분께로 이끄셨습니다. 이것은 내가 받을 자격이 없는 놀라운 은혜입니다. 오늘날 우리는 더 이상 니(Nee)나 교회 지도자나 우리 자신을 탓하지 않으며 모두 은혜로 구원받은 죄인입니다. 그러나 우리가 교훈을 배우지 않는다면 과거의 모든 고통은 헛된 것이 될 것입니다. 과거의 실수를 되풀이해서는 안 됩니다. 유혹과 시련은 더욱 사악하고 복잡하게 되풀이될 수 있습니다.

Part 4 | 「 광야를 방황하다 」

· Chapter 13 ·

광야를 방황하다

1980년에 하나님께 돌아온 나는 다시 한 번 그분의 사랑과 품을 누렸습니다. 모든 실패, 방황, 수치심은 깊은 바다 밑바닥에 던져졌습니다. 나는 그것들을 낚을 생각도, 쓴 뒷맛에 머뭇거릴 생각도 없습니다. 때때로 어떤 형제나 자매가 나에게 와서 그들의 불행을 토로할 것입니다. 그러나 나는 내 상처를 집어내고 싶지 않았습니다. 내 과거를 영원히 묻어버리고 다시는 생각하지 않는 게 내 바람일 것입니다. 하지만 이 책을 쓰면서 나는 이러한 실패와 고통스러운 기억 속에 나와 많은 사람들을 위한 교훈이 있음을 알고 나의 과거를 회상해야 합니다. 나의 기도는 이 과정이 전능하신 하나님께 찬양과 영광을 돌리는 것입니다.

내가 어떻게 나의 주님을 부인했습니까?

하나님을 찾아서

반혁명세력제거운동(CEC) 기간 동안 나는 다른 모든 사람들처럼 혼란스러웠지만 내 생각을 공개적으로 드러내지는 않았습니다. 나는 니(Nee)의 설교를 듣는 동안의 기쁨과 흥분을 결코 잊을 수 없었습니다. 우리 모두는 큰 존경심으로 그를 존경했습니다. 나는 계속 생각했습니다. "내가 내 자신의 믿음을 어떻게 대면해야 합니까?" 나는 이전의 영적 경험이 진짜라면 니(Nee)의 성적 부도덕이 진짜가 아니어야 한다고 생각했습니다. 그의 부도덕이 진짜라면 내 영적 경험은 가짜임에 틀림없다고 생각했습니다. 나의 혼란은 순진했지만, 나는 그것에서 벗어날 수 없었습니다.

나는 니(Nee)의 설교가 나를 그렇게 깊이 감동시키는 동시에 그가 성적으로 부도덕할 수 있다는 것을 이해할 수 없었습니다. 나는 그의 표정, 태도, 설득력 있는 말에 대한 기억을 지울 수 없었으며, 또한 나는 그의 성적인 죄를 무시할 수 없었습니다. 이 투쟁으로 인해 나는 내 자신의 영적 경험에 의문을 품게 되었습니다. 나는 신의 존재를 의심했습니다. 성적 스캔들이 있는 니(Nee)가 어떻게 내 믿음의 중심에 조성된 그의 가르침으로 내 가장 깊은 존재를 만질 수 있었습니까? 그는 어떻게 그렇게 신성시될 수 있었습니까?

상해교회(SCA)와 다른 지방교회들에서 그 기간 동안 우리는 영적 체험에 많은 관심을 쏟았고 (성령이 필요하지 않은) '영의 인도'를 강조했습니다. 그것은 니(Nee)의 유명한 책, '영에 속한 사람'에서 나온 것입니다. 그러나 그 가장 고통스럽고 위급한 날들 동안 소위 '영적인 느낌'이라고 하는 것은 거기서 전혀 구출해 주지 못했습니다.

나는 하나님께 간절히 기도하며 그분 자신을 나에게 계시해 달라고 간구했습니다. 그러나 그분은 너무 멀리 계시고 닿을 수 없는 것 같았습니다. 하나님은 침묵하셨습니다. 수십 년 후, 나는 영혼을 찾는 그 기간 동안 하나님이 많은 상해교회(SCA) 그리스도인들에게 침묵을 지키셨다는 것을 알게 되었습니다.

1981년에 나는 한때 상해교회(SCA)의 매우 헌신적인 젊은 집사였지만 어느 시점에 니(Nee)의 비행 때문에 주님을 부인했던 징샤오렌(Jing Shaoren)을 방문했습니다. 그는 진지한 금식과 기도를 한 후에 신앙을 포기했다고 말했습니다. 수십 년 후에 내가 방문했을 때에도 그는 여전히 하나님께로 돌아가고 싶어 하지 않았습니다. 나는 그가 진지한 사람이라는 것을 알고 있었습니다. 주님께 감사합니다. 그는 마침내 노년에 하나님께 돌아왔습니다. 그는 후에 주님께 크게 쓰임받았습니다.

이 의심의 기간 동안 내내 나는 하나님이 아니라 나 자신의 혼란에 집중했습니다. 나는 답을 찾고 있었지만 하나님 자신을 찾지 않았습니다. 나는 머리로 추리했지만 단순한 믿음으로 마음을 하나님께 두지 않았습니다. 나는 시편 131편 1절에서 다윗이 말한 것처럼 "여호와여 내 마음이 교만치 아니하고 내 눈이 높지 아니하오며"를 행하지 않았습니다. "나는 나를 위하여 내 자신의 큰 일이나 너무 놀라운 일에는 관심이 없습니다."

점점 더 멀어지다

1956년 7월에 나는 소아과(小兒科) 레지던트 과정을 시작했고, 상해교회(SCA) 연구위원회 사무실에서의 일을 그만두었습니다. 나는 계속해서 간절히 기도하며 하나님의 임재를 구했지만 그분은 나에게 말씀하지 않으셨습니다.

얼마 후 나는 하나님께 "당신이 제게 당신 자신을 나타내지 않으신다면 저는 떠나겠습니다."라고 기도했습니다. 그러나 나는 주님을 떠나는 것이 너무나 두려웠고 결정을 내리는 것을 주저했습니다. 매일 하나님께 기도했는데 아무런 응답도 없이 마음이 가라앉았습니다. 나는 하나님으로부터 점점 더 멀어지고 있었습니다.

나는 내 딜레마에 대해 숙고했습니다. 내가 하나님을 포기했다면 다시는 돌아오고 싶지 않을 것입니다. 나는 나 자신과 모순될 수 없었습니다. '내 삶에 큰 환난, 질병, 재난, 고통스러운 상황이 닥치면 하나님께 돌아올까요? 제3차 세계대전과 같이 극도로 혹독한 시기에 하나님께 달려갈 것인지, 아니면 제2차 세계대전 당시 소련의 기독교인들이 그랬던 것처럼 하나님께 달려갈 것인지… 그렇다면 차라리 주님을 떠나지 않는 편이 낫습니다.' 했지만, 그래도 하나님은 침묵하셨습니다. 응답 없이 6개월 정도 꾸준히 기도한 후, 나는 하나님이 없다고 생각했습니다. 나는 하나님과의 이전의 달콤한 관계와 영적 경험이 단지 심리적인 것이라고 생각했습니다.

내 믿음을 포기하다

나는 헌신적인 어머니나 교회의 좋은 친구들을 비롯한 누구에게도 나의 분투에 대해 말하고 싶지 않았습니다. 나는 상해교회(SCA)에서 이미 트라우마를 입은 사람들을 해치고 싶지 않았습니다. 나는 교회에 가지 않는 것에 대해 여러 가지 핑계를 대고 서서히 사라져 갔습니다. 공개적으로 주님을 부인한 적도 없고 이전 신앙에 대해 부정적인 말을 한 적도 없습니다. 그러나 나는 마음으로 하나님을 부인했습니다. 그 후 24년 동안 나는 하나님께 기도하지 않았고 교회에 한 번도 가지 않았습니다.

친구와 단절하다

1957년 2월, 마음속으로 하나님을 저버린 후에 나는 누구와도 상의하지 않고 인생의 중대한 결정을 내렸습니다.

내가 신앙을 포기하기 몇 년 전에 나와 함께 어린이 주일 학교에서 봉사하던 젊은 형제가 있었습니다. 그 형제는 대학을 졸업하고 홍콩으로 취직을 하러 갔습니다. 그의 어머니는 상해교회(SCA)의 선임 집사였습니다. 어느 날 그녀는 아들이 나와 편지를 주고받고 싶어한다고 말했습니다. 진지하게 기도한 후 우리는 서로에게 편지를 쓰기 시작했습니다. 점차 우리는 더 진지해졌고 곧 우리 관계가 어디로 가고 있는지 두 사람 모두에게 분명해졌습니다. 우리는 진지하게 그것이 하나님의 뜻이라는 것이 꽤 분명했습니다. 어머니도 동의하셨습니다. 그는 나에게 홍콩에 오는 것을 고려해 보라고 했지만 우리는 정식으로 약혼한 적이 없었습니다.

나의 믿음이 산산이 부서진 후, 한동안 이 관계에 대해 생각했습니다. 우리의 관계는 전적으로 하나님을 사랑하는 공통성에 기초하고 있었습니다. 그러나 우리 사이에는 개인적인 감정이 없었습니다. 나는 그가 하나님을 사랑하는 정직한 사람이라는 것만 알았습니다. 믿음을 지킬 생각이 없다는 결론을 내리자 우리는 유일한 공통점을 잃었습니다. 많은 고민 끝에 나는 그와 그의 어머니에게 편지를 써서 관계를 끝내야 한다고 말했습니다. 다른 선택의 여지가 없었던 것 같습니다.

인생의 목적이 무엇인가?

수련 병원의 레지던트로서 내 삶은 매우 바빴습니다. 나는 열심히 일했고 정치 공부에 진지했지만 당원이 되려고 한 적은 없었습니다. 한참을 관찰하고 고민한 끝에 마주하고 싶지 않은 결론에 이르렀습니다. 하나님에 대한 믿음을 버리고 열심히 일했지만 결코 공산당원이 될 수 없다는 것을 깨달았습니다. 당원이 될 수 없는 몇 가지 문제가 있었습니다. 나는 독실한 기독교인이었기 때문에 '역사적 문제'[1]를 가지고 있다는 딱지가 붙을 것이고, 이는 당의 신뢰를 얻는 것이 불가능하다는 것을 의미합니다. 게다가 아버지는 1949년 '해방'(공산당 정권 장악) 직후 대만으로 가셨습니다. 그로 인해 나는 '해외 연결자'라는 정치적 꼬리표를 갖게 되었는데, 이는 내가 '적에게로 간 반역자'의 가족이라는 의미였습니다. 나는 정치적으로 신뢰할 수 없는 자이기 때문에 당원이 되고 공산주의의 위대한 꿈을 추구하는 것이 불가능하다는 것을 깨달았습니다. 다시 한 번 나는 내 삶의 목적을 잃었습니다.

---

1 '역사적 문제(Historical issues)'의 의미는 자신의 과거 역사에 있지만 현재 활동하지 않는 정치적 문제를 나타낸다. 그 기간 동안에 공산주의 정부는 누군가가 현재 공산주의 정부에 대해 '적극적으로 정치적인 문제'를 가지고 있지 않더라도 과거에 가졌던 문제가 결코 말소되지 않는다고 했다. 따라서 당과 정부는 역사적, 정치적 문제를 안고 있는 이들을 늘 경계했다.

파탄난 결혼

   10대 시절 극단에서 처음 만난 소년이 생각납니다. 그는 나를 좋아했지만 말과 행동이 없이 조용했습니다. 그는 내성적이었고 나는 꽤 외향적이었습니다. 특별한 이유 없이 그의 특이한 성격이 마음에 들었지만, 개인적인 접촉은 없었습니다. 1947년에 침례를 받은 이후로 나는 그를 생각해 본 적이 없었습니다. 그러나 1949년부터 1952년까지 우리는 세인트존스 대학교(St. John's University)의 학교 친구였습니다. 교내에서 가끔 마주치면 나를 바라보는 그윽한 시선에 끌렸는데, 그 시점에 내 마음에는 그가 아니라 하나님만 있었습니다.

   1952년에 세인트존스 대학교(St. John's)의 영어과를 졸업한 후, 그는 베이징의 중앙 정부에서 우수한 일자리를 얻었습니다. 그의 직업은 국무원 외무부 비서관이었습니다. 몇 년 후 그는 중앙 정부의 복잡한 개인 관계를 처리하기가 어려웠기 때문에 그만두었습니다. 그는 곧 항주(Hangchow)의 유명한 호텔에서 외국 손님을 상대하는 번역관으로 새로운 직업을 갖게 되었습니다. 그는 나중에 시안강(Xinan River) 수력 발전소에서 서면 번역 작업을 하는 데로 전환했습니다. 1957년 말, 그가 그 공장에서 일하는 동안 나는 그에게 편지를 썼고 우리는 정기적으로 서로 편지를 쓰기 시작했습니다. 그는 한때 뛰어난 공산주의 청년 동맹 회원으로 선출되었고 나는 그것을 좋아했습니다.

   서로가 좋아하다 보니 10대 때부터 알고 지냈기에 자연스럽게 커플이 될 수 있었던 것 같습니다. 그러나 우리 둘 다 너무 순진하고 서로를 잘 알지 못하기 때문에 합리적 사고에서 나온 것이 아니었습니다.

   1958년, 우리의 결혼식 며칠 전, 그는 '간부 캠페인-육체 노동(manual labour)으로의 전환'이라는 정부의 요청에 이미 응답했다고 말했습니다… 그는 장쑤성(江蘇省) 북부의 대운하(大河) 지역(수베이 지역)으로 가려했습니다. 그는 나와 이 문제에 대해 논의조차 하지 않았습니다. 우리에게는 중요한 결정이었는데 말입니다.

당시의 사상교육은 '육체노동을 존중하는 것'이었고 정부의 각급 간부들은 시골이나 접경지역으로 가서 '풀뿌리 단위'를 형성하도록 소환되었습니다. 그런 세뇌 속에서 사람들은 늘 '힘든 육체노동일수록 명예롭다'고 생각했습니다. 그와 나는 같은 이상(ideal)을 가졌기 때문에 노동을 하기 위해 명예롭게 하급으로 옮겨지는 그의 결정에 동의했습니다. 결혼 휴가 3일 만에 그는 상해를 떠나 목적지인 장쑤성 수베이로 갔습니다.

그 당시 수베이(Subei)는 매우 가난한 지역이었습니다. 그는 극도로 고된 노동을 하는 보트를 예인하는 사람으로 지정되었습니다. 그는 물을 가로질러 배를 앞으로 끌기 위해 강둑을 따라 앞으로 걸어가면서 배의 밧줄을 어깨 위로 끌어야 했습니다. 자신을 '재교육'하기 위해 도시 생활을 기꺼이 포기했지만, 극심한 가난과 빈약한 식량 공급, 쌀쌀한 날씨, 고된 육체노동이 그에게 너무 벅찼습니다. 그러나 그는 불평하지 않았습니다.

1960년 5월에 우리 아들이 태어났습니다. 남편은 집에 와서 다시는 시골로 가지 않았습니다. 그는 직장을 그만두기로 결정했습니다. 그는 상사에게 말하지 않았고 또다시 나와 논의하지 않았습니다.

이때는 중국에서 특히 힘든 시기였습니다. 이른바 '3년 자연재해'였습니다. 국가 정책은 "개인 시스템과 인구 조사 기록을 동결"하는 것이었습니다. 이는 모든 조직이 '동결'되었기 때문에 누구도 어떤 조직에 고용될 수 없으며 누구도 도시에 거주하는 것을 신청할 수 없다는 것을 의미했습니다. 당시에는 그가 취업할 수 있는 민간단체나 기업이 없었습니다. 그는 또한 상해에 거주하기 위한 거주 허가도 받지 못했습니다. 그는 갈 곳도 없었고 집을 떠나고 싶지도 않았습니다. 그 시절 다들 그렇듯 내 월급도 아주 적었고, 그 사람 부모님과 함께 한 지붕 아래서 대가족으로 아주 알뜰하게 살았습니다.

특이하고 자만심이 강하고 완고한 성격이지만, 언쟁도 거의 없었고 갈등도 없는 듯했는데, 가끔 '네 마음은 병원에만 있잖아'라고 불평하곤 했습니다. 우리 병원은 집에서 너무 멀고 거기까지 가려면 약 1시간이 걸렸습니다. 매주 월요일 아침, 나는 아기를 데리고 출근하여 병원 어린이집에 맡겼습니다. 아기는 24시간 거기에 있곤 했습니다. 나는 늦은 오후에 일을 마치고 모유를 먹이고 목욕을 돌보고 기저귀를 갈았습니다. 레지던트로서 나는 24시간 대기 중이었습니다. 평일에는 집에 가지 못하고 주말에는 반나절만 쉬었습니다.

아들이 한 살이었을 때 남편은 이혼하기로 결정했다고 말했습니다. 그는 이유를 말하지 않았습니다. 그 후 그는 침묵을 지켰고 나에게 전혀 말하지 않았습니다. 그는 부모나 다른 가족들에게도 말하지 않았고 누구의 말도 듣지 않았습니다. 그의 여동생을 제외한 모든 가족이 그를 비난했습니다. 그의 여동생은 내가 그의 감정과 그가 고심하는 것에 주의를 기울이지 않았고 병원에서 너무 열심히 일했다고 솔직하게 말했습니다. 점차 나는 그가 옳다는 것을 깨달았습니다. 나는 그를 충분히 이해하지도, 배려하지도, 연민을 나타내지도 못했습니다. 나는 그에게 무관심한 것에 대해 여러 번 사과했지만, 그는 응답하지 않았습니다. 그렇게 하기엔 너무 늦었습니다. 그는 자존감에 깊은 상처를 입었고 내가 직장에서 잘 나가는 것을 받아들이기 어려워했습니다. 상황은 돌이킬 수 없는 지경에 이르렀고 우리는 1년 후에 이혼했습니다.

아들과 나는 어머니와 이모와 함께 살기 위해 다시 이사했습니다. 너무 부끄러웠고 버림받은 여자인 내 자신을 바라보았습니다. 결혼 생활도 지키지 못한 것이 내게는 큰 타격이었습니다. 전적으로 내 잘못이라고 느꼈고, 심지어 나는 상황도 알아차리지 못했습니다. 이제 내 유일한 관심사는 아들을 잘 돌보고 좋은 의사가 되는 것이었습니다. 나는 고통, 상실감, 수치심을 느끼지 않기 위해 극도로 바빴습니다.

한 좋은 친구가 내게, 그것(나의 이혼)은 당시의 또 다른 비극일 뿐이라고 했습니다. 그것은 정치적 상황과 정책 때문이었습니다. 중국 전역에 수많은 가족 및 개인의 비극이 있었습니다. 우리는 정부의 의지(정책) 아래 살았습니다. 개인과 가족의 복지는 공산당의 정책이 아무리 잘못되어도 공산당의 의지에 따라 모두 희생되었습니다. 우리는 가족을 함께 유지해야 하는 우리 자신의 절박한 필요에 대해 말할 수 없었습니다.

문화대혁명

1966년 문화대혁명 초기에 나는 당과 정부를 믿었기에 전폭적으로 반응했습니다. 나는 4구타파(四舊打破, Destroying the Four Olds): 구문화, 구관습, 구사상, 구습관 타파 운동을 지지했습니다.

얼마 지나지 않아 내 친구 중 한 명이 나에게 조용히 하라고 경고했습니다. 즉시 나는 나 자신이 절대적으로 게으름을 유지해야만 하는 이전 기독교인으로서 나의 '역사적 문제'를 깨달았습니다. 그 시절에는 게으름과 아무것도 하지 않는 것이 가장 안전한 정치 자세였습니다. 그런 식으로 하면 그 사람은 누구에게도 위협이 되지 않을 것입니다. 하지만 아무리 조용하고 게으르게 있어도 닥쳐올 재앙을 피할 수는 없었습니다. 조만간 '문화대혁명'은 중국의 거의 모든 사람들을 연루시켰고, 아무도 그것을 피할 수 없었습니다.

내 집은 더 이상 평화로울 수 없었습니다. 집에 대한 수차례의 수색과 소지품 압수, 가혹한 비난과 체벌이 있었습니다. 나는 아버지가 대만으로 도피했고 아버지는 나의 적이 되어야 했기 때문에 아버지의 모든 재산을 홍위병에게 넘겨야 했습니다. 대만으로 도피하는 사람은 누구나 국가의 적(敵)으로 간주되었으며, 남겨진 가족도 마찬가지였습니다.

나는 그들의 명령에 따라 내 성경, 모든 기독교 서적, 내 설교 노트를 홍위병에게 넘겼습니다. 나에게 가장 소중했던 다비(J. N. Darby)의 성경개관 5권 세트도 포기했습니다. 내 마음에는 하나님이 없었습니다. 예고 없이 야만적인 가택 수색을 하는 동안 우리의 마음은 공포로 가득 차 있었습니다. 탈출하거나 설명할 방법이 없었습니다. 가장 좋은 방법은 침묵을 지키고 순종하는 것입니다. 그렇지 않으면 결과는 훨씬 더 나쁘고 훨씬 더 위험하게 될 것입니다.

병원에서 나는 '워치만 니 반혁명 조직원'으로 비난당하고 매도당했습니다. 직장에서 나는 흰 가운을 입고 의사로 일했고, 직장 밖에서는 동료들과 의사 하급자들에게 고발의 대상이 되었습니다. 나는 '프롤레타리아 계급의 적'으로 고발당했습니다. 굴욕의 상황은 실제로 잔혹한 홍위병이 없는 감옥에 있는 것보다 훨씬 더 나빴습니다.

잦은 고발 모임에서 나는 마오쩌둥의 초상화 앞에서 일어서서 고개를 숙여야 했습니다. 그것은 내가 마오쩌둥과 모든 사람에게 나의 반혁명적 죄를 고백해야 한다는 것을 의미했습니다. 내 침묵은 그들의 억울한 비난에 동의하는 것처럼 보였지만, 그래도 살아남는 최선의 방법이었습니다.

그 동안 나는 아들이 가택 수색을 당하는 폭력적인 장면에 노출되지 않도록 24시간 유치원에 보내야 했습니다.

'당이 나를 신뢰했습니까?'

1955년에 나는 종교사무국(BRA)에 우리 교회 활동에 대해 자세히 알렸습니다. 11년 후 다시 한 번 나는 홍위병들에게 같은 이야기를 되풀이해야 했습니다. 홍위병이 우리 집을 수색하기 전에 그들은 이미 정부 간부들로부터 나의 '반혁명적 지위'를 알고 있었습니다. 이미 10년 동안 믿음을 버렸음에도 불구하고 그들은 완전히 야만적이었습니다.

나는 공산주의자들의 눈에 '당신이 기독교인이라면 아무리 오랫동안 신앙을 포기했더라도 항상 기독교인일 것이라는 사실'을 깨닫기 시작했습니다. 나는 결국 내가 온 마음으로 당을 신뢰한다는 것을 당은 결코 믿지 않는다는 것을 깨달았습니다. 나는 여전히 '반혁명 조직원'으로 멸시를 받았습니다.

내가 당을 신뢰할 수 있을까?

문화대혁명 기간 동안 수많은 '큰 거물들 포스터'에 끔찍한 이야기가 게시되었습니다. 소문은 공산당 정치 지도자들의 스캔들을 폭로했습니다. 당의 어두운 면이 드러난 것입니다. 당내의 정치적 투쟁, 부패, 속임수는 극도로 신랄하였고 나는 혼란스러웠습니다. 누가 옳았습니까? 누가 틀렸습니까? 내가 그토록 오랫동안 믿었던 당이 얼마나 부패했는가!

1970년대까지 중국의 혼란한 상태는 점차 진정되었습니다. 그러나 그 당시의 많은 사람들처럼 나도 '당에 대한 신뢰의 위기'가 있었습니다. 병원에서 아무리 열심히 일해도, 정치적인 관점에서 볼 때 나는 여전히 열등하고 신뢰할 수 없는 사람이었습니다. 다시 한 번, 나는 깊은 속임수를 알고 느꼈습니다. 내 마음은 구덩이 밑바닥으로 떨어졌습니다. 나는 삶의 목적을 잃었고, 나만의 가족이 필요하다고 느꼈습니다.

또 하나의 깨어진 가족

1974년 어머니의 좋은 친구가 소개한 엔지니어와 재혼했습니다. 역시 안타까운 결말로 끝이 났습니다. 그는 상해 시골 지역에 있는 큰 전기 엔지니어링 공장에서 일했습니다. 나는 도시 지역에서 일했기 때문에 함께 살 수 없었습니다. 나는 그의 작은 마을에서 일자리를 찾을 수 없었고, 주말에 그의 집에 머물 때마다 나는 천식이 너무 심해 응급실에 가서 치료를 받아야 했습니다. 그래서 그가 주말에 우리 집에 와야 했습니다.

그는 좋은 사람이었지만 한 번도 진단이나 치료를 받은 적이 없는 조울증

(manic depressive)성향을 가지고 있었습니다. (그 기간 동안 중국의 대부분의 사람들은 행동이나 성격 문제로 정신과 치료를 받지 않았습니다. 미국에서 수년 간 의료 행위를 한 후에야 나는 점차 그의 근본적인 정신과적 문제를 알아냈습니다.) 그는 빈번하게 통제할 수 없는 성미로 짜증을 냈습니다. 나는 어렸을 때부터 다른 사람을 위해 일어설 때를 제외하고는 매우 관대하고 용인해주는 편이었습니다. 하지만 어머니와 이모는 그가 화(발작을 일으킴)를 내거나 내가 순응하는 것을 참을 수 없었습니다.

나의 가장 친한 친구 중 하나는 내가 시들어가는 것을 참을 수 없어서 더 이상 그를 방문하지 말라고 부탁하기도 했습니다. 또 다른 친구는 나의 비합리적인 관용에 너무 놀라서 내가 무능하다고 생각했습니다. 그는 내가 바위와 절벽 사이에 있다는 것을 이해하지 못했습니다. 나는 통제할 수 없는 딜레마에 빠졌습니다.

상황은 더욱 악화되었습니다. 남편은 어머니와 이모를 죽이고 자살할 계획을 세웠습니다. 그가 집에 올 때마다 우리는 칼을 숨겨야 했습니다. 나는 그의 친구나 상사에게 도움을 요청하고 싶지 않았습니다. 더 통제할 수 없는 상황을 유발할 수 있다는 것이 두려웠기 때문입니다. 어머니와 이모가 나를 위해 간절히 기도해 주신다는 것을 알았지만, 나는 하나님께 기도할 마음이 없었습니다. 내 마음은 고통으로 찔려 어디로 가야 할지 몰랐습니다.

예기치 않게 구출됨

1980년 여름, 우리 의과대학을 갓 졸업한 나의 학생 중 한 명이 감사의 표시로 나를 저녁 식사에 초대했습니다. 그녀는 두 명의 손님만을 초대했고 다른 한 명은 유명한 내과 선임 교수인 리 페이광 박사(Dr. Li Peiguang)이었습니다. 그는 매우 독실한 기독교인이었지만 나는 그와 개인적인 접촉을 한 적이 없었습니다.

우리가 작별을 고할 때 그는 나에게 낮고 부드러운 목소리로 말했습니다. '하나님에 대한 당신의 사랑의 불꽃이 다시 일어나게 해야 합니다.' 갑자기 내 눈물이 주체할 수 없이 쏟아졌습니다. 나는 아무 말 없이 침묵했습니다...

많은 해 동안 나는 하나님에 대해 생각하지 않았습니다. 지나 간 과거를 돌아보는 것이 참을 수 없이 고통스러웠습니다. 어린 시절을 생각하면 울음을 멈출 수가 없었습니다. 과거를 영원히 잊고 싶었습니다. 문득 나는 20년이 넘게 흘렀는데도 내 상처가 아물지 않았다는 것을 깨달았습니다.

우리는 아주 가까이 살았기 때문에 때때로 리(Li Peiguang) 박사를 방문하여 이야기를 나눴습니다. 나는 늘 아무 일도 없었다는 듯이 차분하고 적절한 인상을 다른 사람들에게 주었습니다. (오래된 중국 문화에서 우리는 일반적으로 우리 자신의 개인적인 분투나 불행 또는 고통을 심지어 우리가 밧줄 끝에 매어 달려있어도 드러내는 것을 좋아하지 않습니다.) 하나님은 내가 피할 수 없는 하나님의 사랑을 직설적으로 일깨워 줄 만큼 용감한 헌신적인 장로를 보내셔야 할 것 같았던 듯합니다. 내게 가장 필요한 것은 하나님께로 돌아가는 것이었습니다.

어느 날 그의 집에 갔을 때 처음으로 하나님께 기도하고 싶은 마음이 생겼습니다. 그 때 리 박사(Dr. Li)가 함께 할 수 없었기 때문에 나는 리 박사의 부인(Mrs. Li)에게 나와 함께 기도해 달라고 부탁했습니다. 무릎을 꿇었을 때 한 마디도 할 수 없을 정도로 눈물이 흘렀습니다. 나는 더 이상 갈 길이 없는 지점에 도달했고, 하나님께로 돌이키지 않을 수 없었습니다. 나는 나의 거역의 죄를 완전히 자백하고 방황한 삶을 용서해 달라고 하나님께 간구했습니다. 그녀는 또한 나를 위해 간절히 기도했습니다. 마치 수십 년 동안 잠겨 있던 수문이 이제 활짝 열린 것 같았습니다. 할 말이 너무 많아서 하나님께 말하는 것을 멈출 수가 없었습니다.

성령님이 저를 만지셔서 얼어붙고 죽어가는 제 마음을 따뜻하게 해주셨습니다. 전에는 끝없는 고통을 스스로 견디기로 선택했습니다. 그러나 그 순간 나는 하나님 아버지의 인자하심을 거절할 수 없었습니다. 나는 기쁨과 감사로 가득 차 있었지만 여전히 과거를 돌아보고 싶지 않았습니다. 왜 과거를 회상해야 할까요? 너무 고통스럽습니다.

다른 분들의 중보 기도

많은 형제자매들이 내가 하나님께로 돌아온 것을 기뻐했습니다. 나중에 많은 분들이 나를 위해 헌신적으로 기도해 주셨다는 것을 알게 되었습니다. 어머니와 이모는 매일 간절히 기도했습니다. 그들의 기도가 효과가 없어 보였고 내가 수년 동안 영향을 받지 않았지만, 하나님은 들으셨습니다.

내가 돌아오기 몇 달 전에 나는 병든 목사를 돌봐 달라는 부탁을 받았습니다. 그녀는 평생 동안 주님을 섬겼습니다. 그녀가 폐렴에 걸렸기 때문에 나는 매일 치료를 위해 그녀를 방문했습니다. 그녀는 나중에 컨디션이 훨씬 나아졌고 감사를 표하고 싶어했습니다. 그럴 필요 없다고 하니 그녀는 '내가 너를 위해 기도할게.'라고 말했습니다. 내 대답은 그저 미소뿐이었지만, 나는 그녀가 내가 부탁하지 않았지만 나를 위해 기도할 것을 알았습니다.

내 친구 중 한 명이 내게 말했습니다. "너는 주님께로 돌아와야 해. 상해교회(SCA) 교인이 아니셨던 우리 어머니가 기억나지 않을 수도 있지만, 언젠가는 네가 꼭 돌아오기를 기도하신단다."

주님께 돌아온 후 나는 헤어졌던 형제를 생각했습니다. 내 결정에 대해 그와 그의 가족들이 매우 슬퍼할 것 같아 안타까움을 느꼈습니다. 나는 사과를 표현하기 위해 그들에게 편지를 썼습니다. 그들은 이미 미국으로 떠났습니다. 나는 문제가 끝났기 때문에 그들의 응답을 원하지 않는다고 구체적으로 말했습니다. 나는 더 이상 개인적인 접촉을 원하지 않았습니다. 그런데 그의 어머니는 나에게 다음과 같은 간단한 편지를 보냈습니다. "나는 20년 동안 너를 위해 기도해 왔단다." 나는 그녀가 기도의 전사라는 것을 알았지만 그녀가 나를 위해, 그녀를 화나게 한 사람을 위해 그렇게 오랫동안 기도할 것이라고는 전혀 예상하지 못했습니다. 그녀의 기도는 오직 하나님의 사랑에서만 나올 수 있었으며, 하나님은 그녀의 기도를 들어주셨습니다.

미국에 오다

1981년 겨울, 주님은 제가 30년 동안 보지 못한 아버지와 재회하도록 저를 미국으로 인도하셨습니다. 아버지는 1970년경 대만에서 미국으로 이민을 갔습니다.

내가 미국에 왔을 때 나는 완전히 새로운 상황을 발견했습니다. 나는 의학 지식 외에는 다른 일을 할 능력이 없었습니다. 나는 상해에서 25년 동안 임상 진료를 했지만 기초 의학의 새로운 발전에는 훨씬 뒤처져 있었습니다. 게다가 이 두 나라의 사회제도는 완전히 달랐습니다. 어떻게 하면 의사고시를 통과하고 미국에서 의료업 행위에 적응할 수 있습니까? 그러나 나는 하나님께서 나를 돌보실 것이라는 많은 평안과 믿음이 있었습니다.

미국에 도착한 후 베이비시터(아기 돌보미), 중국어 개인 과외, 기독교 출판사의 교정자, 병원에서 채혈사로 일했습니다. 나는 모든 일을 기뻐했고 내가 하는 모든 일을 즐겼습니다. 동시에 인턴쉽과 의사 면허라는 두 가지 큰 자격시험에 합격하기 위해 '캐플란'시험 예비센터(Kaplan Test Prep Center)를 통해 의학 과정을 재수(再修)했습니다. 나는 하나님께서 나를 통과시키지 않으시더라도 여전히 하나님 안에서 기뻐할 수 있도록 기도했습니다. 이제 나는 그분에 의해, 그분만을 위해 삽니다.

하나님께 감사드립니다. 나는 1983년에 이 두 가지 시험을 순조롭게 통과했습니다. 53세의 나이에 인턴으로 합격했고, 나중에는 남 플로리다 대학교 의과 대학 소아과 레지던트가 되었습니다. 2년 후 나는 오하이오주 신시내티 대학교 신시내티 어린이 병원에서 소아 신경과 '펠로우쉽(특별 의사전문의 과정)'을 시작했습니다. 몇 년 동안 상해에서 소아과를 거쳐 나중에는 소아신경과를 임상했지만, 미국의 수준을 따라잡는 것은 상당히 어려웠습니다.

1989년 '펠로우십'을 졸업한 후 루이지애나주 배턴 루지(Baton Rouge)에서 병원업무를 시작했습니다. 그곳은 기독교 인구가 많은 바이블 벨트에 있는 도시였으며, 그곳에서 많은 영적 자양분을 발견했습니다. 나는 2006년 말에 은퇴했습니다.

'배턴루지'에 살면서 중국 교회에 다니는 것은 제게 축복이었습니다. 처음에는 미국에 있는 어떤 교회와도 교제하는 것을 주저했지만, 하나님의 은혜는 내가 구한 것보다 더 컸습니다.

배턴 루지(Baton Rouge)에 있는 중국 교회의 티안야지(Tian Yage, James Tian) 목사는 원래 상해 출신이었습니다. 상해에서! 아, 대학생 때부터 나를 알던 목사님이 여기 계셨다니! 그분은 나의 과거, 나의 영적 성장, 나의 실패를 아셨습니다. 여기 내 과거, 내 고통, 눈물을 이해하는 사람이 있었다니! 얼마나 귀한 것입니까!

티안(Tian) 목사님은 나를 보고 매우 기뻐하셨고, '과거에 대해 이야기하지 마세요.'라고 상기시켜 주셨습니다. 그것은 저의 바람이기도 했습니다. 나는 매우 신중했고 집회소(Assembly Hall-상해교회를 가리킴; 역자주)에 대해 거의 언급하지 않았습니다.[2] 내가 하나님을 섬기는 일에 참여할 수 있도록 목사님과 회중이 받아주신 것에 대해 하나님께 감사드립니다.

과거를 생각하다

24년 간의 방황 끝에 나를 다시 그분께로 인도하신 것은 하나님의 은혜였습니

---

[2] 중국의 지방교회 운동(SCA 및 기타 지방교회 포함)은 지방교회와 주류(기성) 교회 사이에 오랫동안 이질감을 가져다. 반세기가 넘도록 중국은 물론 전 세계적으로 그 이질감의 그림자는 완전히 사라지지 않았다.

다. 그러나 나는 여전히 상해교회(SCA)에서의 시간을 되돌아보고 싶지 않았습니다. 나는 계속되는 찌르는 듯한 고통으로 과거에 대한 슬픔과 눈물을 참을 수 없었습니다.

하나님은 나에게 너무도 자비로우셔서 반역적이고 제멋대로인 삶의 죄를 용서하시고 나를 다시 그분께로 이끄셨습니다. 이것은 받을 자격이 없는 방탕한 나에게 주신 놀라운 은혜입니다.

'나는 은혜로 구원받은 죄인입니다.'

하나님은 미국에서 나를 다양한 방법으로 축복해 주셨습니다. 하나님의 자비로운 치유와 그리스도 안에서의 전진과 성장하게 하심을 감사드립니다. '나는 은혜로 구원받은 죄인입니다.'

나는 과거를 생각하면서 1997년에 죄인의 노래를 썼습니다.

죄인의 노래

> 나는 야곱의 우물에 왔습니다:[1]
>   나는 생수와 사랑을 갈망했습니다-
>   다른 사람들보다 남편이 더 많습니다.
> 나는 생수와 사랑을 갈망했습니다-
>   우물가의 남자는 내 이야기를 알고 이렇게 말합니다.
> "내가 영생하도록 솟아나는 물을 너에게 주리라"[2]
>
> 나는 베데스다 연못가에 누워 있고[3]
>   나는 치유를 갈망했습니다 -
>   38년이 흘렀습니다.

나는 치유를 갈망하고 있습니다
그러나 나에게는 아무 것도 없습니다.
(솔로몬 행각에서) 그 남자는 내 이야기를 알고 이렇게 말합니다.
"일어나! 네 침상을 들고 걸어가라!"[4]

나는 죄를 짓고 부끄러워하며 군중 앞에 서 있습니다.
나는 용서와 생명을 갈망했습니다
그러나 내게 대한 선고는 죽음입니다.
나는 용서와 생명을 갈망하고 있습니다.
그러나 나는 아무것도 없습니다.
성전에 있던 그는 내 이야기를 알고 이렇게 말합니다.
누구든지 죄 없는 자가 먼저 돌로 치라.

나는 예루살렘에 날 때부터 소경으로 살았습니다.
나는 눈을 뜨기를 갈망하고 있습니다
그러나 흑암이 나의 삶이었습니다.
보기를 갈망하고 있습니다
그러나 나는 아무것도 없습니다.
그가 침을 뱉어 진흙을 내 눈에 바르며 이르되
실로암에 가서 씻으라 하니
나는 집에 왔고 보게 되었습니다[8]

* * * * * * * * *

그가 말했습니다:
나는 생명의 떡이니

>   너는 결코 배고프지 않으리라
> 나는 생명수이니
>   너는 영원히 목마르지 아니하리라⁽⁹⁾
> 나는 세상의 빛이니
>   너는 생명의 빛을 얻으리라⁽¹⁰⁾
> 나는 선한 목자라
>   너는 생명을 얻고 더 풍성히 얻으리라. ⁽¹¹⁾

> 주님,
>   나는 떡과 물을 원합니다.
>   빛과 생명을 갈망합니다.
>   그러나 나는 더럽고 거절된 자이며
>   비뚤어지고 가련한 자입니다.

> 내 자녀야,
>   나는 나 자신을 종으로 여기고
>   자신을 낮추고 죽기까지 순종했단다⁽¹²⁾
>   나는 병든 자와 죄인인 너희를 부르러 왔고,
>   더러운 자와 곤고한 자들을 부르러 왔단다. ⁽¹³⁾

> 내 자녀야,
>   나를 따르라. 내 은혜가 네게 족하다.
>   내 능력이 약한 데서 온전하여진지라
>   뒤에 있는 것은 잊어버리고⁽¹⁵⁾
>   이제 가서 죄의 삶을 떠나라⁽¹⁶⁾
>   앞에 있는 것을 힘쓰고

　　　　영광스러운 목표를 향하여 달려가라⁽¹⁷⁾
　　나는 낮고 어리석은 길을 택하였고
　　　　약하고 멸시받는 길을 택하였다
　　자랑하는 자는 내 안에서 자랑하라⁽¹⁸⁾
　　　　내가 너를 충만하고 완전하게 하며 눈과 같이 희게 하리니⁽¹⁹⁾

　　　　　　* * * * * * * * *

나는 바리새인의 집에 옵니다.
　　주님이 손님이시기 때문입니다
내 눈물이 흘러 그분의 발을 적시고
　　나는 그분 뒤에 서 있습니다.
내가 내 옥합을 깨뜨리고 향유를 부으니
　　그분의 식탁에 그 향기가 퍼집니다.
내 주여, 이것은 결코 당신에게 지나친 낭비가 아니고
　　내가 가진 전부이고 드릴 수 있는 전부입니다.⁽²⁰⁾

나는 검지만 사랑스럽습니다.⁽²¹⁾
　　깨어라, 북풍아 오라, 남풍아!
용서받은 죄인의 동산, 나의 동산에 불어라!
　　그 향기가 널리 퍼지게 하라!⁽²²⁾

---

(1) 요한복음 4:6-7; (2) 4:14; (3) 5:2; (4) 5:8; (5) 8:3; (6) 8:7; (7) 9:1, (8) 9:7; (9) 6:35; (10) 9:5; (11) 10:10, 11; (12) 빌 2:8; (13) 마태 9:13; (14) 고린도 후서 12:9; (15) 빌 3:13-14; (16) 요한복음 8:17; (17) 고린도전서 1:28; (18) 고린도 전서 1:31; (19) 사 1:18; (20) 누가복음 7:36-50; (21) 아가서 1:5; (22) 아가서 4:16.

하나님의 지혜와 승리

우리 전능하신 하나님은 언제나 승리하시며 그분의 은혜와 전능하심은 결코 변하지 않았습니다. 수년에 걸쳐 개인적으로 나에게 깊은 인상을 준 것이 하나 있습니다. 1950년대에 내가 알았던 젊은 형제자매들 대다수는 극도의 슬픔과 혼란을 안고 상해교회(SCA)를 떠났습니다. 충동적인 행동이 아니라 힘든 결정이었습니다. 여러 가지 우여곡절과 슬픔, 질병, 소모, 희망의 사라짐과 무너짐 뒤에도 그들 중 대다수는 하나님의 속죄소(God's Mercy Seat)로 돌아와 용서를 구했습니다. 그들의 마음 깊은 곳에 있는 깊은 슬픔과 괴로움을 하나님 아버지께서 위로하시고 치유해 주셨습니다.

많은 상해교회(SCA) 형제 자매들이 10년, 20년, 심지어 40년 이상 동안 주님을 떠났습니다. 그러나 주님의 쓰임받기 위해 늙어서도 다시 한 번 헌신했습니다. 수년 동안 방황하고, 굶주리고, 찾다가 절망하고, 이 세상에서 희망이 없었던 잃어버린 바 된 양떼는 마침내 하나님께로 돌아왔습니다. 하나님의 자비가 얼마나 크신지요!

현재 상해교회(SCA)에서 봉사하고 있는 리원웨이(Li Wenwei) 형제는 2008년에 나에게 이렇게 말했습니다. "38년의 방황 끝에 나는 주님께 돌아왔습니다." '과학과 신앙'의 저명한 저자인 리원웨이의 아내 쉬 메이렌은 수십 년 동안 나의 좋은 친구였습니다. 그녀는 남편의 병이 끝날 때까지 46년 동안 주님을 부인했습니다. 마침내 그녀는 주님께 돌아와 그분을 섬겼습니다. 형제자매들이 그녀에게 하나님께로 돌아오라고 권할 때마다 그녀는 침묵을 지켰습니다. 깊은 상처가 치유되지 않으면 그녀는 돌아올 수 없었습니다. 그러나 주님을 만나지 않고 어떻게 그녀의 상처가 치유될 수 있겠습니까?

반세기 전, 많은 젊은 그리스도인들이 엄청난 고통을 견디면서 다시는 돌아오지 않기로 결정했습니다. 깊은 슬픔과 상처는 회복하기까지 오랜 시간이 걸렸습니다. 그리고 나는 그들 중 하나였습니다. 이제 우리는 더 이상 참을 수 없는 과거의 고통을 회상하지 않습니다. 대신 우리는 절름발이 야곱처럼 비틀거리며 앞으로 걸어갑니다. 과거의 실패는 우리의 교만과 그때까지 가짜에 불과했던 영적 야망을 말살해 버렸습니다. 교훈은 오래 전에 일어났지만 형언할 수 없는 상처를 남겼습니다. 과거의 울리는 꽹과리 소리와 징소리가 잠잠해지고 하나님의 긍휼의 그릇으로 변했습니다. 이것이 하나님의 최고의 자비요, 지혜요, 영광입니다!

현대 중국 교회사에서 이런 일은 없었습니다. 수십 년 동안 거의 완전한 패배를 겪은 후, 상해교회(SCA)의 많은 그리스도인들은 통회하는 마음으로 포로의 땅에서 돌아왔습니다. 삶의 마지막이 가까워지면 그들은 기꺼이 예수 그리스도의 이름 아래 나아와 사랑의 하나님의 그릇이 됩니다.

하나님은 당신의 부르심을 후회하지 않으십니다. "목자가 흩어진 양 떼와 함께 있을 때에 그를 돌보는 것같이 나도 내 양을 돌보리라"(겔 34:12)고 말씀하십니다. 그리고 그분은 헐고 뒤집으며 치유하고 양육하시는 분입니다. 그분은 남은 사람들을 사용하실 것이며, 그들은 그분의 목적을 위해 다시 한 번 새로운 길을 걸어갈 것입니다. 그 시절의 광풍과 폭풍은 지나갔지만 무서운 바람과 파도는 다시 돌아올 수 있습니다. 아직 이 땅에 남아 있는 우리는 그런 것들을 깊이 생각하고 이 땅에서의 삶이 끝나는 날까지 생명의 길을 걸어가야 할 것입니다.

Part 5 | 「성찰과 탐색」

· Chapter 14 ·
1942년 니(Nee)에 대한 정직 처분

1942년에 상해교회(SCA)에 큰 폭풍이 일어났고 니(Nee)의 사역은 6년 동안 중단되었습니다.

방아쇠: 노동자들의 불만

중국 생화학 연구소(CBC)가 설립된 지 2년 만에 6명의 총괄 관리자가 사임했고, 이사회는 어떤 회사에서도 극히 이례적인 집단 사임을 발표했습니다.

상해교회(SCA) 형제자매들은 불만을 토로하며 생화학 공장(CBC-워치만 니가 운영했던 공장, 역자 주) 주식을 잇달아 매도했습니다. 리웬웨이(Li Wenwei)는 리더십 결함의 주요 원인이 부도덕한 사업 운영 스타일에 있다고 생각했습니다. 리웬웨이(Li)는 그의 아내 후메이리언(Xu Meilian)이 1951년부터 1956년까지 생화학 공장(CBC)에서 일했기 때문에 외부인이 아니었습니다. 리웬웨이는 말했습니다:

생화학공장(CBC)의 문제는 니(Nee)가 그리스도인 일꾼들의 양심에 반하여 불법적으로 조작하고, 탈세, 불법적 막대한 이익, 심지어 APC [1] (일반적인

---
[1] APC는 당시 가장 흔한 진통제이자 감기약이었다.

진통제)가 '졸음 방지제(Anti-Drowsy Pill)'[2] 등을 대체한 것입니다. 신자들의 급여는 매우 낮았는데, 이것에 대해서는 많은 생화학공장(CBC) 직원들이 증인이 될 수 있습니다. 니(Nee)는 불법 행위로 '5반 운동(Five-anti 캠페인)'[3] 중에 체포되었습니다(니(Nee)가 체포된 주요 원인은 경제 문제에 있었다- 역자 주).

주요 쟁점: 성적 부도덕

다음 정보는 주로 상해교회(SCA)의 인도자들의 자녀인 가족 구성원으로부터 수집되었는데, 그들 대부분은 상해교회 인도자들의 자녀들이었습니다. 그들은 어렸고 처음에는 약간의 '비트(bits)'와 '조각(pieces)'만 듣게 되었습니다. 1956년 이후 정부가 니(Nee)의 사생활 문제를 폭로하면서 점차 전체 모습이 드러났습니다. 그들은 내부 서클 내에서 추가 정보를 받았습니다.

1942년에 생화학공장(CBC)에서 일하는 형제들은 종종 이연여 자매의 집에 와서 불평을 하곤 했습니다. 그녀는 마침내 참을 수가 없어 '그럼 떠나라!'고 명령했습니다. 여성 동료인 장퀴난(Zhang Qinian)은 1920년대 후반부터 이연여(Li Yuanru)와 함께 살고 있었는데, 그때 장퀴난(Zhang Qinian)이 매우 저속한 표현으로 욕설을 내뱉었습니다. '그를 천 번 조각 내세요!'(그것은 한때 장수성 지방에서 흔히 들을 수 있는 거친 속어였습니다.) 장(Zhang)의 예상치 못한 태도는 그녀가 매우 온화하고 예의 바른 여인이었기 때문에 이연여(Li)를 충격에 빠뜨렸습니다. 이연여는 그녀를 추적하여 심상치 않은 원망의 이유를 파헤쳤습니다. 장(Zhang)은 마침내 그녀(Li, 이연여)에게 니(Nee)가 8-9년 전에 그녀를

---

2 졸음방지제는 생화학 공장(CBC)에서 핫한 제품 중 하나였다. 그것은 미국에서 통제되는 약물인 암페타민이었다.
3 이문위, "역사적 사실에 위배되는 쉬보쳉(Shi Bocheng)의 '워치만 니의 순교사'에 대해" p. 3. 그때까지 리웬웨이(Li Wenwei)는 베이징 대학에서 베이징교회의 청소년 사역을 담당하고 있던 학생이었다. 그는 미국 캘리포니아에서 중국어와 영어 버전으로 출판된 유명한 책 'Science and Faith'(과학과 믿음)의 저자였다.

강제로 강간했다고 말했습니다. (원래 니(Nee)는 지방교회의 '일'에 대한 기록을 혼자서 처리했고, 나중에 장퀴난을 그를 돕도록 임명했습니다. 그리고 그는 그녀를 강간하기 위해 이 점을 이용했습니다.) 그것은 1933-34년 경의 일임에 틀림없습니다.

이연여(Li Yuanru)는 너무 화가 나서 손에 든 유리잔을 깨뜨렸습니다.[4] 그녀는 베이징에 있는 니(Nee)에게 전보를 보내어 그것이 사실인지 물었고 그는 그것을 인정했습니다. 그런 다음 그녀는 유성화(Yu Chenghua), 주첸(Zhu Chen), 두종첸(Du Zhongchen) 장로들에게 니(Nee)가 간음을 저질렀으며 그를 추방해야 한다고 보고했습니다. 그럼에도 불구하고 그녀(이연여)는 피해자(장퀴난)의 이름을 밝히기를 꺼려했습니다.

니(Nee)의 사역의 중단

이 상황을 어떻게 다루어야 할지에 대해 교회 지도자들 사이에 상당한 의견 차이가 있었습니다. 동역자이자 장로인 장우지(Zhang Yuzhi), 후다웨이(Xu Dawei, David Hsu), 주첸(Zhu Chen), 두종첸(Du Zhongchen)은 니(Nee)를 파문할 것을 주장했습니다. 그러나 유성화(Yu Chenghua)는 이에 동의하지 않고, 베스도 총독이 말한 것으로 성경의 가르침을 주장했습니다-"나는 그가 고발자들을 대면하여 그들의 고발에 대해 변호할 기회를 갖기 전에 사람을 넘겨주는 것은 로마 관례가 아니다."(행 25:16). 그는 니(Nee)가 확인을 위해 돌아와 그들 앞에서 인정할 때까지 기다려야 한다고 주장했습니다. 그러나 주첸 장로는 그에 동의하지 않고 "우리가 직접 대면한다면 아무도 그를 설득할 수 없을 것입니다."라고 했습니다. 후다웨이(Xu Dawei)와 장우지(Zhang Yuzhi)는 유성화(Yu) 장로의 집으로 가서 매우 강한 말로 니(Nee)를 추방해야 한다고 주장했습니다. 유(Yu)

---

4 개인정보 J. Y.는 당시 이미 상해교회(SCA)에 다니고 있었다.

는 다른 사람들의 압력을 받으면서도 여전히 니(Nee)가 그들 앞에서 인정해야만 추방할 수 있다고 주장했습니다.⁵ 그들은 피해자가 누구인지도 모르고 행동할 수 없었습니다. 상황은 교착상태(stalemate)에 머물렀습니다.

이연여(Li Yuanru)는 니(Nee)나 피해자의 이름에 대한 추가 정보를 제공하지 않았습니다. 그러나 대부분의 동역자들이 이연여(Li)의 제한된 정보를 그렇게 확신하고 니(Nee)에 대해 그렇게 격분한 것은 확실히 이상했습니다. 니(Nee)는 그 행동이 비밀스럽고 태도가 근엄했지만, 동역자들은 니(Nee)가 확실히 뭔가 잘못했다는 것을 직감했을 것입니다.

많은 회의를 한 후에 최종 결정은 니(Nee)의 설교를 중단시키고 유성화(Yu Chenghua)가 대신 설교의 책임을 지도록 하는 것이었습니다.⁵ 이연여(Li Yuanru)는 매우 실망했고 장퀴난(Zhang Qinian)과 함께 상해를 떠나 쑤저우(Suchow)로 향했습니다.

니(Nee)가 그를 제명하도록 교회에게 요청하다

1943년 5월 2일에 니(Nee)는 상해교회(SCA)의 장로, 집사, 여집사들에게 편지를 써서 교회에서 그의 이름을 제명해달라고 요청했습니다. 그는 말했습니다:

> 솅[니 토솅의 간략한 이름]은 하나님으로부터 부여받은 것이 많지 않고 현재 남아 있는 것도 많지 않습니다. 너무 오래 머뭇거리면 교회에 전혀 도움이 되지 않을 것 같습니다. 많은 사람들의 마음을 편안하게 하고 주님의 이름을 부끄럽게 하는 것을 피하기 위해 나는 형제들에게 명단에서 내 이름을 제해줄 것을 요청합니다.⁶

---

5 개인정보, J. Y.
6 렌종샹 <상해교회 간략한 역사>, p. 9. 이 편지는 1943년 SCA(상해교회) 각서(memorandum)에서 복사한 것이다.

그의 이름을 제해달라는 니(Nee)의 요청은 그의 문제를 전략적으로 인정한 것입니까? 그러나 그는 교회 인도자들에게 고백이나 회개에 대한 자신의 진짜 문제를 결코 솔직하게 인정하지 않았습니다. 니(Nee)가 교회에게 그를 제명해 달라고 요청한 것은 그때가 처음이었습니다.

그때 유성화(Yu Chenghua)는 동역자, 장로 및 집사/여집사들의 회의를 소집하고 이연여(Li Yuanru)가 와서 사건을 자세히 설명하도록 하는 기회를 가졌습니다. 이연여는 화를 내며 쑤저우에서 왔으며, 어떤 사실도 드러내지 않으려 했습니다. 그녀는 다만 이렇게 말했습니다: "젊은 형제들과 자매들을 위해서 내가 아무 말도 하지 않는 것이 낫겠습니다."[7]

그들은 상황을 논의하면서 절차의 허점을 발견했습니다. 상해교회(SCA)에는 성도들의 주소록만 등록되어 있고, 등록된 '회원들'의 명부(名簿)는 없었다는 것입니다. 더욱이 니(Nee)는 동역자였고 어떤 지방교회에도 속하지 않았다고 했습니다. 분명히 그것은 변명일 뿐이었습니다. 그들 대부분은 감히 상해교회(SCA)에서 워치만 니의 이름을 제하지 못했습니다.[8]

인도자들은 흩어지고, 교회는 충격에 휩싸이다

교회의 많은 사람들이 이 문제를 말거리로 삼았으며 교회 인도자들에 대한 의구심과 염려는 해결되지 않았습니다. 교회 생활은 깊이 영향을 받았고, 상해교회(SCA)의 동역자 대부분은 당황하고 낙심했습니다. 결과적으로, 그들은 원래 있던 곳으로 돌아가게 되었습니다. 유성화(Yu Chenghua)와 장광룡

---

7 개인정보 : J. Y.
8 위트니스 리의 코멘트가 있다. "다른 사람들도 매우 속상해했습니다. 가장 심각한 사건은 그의 사업 관련 사건으로, 1942년 상해의 성도들과 관련이 있습니다. 동역자와 장로들을 포함한 대부분의 형제자매들이 그에게 반항하고 공격했습니다. 이것이 그에게 가장 큰 고통의 원인이었고, 그로 하여금 6년 동안 사역을 중단할 수밖에 없게 만들었습니다. 그것은 가혹하고 오랜 고통이었습니다." 위트니스 리, '워치만 니 - 금세기 신성한 계시의 선견자', 21장, 9부.

(Zhang Guangrong)만이 상해교회(SCA)에 남아 있었습니다. 왕페이진(Wang Peizhen)은 나중에 상해로 돌아왔습니다.

몇몇 선임 집사들도 상해교회(SCA)를 떠났습니다. 어느 날, 헌신적인 원로 집사인 후지에탕(Hu Jietang)은 니(Nee)가 상하이에서 가장 이름 있는 극장인 대극장에서 걸어나오는 것을 보았습니다. (과거에 니(Nee)는 그리스도인들이 영화를 보는 것을 금했고 상해교회 형제자매들은 그 규칙을 엄격히 따랐습니다.) 후 집사(Hu Jietang))는 그가 본 것을 교회에 보고했고, 나중에 그와 또 한 집사인 양롱(Yang Rong)은 상해교회를 떠나 양사오탕 목사(Yang Shaotang, David Yang)가 이끄는 사역을 따라갔습니다. 복음실의 주요 리더인 하열교도 떠났습니다. 쉬지우롱(Shi Jiurong)은 생화학 공장에서 일하던 선임 집사였습니다. 그는 공장의 몇 가지 문제에 대해 공개적으로 말한 후에 집사로서의 사역이 중단되고 그도 떠났습니다.

과거에 다른 주류 교회의 많은 헌신적인 기독교인들이 더 깊은 영적 문제를 추구하기 위해 지방교회로 몰려들었습니다. 그 때문에 지방교회는 '양떼 도적질'이라는 오명이 붙었습니다. 그러나 1942년에 많은 지도자들의 이탈이 두드러졌습니다. 그것은 지방교회 역사상 최초의 침체(recession)였습니다.

상해교회 폭풍 이후 많은 동역자들이 그에게서 멀어진 후, 니(Nee)는 고향인 복주(Fuzhou)로 돌아가는 것 외에는 갈 곳이 없었습니다.

워치만 니에게 묘운춘이 치욕스런 일을 당함

장퀴난(Zhang Qinian)과 있었던 니(Nee)의 부도덕한 행위는 단회성 사건이 아니었습니다. 그는 또 다른 여성 동역자인 묘윤춘(Miao Yunchun)도 욕되게 했습니다. 묘윤춘(Miao)은 우시(Wuxi, 무석)의 꽤 많은 재산을 가진 부유한 가정에서 태어났습니다. 1926년부터 1931년까지 니(Nee)는 우시(Wuxi)와 매우 가까운 난징(남경)에서 많은 시간을 보냈습니다. 여러 차례 묘윤춘(Miao)은 니(Nee)에게 우시(Wuxi) 지역의 작은 마을인 카오챠오(Caoqiao)에 머물 곳을 제공했고, 그 기간 동안에 그는 '영에 속한 사람(The Spiritual Man)'을 집필했고 결핵에서 회복되었습니다. 니(Nee)는 다음과 같이 말했습니다:

> '영에 속한 사람(The Spiritual Man)'의 저술에 전념하기 위해 나는 곧 난징(남경)을 떠나 우시(무석, Wuxi)의 카오차오 마을(Caoqiao, Tsao-chao, Wuxi)로 갔습니다. 그곳에서 사역하던 자매들은 당시 정치적 상황으로 인해 그곳을 떠났고 집을 나에게 맡겼습니다.[9]

니(Nee)가 머물렀던 캬오챠오(Caoqiao)의 장소는 묘윤춘(Miao) 가족의 소유였습니다. 위 인용문의 '자매들'은 원래 중국어 버전에서 단수(자매)였습니다. 이연여(Li Yuanru), 왕페이진(Wang Peizhen), 장퀴난(Zhang Qinian)과 함께 남경(Nanking)에서 봉사하는 여러 여성 동역자들이 있었지만, 그들 중 누구도 우시(Wuxi, 무석) 또는 카오챠오(Caoqiao)에 머물지 않았습니다. 카오챠오(Caoqiao)의 집은 그들의 숙소로 사용되거나 사무실로 사용된 적이 없습니다.

비록 니(Nee)가 몇 년 동안 매우 앓았지만 그의 건강은 1930년까지 호전되었습니다.

> 나는 아플 때 '영에 속한 사람'을 썼습니다. 그것이 완료되었을 때, 나는 더욱 악화되었고 거의 항상 침대에 누워 있어야 했습니다. 나의 장막인 이 땅의 집은 언제든지 무너질 가능성이 있었기 때문에 내가 상해에 온 처음 몇 년은 언급할 만한 어떤 일도 없었습니다. 실제로 일이 시작된 것은 그 후 2년이었습니다. 1931년에 다시 특별집회가 열렸는데, 그 주요 메시지는 '신약'과 '하나님의 지혜'라는 두 가지 거대한 주제와 관련이 있었습니다. 이번 집

---

9 니(Nee), '과거에 대하여 말함,' 성경적 메시지의 기록에서(2), 전집 18권, 8장, 7부; "두 번째 간증," 뉴스레터 모음집(2) 및 워치만 니의 간증, 전집 26권 8장, 3부.

회에는 다른 곳에서 온 형제자매들이 더 많이 참석했습니다.[10]

니(Nee)와 묘윤춘(Miao)은 상해에서도 친밀한 관계를 가졌습니다. 상해교회의 여러 동역자들(장광룡, Zhang Guangrong 포함)은 그들이 결혼할 가능성이 있다고 추측했습니다.[11]

니(Nee)는 왜 누드 사진들을 찍겠다고 요청했는가

니(Nee)는 묘윤춘(Miao)의 누드 사진을 찍기로 결정했습니다. 장비를 준비해야 했기 때문에 분명히 충동적인 감정으로 한 것은 아니었습니다. 니(Nee)는 왜 그렇게 하기를 원했을까요? 그의 의도적인 동기는 무엇이었을까요? 생각해 볼 만한 질문이 더 있습니다. 묘윤춘이 왜 이렇게 하려고 하는지를 니(Nee)에게 물었을 때, 그의 설명은 '앞으로 서로 볼 기회가 별로 없기 때문에 이것을 기념으로 간직하고 싶다'는 것이었습니다. 그러나 니(Nee)가 정말로 그녀를 사랑했고 그녀와 결혼하고 싶었다면, 왜 그럴 필요가 있었습니까? 니(Nee)가 그녀와 결혼하고 싶지 않은데 그런 사진을 찍는다는 것은 더욱 이상한 일이었습니다.

그런 관계가 묘윤춘과 합의한 것이었을까요? 그렇다면 묘윤춘도 책임을 져야 합니다. 그러나 능동적으로 예기치 않게 그녀를 호텔로 데려간 것은 니(Nee)였습니다. 분명히 그는 의도적으로 미리 계획했습니다. 그는 또한 필름을 폐기하겠다고 약속했음에도 불구하고 20년 이상 필름을 보관했습니다. 결국 이 사건의 확실한 증거가 되게끔 이것은 정부의 손에 들어가게 되었습니다.

---

10 니(Nee), ibid. ibid. 전집 26권 8장,3부
11 개인정보, 장시캉(張錫康).

• Chapter 15 •

'고령 서명'을 종용함

고령 서명을 종용함의 시작

3장에서 언급했듯이, 니(Nee)는 복주 근처의 피서지인 고령산에 약 12채의 오두막이 있는 사유지를 구입했습니다.[1] 그것은 제2차 세계대전이 끝난 1945년경에 있었던 일입니다. 그의 의도는 향후 훈련을 목적으로 사용하는 것이었습니다.

정권교체 직후인 1950년 6월 공산정부는 토지개혁법을 공포하였습니다. 그것은 단지 발표일 뿐이었고 운동은 시작되지 않았습니다.[2] 니(Nee)는 토지 개혁에서 고령의 재산을 제외해줄 것을 호소하기 위해 모든 지방교회 회원들의 서명 운동을 즉시 시작했습니다. 나중에 이 일은 고령 서명 운동(The Guling Signature Drive)이라고 불렸습니다. 장시캉(Zhang Xikang)이 말했습니다:

> 1950년 6월 30일 중앙인민정부는 '토지개혁법'을 공포했습니다. 니(Nee)는 장시로(Jiangxi Road)에 있는 그의 생화학 공장(CBC) 사무실에서 해방일보(상해市 정부의 공식 신문) 1면의 헤드라인을 살펴보면서 말하기를, "농지개혁법에는 한 가지 조항이 있다. 그곳은 개혁에서 면제된 사원과 교회의 땅이다. 또한 정부는 대중을 신뢰한다. 만약 우리가 개혁으로부터 고령산(Guling Mountain)의 토지와 건물을 제외할 것을 호소하는 4만 명 이상의 지방교회 신도들의 서명을 수집한다면 정부가 아마도 동의할 것이다."라고

---

1 위트니스 리, '워치만 니—금세기 신성한 계시의 선견자', 13장, 1부.
2 실제 농지개혁은 1950년 9월 전국적으로 시작되었다.

했습니다.

그리고 상해교회(SCA) 장로들은 각 집사들[3]을 배치하여 일요일 성찬 후에 호소 편지를 발표하고 형제자매들에게 서명이나 날인을 해줄 것을 요청했습니다. 그 사이 복음실에 있는 모든 지방교회의 주소록을 확인한 뒤 서명을 받아 상해 복음실로 보내달라는 호소편지를 그들에게 전달했습니다.

렌중샹(Ren Zhongxiang)은 다음과 같이 말했습니다:

1950년 7월 니(Nee)는 이연여(Li Yuanru), 왕페이진(Wang Peizhen) 및 유성화(Yu Chenghua)와 함께 공동 서한을 보내어 모든 지역 교회의 지도자들에게 거의 2만 명에 가까운 신자들의 서명을 얻는 데 동기를 부여하도록 알렸습니다. 그런 다음 토지 개혁에서 고령(Guling)의 재산을 철회하도록 호소하기 위해 그 서명 명단이 복건성(푸젠성) 인민 정부로 보내졌습니다.[4]

토지 개혁법이 발표된 후, 20,000명에 가까운 지방교회 회원들의 단체 서명이 제출되기까지 한 달도 채 걸리지 않았습니다. 각 지역의 서명은 복음실에서 수집되어 복건성(푸젠성) 정부에 제출되었습니다. 이 신속한 대응에 정부는 놀라움을 금치 못했고, 확실히 그때 지방교회에 대한 조사가 시작되었습니다.

나중에 정부는 '고령 서명 운동'을 니(Nee)의 첫 번째 '정치 범죄'로 간주했습니다. 공산정권 하에서 누구든지 '농지 개혁을 파괴할 목적으로 대중을 모으는 자' 또는 기타 '불법적인' 정치적 행위를 하는 자로 분류된 사람은 사형선고를 받아야 합니다. 그러나 하나님의 자녀들에게는 하나님의 뜻에서 나온 것이냐 사람에게서 나온 것이냐가 관건이었습니다.

---

3 그때까지 신자들은 매주 성찬과 기도회에 참석하기 위해 20개가 넘는 집에 배정되었다.
4 렌종샹(Ren Zhongxiang), '상해교회의 간략한 역사', 18-19.p

긴급한 호소의 실패

재산에 대한 호소를 위해 교회 지도자들이 모든 지방교회 신자들의 서명을 즉시 수집하도록 추진했다는 사실을 알게 된 후, 장수성의 동역자인 왕주은(Wang Zhu-en)은 장래 토지 개혁 운동에 반한 모의가 고발된 것에 대한 심각한 정치적 위험을 알아차리게 되었습니다.

그는 복주(Fuzhou)의 그리스도인 가정 사역자들 중의 황득은(Huang De-en)에게 경고하는 편지를 써서 이것이 "우리 모두를 정치적 범죄 아래에 가두는 직접적인 실수라고 했습니다."[5]

황득은(Huang De-en)은 고령(Guling) 상황을 담당했으며, 그의 지도자 왕페이진(Wang Peizhen)에게 보고하면서 다음과 같이 회상했습니다:

> 왕페이진(Wang Peizhen)은 왕주은(Wang Zhu-en)의 편지를 읽으면서 그녀도 그것의 심각성을 고려했지만 너무 늦었습니다. 그녀는 또한 공산당 정치에 대한 우리의 무지 때문이라고 말했습니다. 그러므로 속수무책으로 두들겨맞는 것은 불가피합니다.[6]

그저 '너무 늦었다'는 태도를 견지하는 것은 이 심각한 사건을 되돌릴 기회를 놓치는 결과를 낳았습니다. 실제로 니(Nee)는 그 기간 동안 다른 어떤 중국 사역자들보다 훨씬 더 많이 마르크스-레닌주의의 저서를 읽었습니다.[7] '정치에 대한 무지'는 핑계에 불과했습니다. 황득은(Huang De-en)은 다음과 같이 말했습니다:

> 항일 전쟁 기간과 그 이후에 워치만 니는 공산주의 지하 조직과 접촉했습니다. (1949년에 그는 고령에서 이틀 저녁을 보내며 그러한 것들에 대해 이야기했습니다. 그는 우리가 필기하는 것을 허용하지 않았습니다.) 1950년에

---
5 BH, '왕주엔 형제의 유작에 대한 간략한 요약', p.5.
6 황득은(Huang De-en), '고령 사역의 종말', '왕페이진 전기', p.144.
7 황득은(Huang De-en), '반혁명분자로 구타당함', ibid., p.158.

그는 수십 권의 마르크스-레닌(Max-Leninism) 책을 대도시의 많은 지방 교회(Assembly Hall) 지도자들에게 우편으로 보냈습니다. 나는 또한 그리스도인 가정 사역자(Christian Family of Ministers)에게서 수십 권의 책을 보았습니다. 그는 마르크스-레닌주의의 몇 가지 근본적인 이론을 이해할 필요가 있다고 느꼈습니다.[8]

가장 중요한 것은 왕페이진(Wang Peizhen)이 황득은(Huang De-en)에게 께름직한 직감을 표현한 것입니다. 그것은 우리에게 중요하고 매우 현명한 동료인 루안 페일리(Luan Feili, Philip Luan)를 잃었다는 것을 의미했습니다. 그녀는 루안 페일리(Philip Luan)가 살아 있다면 이런 일이 일어나지 않을 것이라고 말했습니다… 루안이 죽은 후 이 나라의 어느 누구도 니(Nee)에게 충고를 할 수 없었습니다. 우리는 균형을 잡고 워치만 니를 제한할 수 있는 동역자를 잃었습니다.[9]

왕주은(Wang Zhu-en)과 그의 교회 회원들은 서명 드라이브에 서명하기를 거부한 극소수였을 것입니다.

서명을 종용한 결과

나중에 정부는 니(Nee)에게 '자아비판' 보고서를 작성하라고만 요구했습니다. 니(Nee)는 유성화, 이연여와 함께 '우리의 역행하는 생각에 대한 회개'라는 제목으로 자기비판과 고백에 대한 집단 보고서를 썼습니다. 정부와 '삼자(Three-Self)'에 제출된 사본은 또한 전국의 모든 지방 교회에 보내졌습니다.

정부의 반응은 이례적으로 소극적이었습니다. 그러나 그들의 집중적인 조사

---

8 황득은(Huang De-en), '황득은 형제가 사복성에게 보낸 편지' (1996년 12월 10일), 후메이리의 '워치만 니의 순교사 탐구', p.60에서 발췌. J.Y.는 또한 니(Nee)로부터 한 보따리의 그러한 책을 받았다.
9 황득은, '반혁명분자로 구타당함', '왕페이진 전기', p.144-145

(intensive investigation)는 조용히 진행되고 있었음에 틀림없습니다. 니(Nee)는 아마도 앞으로 더 나쁜 결과가 있을 것을 충분히 알고 있었습니다. 그 후로 그는 분명히 정부와 삼자에 더 순응했습니다.

실제로 유성화(Yu Chenghua)는 교외에 있었기 때문에 '호소하는 편지'에 서명하지 않았습니다. 그는 '호소'에 자신의 이름을 사용하는 니(Nee)의 속임수를 용인했을 뿐만 아니라 기꺼이 '회개' 보고서에 서명했습니다. 그는 '니(Nee)가 상당한 스트레스를 받고 있기 때문에 기꺼이 그렇게 하겠다고 가족들에게 말했습니다.'[10] 왕페이진(Wang Peizhen)은 당시 복주(푸저우)에서 가혹한 비판을 받고 있었기 때문에 회개 보고서에 포함되지 않았습니다.

자유민주주의 국가에서 '고령을 위한 서명 운동'은 전혀 불법이 아닐 것입니다. 그러나 중국 공산당 시절에 어떤 정치적 운동을 '불쾌하게' 하는 것으로 간주되는 모든 행동은 '정치적 운동에 대항하는 투쟁'이라는 중대 범죄로 기소될 것입니다.

서명 운동의 목적은 확실히 다수의 교인들을 이용하여 정부에 호소하도록 압력을 가하려는 시도였습니다. 나는 니(Nee)가 특별 모임에서 공산당이 대중 노선을 따랐다고 말하는 것을 여러 번 들었습니다.[11] 당은 큰 목소리로 대중을 통제할 수 있는 권력을 가진 사람들의 말에 귀를 기울였지만, 불행히도 결과는 정반대였습니다.

니(Nee)는 공산주의에 관한 많은 책을 연구했지만, 더 현명했어야 했습니다. 그가 자신의 권력과 전술을 자랑하면 할수록 정부는 더욱 경계하고 정부를 지키려고 하게 될 것입니다. 하나님은 니(Nee)의 어리석음을 축복하지 않으셨습니다.

---

10 개인정보, J.Y.
11 공산당의 '대중 노선'은 당이 대중의 의견에 주의를 기울여야 함을 의미한다. 그러나 그것은 종종 단순한 가식이었다. 그 기간 동안 당은 일반적으로 대중의 감정을 조작했다. 워치만 니는 공산당의 정책을 실지로 이해하지 못했다.

중요한 동역자를 상실함: 루안 페일리(Luan Feili)

루안 페일리(Luan Feili, Philip Luan)는 한때 니(Nee)의 중요한 동역자였습니다. 그는 독특한 사회적 배경과 경험을 가진 사람으로서, 니(Nee)보다 약간 나이가 많았습니다. 그는 중국 동북부의 부유하고 무신론적인 가정에서 태어나고 자랐으며, 소련 유학 중 혁명에 가담했습니다. 국민당과 공산당의 제1차 연합전선(1923-1927) 동안, 그는 중국 동북부 하얼빈 지역의 좌익 국민당 지도자였습니다.

루안(Luan)은 기적적인 방법으로 그리스도께 회심했고, 그 후 곧 하나님을 섬기도록 부름받았습니다. 그는 뛰어난 무신론적 혁명가에서 신실한 하나님의 종으로 극적으로 바뀌었습니다. 그 후 상해로 가서 동방선교협회(OMS) 성경대학[12]에서 공부함과 동시에 복음을 전하였습니다. 그는 상해에 있을 때 자신이 예금한 은행이 파산해 막대한 돈을 잃었지만, 여전히 하나님에 대한 믿음을 지켰고 평생을 가난하게 살았습니다.

루안(Luan)은 베이징으로 돌아갔을 때, 왕명도(Wang Mingdao)가 이끄는 '그리스도인 성막(Christian Tabernacle)'에 참석했고, 나중에 그는 니(Nee)를 따라 지방교회 전 시간 동역자에 합류했습니다. 그는 왕명도(Wang)과 개인적인 우정을 유지했고 왕(Wang)과 니(Nee)를 모두 존경했습니다. 그는 복음 전파에 열심이었고 성경을 연구했으며 기도하는 데 많은 시간을 보냈습니다. 강력한 설교자로서 그는 그의 삶을 통하여 그렇게 살았습니다. 그는 예리하고 올곧았으며, 자신의 소지품을 팔거나 저당잡아 어떤 대가를 치르더라도 다른 그리스도인들의 필요를 돌보기를 간절히 원했습니다.

지방교회 내에서 루안(Luan)은 여러 영역에서 주님을 섬겼습니다. 처음에 그

---

12 1901년 찰스(Charles)와 리티 카우만(Littie Cowman)은 아시아 교회를 각성시키고 성결 운동을 장려하기 위해 일본에 동양 선교 협회(OMS)를 설립했고, 한국과 중국으로 퍼졌다. 후에 선교사의 확산을 위해 'OMS International'로 불리게 되었다. 카우만(Littie Cowman)은 '광야의 생수(Streams in the Desert)'의 저자이다.

는 베이징과 텐진에서 봉사한 다음 남쪽으로 항저우와 저장 지역으로 갔습니다. 항일전쟁이 한창이던 1937년 그는 홍콩으로 건너가 중국 본토에서 난민 신분으로 피신한 많은 신자들을 섬겼습니다. 그는 이듬해에 본토로 갔고 1940년 초에 베이징 지역에서 봉사하기 위해 돌아갔습니다.

1934년에 루안은 이미 니(Nee)의 오른팔이 되어 있었습니다. 그는 항주에서 제4차 이기는 자 특별집회를 준비하고 주관하고 있었습니다. 그 특별집회 후에 즉시 니(Nee)는 루안에게 그의 결혼식의 주관자가 되어달라고 요청했고, 위트니스 리는 니(Nee)의 결혼식에서 신랑 들러리였습니다. (1934. 10. 19.)[13]

유효한 문서에 따르면, 루안이 처음으로 니(Nee)에게 문제가 있음을 알게 된 것은 1937년이었습니다. 루안(Luan)은 젊은 동역자들과 지역 장로들을 훈련시키기 위해 상해 근처의 젠루(Jen-Ru, Zhenru)에 시설을 짓는 니(Nee)의 조수였습니다.[14] 토지를 구입하는 과정에서 루안(Luan)은 니(Nee)가 판매자를 속인 것에 놀랐습니다. 나중에 루안(Luan)은 왕명도(Wang Mingdao)와 몇몇 다른 사람들에게 말했습니다.[15] 건물은 나중에 일본 폭격으로 철거되었습니다.

1938년 초에 루안(Luan)은 니(Nee)의 '사역의 재고(Concerning Our Missions)'의 교열자(proofreader)였습니다. (영문판의 제목은 'The Normal Christian Church Life'이다.) 그(루안)는 이 책에 대해 다른 의견을 표명했고, 복음실의 책임 형제인 호내이(Ho Naiyee)는 다음과 같이 썼습니다.

> 루안(Luan) 형제는 '사역의 재고(Rethinking Our Work, The Normal Christian Church Life)'라는 책이 아주 좋은 책이라고 말했습니다. 그러나 우리는 이 책이 오직 바울의 노선에 관한 것이지 예루살렘의 베드로의 노선이나 아시아의 요한의 노선에 관한 것이 아니라는 사실을 간과해서는 안 됩니다. 우리가 이 책의 원칙에 따라 실행한다면, 지방교회의 일과 지방교

---

13 위트니스 리, '워치만 니, 금세기 신성한 계시의 선견자', 32장, 5부.
14 니(Nee)의 해외 여행 전 송별 만찬에서 니(Nee)의 집회, 메시지, 교통 (3), 전집 43권, 7장, 1부.
15 개인정보, J.Y.

회 사역자들의 일 사이에 큰 문제가 생깁니다. 이 두 종류의 일을 구분할 방법이 없습니다. 이것은 우리가 과거에 배운 경험입니다. 우리는 종종 주님의 일과 주님의 사역자들을 소홀히했습니다. 주님께서 우리에게 은혜와 자비를 베푸시기를 바랍니다. [16]

1930년대에 많은 주류 교회들이 지방교회들의 대규모 '양떼 도둑질' 행동에 의해 심각한 피해를 입었습니다. 1938년에 루안(Luan)이 홍콩에 있을 때 그는 지방교회에 속해 있지 않은 선임 목사인 황유첸(Huang Yuchen)에게 이렇게 말했습니다.

"우리의 성장하는 방식은 조직을 재편하는 것이지 새로운 사람들이 더해지는 것이 아니었습니다. 따라서 다른 사람들의 반발은 합리적입니다."[17]

1942년에 그(루안)는 니(Nee)가 간음을 범했다는 말을 듣고서 니(Nee)와 지방교회를 떠났습니다. 그는 베이징으로 돌아갔습니다. 그는 '왕명도'에게 니(Nee)의 추잡한 품행에 관하여 "니(Nee)는 심지어 사탄도 감히 저지르지 않을 짓을 저질렀습니다! 그의 죄는 얼마나 가공할 만한 것인지!"[18] 하면서 너무나 격노했습니다. 명백하게 '루안'은 정직하고 악을 미워했습니다. 1942년의 상해교회(SCA) 폭풍은 단지 폭발의 도화선이었을 뿐이고, 그에게는 그것으로 족했습니다. 그는 1945년 4월 15일에 결핵으로 세상을 떠났으며, 왕명도가 그의 장례식을 치러주었습니다.

많은 신자들이 그의 탁월한 미덕과 어떤 대가가 들어도 주님을 사랑했던 루안을 그리워했습니다.

---

16 호내이, '홍콩' 열린문에서(In The Open Door) (2), 전집 32권, 4장, 섹션. 12부
17 황유선(Huang Yuchen), 하동로에서 남양로까지: '워치만 니에게 보낸 일곱 개의 공개 편지'에서 첫 번째 편지, 미출판.
18 장유밍, 중국의 피와 눈물, p.365.

한 여성 동역자인 황루오첸이 1938년에 그에 대해 쓴 글입니다:

> 이번에는 하나님의 은혜로 루안(Luan)의 조언을 얻을 수 있었습니다. 그는 우리가 XXX로부터 충분한 도움을 받았다고 말했습니다. 내가 각 사람이 다르다고 말하자 그(Luan)는 나에게 새로 구원받은 사람들을 생명 안에서 부활하신 그리스도에 대한 지식으로 인도하라고 권했습니다. 그리하여 그들은 지식이 많지 않아도 성령의 인도를 받을 수 있었습니다. 그는 자신의 삶에서 가장 소중한 세 가지 단어는 다음과 같다고 말했습니다:
> (1) 하나님의 뜻은 나의 삶입니다. (2) 하나님의 영광은 나의 기쁨입니다. (3) 하나님의 팔은 나의 힘이십니다.[19]

처음에 루안(Luan)은 XXX(Nee)가 이미 그들을 도왔기 때문에 아무 말도 하고 싶어하지 않았지만, 마침내 그는 그녀를 도왔습니다. 그는 1) 성령의 인도하심으로 부활하신 그리스도를 아는 지식과 2) 그리스도 중심의 영적 삶을 강조했습니다. 주님에 대한 루안(Luan)의 충성심은 감탄할 만했습니다.

하나님의 은혜로 루안 페일리(Luan Feili)는 자신이 설교한 대로 살았고 주님을 위해 이기는 자가 되는 영적 실제를 실천했습니다. 그의 유작은 〈이기는 자들의 기도〉와 〈사단을 이기는 승리자들〉입니다. 1929-1934년 동안 니(Nee)는 네 번에 걸쳐 이기는 자 집회를 열었습니다. 니(Nee)는 이기는 자가 될까요?(고전 9:27.)

왕페이진(Wang Peizhen)이 말한바 '루안 페일리(Luan Feili)가 살아 있다면 이런 일이 일어나지 않았을 것입니다…'라는 말은 아마도 사실이 아닐 것입니다. 루안(Luan)은 결코 니(Nee)에게 강하고 설득력 있는 영향을 미치지 않았기 때문입니다. 오히려 그는 니(Nee)를 포기했습니다. 오늘날 우리는 하나님의 종, 루안 페일리를 그리워합니다. 사랑과 신실함 때문만이 아니라 그의 분별력과 정직

---

19 황루오첸(Huang Ruo-chen), '황루오첸 자매의 편지, 중산(종산) 열린 문(1), 워치만 니 전집 31권, 6장, 5부.

함과 교회에서 악행에 맞서는 불굴의 의지 때문입니다. 그는 다른 인도자들이 행했던바 '경건한 복종'을 고수하지 않았습니다.

'삼자(Three-Self)'에 제출된 서명 목록

1950년 7월 28일, 삼자애국운동(TSPM)의 창시자 우야종(吳老宗)은 정부의 전폭적인 지원을 받아 '기독교 선언문'을 발표했습니다. 그는 모든 개신교 교회들과 기관들은 모든 기독교인들로 하여금 '선언문'에 지지하는 서명을 하도록 했습니다. 그것은 니(Nee)가 고령(Guling)을 위해 서명 목록을 제출한 같은 달에 일어났습니다.

니(Nee)는 '서명을 종용하는 일'에 패배한 후, '삼자'에 능동적으로 복종하는 모습을 보였습니다. 11월 말 6개 도시의 동역자 모임에서 그는 '삼자(三自)'에 대한 지지를 표명했습니다.

니(Nee)가 고령(Guling) 서명 목록을 정부에 제출한 후 추가로 1만 명의 서명이 수집되었습니다. 32,782개의 서명은 모두 원래 '기독교 선언문'이 아닌 고령(Guling)을 위한 것이었습니다.

니(Nee)는 모든 지방교회들을 대표하여 삼자교회를 지지한다고 했지만, 그는 교회 인도자들로부터 동의를 구하지 않았습니다. 그는 지방교회 인도자들에게 명백히 중요한 문제임에도 불구하고 그들 중 누구와도 논의하지 않았습니다. '삼자회'의 규칙에 따라 신자들은 자신의 의지에 따라 서명해야 합니다. 니(Nee)의 결정은 모든 지방교회에 대한 하나님의 위임된 권위로서의 그의 독특한 위치에서 벗어났습니다. 기독교의 근본신앙을 가진 대부분의 다른 교회 지도자들은 삼자교회를 지지하는 것을 주저했지만, 니(Nee)는 처음부터 적극적으로 지지했습니다. 그것은 그 모든 교회 지도자들에게 타격이었습니다.

문제에 연루된 교회와 신자

대다수의 지방교회 회원들이 고령을 위한 서명 운동에 서명했기 때문에, 신자들의 이름과 중국의 모든 지방교회의 인구 및 지리적 분포가 정부와 삼자교회의 조사 대상에 공개되었습니다. 서명한 거의 모든 신자들은 1956년에 '워치만 니 반혁명 갱단원'이라는 꼬리표가 붙었습니다. 그들과 그들의 가족은 신체적 학대, 체포와 투옥, 국경 지역의 노동 수용소로 이송되는 등 온갖 종류의 무자비한 박해를 받았습니다. 자칭 '위임된 권위'인 워치만 니에 의해 초래된 지방교회 구성원들의 비극적인 결말입니다.

· Chapter 16 ·

생화학연구소(CBC)와 니(Nee)의 체포

중국 생화학연구소(CBC)와 그 관리(management)는 워치만 니와 상해교회(SCA)에게 항상 당혹스러운 문제였습니다. 니(Nee)의 조카인 스데반 챈(Stephen C. T. Chan) 목사는 다음과 같이 말했습니다. "생화학 공장(CBC)은 그에게 걸림돌이 될 수 있습니다."[1]

니(Nee)는 왜 사업을 했습니까?

사람들은 항상 니(Nee)가 사업을 운영하는 주요 목적이 그의 동역자들을 재정적으로 지원하는 것이라고 들었습니다. 그게 사실이었나요?

1939년에 니(Nee)는 공식적으로 생화학 공장(CBC)을 담당했는데, 상해교회(SCA) 인도자들이 니(Nee)가 이 사업을 운영하는 것에 대해 기도하거나 논의하는 데 관여했다는 것을 증명하는 기록이 없었습니다. 그는 동역자들의 필요를 지원하는 것에 대해 모호한 암시(hazy hint)만 제공했습니다.

그가 처음 생화학공장(CBC)을 시작했을 때 교회 인도자들에게 공개적으로 말하지 않은 이유는 무엇입니까? 그것은 그의 성격과 행동 패턴과 상당히 일치했습니다. 대부분의 시간 동안 니(Nee)는 교회 지도자들에게 알리지 않고 자의적으로 행동했습니다. 동역자에 대한 그의 금전적 제공도 공개하지 않았습니다. 10년 후인 1948년 전국적인 동역자 모임에서 니(Nee)는 상당히 방어적인 어조

---

1 첸종도(진종도) '나의 삼촌 워치만 니' p.53.

로 생화학 공장(CBC)을 운영하는 이유를 말했습니다. 그는 이렇게 말했습니다:

> 여러분은 여러분이 하나님을 신뢰하고 하나님이 그들(동역자들)을 돌보실 수 있다고 말할 것입니다. 그러나 나는 그들이 한 사람씩 죽어가는 것을 보고 화가 났습니다. 내가 많은 잘못을 저질렀지만, 하나님은 내가 왜 그런 일들을 했는지 아십니다.[2]

사람들은 또한 니(Nee)가 그의 동생 조지(George Nee)의 사업 운영을 돕는 데 있어서 그의 부모의 제안에 순종했다는 말을 들었습니다.[3] 1937년에 조지는 마카오에서 아주 작은 규모로 제약 회사를 시작했고 나중에 상해로 옮겼습니다. 그런데 1939년부터 니(Nee)는 1952년에 체포될 때까지 생화학 공장(CBC)을 전적으로 책임지고 있었습니다.

1938-1939년에 니(Nee)가 런던에 있는 T. A. 스팍스를 방문했을 때, 그는 귀부인 과부 오글 여사(Lady Ogle)[4]로부터 막대한 기부금을 받았습니다. 믿을 만한 출처에 따르면, 그 돈은 미화 150만 달러 정도 되었습니다.[5]

그 기간 동안 오스틴 스팍스(Sparks)의 사위인 앙구스 키니어(Angus Kinnear)는 런던에 있었는데, 그의 저서 워치만 니의 이야기 '파도를 넘어서(Against the Tide, The Story of Watchman Nee)'에 있는 정보는 대체로 두세 사람을 거친 것이었습니다. 그는 2주 동안 니(Nee)와 함께 지냈습니다. 니(Nee)가 런던에 있는 동안 그가 얻은 정보는 가치 있는 것으로 판명되었습니다. 그는 말했습니다:

> 그러나 워치만 니는 여기에 잠재력이 있는 것을 보았습니다. 성격상 비군사적이지만 전시 요구를 충족했기 때문에 여전히 실행 가능한 상태를 유지

---

2 니(Nee), '맘몬을 처리하고 하나님을 섬김', 워치만 니 '사역의 재개'에서, 전집 57권, 18장, 4부.
3 위트니스 리, '워치만 니: 금세기 신성한 계시의 선견자', p. 98.
4 첸푸종(진복중, Chen Fuzhong), '워치만 니 전기' p. 62, 66. 니(Nee)가 스팍스로부터 헌금을 받았다는 기록이 꽤 많이 있지만 그것은 잘못된 것입니다. 사실 스팍스는 오글(Ogle) 여사의 재정적 지원을 받았다.
5 개인정보, JDM.

할 수 있었습니다.

　1938년 이전에 런던에 있는 동안 워치만(Watchman)은 동생에게 술파닐아미드 제조 면허 확보에 관해 조언을 구했습니다. 이제 그는 고품질의 합성 약품 제조를 위해 제휴 회사를 설립하고, 동생의 화학자 경험을 활용하고, 초과 수익을 주님의 일에 기부한다는 아이디어를 구상했습니다. [6]

1938년 초 니(Nee)가 런던에 있을 때, 그는 독일에서 의약품 원료를 구입하고 이듬해 상해로 배송했기 때문에 이미 사업을 운영하기로 결정한 것입니다. [7] 그가 동역자들 중 하나에게 말하기를, 그가 그 기부금을 동역자들의 생활비로 주는 데 사용했다면 그것은 오래가지 못했을 것이라고 말했습니다. [5]

야심에 찬 사업 시작

앙구스 키니어(Kinnear)는 흥미롭고 사려 깊은 힌트를 언급했습니다.

　그러나 의미심장하게도, 그는 나중에 점점 심해지는 '권태(boredom)'라는 유력한 이유를 인정했습니다. 총명한 사람이었던 니(Nee)는 아마도 평범한 (mediocre) 사람들에게 에워싸여(beset) 더 큰 생각의 교류의 자극에 굶주려 있다고 느꼈을 것입니다. [8]

12년 이상 동안, 니(Nee)는 체포될 때까지 계속되는 사업 확장에 집중했습니다. 따라서 그의 초기 사업 진출은 일시적인 방편의 대책(temporary expedient measure)이 아니었습니다. 아마도 오글 여사(Lady Ogle)의 막대한 기부금이 혼자서 사업을 운영하려는 그의 야심과 훨씬 더 관련이 있을 것입니다.

---

6 앙구스 키니어, 파도를 넘어서(Kinnear, Angus, Against the Tide, p. 170-171).
7 개인정보, 장시캉.
8 키니어, 파도를 넘어서, p. 171.

누군가 그에게 경고하려고 했습니까?

그 당시에는 중국에 상업적인 사업을 하는 기독교 사역자가 거의 없었습니다. 많은 사람들이 사업을 하고 경쟁에서 앞서기 위해 덫에 걸리게 하고 속이는 것을 경멸했습니다. 그래서 니(Nee)가 생화학공장(CBC)을 운영하고 있다는 소식이 퍼질 때 기독교계는 충격을 받았습니다. 다른 사람들의 멸시가 커져가는 것을 깨달은 니(Nee)는 이렇게 말했습니다. "나는 지금도 거리에서 인사를 받지 못하는 부끄러움을 감수하고 있습니다."[9] 그때 이후로 일부 상해교회(SCA) 동역자들과 집사들도 사업을 시작했고, 교회에서 영적인 추구도 영향을 받았습니다. 이것이 경제가 어수선했던 항일전쟁 초기였습니다.

분명히 사업을 운영하는 것은 니(Nee) 자신에 의해서만 결정되었습니다. 상해교회(SCA) 지도자들의 어떤 승인 기록이 없습니다. 나는 또한 니(Nee)가 사업을 운영하는 것이 하나님의 뜻을 따르려는 그의 의도임을 보여주는 어떤 문서도 찾을 수 없었습니다.

니(Nee)를 설득하여 단념시키는 방법에 대해 내가 가진 유일한 정보는 앙구스 키니어(Angus Kinnear)가 말했듯이 바로 사업의 출발에 있습니다.

신실한 루크(루종신)는 그가 어떻게 대이빗 당과 루안 페일리와 함께 워치만 니와 채리티[니(Nee)의 부인, Charity]가 살았던 13가에 있는 조촐한 유화빌라(Yu-Hua Villas)를 방문했는지를 말했습니다... 그는 이미 많은 사람들이 했던 질문을 했습니다: "왜 당신은 하나님의 일을 버리고 사업을 합니까?"

"나는 단지 바울이 고린도와 에베소에서 했던 일을 하고 있을 뿐입니다." 라고 그는 대답했습니다. "이것은 예외적인 일이며 파트타임입니다. 저는 하루에 한 시간씩 회사 대표자를 교육합니다. 그 후에는 내가 주님의 일을 합

---

9 니(Nee), 전집 57권, '사역 재개' 19장 2부의 '교제와 권면' 19장, 2부.

니다." 그리고 그 대표자들은 이제 그들의 복음 증거와 유급 직업을 혼합하도록 격려를 받은 그의 곤궁한 '사도들'이었습니다. 그러나 더 압박을 받자 그는 씁쓸하게(ruefully) 덧붙였습니다. "나는 남편을 잃고 재정적 어려움 때문에 일하러 나가야 하는 여자와 같습니다."[10]

니(Nee)는 방문자들의 질문에 직접적으로 대답하지 않았습니다: "왜 당신은 사업에 뛰어들었습니까?" 그 때로부터 계속해서 니(Nee)는 그가 체포될 때까지 그의 대부분의 시간을 사업하는 데 보냈습니다. 그의 '대표들'은 결코 그의 '사도들'이 되지 않았습니다. 참으로 그들의 영적 상태는 뒤로 물러갔습니다. 그것은 이연여 자매가 1948년 전국 동역자 집회에서 말한 바와 같습니다:

> 생화학 연구소(CBC Lab)에 관하여, 나는 사람들에게 그것이 '가십 센터'라고 말했습니다. 니(Nee)의 사업 동기는 쓴 것이었고, 니(Nee)에 대한 나의 태도 또한 쓴 것이었습니다. 나는 어떤 것도 결코 정죄한 적이 없다고 말하지 않겠습니다. 거기에는 참으로 내가 마음이 상한 것이 있었습니다. 일단 어떤 사람이 '생화학 공장'에 연루되면, 그들의 영적 상태가 무너졌습니다.[11]

하나님께서는 니(Nee)를 더 이상 축복하지 않으셨고 지방교회 운동은 눈에 보이게 느려졌습니다.

왜 조언을 하는 사람이 거의 없었습니까?

상해교회(SCA)의 많은 교회 지도자와 형제자매들이 니(Nee)의 사업 운영에 대해 염려했을 것입니다. 그러나 조언을 한 사람은 거의 없었습니다. 왜 그렇습

---

10 키니어, 파도를 넘어서, p.171.
11 니(Nee), 교제와 권면(Fellowship and Exhortations) '사역의 재개'에서(in The Resuming of Watchman Nee's Ministry), 전집 57권, 19장 1부.

니까?

지방교회들 안에는 교회 지도자들이 니(Nee)에게 무조건 복종해야 한다는 전통이 있었기 때문입니다. 그것은 이른바 '경건한 복종'이었습니다. 또 다른 지방교회 원칙은 '일과 교회의 분리'였습니다.

또 하나 지방교회 원칙은 일(work)과 교회가 구별이 되어야 한다는 것입니다. 니(Nee)의 설명에 따르면, 일은 지방교회 사역을 넘어서 동역자들이 인도해야 하는 지역 활동을 의미했습니다. 니(Nee)는 출판, 복음 전도, 동역자 훈련, 지역 또는 전국 대회와 같은 지역 사역의 지도자였습니다. 지방 안에서의 교회 활동은 지방교회 장로들이 책임져야 합니다. [니(Nee)는 지도자였기 때문에 그는 또한 지방교회들도 인도했습니다.] 그러므로 지방교회의 장로들은 사역(일)의 영역에서는 어떤 것도 질문할 근거가 없었습니다. 상해교회(SCA)의 장로들은 니(Nee)와 그의 생화학 공장에 개입하거나 질문할 수 없었습니다. 왜냐하면 그것은 일(혹은 사역)의 영역 아래 있었기 때문입니다.

지방교회의 지도자들은 "그 일 안에 교회 생활의 어떤 영적 실제가 있습니까?"라고 물을 수 없었습니다. 장로들은 사도들을 지배할 수 없었습니다. 니(Nee)가 말했습니다:

> 지방교회에서 가장 높은 권위는 장로들입니다. 그러나 장로들의 권위는 사도들에게서 받습니다. 그러므로 장로 곧 감독인 사람들은 사도들의 말 듣기를 배워야 합니다. 사도들 때문에 장로들이 있는 것입니다. 그들은 사도들의 권위를 무너뜨릴 수 없습니다... 다시 말해서, 장로를 세우는 권세도 사도들에게 있고 장로들을 파면하는 권세도 사도들에게 있다는 것입니다. 지방교회는 장로를 추방할 수 없습니다. 오히려 사도들이 장로들을 제하는 책임을 져야 합니다.[12]

---

12 니(Nee), '교회 사무(Church Affairs)' 전집 51권에서, 10장, 1부.

생화학공장의 어려움들

처음에 워치만 니는 자신을 총지배인이자 이사회 의장으로 임명했습니다. 상해교회(SCA) 장로 우시후(Wu Xihu)는 공장장이었고, 워치만 니 동생인 죠지 니(George Nee)는 화학자였습니다.

공장의 모든 형제자매들은 신중하게 선발되었고 그들 중 많은 수가 집사 또는 여집사였습니다. 대부분의 총지배인은 성공적인 사업가들이었습니다. 그러나 첸푸종(Chen Fuzhong)은 다음과 같이 말했습니다:

> 그 결과 총지배인 6명이 교체되었습니다. 그들은 리셍보(Li Shengbo), 루쿠안티(Lu Qianti), 양쉬차오(Yang Shichao), 메이일린(Mei Yilin), 인줄란(Yin Zulan) 및 장루리(Zhang Ruli)였습니다. 1942년에는 모든 이사회 구성원이 집단적으로 사임했습니다. 그것은 워치만 니의 이미지를 심각하게 손상시켰습니다. 몇 년 후, 생화학공장(CBC)은 매년 손실을 입었고 추가 배당금(dividend)도 분배할 수 없었습니다. 그들 중 많은 사람들이 이연여(Li Yuanru)에게 가서 불평했습니다.[13]

요컨대, 니(Nee)가 마케팅과 이익을 지나치게 강조했기 때문에, 그러한 문제의 가장 큰 원인은 상업적인 부도덕이었습니다. 그에게는 제품의 질보다 광고와 판매가 더 중요했습니다. 분명히 그것은 그 기간 동안 기독교 공동체에서 비밀이 아니었습니다.

생화학 공장(CBC)의 전직 기술자 후메일리언(Xu Meilian)은 제품 홍보가 지나치게 과장되었다고 말했습니다. 니(Nee)는 심지어 '우리가 돈을 벌 수 있다면 수돗물을 팔아도 좋다'고 말할 정도였습니다. 심지어 장시캉(Zhang Xikang)은, "처음에는 생화학공장(CBC) 제품이 좋았습니다. 하지만 나중에는 미심쩍었습

---

13 첸푸종(진복중, 陳福中), 워치만 니 전기, p.66.

니다."라고 말했습니다.

인기 상품 중 하나인 졸음방지약(암페타민, 신경자극제)은 전시(戰時)의 필요로 국민당(KMT) 군대에 배송되었습니다. 적절한 제품이었나요? 동역자였던 첸젝신(Chen Zhexin, James Chen, Chen Tseh-hsin)의 아들인 첸푸종(Chen Fuzhong)은 자신이 학생이었을 때 학업에 집중하는 데 도움이 된다는 이유로 복용하는 것을 왕페이젱(Wang Peizheng)이 금지했다고 회상했습니다.[14] 그러나, 니(Nee)는 이와 관련하여 국민당(KMT)에 의해 육군 소장으로 승진했습니다.[15]

주님의 만찬에 참석하지 않음

1942년 6월 상해교회(SCA) 폭풍 이후, 많은 동역자들이 니(Nee)에게서 멀어지면서 그는 갈 곳이 없어 복주(푸저우)로 돌아왔습니다. 1943년 그는 중국의 임시 수도인 충칭(중경)으로 초청받았습니다. 그때까지 그곳은 중국 대다수의 일본 통제하의 '점령 지역'과 달리 '자유 지역'이었습니다.

1943년부터 1945년까지 니(Nee)는 중경(충칭)에서 생화학공장(CBC)을 개발했습니다. 동역자 중 한 사람은 니(Nee)가 세상적인 사람으로 보인다고 말했습니다. 그는 성공적인 사업가였고 그가 격식을 차린 옷을 입는 것이 꽤 합리적이었을지라도, 그 힘든 시기에 하나님의 종 같지는 않았습니다.

충칭(중경)에서 그는 교회에서 잠잠하고 설교도 거의 하지 않았으며 성만찬에도 참석하지 않았습니다. 첸푸종(Chen Fuzhong)은 충칭 지방교회(Chongqing Local Church) 장로 장유란(Zhang Yulan)의 말을 인용했습니다.

---

14 첸푸종(陳福中), 진첵신(陳則信), 황득은(黃得恩), '왕페이진 전기', p.110. 첸푸종(Chen Fuzhong)은 학창 시절에 한 번은 매우 장난스럽게 다음 날 시험을 볼 준비가 되어 있지 않으니 '졸음 방지약'을 달라고 요청했다. 왕페이진은 그를 심히 꾸짖었다. 이 약은 미국에서 규제 약물로 분류되어 있다.

15 첸푸종(진복중, Chen Fuzhong)은 다음과 같이 말했다: 메일린(Mei Yilin)과 장지종(Zhang Zhizhong)의 지시에 따라 니(Nee)는 국가 정부의 군대 소장이라는 칭호를 받았다. 워치만 니, 메일린, 장지종의 관계는 교회 형제자매의 관계였다... 첸푸종 '왕페이진 전기' p. 167. 당시 메일린(Mei Yilin) 박사는 충칭 공중보건국 국장이었고 장지종(Zhang Zhizhong)은 국민당 고위 군 장교였다. 두 사람 모두 충칭(중경)교회의 독실한 그리스도인이었다.

충칭(중경)에서 워치만 니는 형제들로부터 주님의 상에 참석하라는 권고를 자주 받았습니다. 그러나 그는 떡도 떼지 않고 포도주도 마시지 않고 가만히 앉아서 기도만 했습니다. 그의 이유는 "상해의 문제가 해결되지 않았기 때문에 떡을 뗄 수 없다"는 것이었습니다.[16]

위트니스 리는 또한 같은 경우에 장유란의 말을 인용하면서 "[장]이 그에게 언제 그의 사역이 회복될 수 있는지 물었습니다. 그의 대답은 '가능하지 않다'는 것이었습니다."[17]

왜 니(Nee)는 주의 만찬에 참석하지 않았습니까? 사역을 재개할 수 없다고 말한 이유는 무엇입니까? 1948년에 그의 사역이 재개된 후, 니(Nee)와 상해교회(SCA) 지도자들 사이의 관계가 회복되었지만 그는 여전히 주의 만찬에 참석하지 않았습니다.

또 한편으로, 니(Nee)는 왕재(Wang Zai)와 그의 아내와 함께 주의 상에서 떡을 떼었던 첫 번째 저녁의 놀라운 경험을 잊을 수 없었습니다. 니(Nee)는 이렇게 말했습니다:

> 그날 밤 우리 셋(왕재, 그의 아내, 나)은 그의 작은 집에서 만나 함께 떡을 떼고 잔을 마셨습니다. 내가 살아 있는 한, 심지어 영원에서도 나는 그 경험을 기억할 것입니다. 나는 그날 밤처럼 하늘이 가까웠던 적이 없습니다. 그 밤에 하늘이 땅과 가까웠습니다. 우리 셋은 울지 않을 수 없었습니다! 그날 우리는 주님을 기념하면서 떡을 떼는 것이 무엇을 의미하는지 알았습니다.[18]

니(Nee)가 주님을 기념하여 떡을 떼는 것이 얼마나 귀한지를 체험한 것은 1922년이었습니다. 그때부터 그는 규칙적으로 매주 일요일에 떡을 떼도록 지방

---

16 첸푸종, 워치만 니 전기, p. 67-68; 개인정보 : J.Y.
17 위트니스 리, 워치만 니, p.149.
18 니(Nee), 과거에 대한 이야기, '성경 메시지 노트', 전집 18권, 8장, 3부.

교회들을 인도했습니다.

비록 니(Nee)가 오랫동안 성찬에 참석하지 않았지만, 그는 여전히 떡을 떼는 것의 중요성을 강조하는 유창한 설교를 했습니다. 니(Nee) 형제가 사역을 재개한 후, 그는 '새 신자를 세우기 위한 메시지'[19]라는 일련의 메시지를 전했습니다. 그는 고령에서 동역자들을 위해 그에 대한 일련의 말씀을 전했고, 그들은 전국의 모든 지방교회들에 이 메시지들을 전파할 수 있었습니다. 그 메시지들은 새 신자의 기초교육을 위해 매년 반복할 수 있는 50편의 설교로 구성되었습니다. 그 메시지들 중 하나가 "떡을 떼는 것"이었습니다. 니(Nee)는 이렇게 말했습니다:

> 교회에는 모든 하나님의 자녀들이 반드시 참석해야 하는 만찬이 있습니다. 이 만찬은 주 예수께서 지상에 계셨던 마지막 밤에 제정하신 것입니다. 주님은 다음날 십자가에 못 박히셨습니다.[20]
>
> 그러므로 떡을 떼는 것은 우리가 주님과 교제하기 위해 주님께 나아가는 것과 하나님의 자녀들과 교통하는 가운데 함께 모이는 것을 의미합니다.[21]
>
> 하나님의 큰 축복 중 하나는 주님을 기억함으로 우리가 세상 죄의 권세에서 분리되어 있다는 것입니다. 며칠에 한 번씩 우리는 우리가 어떻게 주님을 영접했으며 그분이 우리를 위해 어떻게 죽으셨는지를 다시 생각하게 됩니다. 이것이 우리가 주님을 기념하여 떡을 떼면서 받는 한 가지 축복입니다.[22]
>
> 더욱이, 우리는 주님을 기념할 때 합당하게 되어야 합니다. 고린도 전서 11장 27-29절: 그러므로 누구든지 주의 떡이나 잔을 합당치 않게 먹고 마시는 자는 주님의 몸과 피에 대하여 죄를 범하느니라 사람은 떡을 먹고 잔을 마시기 전에 자기 자신을 살펴보아야 합니다. 주의 몸을 분변하지 못하고 먹고 마시는 사람은 자기에게 내릴 심판을 먹고 마시는 것입니다... 우리의 태

---

19 니(Nee), 새 신자를 세우는 메시지 (1), (2), (3), 전집 48-50권.
20 니(Nee), '떡 떼는 집회,' 새 신자를 세우기 위한 메시지, 전집 48권 18장 1부.
21 니(Nee), '다양한 종류의 집회' 새 신자를 세우기 위한 메시지, 전집 48권, 15장, 2부.
22 니(Nee), '떡 떼는 집회' 새 신자를 세우기 위한 메시지, 전집 48권, 18장, 1부.

도는 경솔하거나 부주의하거나 무모하거나 느슨해서는 안 됩니다. 여기서 우리의 행위는 주님의 몸과 일치해야 합니다.[23]

사역자가 어떻게 10년 넘게 '떡을 떼는 데' 참예하지 않으면서 다른 사람들에게 그렇게 하도록 격려하는 메시지를 전할 수 있습니까? 니(Nee)는 그 자신이 따르지 않는 메시지들을 전했는데, 우리는 그의 다른 설교들을 어떻게 보아야 합니까?

더 나아가, 니(Nee)는 고령에서 동역자들에게 메시지를 전했지만, 그는 그곳에서 만찬에 참석하지 않았습니다. 그는 그들의 느낌을 생각했습니까? 그들은 니(Nee)가 성만찬에 그들과 함께 참여하지 않았다는 것을 알았을 것입니다. 분명히 그는 그를 영적 우상으로 보는 사람들 앞에서 너무 '담대하고 두려움이 없었고' 하나님을 두려워하지 않았습니다.

1948년 이후 CBC의 우여곡절

상해교회(SCA)에 생화학공장(CBC)을 넘겨주었습니까?

1948년에 니(Nee)는 모든 지방교회들에게 그들의 교회, 그들 자신, 심지어 그들의 온 가족과 소유물을 포함한 모든 것을 '두 사도' 니(Nee)와 리(Lee)에게 '양도'할 것을 요청했습니다. 니(Nee)는 앞장서서 그의 생화학공장(CBC)을 교회에 넘겼습니다. 그것은 '양도 운동'을 크게 촉진시켰습니다.

현실적으로, 그의 공장(CBC)을 교회에 양도하는 것은 불가능했습니다. 교회로서 상해교회(SCA)는 분명히 사업을 운영할 수 없었습니다. 그것은 하나의 제스쳐와 속임수에 불과했습니다.

---

23 니(Nee), '떡 떼는 집회' 새 신자를 세우기 위한 메시지, 전집 48권, 18장, 3부.

경제적 문제들

니(Nee)가 재개한 후, 그는 그의 두 형제로부터 상하이 생화학공장(CBC)을 되찾았습니다. 공장은 파산 직전이었지만, 그의 동생들은 투기로 부자가 되었습니다. 그 당시에는 회사 자산을 이용하여 개인의 이익을 위해 돈을 횡령하는 일이 매우 흔했습니다. 그때쯤 니(Nee)는 혼란을 정리하기 위해 관리자로 여섯 명의 그리스도인 형제들을 선정했습니다.

그때는 해방이 임박한 때였고, 지하공산당 일꾼들은 공장내(CBC)에서 매우 활동적이었습니다.[24] 여섯 명의 관리자들이 최선을 다했지만 재정적인 문제는 해결하지 못했습니다. 은행들은 빚을 갚으라고 압력을 가했고, 니(Nee)는 그리스도인들에게 금과 미국 달러를 빌렸습니다. 지폐의 가치가 하락했기 때문입니다. 몇몇 그리스도인들은 그들에게 빚진 돈을 요구했고, 일꾼들은 봉급을 요구했으며, 심지어 관리자들에게 '싸움을 걸어'[25] 위협하기도 했습니다. 그 결과 관리자 3명이 '사라졌습니다.' 생화학공장(CBC)의 관리자인 장시캉(Zhang Xikang)은 여섯 명 중 하나였는데, 그는 이렇게 기록했습니다:

> 아침부터 저녁까지 나는 항상 은행 업무를 처리했습니다. 나는 저 은행의 빚을 갚기 위해 이 은행에서 돈을 빌리곤 했습니다. 마지막으로는 더 이상 우리에게 돈을 빌려줄 은행가가 없었습니다. 나는 매일 돈을 갚으라고 압력을 가하는 사람들을 마주해야 했습니다. 형제들도 돈을 받기 위해 우리 집에 왔습니다. 나는 공장(CBC)에 가기가 너무 무서웠습니다. 그러나 나는 집에 머물 수도 없었습니다. 나의 유일한 선택은 아무 할 일 없이 공원이나 거리를 배회하는 것이었습니다.

니(Nee) 형제님이 1948년 10월 고령 훈련의 첫 번째 기간을 마치고 상해

---

24 그것은 해방 전 해였다. 지하 공산주의 활동은 도처에 있었다. 그들은 사장(자본가)의 활동을 감시하고 공장 자산이 파괴되거나 이전되지 않도록 보호했다. 그들은 워치만 니의 생화학공장(CBC)에서 매우 활동적이었다.
25 '투쟁'은 모택동(마오쩌둥) 시대에 더 자주 사용된 특별한 정치 용어이다. 이는 '악질분자'[또는 '계층의 적']을 폭력적이고 모욕적인 방식으로 비판하고, 신체적 학대에도 적대적인 언어적 비난을 가하는 것을 의미한다.

로 돌아왔을 때, 나의 아버지 장광룡은 그에게 나의 어려운 상황에 대해 말했습니다. 그는 니(Nee)에게 나 같은 젊은이에게 무거운 재정적 부담을 지우는 것은 부당하다고 말했습니다.[26] 마침내 나는 사표를 내고 집에서 얼마간 쉬었습니다.

많은 형제들이 염려했습니다. 주님의 돈으로 제약 회사를 운영하고 주님의 일을 위해 그 돈을 빼돌리고 결국 돈을 잃게 된 이유는 무엇입니까? 그것이 주님을 기쁘시게 했습니까? 어쨌든 하나님의 축복은 없었습니다.

마침내 여섯 명의 관리자 형제들과 그 외 사람들이 그 공장(CBC)을 떠났습니다. 그리스도인들이 생화학공장(CBC)을 떠난 것이 두 번째였습니다. (그리스도인 일꾼들이 CBC 공장에서 처음 철수한 것은 '1942 폭풍' 동안이었습니다.) 그때 니(Nee)는 생화학(CBC) 공장을 운영하기 위해 관리자로 두 명의 불신자를 고용했습니다.

공격적인 사업 전개

1949년 해방 후, 니(Nee)는 사업을 빠르게 확장했습니다. 니(Nee)는 생화학공장(CBC)을 상해 외에도 무한(우한), 천진(톈진), 홍콩과 같은 다른 도시에 새로 설립했으며, 모두 서로 독립적이었습니다. 그는 또한 취화에 염료 공장(Cuihua Chemical Industrial Factory)을 개발하고 상해에 인쇄소를 확장했습니다. 그는 심지어 홍콩에서 방직 공장을 개발하기도 했습니다.[27]

그는 삼반/오반 운동(3-Anti/5-Anti 캠페인)이 임박했을 때까지도 상황이 얼마나 심각한지 깨닫지 못했습니다. 키니어(Kinnear)는 다음과 같이 썼습니다:

마침내 국가의 최후통첩(ultimatum)은 더 이상 저항할 수 없었습니다. 그는 그리스도 안에 있는 그의 사랑하는 형제자매들에게 마지막 권고의 말

---

26 장광룡(Zhang Guangrong)은 상해에서 니(Nee)의 첫 번째 남성 동역자였다. 당시 그의 아들 장시캉(張熱康)의 나이는 고작 스물여섯 살이었다.
27 첸푸종, 워치만 니 전기, p.98-99.

을 전했습니다. "홍콩에 있는 그들에게 교회로부터 모든 세속 사업을 분리하라고 말하십시오."[28]

니(Nee)는 얼마 지나지 않아 체포되었습니다.

부정행위

한번은 니(Nee)가 장시캉에게 사업허가증을 얻기 위해 생화학공장(CBC) 노동조합의 도장을 찍어달라고 부탁한 적이 있습니다. 그러나 그곳은 노동조합이 없는 조그만 소매점에 불과했습니다. 장시캉(Zhang)은 말했습니다:

> 상무국의 규정에 따르면, 사업 허가증을 신청하려면 근로자(노동자)의 승인을 나타내는 신청서에 공장 노동조합의 인장이 있어야 합니다. 니(Nee)는 나에게 충칭(중경)에 있는 생화학공장(CBC) 노동조합의 인장을 찍어달라고 부탁했습니다. 신청서를 제출한 후 아무런 답변이 없어서 사업자등록증을 받지 못했습니다.

'고압 가마솥'은 또 다른 문제였습니다. 항결핵제인 PSA를 만들기 위해 니(Nee)는 '고압 가마솥'을 구입했고, 구입한 가격이 3만 달러라고 했습니다. 나중에 그는 동북제약회사(NPC)에 미국 달러로 같은 가격인 300,000엔(신중국 통화)을 요구하여 매각했습니다. 당시 미국 달러와 인민화폐(새 통화)의 공식 환율은 1:2였고 암시장에서는 1:10이었습니다. 실제로 이렇게 낮은 공식 환율로 미국 달러를 받는 것은 불가능했습니다. 마침내 동북제약회사(NPC)는 암시장 요율에 따라 지불하는 데 동의했습니다. 그 후 그 가마솥의 가격은 어마어마하게 높게 책정되었고, 나중에 니(Nee)는 그 높은 가격을 부과함으로써 국가 자산을 훔친 것으로 낙인찍혔습니다. 니(Nee)는 동북제약회사(NPC)와 불법인 암시장

---

[28] 키니어(Kinnea), 파도를 넘어서 p. 211.

거래를 할 만큼 대담했습니다.

그 밖에도 교회 회원과 직원의 명의를 주주(share-holders)로 사용하는 등의 불법적인 행위까지 있었습니다. 그것은 단지 가짜 계정(dummy accounts)을 가진 이름일 뿐이었습니다. 한때 니(Nee)는 유성화(Yu Chenghua)에게 유(Yu)가 돈을 벌 수 있도록 그의 이름을 주주로 등록해 달라고 요청했습니다. 유(俞)씨는 "나는 넣을 돈도 없고, 거기서 어떤 돈을 받고 싶지도 않다"고 말했습니다.[29]

오반(Five-Anti)에 대한 니(Nee)의 대책

1951년 말에 이르러 정부는 전국적인 삼반오반운동을 일으켰습니다.[30] 이 운동은 동북지방에서 시작되어 전국으로 퍼졌습니다. 장시캉(Zhang Xikang)은 다음과 같이 말했습니다:

> 니(Nee)는 생화학공장(CBC 회계사)에게 그들이 현재 세무국에 갚아야 할 탈세 세금이 있는지 조사해 달라고 요청했습니다. 그는 또한 다른 세 형제와 나를 장시로(Jiangxi Road)에 있는 그의 침실로 불러 조만간 도착할 오반(Five-Anti) 팀에 대처하는 방법을 논의했습니다. 그는 나에게 충칭(중경) 생화학공장(CBC)의 장부를 창고에 숨기고 주주들에게는 검토를 위해 제출한 것으로 속여달라고 했습니다… 그는 우리에게 가마솥을 팔아 얻은 30만 엔을 어떻게 썼는지 말해주었습니다… 그 은행에서 일하는 XCM [장로]를 통해 일부 현금이 수십 개의 가짜 이름으로 은행에 입금되었습니다…
>
> 마지막으로, 그는 정탐꾼들을 여리고 사람들의 추격에서 구해낸 라합을 언급했고, 하나님은 그녀를 의롭다고 하셨다면서 우리도 모든 것을 숨겨야

---

29 개인정보, J.Y.
30 3반 운동(1951년)과 5반 운동(1952년)은 중국의 부패한 도시와 국가의 적들을 제거하기 위한 노력의 일환으로 정부가 주도했다. 삼반이 부과한 것은 부패, 낭비, 관료주의였다. 그것은 관료들을 상대로 한 것이었다. 5반 운동은 뇌물 수수, 국가 재산 절도, 탈세, 정부 계약 부정, 국가 경제 정보 도용에 반대했다. 자본가들을 표적으로 삼은 것이다.

한다고 제안했습니다.

나중에 니(Nee)는 상해교회(SCA) 장로들을 그의 집으로 모았습니다. 렌종샹(Ren Zhongxiang, 장로)은 다음과 같이 말했습니다:

> 1952년 초에 니(Nee)는 오반(Five-Anti) 캠페인에서 심각한 문제를 겪게 될 것을 깨닫고 자신이 아파서 거의 침대에서 일어나지 못한다고 말했습니다. 어느 날 그는 교회의 동역자들과 장로들에게 자신의 집으로 와달라고 부탁했습니다. 그는 자백하고 회개했으며 그들에게 그를 위해 기도해 달라고 부탁했습니다. 그는 자신이 '이기는 그리스도인이 아니고 하늘의 왕국에 들어갈 수 없다'고 말했습니다.
>
> 그러나 그는 항일전쟁 시기에 약을 싼 값에 사서 충칭에서 비싼 값에 팔아 단숨에 큰 이익을 얻었다는 점만 인정했을 뿐, 다른 죄에 대해서는 언급하지 않았습니다. 동역자들과 장로들이 그를 위해 기도한 후에 그는 마침내 오반(five-anti)에 문제가 있을 것이라고 밝혔습니다. 교회가 개입되는 것을 피하기 위해 그는 교회의 명부에서 자신의 이름을 삭제해 달라고 요청했습니다.[31]

니(Nee)는 다가오는 오반(Five-Anti) 운동에서 그가 겪게 될 문제에 대해 심각하게 염려했습니다. 그가 상해교회(SCA)에서 자신의 이름을 삭제해 달라고 요청한 것은 이번이 두 번째였습니다. 분명히 교회 지도자들은 그의 요청을 듣지 않았습니다.

워치만 니의 체포

'가마솥'을 포함하여 상해 생화학공장(CBC, Shanghai)은 중국 동북부 심양에 있는 국립동북제약회사(National Northeast Pharmaceutical Company)에

---
31 렌종샹(任鍾祥), 상해교회 간략한 역사, p.22.

매각되었습니다. 대부분의 직원도 심양으로 이사했습니다. 오반(Five-Anti) 기간 동안 불신자인 생화학공장(CBC)의 마지막 본부장이 '가마솥 사건'에서 판매 부정이 있었다고 정부에 신고했습니다.

생화학 연구소(CBC) 이후, 상해의 것은 매각되었습니다. 니(Nee)는 'CBC'(생화학 공장) 브랜드 이름을 계속 사용하기 위해 NPC로부터 허가를 받았습니다. 따라서 생화학공장(CBC) 상해 사업이 재설립되었습니다. 그때쯤 그는 공장 내의 공산주의 노동자들의 괴롭힘과 금융 위기에서 벗어났습니다. 그리고 오직 헌신된 기독교 일꾼들로만 상해의 새로운 CBC를 재설립할 수 있었습니다.

1952년 4월 10일, 동북 공안국 요원들이 장시로(Jiangxi Rd)에 있는 니(Nee)의 집에 왔고 니(Nee)는 반대 심문과 자백을 위해 즉시 떠나라는 요청을 받았습니다. 그날 그는 선양으로 향하는 기차에서 공식적으로 체포되었습니다. 그의 체포 사실은 그의 아내에게 즉시 알려지지 않았으며 SCA 지도자들은 니의 실종에 대해 엄격히 침묵했습니다.

상해 생화학공장의 '오반'

1952년 7월, 정부 오반(Five-Anti) 팀은 조사를 위해 상해 생화학공장(CBC)에 진입했습니다. 세무국, 종교국, 공안국에서 온 간부들과 국영제약회사(NPC) 지도자들로 구성된 상당한 규모의 팀이었습니다. 샤오루양(Shao Luoyang)은 팀 리더였습니다. (1952년으로부터 4년 후 샤오(Shao)는 상해교회(SCA)를 대상으로 하는 반혁명세력제거(CEC) 팀 리더로 재지정되었습니다.)

1956년 1월 30일, 상해 시 검찰관은 니(Nee)를 기소한다고 발표했습니다. 그의 정치적 범죄에 비해 그의 재정 문제는 자세히 언급되지 않았습니다. 그러나 그의 다양한 기업 중범죄는 정부가 '워치만 니(Watchman Nee)와 상해교회(SCA)' 사건을 조사하는 핵심 요소가 되었습니다.

기업가로서 니(Nee)의 결말

1953년에 니(Nee)의 재정적인 중범죄가 결말이 났습니다. 여러 도시에 있는 니(Nee)의 사업은 모두 압수되고 국유화되었으며, 직신 집단 농장(Jixin Collective Farm)은 해체되었습니다.[32] 상해에 있는 취화 화학 공업 공장은 1953년 3월 6일 정부에 의해 몰수되고 인수되었습니다.[33] 그것은 1939년에 시작된 니(Nee)의 사업의 종말을 상징했습니다.

처음에 니(Nee)는 그의 개인적인 사역을 위해 영국에서 막대한 기부금을 받았습니다. 그러나 거의 13년 동안 그는 사업 벤처에 돈과 그의 주된 노력을 투자했습니다. 그의 사역은 왜곡되었고 그것은 확실히 원래 기부금을 준 사람의 의도가 아니었습니다. 궁극적으로 그것은 그로 하여금 모든 것을 잃게 했습니다. 바로 장시캉에게 이렇게 말한 것과 같습니다:

> 내가 금을 흙으로 바꾸는 동안 다른 사람들은 흙을 금으로 바꾸고 있었습니다.

이 교훈은 얼마나 깊은지! 그것은 현대 중국 교회사에 깊이 새겨져야 합니다.

1948년 이후 니(Nee)의 사업에 대해 좀더 회고하다

니(Nee)가 1948년에 사역에로 복귀한 것은 중국 정권이 바뀌기 직전이었습니다. 그는 마르크스-레닌주의와 마오쩌둥의 신민주주의 정책에 관한 많은 책을 읽었습니다.[34] 그의 공산주의 친구들이 제공한 정보에 근거하여 그가 추정한 것에 따르면, 그는 중국의 신민주주의가 꽤 오랜 시간 지속될 것이라고 확신했습니다.

---

32 렌종샹, ibid p.23.
33 리지쿤(李子昆), 구름(一朵雲彩), p. 39-40.
34 첸부종(陳福中), '워치만 니 전기' p. 148.

그것은 정부가 자본가를 포함한 모든 사람들에게 우호적일 것임을 의미했습니다. 경제적으로 중국은 다른 나라들보다 훨씬 뒤떨어져 있었습니다. 많은 사람들은 권력을 잡은 공산주의자들이 자본가들을 너무 빨리 소멸시킬 수는 없다고 생각했습니다. 대신에 정부는 자본가들의 개인 자산을 보호할 것이라고 본 것입니다.

그러한 가정(假定)은 아마도 그의 기업을 공격적으로 확장하려는 니(Nee)의 노력과 그가 홍콩에서 돌아온 것을 설명할 것입니다. 그(Nee)는 공장과 집단 농장에 지방교회 교인만 고용하여 공산정권에 대처할 수 있는 발판이 있다고 생각할 만큼 자신만만했을 것입니다. '고령 서명 운동'에서 그의 기업의 공격적인 발전에 이르기까지, 니(Nee)는 하나님을 신뢰하는 대신 "다수의 인원과 금전적인 능력으로 절대 권위를 확립"하는 전략을 보여주었습니다. 불행히도 니(Nee)는 너무 낙관적이고 자신감이 넘쳤습니다.

신민주주의 시대는 니(Nee)와 다른 많은 사람들이 기대했던 것만큼 오래 지속되지 않았습니다. 1949년 해방 이후 공산당 정부는 곧 '제국주의자들', 국가 산업, 관료적 자본주의 기업의 자산을 인수했습니다.[35] 1950년대 초에 정부는 삼반-오반(1950-1952)과 같은 새로운 정책과 운동을 시작했습니다. 나중에는 완전히 국가 부르주아지, 개인 소유 산업 및 상업 기업, 개인 기업가를 완전히 통제하기 위해 국가-민간 소유의 공동 소유 운동(1954)을 시작했습니다.[36] 정해진 순서에 따라 모든 기업가들은 1956년 사회주의 개혁 동안 그들의 모든 통제권과 자산을 잃었습니다. 그것은 실제로 신민주주의가 아니라 절대 사회주의를 위한 기만적인 변혁이었습니다. 10년도 채 되지 않아 정부는 중국 경제에 대한 절대적인 통제권을 얻었습니다. 그리고 하나님은 니(Nee)의 행위로 인하여 영광을 얻지 못하셨습니다.

---

35 해방 후 정부는 '제국주의자'(국내 기업과 민간 기업을 포함한 외국의 자산)와 관료 자본가(국민당 간부 및 기업의 자산)의 모든 자산을 몰수하거나 동결시켰다.
36 '민족부거시(national bugeosie)'란 외국의 '제국주의' 자본가들과 관계가 없이 민족 산업 발전에 유익한 사업을 하는 자본가들을 의미한다.

• Chapter 17 •

니(Nee)의 근원적인 문제

내 자신의 문제

니(Nee)의 문제를 탐구하기 전에, 나는 하나님께 대한 내 자신의 범죄를 진지하게 생각해야 합니다. 나는 성령의 인도 아래 하나님께 순복해야 합니다. 하지만 나는 그렇지 못했습니다. 그 기간 동안 내 마음은 의제들(agendas)로 가득 차 있었고, '주님 자신'과 '주님을 위한 활동'을 구분하지 않았습니다. 거기에는 내가 오랜 동안 무지했던 섬세한 선(fine line)이 있습니다.

점차적으로 하나님이 아닌 니(Nee)가 내 마음의 보좌에 앉아 있었습니다. 교회 지도자들은 존경받아야 하지만, 지나치게, 절대적으로, 맹목적으로 하나님으로서, 심지어 하나님보다 더 높임을 받아서는 안 됩니다. 사람을 숭배하는 것은 금송아지를 숭배하는 것과 같으며, 하나님은 질투하시는 하나님이십니다! (출 20:5; 34:14; 신 4:24; 수 24:19; 나훔 1:2.)

과거에 나는 성경을 읽는 데 많은 시간을 보냈습니다. 그러나 하나님은 내 마음의 중심이 아니었습니다. 나는 하나님의 지혜에 대한 통찰력이 거의 없었습니다. 힘든 도전과 시련에 직면했을 때 나의 믿음은 멈췄습니다. 나는 그분의 도구가 아닌 하나님 자신을 경배해야 합니다. 나는 하나님과의 직접적이고 개인적인 관계에 대한 갈망이 부족했기 때문에, 나 자신의 실패에 대한 책임이 있습니다.

'반혁명분자 소탕작전'(CEC) 기간 동안, 니(Nee)의 잘못이 폭로되면서 나는 기가 꺾였고 니(Nee)와 교회를 비판하는 '인민의 입장'을 받아들이는 또 다른 함정에 빠졌습니다. 그건 내 잘못입니다. 나는 우상 숭배에서 해방되었습니다. 그러나 나는 이방인의 '인민의 입장'을 내 규범으로 삼아 두 번째 포로 상태에 빠졌습니다. 그 실수는 나를 길에서 벗어나게 했고, 하나님께 대한 믿음을 약화시켰고, 마침내 나는 상해교회(SCA) 내에서 정부의 도구가 되었습니다. 나는 거짓 증언을 하지는 않았지만, 그러나 나는 당시의 감정적 조류에 부합하는 과장된 말을 했습니다. 세상적인 분노를 표현함으로 이방인들 앞에서 형제를 고발하는 것이 잘못되었음을 이제야 깨달았습니다. 비록 나의 넘어짐은 니(Nee)의 성적 비행으로 시작되었지만, 그러나 근본적인 뿌리는 하나님과 그분의 말씀을 신뢰하는 나의 믿음을 붙잡지 못한 것입니다. 얼마 동안 지도자들을 포함하여 거의 모든 교회가 '인민의 입장'을 붙들고 니(Nee)를 고발했습니다. 상해교회(SCA)는 한때 하나님과 그분의 말씀보다 우월했던 인민의 입장(People's Standpoint)의 이상화(idealization)에 휩싸였습니다.

나는 신앙을 포기하기 전까지 6개월 동안 간절히 기도했습니다. 나는 하나님께 다음과 같이 기도했습니다: 1) 내 마음에 그분의 존재를 계시해 달라고 구했고, 2) 니(Nee)의 특별 집회에서 내가 이전에 경험한 것이 영적인 것인지 아니면 심리적인 것인지 이해하기를 구했습니다. 나는 하나님의 존재를 의심하게 되었고, '내 영 안에서' 다른 영적 느낌을 찾고 있었습니다. 그것이 니(Nee)가 과거에 우리에게 가르친 것입니다: '당신의 영의 느낌을 강조하고 따르십시오.' 나의 간절한 기도는 하나님께서 나의 의심을 영적인 느낌이나 체험으로 해결하도록 응답해 주시라는 것이었습니다. 사실 나는 의심에 집중했을 뿐 하나님을 신뢰하는 데에는 집중하지 못했습니다. 나는 어떤 느낌을 찾고 있었지만 하나님은 침묵하셨습니다. 나는 믿음으로 또는 나의 하나님께 대한 믿음으로 기도하지 않았습니다. 사실, 나의 믿음은 나의 거짓 '신' 니(Nee)에게 있었지 전능하신 하나님께는 없었습니다. 내 거짓 '신'이 폭로되면서 내 믿음이 무너졌습니다. 그것이 나의 극심한 고통과 붕괴의 이유였습니다.

나는 주님께 돌아온 후 신속하게 새벽기도와 성경 공부 같은 매일의 영적 훈련을 재개했기 때문에 지방교회에서 양육되고 세워진 것에 여전히 감사합니다. 그리고 이제 나는 무엇보다 하나님과 그분의 말씀을 존중해야 합니다. 이 책에서 나의 목적은 과거로부터 배우고 다가올 세대들에게 상기시키는 것입니다... 중국 속담 '前車之鑒'은 앞에 뒤집힌 수레가 뒤에 있는 수레에게 앞의 위험을 경고한다는 뜻입니다. 니(Nee)와 상해교회(SCA)의 과거 생활은 그리스도인들과 그들의 지도자들에게 귀한 교훈이 되어야 합니다.

니(Nee)는 복합적인 성격과 지방교회에서의 복잡한 역할, 그리고 비극적 결함이 있는 다방면의 재능을 가지고 있었기 때문에 하나님의 종에 대해 논의하는 것은 쉬운 일이 아닙니다. 그의 흥망성쇠와 함께 그의 일생을 돌아보면 그의 실패의 근본 원인은 아마도 하나님을 경외하지 않는 교만과 권력욕이었을 것입니다.

자부심과 권력욕

어렸을 때부터 권력을 갈망하다

어린 시절부터 니(Nee)는 매우 재능이 있었고 권력을 갈망했습니다. 그는 이렇게 말했습니다:

> 나는 반에서뿐 아니라 학교에서도 항상 1등을 했습니다. 나는 또한 주님을 섬기는 데 있어서 첫 번째가 되고 싶었습니다. 이런 이유로 나는 둘째가 되었을 때 불순종했습니다. 나는 그것이 내가 감당하기에는 너무한 일이라고 거듭 하나님께 말씀드렸습니다. 나는 명예와 권위를 너무 적게 받고 있었고 모두가 내 선배 동역자의 편을 들었습니다.[1]

1936년에 니(Nee)는 그의 간증에서 이렇게 그의 속사람에 대한 고백을 잠시 했습니다. 그러나 그 이후로 그에게는 뚜렷한 변화가 없었습니다.

---

1 니(Nee), "워치만 니의 간증", 뉴스레터 모음집 및 워치만 니의 간증, 전집 26권 8장 1부.

1934년부터 시작된 위임된 권위

대부분의 사역 기간 동안(1942-1948년 제외) 니(Nee)는 지방교회의 유일한 지도자였으며 결코 다른 인도자들과 동등하게 같은 자리에 앉거나 그들에게 지혜와 조언을 구하지 않았습니다(잠 15:22). 동역자들과 함께 기도하거나 중요한 문제를 의논하는 방식을 반영하는 기록은 많지 않습니다. 그의 독재 스타일은 지방교회 초기부터 시작되었습니다. 1928년에 상해교회가 설립되었을 때, 니(Nee)는 첫번째 이기는 자 집회(The First Overcomers' Conference)를 열기로 결정했고, 그는 유일한 연사였습니다. 그 패턴은 이후의 모든 전국 동역자집회 및 특별집회로 이어졌습니다.

모든 지방교회를 향한 위임된 권위(delegated authority)에 대한 니(Nee)의 연설은 상해교회(SCA) 설립 후 불과 몇 년 만에 시작되었습니다. 1934년 2월에 그는 이미 '권위와 순복'을 말했습니다. 그가 말하기를:

> 하나님께서는 사람이 권위에 복종하기를 원하십니다. 왜냐하면 권위는 하나님께서 임명하셨을 뿐만 아니라 하나님을 대표하기 때문입니다… 권위를 인정하지 않고 권위에 복종하지 않는 사람은 불법자이며 죄를 지은 자입니다.[2]

> 모든 권위는 하나님을 대표하기 위해 존재합니다… 교회의 권위에 복종하지 아니하는 자는 형제로서의 지위를 상실한 자입니다.[3]

> 우리가 조심하지 않고 권위에 복종하기를 거부한다면 우리는 그리스도를 따르는 것이 아니라 적그리스도를 따르는 것입니다.[4]

니(Nee)가 겨우 서른 살이던 1934년에 그는 이미 큰 확신을 가지고 '권위와 복종'을 강조했습니다. 그때까지 지방교회 운동은 매우 축복받았고 절정에 달했습

---

[2] 니(Nee), 집회생활, 교회의 기도 사역, 전집 22권 4장 1부.
[3] 니(Nee), Ibid, 전집 22권, 4장, 2부.
[4] 니(Nee), Ibid, 전집 22권, 4장, 3부.

니다. 니(Nee)가 6년 동안 '내키지 않은 침묵'(reticence)을 한 후, 1948년에 그의 사역을 재개한 때를 되돌아보면, '위임된 권위'에 대한 그의 극단적인 과장은 일찍이 1934년에 뿌리를 내린 것 같습니다.

1948년에 니(Nee)는 그의 인기와 권위와 부의 절정에 이르렀습니다. 사도라는 칭호를 스스로 부여받은 그는 거의 모든 지방교회와 동역자들의 '내어놓음(handing over)' 과정을 통해 교인들의 재산에 대한 권한을 가졌습니다. 그는 중국 대륙 지방교회들의 유일한 권위자였습니다. 그러나 그 후 4년 동안 '하나님의 위임된 권위'로서 그는 '고령(Guling)을 위한 서명 운동'을 포함하여 중대한 실수를 저질렀고, '삼자교회를 지지하는 많은 교인들을 허위로 대표했으며', '사업에서 여러 차례 사기를 쳤고', 마침내 "나는 어떻게 '인민의 입장으로' 돌아섰는가"라는 그의 연설을 발표했습니다. 그가 체포됨은 그의 모든 권세를 끝냈습니다. 1956년 니(Nee)의 문제가 폭로된 것의 폭발적인 영향은 전국의 지방교회에 헤아릴 수 없는 고통과 혼란을 야기했습니다.

니(Nee)의 사역의 여러 단계에 걸쳐 전해진 그의 대부분의 설교를 읽어볼 때, '권위에 대한 복종'은 그의 일관되고 주요한 주제로 보여집니다. 그러나 그것은 그가 지방교회를 세운 후에야 시작되었습니다. 이에 앞서 그의 '침례', '모든 종파에서 탈피함', '주류 교회의 각종 전통에 대한 비판' 등은 기존 교회의 권위에 대한 투쟁을 보여주었습니다. 1927년에 니(Nee)는 충분히 담대해져서 그리스도인들이 교회 권위에 반대하여 말하도록 격려했습니다. 그는 이렇게 말했습니다:

> 곧은 길은 우리가 알아야 할 것과 해야 할 것에 관한 모든 문제를 해결할 수는 없습니다. 그러나 전통적인 가르침이 가장 경건하게 유지되고 인간 의지의 조직이 가장 열광적으로 강조되는 그러한 시기에, 곧은 길은 우리로 하여금 이러한 것들을 의심하게 만들고 성경에서 그것들을 찾아보게 할 수 있습니다. 성경의 엄격함은 결코 지나치지 않습니다. 성령의 자유는 결코 혼란

으로 이어지지 않습니다.[5]

　오늘날 하나님의 교회가 전통과 의견을 절대적으로 따르는 상태에 빠져 있는 것을 보기 때문에, 나는 이 작은 신문 "기독도보(The Christian)"에서 이 문제에 관해 신자들에게 자주 상기시켰습니다.[6]

　왜 지방교회의 지도자들과 교인들은 니(Nee)의 비성경적이고 거만하고 극단적인 가르침에 복종했습니까? 그것은 우리가 '세뇌'되었기 때문입니다. 우리는 니(Nee)가 말한 모든 것에 동의했습니다. 우리 대부분은 '만나'를 주워 성령님에 의해 과정을 거치도록 하는 것 대신에 사람에 의한 '영적 패스트푸드'를 선호했습니다. 니(Nee)는 오류가 없는 사람으로 여겨졌습니다. 우리는 복종하도록 강요받은 것이 아니라 기꺼이 '경건하게 복종'하게 되었습니다.

　주요 쟁점은 복종의 대상을 선택하는 것입니다. 하나님과 성령께 복종하는 것입니까, 아니면 어떤 형태의 위임된 권위에 복종하는 것입니까? 성령과 성경의 인도 없이 하나님의 권위를 무시하고 위임된 권위에 맹목적으로 순복한 것은 반세기 동안 지방교회에 비극적인 결과를 가져왔습니다.

　신약 성경의 사도들의 말은 권능이 넘쳤지만, 그들은 권위를 무겁지 않게 사용했습니다. 사도 바울은 오네시모를 위해 빌레몬에게 편지를 썼을 때 부드럽게 간청했습니다. 그의 편지는 우리에게 좋은 모델을 제공합니다.

　성경에는 '위임된 권위'가 기록되어 있지만 궁극적인 권위는 하나님이십니다. 니(Nee)의 권력욕의 중심은 '자아'이며, '자아'는 하나님의 대적입니다.

---

5 니(Nee), '곧은 길'을 가는 독자들에게 주는 몇 마디 말(A Few Words to the Readers of Straight Paths), 기독도보(The Christian)(5), 전집 7권, 32장, 7부에서. 스코틀랜드의 플리머스 형제단(Plymouth Brethren)의 알렉산더 마샬(Alexander Marshall)은 '하나님의 자녀들을 위한 곧은 길(Straight Paths - for the Children of God)'을 말했다. 그는 떡을 떼기 위해 두세 명의 신자가 모이는 것은 주님의 상의 모임으로 인정될 수 있다고 주장했다. 1926-1927년경에 니(Nee)는 그의 동역자들에게 '곧은 길'을 읽도록 권했다. 니(Nee)는 마샬의 생각을 받아들인 것 같다. 첸푸종(Chen Fuzhong), "이연여 전기(Li Yuan Ru)", p.90; 첸푸종(Chen Fuzhong)의 '왕페이진의 실지 전기', p.30-31.
6 니(Nee), 기독도보(The Christian)(5)의 '곧은 길' 서문, 전집 7권, 32장, 8부.

개인 숭배

개인을 숭배하는 것은 세속 세계에서 꽤 흔한 일입니다. 그러나 그것은 하나님을 모욕하는 것입니다. 지난 반세기 이상 동안 지방교회에서 니(Nee)를 숭배하는 것은 매우 명백했습니다. 이러한 경향은 줄어들었지만 여전히 지속되고 있습니다. 기독교 신앙의 범위 안에 있는 많은 사람들이 그것을 혐오스럽게 느낍니다. 니(Nee)의 조카 스테반(Stephen C. T. 목사 Chan)는 다음과 같이 말했습니다:

> 1948년에 복주에 갔을 때 나는 대부분의 상황에 실망했습니다. 그들 중에는 진실로 하나님을 경배하는 사람도 있었지만, 그들(고령에서 훈련하는 동역자들) 중 많은 사람이 우상을 숭배하고 있었습니다. 우리는 종종 "니 형제님이 말한 대로"라는 말을 들었지만 "하나님께서 말씀하신 대로"는 듣지 못했습니다. "니 형제님이 말씀하셨다"가 "성경이 말씀하신다"보다 더 권위 있는 것처럼 보였습니다. 하나님께서 말씀하신 것처럼 니(Nee)가 말한 것에 관한 모든 이야기를 기록한다면, 이 작은 책은 즉시 대작(大作)이 될 것입니다. 그 이야기들이 역겹기 때문에 기억할 수는 없었습니다. 우리와 같은 성정(性情)을 가진 사람을 하나님이라고 말하는 것은 죄입니다.[7]

'니(Nee)를 숭배'하는 근원은 니(Nee) 자신에게 뿌리를 두고 있습니다. 오랜 기간 동안 니(Nee)는 의도적으로 영적 권위에 대한 그의 특이한 가르침으로 자신을 세웠고, 나중에는 '대리 권위'에 스스로 취임했습니다. 그 자신만의 특유의 형상(image)을 구축하여 그것을 지방교회 성도들의 마음에 심었습니다. 니(Nee)와 그의 가르침이 무오하다고 믿는 것은 '우상숭배'라는 결과를 낳았습니다.

이것은 대부분의 '우상 숭배'에서 보여지는 매우 유사한 패턴을 따르고 있습니다. 우상 숭배는 일반적으로 '위에서 아래로' 형성됩니다. 리더(Leader)는 위에서 가르치고 따르는 자들은 아래에서 분별없이 복종합니다. 그들의 무비판적인

---

7 첸종다오(진종도, Chen Zhongdao), "나의 삼촌 워치만 니", p. 57

헌신을 듣고 본 지도자는 더욱 유사한 가르침으로 그들의 헌신을 강화시키고 그 악순환은 눈덩이처럼 됩니다.

불행하게도, 상황이 명백히 심각했음에도 불구하고 니(Nee)가 그의 추종자들이 그를 숭배하는 것을 금지한 충고나 경고의 기록을 찾을 수 없습니다. 때때로 그는 1932년에 한 것과 같은 표현을 했습니다:

> 그래서 사람들이 과거 사건에 대해 말할 때마다 개인적인 냄새와 개인적인 배경이 불가피하게 들어옵니다. 이것이 내가 피하고 싶은 것입니다. 개인적인 냄새는 최소한으로 줄이고 싶습니다. 워치만 니라는 이름은 저주받아야 합니다. 나는 전에 이것을 말했고 오늘 다시 말할 것입니다. 개인적인 냄새가 최소한으로 줄어들기를 바랍니다. 나는 모두에게 우리의 역사를 말하고 싶습니다.[8]

1950년경에 나는 한 특별집회에서 니(Nee)가 말하는 것을 들었습니다: "워치만 니라는 이름은 저주받아야 합니다." 2008년 내가 상해에 있을 때, 현재 상해교회(SCA)에서 섬기는 리(Li) 형제도 이 말을 집회에서 들었다고 언급했습니다. 그의 말이 너무 함축적이어서 우리는 그가 의미하는 바를 이해하지 못했습니다. 1956년에 그의 문제가 폭로된 후에야 우리는 그의 내적 투쟁을 조금 이해하기 시작했습니다.

니(Nee)는 하나님의 보좌에 앉아 자신을 위해 하나님의 영광을 붙들었습니다. 그것은 그의 성적 부도덕보다 훨씬 더 심각한 것이었습니다. 그는 하나님을 부끄럽게 했고 하나님은 그를 내버려두지 않으셨습니다. 그렇지만 하나님은 니(Nee)를 드러내고 징계하심으로 사랑의 하나님께로 돌아올 수 있도록 그에게 긍휼과 은혜도 주셨습니다.

하나님께서는 하나님 되시게 하고 사람은 사람이 되게 하십시오.

---

8 니(Nee), "과거 이야기", 성경 메시지 노트(2), 전집 18권, 1부.

니(Nee) 아내의 절대 복종

 니(Nee)는 또한 자신의 집에서 절대적인 권위를 가졌습니다. 그는 그의 동역자 중 한 사람에게 이렇게 말했습니다. "나는 내 아내를 7년 동안 훈련시킨 후에 그녀를 자유롭게 했습니다."[9] 예를 들어, 그의 아내 '채리티'가 바닥에 있는 책과 신문을 집어 제자리에 놓을 때, 니(Nee)는 그녀에게 질문했습니다. "누가 당신에게 그것들을 집어놓으라고 했습니까? 바닥에 다시 놓으세요. 내가 집어놓으라고 부탁하지 않으면 그렇게 해서는 안 됩니다." 그때 채리티는 그것들을 바닥에 다시 놓아야 했습니다. 나중에 그녀(채리티)는 한 동역자 부인에게 이 사건에 대해 이야기했습니다.[10] 니(Nee)의 목적은 그녀가 절대적으로 복종하도록 훈련시키는 것이었습니다.

 또 한면으로, 니(Nee)와 그의 어머니는 유사하게 어기찬 성격을 가졌는데, 니(Nee)는 어머니의 권위를 존중하지 않았습니다. 그들의 관계는 긴장되었고 때로는 냉혹했습니다. 1948년 8월, 니(Nee)는 그의 어머니가 모(母) 교회의 추천서 없이 홍콩과 광동 지역에 왔을 때, 교회 지도자들이 사역자로 받아들인 것에 화가 났습니다. (지방교회 교인이 한 곳에서 다른 곳으로 이동하려면 추천서를 받는 것이 꽤 의례적(儀禮的)인 일이었습니다.) 니(Nee)가 말했습니다:

> 니(Nee) 여사[워치만 니의 어머니]에 관하여, 그녀가 홍콩과 광동에서 사역에 받아들여진 것은 동역자들의 실수입니다. 여러분은 여러분의 위치에 굳게 서 있지 않았습니다. 우리는 이전에 이 문제에 대해 교제했으며, 추천서가 없는 동역자는 사역에 받아들여서는 안 된다고 공표했습니다. 여러분은 단지 내 어머니라는 이유만으로 그녀에게 사역할 입지를 제공해서는 안 됩니다. 우리는 인간의 지도력이 아니라 성경의 가르침을 따르기 위해 여기에 있습니다. 바울은 분명히 고린도 교회에게 자매들은 머리를 가리라고 명했습니다. 자매들은 가르치지 말아야 합니다. 그런데 여기 원칙을 깨뜨린 자

---

9 개인정보, JDM.
10 개인정보, SHM, 동역자의 아내.

매가 있습니다. 그녀가 누구의 어머니이기 때문에 용납되었다는 것이 나는 아주 화가 납니다.[11]

워치만 니의 '매력'

니(Nee)에 대한 동역자들과 교회 회원들의 당초의 존경심은 아주 자연스러운 것이었습니다. 그는 통찰력이 있고 지식이 풍부하며 웅변가였습니다. 그의 외모는 상당히 수수하고 차분했으며 단정한 차림에 품위 있는 태도를 보였습니다. 가르치거나 설교하지 않는 동안에도 그는 단지 몇 마디 말만으로 항상 권위가 있었고, 실제적인 상호 작용이나 토론은 없었습니다. 그의 태도는 감정적이지 않고 매력적이며 자신감이 넘쳤습니다. 그의 설교는 그의 웅변과 함께 인상적이었습니다. 그는 설교하는 동안 비교적 단조로운 감정을 보였고 미소를 짓지 않았습니다. 그의 매력적인 태도는 세심한 고려 없이 되는 것이 아니었습니다. 예를 들어, 1948년에 니(Nee)는 그의 동역자 위광휘(K. H. 웨이)가 설교하는 동안 미소를 지었다고 비난하기까지 했습니다. 동역자들의 고령 훈련(Guling Training)에서 '영적 판정과 실례(Examples and Judgment)' 집회 중에 발생한 일입니다. 니(Nee)는 다른 사람들 앞에서 그에게 다음과 같이 말했습니다.

"당신의 영이 완전히 해방되기를 원한다면 미소를 조금 자제해야 합니다. 얼굴 표정, 목소리, 태도 모두 한 방향으로 집중되어야 합니다. 당신의 미소는 때때로 당신의 주의를 산만하게 합니다."[12]

1948년에 니(Nee)를 처음 본 이래로 그는 설교할 때 항상 의자에 앉아서 했습니다. 고령에서도 100명이 채 안 되는 청중 앞에서 그는 여전히 앉아서 설교했습

---

11 니(Nee), K. H. Weigh 형제와의 개인 대화, 주님의 회복 안의 성숙한 인도(1), 전집 61권, 6장, 1부.
12 니(Nee), "판정의 실례(3)", 영적 판정의 실례, 전집 58권, 7장, 1부.

니다. 어떤 사람은 이렇게 말했습니다. "그가 설교하는 동안 앉아 있으면 그는 유대인 랍비처럼 보였습니다." 그는 청중에게 위엄있고, 분별되며, 다소 신비스러운 인상을 남겼습니다. 그와 접촉한 상해교회(SCA)의 거의 모든 그리스도인은 그의 '뛰어남'을 강력하게 즉각적으로 느꼈습니다.

그러나 과거에 니(Nee)가 말한 것을 돌이켜 생각해봅시다. 1934년 1월, 그는 '집회 생활(어떻게 모이는가)'이라는 주제로 특별 모임을 소집했습니다. 그때 그는 다음과 같이 말했습니다:

> "일어서서 말하십시오. 떡 떼는 집회와 다른 집회에서는 형제들이 일어나서 말하는 것이 좋습니다. 중국 관습에 따르면 앉아서 말하는 것은 정중하지 않은 것입니다. 더군다나 앉아서 말하는 사람은 소리가 크지 않고 다른 사람들이 듣기도 어렵습니다. 또한 그의 목소리는 다른 형제들의 목소리와 쉽게 충돌할 수 있습니다."[13]

니(Nee)가 양심적으로 몇 년 동안 앉아서 설교하는 것을 선택한 데에는 이유가 있을 것입니다.

니(Nee)는 왜 중국 본토로 돌아왔습니까?

정권이 바뀌는 시기에 니(Nee)는 1949년 8월 고령(Guling)을 떠나 홍콩으로 가서 홍콩, 타이완, 해외의 사역을 안배했습니다.[14] 겉으로 볼 때, 홍콩의 지방교회는 격려를 받고 부흥했습니다. 1950년 3월, 복주(푸저우)에서 그의 어머니가 사망했고, 홍콩에 있는 동역자들의 반대 의견에도 불구하고 니(Nee)는 상해교회(SCA) 동역자들의 긴급한 요청으로 상해로 돌아왔습니다. 많은 사람들은 공산

---

13 니(Nee), "어떻게 모이는가," 교회 생활과 교회의 기도 사역, 전집 22권, 6장, 1부.
14 첸젝신(Chen Zexin), "워치만 니 형제의 간략한 역사", p. 79 첸젝신, "워치만 니 전기", p. 96

주의 중국으로 돌아가겠다는 그의 대담한 결정에 대해 그를 칭찬했습니다.

니(Nee)는 왜 중국 본토로 돌아왔습니까?

1948년 4월, 니(Nee)가 사역을 재개하여 전국적인 동역자 집회를 열면서 그는 원대한 계획과 함께 종합적인 이론을 제시했습니다. 그것은 분명히 다가오는 정권교체에 대처하기 위한 계획이었습니다. 양도(Handing-over) 전략을 통해 그는 모든 지방교회의 힘과 재정 자원을 통합하여 '중국 전체를 장악'하고자 했습니다. 그것은 사도행전의 예루살렘처럼 상해교회를 중국 전체의 중심으로 해서 복음화하겠다는 것을 의미했습니다. 강서(江西, 장시)성 이양(伊陽)에 집단 농장을 세웠고 그 구성원은 모두 지방교회 교인들이었습니다. 인민공사와 관련해서는 이미 정부보다 몇 발짝 앞서 있었습니다. 또한 여러 도시에 이미 여러 공장이 세워져 있었고 모든 노동자는 '양도한' 교인들이었습니다. (그러나 니(Nee)는 그가 주창했던 것처럼 국가적 복음전도 프로그램을 시작하지는 않았습니다.)

니(Nee)는 1948년에 발표한 그의 계획의 결과를 확신했습니다. 1) 그의 지방교회에 대한 전략적인 계획은 헌신한 회중들에 의해 지지되었습니다. 2) 그것은 신민주주의 정책에 부합했고,[15] 3) 그는 공산당에 채러티(니의 아내)의 숙부인 장루리(Zhang Ruli)와 같은 친구가 있었습니다. 4) 그는 당 정책에 대한 자신의 지식을 확신했습니다. 그러나 하나님은 그를 축복하지 않으셨고 그 결과는 진실을 말해줍니다.

홍콩에서 상해로 돌아가려는 그의 의도는 순교자가 되려는 것이 아닐 가능성이 컸습니다. 그의 순교 준비를 뒷받침하는 기록은 없었습니다. 대신에 그는 공산당과의 거래에 대해 과신했습니다. 하나님은 그의 어리석은 교만을 축복하지 않으셨습니다.

---

15 마오쩌둥(毛澤東)의 발표에 따르면, 1949년의 전국 해방은 중국이 신민주주의에 진입하는 계기가 되었다. 그것은 마오쩌둥이 중국 경제가 너무 후진적이어서 자본가들의 사유재산이 속히 국유화되지 않을 것이라는 점을 인정했다는 의미인가? 자본가에 의한 경제의 추가 발전은 금지되지 않는가? 사실은 그 반대였다. 1951-1953년의 삼반(三反), 오반(五反) 운동과 민간 공장의 국유화 이후 자본가들은 더 이상 권력을 갖지 못했다. 그러나 니(Nee)는 여전히 CPC 정책을 신뢰했다. 그는 지나치게 낙관적이었고 영적 선견자가 아니었다.

영적 투쟁

　니(Nee)의 마음 밑바닥에 있는 쓰라린 영적 투쟁은 그의 詩를 통해 면밀히 조사되고 발견될 수 있습니다. 그러나 그의 詩의 배경은 논의하기에는 너무 빈약합니다. 그의 詩에서 그의 내면의 고통, 나약함, 투쟁은 그의 자신만만한 이미지와 정반대입니다. 그리스도인으로서 우리는 보통 우리 자신의 인간적 연약함을 고백합니다. 그러나 니(Nee)가 자신의 연약함과 실패와 하나님께 대한 투쟁에 대해 그토록 비통하게 부르짖으면서도 어찌하여 외적으로는 자신의 교만과 확신을 표현하고 지방교회 안에서 '위임된 권위' 같은 가장 높은 권세를 움켜쥐었는지는 여전히 수수께끼입니다.

　니(Nee)의 찬송시 대부분은, 다른 사람의 작품을 자신의 표현으로 바꾸는 '수집하는' 재능을 가지고 있었기 때문에 해외에서 온 가장 훌륭한 찬송가를 각색한 것입니다. 그의 고통, 투쟁, 수치심의 깊이는 매우 진실하고 감동적이었습니다. 예를 들어, 그의 '감람을 눌러짜지 않으면'[16]과 '당신은 상처 자국이 있습니까?'[17]라는 그의 찬송은 널리 알려져 있습니다. 나는 이 찬송을 부를 때마다 복잡한 감정이 들고, 나만의 추억을 소중히 여깁니다. 니(Nee)는 참으로 상처투성이인 사람이었습니다. 그렇지만 나는 또한 그의 나르시시즘적인 정서를 느낄 수 있습니다. '바른 길 벗어나면은(If from the Right Course I Depart)'[18], '대가 없이 사

---

16 니(Nee): Newman Sze, Hymnary, #386,
1절 및 후렴: 압력이 없이는 올리브가 결코 기름을 낼 수 없고,
포도가 포도즙틀에서 뛰쳐나오면 힘을 돋우는 포도주가 잘 흘러나올 수 없다.
후렴: 내가 겪는 모든 타격은 나에게 진정한 유익이다.
당신이 취하시는 것 대신 당신은 나에게 당신 자신을 주셨다.
17 니(Nee), Newman Sze, Hymnary, #413,
1절: 내가 천연적인 사람 안에 있을 때, 내가 얼마나 강하다고 느끼는지;
얼마나 내가 약한지 나는 가늠할 수 없습니다.
18 니(Nee), Newman Sze, Hymnary, #372,
6절: 다른 사람들로 명성과 영광과 부와 친구를 구하게 하라.
그들로 큰 성공과 추종자 칭송을 얻게 하라
8절: 나는 그분이 이 땅에 오셨을 때 그분이 얻은 유일한 유익은 "죽음"뿐이라는 것을 압니다.
그렇기 때문에 나에게는 다른 소망이 없어요. 그러나 그분과 함께라면 나는 손실을 당하겠습니다

랑케 하소서(Let me Love and Not be Respected)'[19]에서 그는 매우 섬세한 감정적 호소를 하면서도 자기 연민과 감춰진 오만함, 타인의 오해에 대한 비난을 표현했습니다. 그가 쓴 것 가운데 다음과 같은 몇 가지 예가 있습니다:

"내가 은혜를 얻었을 때 나는 여전히 축복할 수 있습니다"
 (When I Get Grace I Still Give Blessings)".
9 나는 교만합니다, 얼마나 부끄러운 일입니까!
나는 어리석습니다,
내가 얼마나 장님인가요!
나는 더럽습니다,
그러나 깨끗합니다.
육체인데 나는 선하다고 느낍니다.
나는 너무 무지하고 스스로 의롭다고 합니다!
나는 얼마나 자신을 위하여 영광을 훔쳤는지!
10. 주님, 제 마음은 제가 누울 수 있는 재가 있기를 바랍니다.
내 위에 재가 뿌려져 있습니다.
내가 부끄럽고 한없이 부끄러워
내가 이 부패한 마음을 가졌나이다![20]

니(Nee)의 "When I am in the Natural Man
(내가 천연적인 사람 안에 있을 때)"
8. 눈이 먼 상태에서 나는 교만으로 우쭐대고,
사실을 숨길 필요가 없다고 생각하며,

---

19 니(Nee), Newman Sze, Hymnary, #387.
20 니(Nee), in Newman Sze, Hymnary, #416.

내 자만심은 배가 되었고,
나는 어둠 속에서 자랑합니다.
9. 내가 머물든 움직이든,
내가 무슨 말을 하든,
나는 항상 틀렸습니다!
나는 너무 약하고 결코 강하지 않습니다.
내가 하는 일은 옳지 않습니다.
10. 나는 기도하고 싶지만 믿음이 없습니다.
나는 당신을 계신 그대로 찾고 싶습니다.
오, 주님, 제 마음을 새롭게 하실 수 있습니까?
주님, 저에게 자비를 베푸소서! [21]

니(Nee)의 찬송은 그의 깊은 고통과 갈망을 표현하는 데 있어 매우 독특합니다. 이러한 이유로 그는 많은 그리스도인들에게서 상당한 공감을 불러일으켰습니다.

니(Nee)가 재개하면서 그는 지방교회에 잘 알려진 긴 시(개작)를 발표했습니다. 포도나무 이야기입니다. [22]

13. 하늘을 향하여 뻗어 있고
신선하고 깨끗한 공기를 호흡합니다.
땅의 기쁨을 접하지 않으면
자기 사랑은 견디지 못합니다.
그것은 앞선 희생에 미소를 짓고

---

21 니(Nee), in Newman Sze, Hymnary, #413.
22 니(Nee), in Newman Sze, Hymnary, #400.

다시 한 번 역경을 받아들입니다.
타격이 없다면, 벗겨진 상처도 없다면
그것을 기억할 수 있습니까?
14. 그 가지에서 많은 수액과
포도주와 피가 흘러나옵니다.
비움 자체가 성장하도록
더 가난하게 만드는가?
그것으로부터 술주정뱅이들과
나그네들이 술을 마시고 즐거워합니다.
그들이 기쁨에서 깨어날 때 더 부요해지는가?
15. 당신의 인생을 손실로 판단하라,
결코 이익으로 판단하지 말라.
포도주를 많이 마신 것에 있지 않고
고통 중에 포도주가 쏟아진 것에 있다,
사랑의 힘은 항상 보여준 사랑 안에 있습니다.
고통을 겪을수록 참된 사랑은
더 많이 베풀어질 수 있습니다.

니(Nee)의 설교와 그의 사생활이 어떻게 그의 시적 감각과 모순될 수 있습니까? 그는 자신의 내면의 고뇌와 나약함을 숨기려 애썼고, 그것을 詩에 쏟아부었습니다. 분명히 그는 자기 자신보다 영적 거인으로서 더 많은 일을 수행했습니다. 이것은 아마도 그가 만찬을 피한 또 다른 이유일 것입니다. 요컨대, 그의 찬송시를 파고들지 않고서는 니(Nee)의 깊은 감정을 감지하기 어렵습니다.

근대 기독교 역사에서 그의 찬송을 통해 표현된 내면의 영적 투쟁에 대한 니(Nee)의 고통스러운 표현의 깊이는 독특하고 소중합니다. 그것은 어느 정도 우리 신앙의 자산이 될 수 있습니다. 우리는 니(Nee)가 예민하고 심약한(vulnerable) 사람이었지만, 그의 자기 연민과 오만함이 그의 비극적인 결함이 되었다는 것을 알게 됩니다.

니(Nee)는 교회 생활을 했습니까?

니(Nee)는 자신보다 나이든 사람들과 자신의 동세대가 기꺼이 그에게 종속되기를 원하지 않는다면 그들을 대하는 데 어려움을 겪었습니다. 1923년에 니(Nee)는 동년배인 여섯 명의 동역자들과 함께 주님을 섬기기 시작했는데, 그들은 이듬 해에 그와 헤어졌습니다. 그것은 단지 관점의 차이 때문만은 아닙니다. 니(Nee)는 항상 자신의 방식대로 일을 처리해야 한다고 주장했고 다른 사람들은 그에 동의해야 했습니다.[23] 복주교회(Fuzhou Christian Assembly)의 내부 서클에 있는 한 형제 ZSG는 이렇게 말했습니다:

"분열되면서 니(Nee)의 생활 방식 문제가 동역자들에 의해 다루어졌습니다. 그러나 니(Nee)는 단지 사역의 관점이 다르기 때문에 자신이 떠난 것이라고 외부인들에게 주장했을 뿐입니다."[24]

바버(Miss Barber)는 그에게 식견이 있는(enlightened) 선생이었지만, 니(Nee)는 그녀를 그다지 존경하지 않았습니다. 1926년 초에 니(Nee)는 어떤 사소한 일로 그녀에게 무례하게 행동했습니다. 니(Nee)는 이렇게 말했습니다:

나는 그녀에게 동의하지 않았습니다. 그래서 그녀에게 이렇게 말했습니다. '당신은 주장이 강하고 별난 말 하는 것을 좋아합니다. 이것이 당

---

23 리자푸(이계복, Li Jiafu), "워치만 니와 중국, 지방교회 운동", p. 78-79. 왕지, '왕재의 증인 기록의 자료에서' p. 32.
24 개인정보, ZSG, 장퀴젠(Zhang Qizhen)의 아들; 니(Nee), "두 번째 간증", 뉴스레터 모음(2) 및 워치만 니의 간증, 전집 26권, 8 장, 3부.

신의 기질입니다'[25]

　한두 달이 지나서 니(Nee)는 그녀가 옳았다는 것을 알게 되었습니다. 몇 년 후에 니(Nee)는 라성탑(Pagoda) 앵커리지로 돌아갔습니다. 키니어(Kinnear)는 다음과 같이 말했습니다:

> 그러나 라성탑(Pagoda)으로 돌아와서 그가 마가렛 바버(Margaret Barber)에게 그녀가 젊은 남성들을 위한 성경 수업을 하는 것이 잘못되었다고 장황하게 늘어놓았을 때(harangued), 그녀는 예의바르게 들었지만 자신의 소신을 지켰습니다.[26]

　그때 니(Nee)는 여성들은 어떤 것도 가르쳐서는 안 된다는 형제회의 규율을 엄격히 따랐습니다. 그는 그녀가 청년들에게 성경을 가르치는 것(Bible Class)이 부적절하다고 생각했습니다. 그는 자신의 영적 성장이 바버(Barber)의 도움에서 비롯되었다는 사실을 잊었거나 인정하지 않는 것입니까? 니(Nee)는 더 이상 바버(Barber)를 그의 멘토로 보지 않았습니다. 분명히 그에게는 그녀의 어떤 도움이 필요하지 않았고, 그 이후로 그들 사이에 더 이상 연결이 없었습니다. 그것은 실제로 니(Nee)에게 큰 손실이었습니다.

　니(Nee)는 지방교회 외부의 사역자들과 우호적인 관계를 거의 갖지 않았습니다. 니(Nee)와 그의 동역자들 사이의 우정은 거의 존재하지 않았습니다. 그들의 관계는 그저 위임받은 권위와 그의 부하들과의 관계일 뿐이었습니다. 1930년 말에 니(Nee)와 그의 중요한 동역자 유성화는 서로 매우 가까운 거리에서 살았습니다. 걸어서 10분 정도의 거리였는데, 그는 유성화를 방문하지 않았습니다.[27]

　니(Nee)는 많은 사람들에게 둘러싸여 있는 '영적 거인'이었지만 외롭고 은밀한

---

25 니(Nee) 실족하지 아니함", 워치만 니 사역의 재개, 전집 57권, 4장, 2부.
26 키니어(Kinnear), 파도를 넘어서, p.104-105.
27 개인정보, J.Y.

삶을 살기를 더 좋아했습니다. 그는 다른 사람들로부터 숨어 있었고 다른 사람들과 개인적인 관계가 부족했습니다. 그는 설교에서 이렇게 말한 적이 있습니다. 니(Nee)는 혼자서 비밀스러운 삶을 사는 것을 선호했습니다. 그는 다른 사람들로부터 숨었고 다른 사람들과의 개인적인 관계가 부족했습니다. 그의 설교에서 그는 언젠가 이렇게 말했습니다:

> 내가 상해에 살고 있을 때, 한 번은 거리의 소년을 초대하여 나와 함께 만두를 먹자고 했습니다. 우리는 가난한 자들을 접촉할 기회를 찾아야 합니다.[28]

니(Nee)는 그의 동역자들을 초청하여 그의 집에서 교제한 적이 있습니까? 분명히 그는 그리스도의 몸인 하나님의 자녀들 가운데서의 삶을 피했습니다.

니(Nee)의 편향적이고 극단적인 성경 주석은 교회의 연합에 해를 끼쳤습니다. 실제로 그의 성경 지식은 상당히 제한되고 왜곡되었으며 그의 사역을 따라가지 못했습니다. 니(Nee)의 초기 사역 동안 그는 '교파는 죄악'이라고 하면서 모든 교파의 교회들을 비난했지만, 그 자신은 더 극단적인 분파적 사고로 더 큰 교단을 발전시켰습니다.

T. 오스틴-스팍스(T. Austin-Sparks)는 그의 고전(古典) '주 예수 그리스도의 중심성과 특별성(The Centrality and Supremacy of the Lord Jesus Christ)'[29]에 잘 표현되어 있는 그리스도를 높이는 일로 국제적으로 높은 존경을 받아왔습니다. 니(Nee)는 스팍스의 영적인 성취를 존경하고 스팍스가 그의 멘토와 권위였다고 주장했지만, 그는 스팍스(Sparks)의 영적 행보를 따르기를 원하지 않았습니다. 그는 또한 지방교회 관점에 대한 스팍스의 심각한 경고를 듣지 않았습니다. 니(Nee)에게는 멘토가 필요하지 않았던 것 같습니다. 더욱이, 니

---

28 니(Nee), "질그릇 속의 보물과 예루살렘의 원칙," 워치만 니와 사역의 재개, 전집 57권, 13장, 5부.
29 제 3장, 참조 3을 참고하세요.

(Nee)는 스팍스를 만나기 위해 런던을 방문하는 동안 영국에서 포르노 필름 한 롤을 구입했고, 감옥과 재판에서 이를 자백했습니다. (11장: 재판과 파문, 19장: 감옥에 갇힌 워치만 니를 참조하시오.)

성경 주해

니(Nee)의 성경 해석은 상당히 과장되어 있고 상상력이 풍부하며 극도로 자신감이 넘칩니다. 그는 전례 없는 해석을 너무 확장했습니다. 결과적으로 그의 생각은 주류 기독교 학자들에게 거의 받아들여지지 않았지만, 일부 지방교회 지도자들은 그것을 무시했습니다. 어떤 사람들은 니(Nee)의 가르침이 오류가 없고 어떤 신학적인 비판도 초월한다고 생각하는데, 그 이유는 그가 다른 사람들이 이해할 수 없는 '다른 영(another spirit)'을 가지고 있었다고 생각했기 때문입니다.

지방교회에 대한 지나친 강조

니(Nee)는 지방교회와 '머리를 덮는 것'에 대한 그의 개념의 중요성을 지나치게 강조했습니다. 그의 지방교회 이데올로기는 처음에 형제회에서 채택되었습니다. 니(Nee)에 따르면, 지방교회는 하나님이 가장 좋아하시는 교회였으며 보편적인 모델이었습니다. 그 견해는 오만하고 배타적이었습니다.

1962년 4월 12일에 오스틴 스팍스(T. A Sparks)는 니(Nee)의 오랜 선임 동역자인 묘샤훈(Miao Shaoxun)과 우렌지(Wu Renjie)에게 답장하는 편지를 썼습니다. 지방교회에 대한 그의 논평은 분명했고, 다음은 하워드 슈(Howard Hsu)의 중국어 번역에서 발췌한 것입니다.

'지방교회의 입장'에 관한 이 교리는 소위 배타적 형제단(Exclusive Brethren)에 의해 결정되고 준수된 교리이며 논문 및 판단이었습니다. 그 지도자들은 이 교리를 상해로 가져왔고 그들의 목적은 니(Nee)의 전체 사역을 약탈하는 것이었습니다. 그러나 그들은 니(Nee)에 의해 그들 그룹의 일부가 되는 것을 거부당했습니다. 그럼에도 다른 한편으로, 니(Nee)는 오늘날까지 지속되고 있는 지방교회의 이 교리를 채택하고 실행했습니다. 1955년과 1957년에 내(스팍스)가 마닐라와 홍콩에 갔을 때, 두 교회 예배당에서 영국 폐쇄파 형제단의 책들이 판매되고 있는 것을 보고 매우 유감스러워했고 그 상황이 걱정되었습니다. (그들은 지방교회의 입장을 불변의 진리로 인식하여 잘못 강조했습니다. 그들에게 그것은 예수님이 하나님의 아들이라는 것과 같은 진리였습니다.) 그것은 확실히 여러분을 닫히게 하고, 독점적이 되게 하고, 배타적으로 만들 것입니다. 또한 그것은 여러분 사이에 불화와 논쟁과 분열을 일으킬 것입니다.

작년에 그들 사이에 가장 큰 분열이 있었고, 그들의 전체 교회 교리는 지방교회 입장의 법 위에 세워졌습니다… 우리 모두는 분열에 단호히 맞서 싸우고 나누는 것을 멈춰야 합니다. 우리의 관점은 다음과 같아야 합니다: '그리스도는 하나님의 전체 백성에게 속한 것이지 지방적인 것이 아닙니다'[30]

하워드 슈(Howard Hsu)는 또한 스팍스(Sparks)의 논평을 번역했습니다.

"이 교리와 실행에 대해 주장하지 않고 다만 강조하며, 고정된 '진리'(fixed 'truth')로 간주하지 않고 단순히 성령의 인도를 받는 접근 방식이라면 언제든지 조정될 수 있습니다; 그 접근 방식은 그리스도와 그의 몸에 충격을 주지 않을 수도 있습니다. 그렇지 않으면 이러한 접근 방식과 가르침은 확실히 교리가 되고 '그리스도의 몸을 나누는 원인'이 될 것입니다."[30]

---

30 하워드 수(Xu Erjian, Howard Hsu), "'지방 교회'에 관한 스팍스 형제의 대화", 유성은(Yu Chong'en), "십자가의 좁은 길", 4판, p. 225-227.
형제회는 1932년에 상해교회(SCA)를 방문했고 니(Nee)는 그 다음 해에 그들을 답례로 방문했다. 지방 교회의 개념은 그들 사이에서 직접 대면하여 전달되었다. 이 단락에 있는 오스틴 스팍스의 메시지는 스팍스의 많은 설교를 중국어로 번역한 하워드 수가 번역한 것이다. 형제단과 상해교회(SCA) 사이의 관계는 상해교회(SCA)가 형제단에 보낸 공식 서한 이후 단절되었다.
런던 회의에 대한 답변, 워치만 니 전집 26권 4장 2부; 키니어(Kinnear): 파도를 넘어서, 138p.

니(Nee)는 오스틴 스팍스를 그의 권위와 멘토로 존경한다고 말했습니다. 그러나 그는 '스팍스(Sparks)의 조언'을 듣지 않았습니다.

니(Nee)는 교회 생활을 강조했지만 그가 전파한 대로 살지는 않았습니다. 그의 사역은 모든 신자가 제사장이라는 믿음에서 시작되었습니다. 그러나 그는 결국 '위임된 권위(Delegated Authority)'를 선호하게 되었습니다. 그의 초기 사역의 가르침은 그의 사역이 재개된 이후의 가르침과 명백히 상반되었습니다.

'머리를 덮는 것'에 대한 지나친 강조

교회 모임에서 자매들을 위한 '머리 덮개'는 형제회 전통의 일부였으며, 나중에 니(Nee)가 채택했습니다. 그것은 지방교회의 벤치마크(남의 좋은 것을 따라 하는 것) 중 하나가 되었습니다. 니(Nee)는 그것을 교회 연합의 주요 기준으로 삼음으로써 더욱 과장했습니다. 1934년에 그는 이렇게 말했습니다.

> '머리를 덮는 것'과 관련하여 우리는 두 가지 태도만 가지고 있습니다. 첫째는 모임에 가서 머리를 덮는 것이고, 둘째는 모임에 가지 않는 것입니다. 이 두 가지 태도는 모두 옳습니다(고린도 전서 11:3-15).[31]
>
> 모든 사도들은 여자가 머리를 덮어야 한다고 믿었습니다. 여자가 머리를 덮어야 함을 믿지 않는 사도가 있었다면 그는 다른 사도들 가운데 한 사람이 아니었을 것이며, 틀림없이 외부인이었을 것입니다.[32]

당시 자매들이 '머리를 덮는 것'은 절대적으로 필요한 것으로 간주되었습니다. 그렇지 않으면 그들은 그리스도인 모임에 가지 말아야 합니다. 이것은 니(Nee)의 극단주의와 분리주의의 전형적인 예입니다.

일찍이 1927년에 니(Nee)는 다음과 같은 말을 인용했습니다:

---

31 니(Nee), 복주의 집회와 부문과 컨퍼런스, 메시지 및 교통에 대하여" (1), 전집 41권, 8장, 1부.
32 "머리 덮기" 새 신자를 세우는 메시지(3), 전집 50권, 10 장, 9부에서.

어거스틴은 '기본적인 것에서 하나가 되십시오. 부차적인 일에 있어서는 관용하십시오. 그리고 범사에 사랑하십시오.'[33]

그래서 그는 일차적인 문제와 이차적인 문제를 구별하는 것의 중요성을 알았지만, 여전히 지방교회(입장)와 머리 덮개에 대한 자신의 개념을 일차적인 성경 진리로 두었습니다. 어떤 믿는이가 이러한 교리를 따르지 않는다면 그는 니(Nee)와 같은 길을 걷지 않는 것으로 간주될 것입니다.

또한 '머리를 가리는 것'에 대한 강조는 하나님께 대한 순종을 위한 것이어야 합니다. 니(Nee)는 자신을 하나님께 복종시켰습니까? 아니면, 자매들의 '머리 덮개'는 단지 지방교회의 기준이 되었습니까?

영에 속한 사람과 영에 대한 강조

니(Nee)는 그가 구원받은 지 몇 년이 안 되어 '영에 속한 사람(The Spiritual Man)'을 썼습니다. 그 내용은 대부분 펜 루이스 여사(Mrs. Penn-Lewis)의 기록들(writings)과 그녀의 잡지인 이기는 자(The Overcomer)에서 가져온 것입니다. 그러나 니(Nee)는 그 책에서 펜 루이스의 이름을 단 한 번 언급했습니다.

초판 당시, 왕랸준(Wang Lianjun, John Wang), 장퀴첸(Zhang Qizhen) 두 사람은 모두 니(Nee)와 함께 바버 교사에게 교육을 받은 사람인데, 대부분의 자료가 펜 루이스 여사의 자료에서 가져온 것임에도 그 이름이 명확히 언급되지 않았다고 하면서 니(Nee)의 책을 좋게 평가하지 않았습니다. 장(Zhang)은 말했습니다:

> '몇몇 형제들은 이런 종류의 행동이 그다지 정직하지 않고 겸손이 부족하며 표절에 가깝다고 생각했습니다.'[34]

---

33 니(Nee), 올해의 그리스도인(The Christian This Year), 기독도보에서(in The Christian) (5), 전집 7권, 35장, 6부.
34 장퀘이진(Zhang Qizheng), J.Y.에게 보낸 편지 1992년 12월 17일. 이기는 자(The Overcomer)는 Penn-Lewis 부인이 편집한 잡지였다.

장(Zhang)은 거의 100세의 나이로 2000년 8월에 세상을 떠났습니다. 그는 죽기 3개월 전에 다음과 같은 글을 남겼습니다:

"니(Nee)는 자신의 '영에 속한 사람(The Spiritual Man)'의 출처에 대해 공개적으로 말한 적이 없습니다. 그 책의 주요 내용은 '이기는 자들'이라는 글을 표절한 것이지만, 그는 공개적으로 인정하지 않았습니다. 그것이 故왕란준(Wang Lianjun) 형제의 평가였습니다."[35]

유성화(Yu Chenghua)는 니(Nee)에게 이 책이 자기 분석적 접근을 지나치게 강조하기 때문에 문제가 있다고 말했습니다. 유(Yu)씨는 더 이상 재판(再版)하지 않는 편이 낫겠다고 제안했고, 니(Nee)는 동의했습니다.[36] 1948년에 니(Nee)는 이 책에 대해 다음과 같이 말했습니다.

"만일 어린아이가 사람의 마음이 어떤 것인지 알고 싶어 그의 심장을 절개한다면, 그는 그 사람을 죽일 것입니다. 나는 병의 압박을 받아 '영에 속한 사람(The Spiritual Man)'을 썼습니다. 내가 쓴 것도 충분히 나쁘지만 형제자매들이 토론하고 공부하고 분석하는 모습을 보니 더 마음이 아픕니다. 그 책의 주제에 대한 나의 탐구(delving)는 (전쟁 중인 두 국가 사이의 국경선과 같은) 경계를 비난하는(taunting) 것이었습니다. 누구든지 이러한 주제를 연구하거나 분석하려고 하면 그는 경계선을 넘어선 것이며, 그 결과는 죽음에 지나지 않을 것입니다."[37]

1948년에 니(Nee)와 그의 동역자들은 더 이상 '영에 속한 사람'을 완전히 지지하지 않았지만(no longer fully affirmed), 그 생각의 틀은 오늘날까지도 지속되고 있습니다. 니(Nee)는 계속해서 '영(spirit)'(instinct, 본능, 직감)을 지나치

---

35 장퀘이진(Zhang Qizhen)은 방문객인 후제(Xu Ge) 형제를 위해 메모를 적었다.
36 개인정보, J.Y.
37 니(Nee), "영적 심판의 예"(41), 영적 심판과 심판의 예, 전집 58권 45장, 1부.

게 강조하고 '혼(soul)'(합리성과 생각)을 경시했습니다. 그는 신자들에게 성경의 온전한 진리와 계시를 이해하기 위해 하나님이 창조하신 합리성과 생각을 사용하도록 격려하지 않았습니다. 하나님은 이성과 생각을 인간의 기능으로 창조하셨지만, 오늘날에도 지방교회의 일부 신자들은 여전히 영을 지나치게 강조하고, 성경의 전체적이고 근본적인 진리에 관심을 기울이지 않습니다.

1948년 니(Nee)의 사역이 재개된 후에, 그는 '위임된 권위', '몸에 복종하라', '두뇌를 사용하지 말라'를 과도하게 말했습니다. 그는 '가장 선한 것을 분별하라'(빌 1:10)와 같은 성경적 가르침을 언급하지 않았습니다. 그리고 "그가 말한 것을 주의 깊게 분변하라"(고전 14:29), "깊고 영적인 것들"에 대한 이전의 강조점을 언급하지 않았습니다. 그때에 '예루살렘의 원칙'(이는 '양도(讓渡)' 운동으로 실행하였음-역자 주)과 '복음적 행동(이는 '전 중국 복음화'의 이름으로 선언만 하였지 실행에 옮기지는 않음-역자 주)'에 대한 마스터플랜이 그의 이전 영적 가르침을 모두 가렸습니다. 니(Nee)는 영성주의(spiritualism-성경 전체에 대한 진리 연구나 성도들의 참된 영성적 진보 연구- 역자 주) 대신에 현실주의(realism-지방 입장, 자신을 높이는 위임된 권위 강조, 공산당 산하의 종교조직, 삼자교회 지지, 전 중국 지방교회 성도들의 '양도 혹 내어드림'을 종용함, 인원과 자원을 통합하여 전 중국을 장악함으로 공산당과 거래할 생각, 인민의 입장, 자신의 구금 후의 여러 자백들 등- 역자 주)를 선택했습니다.

'인민의 관점' 강조

1951년 8월과 9월에 니(Nee)는 '내가 어떻게 돌아섰는가?'라는 주제로 사흘 간 저녁 집회를 소집했습니다. (부록 2 참조) 이것이 그가 체포되기 전 마지막 메시지였습니다. 그 사본은 인쇄되어 중국의 모든 지방교회들에 급히 전달되었습니다.

그 연설은 정부 관점의 청사진에 불과했고 종교적인 표현으로 코팅되어 있었습니다. 니(Nee)는 반복적으로 지방교회 구성원이 가져야 할 유일한 관점은 '인민의 입장(the People's Standpoint)'이며 반제국주의적이어야 한다고 강조했습니다. 그것은 '반 미제 침략과 한국 원조'(Anti-US Aggression and Aid Korea-당시 북한이 남한을 침략하는 데에 중국이 인해전술로 북한을 돕는 운동, 즉 니(Nee)가 주장한 '인민의 입장'은 그러한 공산당 편에 서는 것을 의미함- 역자 주) 캠페인 중에 말하고서 (모든 지방교회들에) 배포되었습니다. 니(Nee)에게 '인민의 관점'은 비록 한 번도 진실(true)이 아니었지만, 그는 절대적이고 오래 지속되는 규범이라고 말했습니다. '인민의 관점'은 당의 최고 권위에 따라 언제든지 바뀔 수 있습니다. 실제로 모든 권력은 '인민(백성)'이라는 용어를 자신이 원하는 모든 것을 하기 위한 겉모습으로 이용할 수 있습니다.

'인민(people)'의 정의는 무엇입니까? '프롤레타리아 독재' 시대에는 프롤레타리아트(노동자와 농민)만이 '인민'이었습니다. 그러나 그것은 전혀 사실이 아니었고 오직 정치권력만이 정책 결정을 할 자격이 있고 '인민의 관점'을 최우선에 두었을 뿐입니다. '인민의 관점'이라는 용어는 장식이자 도구였습니다. 그런 '인민'(공산주의에서 말하는 인민, 니(Nee)는 모든 성도가 이러한 '인민'의 입장에 서야 한다고 강력하게 역설하였음- 역자 주)은 '네 이웃을 네 자신과 같이 사랑하라'는 하나님의 관점 및 명령과는 완전히 다릅니다.

니(Nee)가 '인민의 관점'을 역설한 것은 사실상 하나님을 따르는 대신에 사람(공산당)을 따르라고 하는 것이었습니다. 그때에 니(Nee)는 더 이상 성경의 가르침을 권장하지 않았습니다. 그는 그것들을 폐기했습니다.

니(Nee)의 전체 메시지는 공산주의 정부에 대한 그의 항복을 보여주었습니다. 그것은 그의 진심에서 나온 것이 아니었고, 생화학공장(CBC)에서의 그의 불법 행위와도 일치하지 않았습니다. 그는 지방교회의 그리스도인들에게 정부의 소명을 따르도록 격려했지만 실제로 그 자신은 그 반대였습니다. 그가 연설하는 동안 우리는 그가 정부에 순응하도록 교회에게 압력을 가하여 정부를 기쁘게 하는 것이 그의 전략이라는 것을 알지 못한 채 주의 깊고 진지하게 들었습니다. 그러나 공산주의 정부는 니(Nee)의 가식을 꿰뚫어보고 6개월 후에 그를 체포했습니다.

그 연설은 또한 니(Nee)의 말과 아마도 그의 설교의 패턴을 어느 정도 드러냈습니다. 그는 '자신감'과 함께 번드레하게 상당히 설득력 있고 극단적인 단어를 사용했지만, 일반적으로 현실에는 적용되지 않습니다. 그것은 매우 매력적이고 감동적일 수 있지만 필시 하나님으로부터 온 것은 아닙니다. 그러나 공산당 정부는 그의 '영적인 이야기'에 관심이 없었습니다. 그들은 증거를 조사했고, 니(Nee)의 가장(假裝)을 꿰뚫어보고 마침내 그를 체포했습니다.

'고령 서명'에서 '돌아서기'까지

1950년 7월에 니(Nee)는 정부 토지 개혁에서 고령(Guling) 재산을 철회하도록 하기 위해 신자들 2만여 명의 서명을 수집했습니다. 그의 목적은 아마도 재산을 보호하는 것만이 아니라 정부의 관심을 끌고 자신의 힘을 과시하기 위해서였을 것입니다. 그것은 또한 그가 지방교회에 알리지 않고 삼자(three-self) 운동을 지원하기 위해 추가 서명이 있는 고령(Guling) 서명 목록 사본을 가져간 이유를 설명해줍니다. 1951년 8월 '인민의 입장으로 돌아섬'이라는 연설에서 하나님의 영원한 진리에 반한 '끊임없이 변화하는 인민의 관점'에 대한 주장은 그 정권을 기쁘게 하기 위한 완전한 항복이었습니다.

그는 성경적 진리를 펼치는 것으로 시작했습니다. 나중에 그는 '삼자교회'와 공산당 정부에 순응하게 되었습니다. 결국 그는 이 세상의 권세에 굴복하고 하나님의 말씀을 무시했습니다. 니(Nee)가 사역을 재개한 후, 지방교회는 '세 가지 주요 사건'으로 인해 지속적으로 악화되었습니다: '고령(Guling) 서명', '삼자 기독교 선언 지지', '인민의 입장으로 돌아서기'. 중국의 모든 지방교회에게 위임된 권위자로서 니(Nee)는 하나님께 대한 신뢰를 버리고, 정치적 편의를 위해 그는 지방교회를 잘못된 길로 인도했습니다.

우리가 만일 하나님의 말씀을 따른다면, 어떠한 정권 체제와 관점에서도 그리스도의 영광스러운 간증을 살아낼 수 있습니다. 하나님과 이웃을 사랑함으로써 우리는 모든 종류의 정치적 도전에 승리할 수 있습니다.

크고 공허한 말이 많음

웅변, 자신감, 그리고 위대한 선견지명

니(Nee)의 연설은 항상 설득력 있는 어조로 영리했습니다. 그는 웅변적일 뿐만 아니라 지나치게 자신감이 넘쳤습니다. 그의 뛰어난 연설은 청중을 놀라게 했습니다. 그가 사역을 재개한 후, 그는 공산정권 하에서 우리에게 짜릿한 희망을 안겨주었습니다. 니(Nee)에 대한 진심어린 숭배로 상해교회(SCA)의 교회 지도자들 가운데는 베뢰아 사람(Bereans)이 없었습니다. "그들은 간절한 마음으로 말씀을 받고 이것이 그러한가 하여 날마다 성경을 상고하므로"(행 17:10-11 참조). 니(Nee)가 1948년에 말했듯이, 그것은 바로 니(Nee)가 원했던 것입니다:

> 몸 안에서 주님은 어떤 지체들이 성경 해석에 대한 판단을 내릴 권위를 갖도록 안배하셨습니다. 그러므로 우리는 성급하게 교황이 되려고 해서는 안 됩니다.[38]

비록 우리가 무릎을 꿇고 부지런히 성경을 읽었지만, 대부분의 사람들은 '성령'의 인도를 받지 않고 '우리의 영으로(with our spirit)' 성경을 읽었습니다. 또한 우리는 조사하고 분별하기 위해 우리의 생각으로 성경을 연구하지 않았습니다. 그러므로 하나님의 말씀을 아는 길은 매우 제한적이었습니다.

---

38 니(Nee), "몸 안의 권위의 행사", 워치만 니 사역의 재개, 전집 57권, 24장, 1부.

행함이 없는 막연한 말

1935년에 니(Nee)는 '이기는 생명'에 대해 이렇게 말했습니다:

> 그러나 하나님께서는 한두 가지 죄에 얽매이는 것을 허락하지 않으십니다... 우리는 모든 죄가 우리 발 아래 있음을 인해 우리는 주님께 감사하고 찬양해야 합니다. 그분께 감사하고 찬양하십시오. 우리가 범해야 할 만큼 큰 죄는 없습니다. 그분께 감사하고 찬양하십시오. 극복하기에 너무 큰 유혹은 없습니다... 모든 그리스도인은 하나님의 뜻을 행할 수 있고, 모든 그리스도인은 자신의 타고난 애정에서 완전히 자유로울 수 있습니다.[39]
>
> 형제자매 여러분, 그리스도인의 삶은 때때로 이기고 때로는 패배하는 것이 아닙니다. 아침에 이기고 오후에 패배하는 것이 아닙니다. 그리스도인의 삶은 항상 이기는 삶입니다.[40]

이기는 생명에 관한 그의 연설은 격려처럼 들리며 우리에게 의문을 제기해서는 안 될 약속을 준 것 같습니다. 사실 우리는 이 땅의 삶에서 완전히 거룩할 수는 없습니다. 그리고 하나님의 종들도 완전히 거룩하게 들어올려졌다고는 말할 수 없습니다.

1951년 니(Nee)는 '나는 어떻게 돌이켰는가'(How I Turned Around?, 부록 2 참조)의 연설에서 다음과 같이 말했습니다.

> "오늘날 이 두 가지는 함께 통합될 수 있습니다. 나는 최고의 그리스도인이 될 수 있습니다. 또한 나는 최고의 인민이 될 수 있습니다.
>
> 오늘 나는 인민의 입장에 굳건히 서서 인민이 최대한의 혜택을 받기를 바랍니다. 나는 내 자신의 이익을 위해 신경 쓰거나 주장하지 않습니다. 나는 인민의 이익을 위해 모든 것을 하고 싶고 기꺼이 그렇게 합니다." 그것은 우

---

[39] 니(Nee), '우리의 체험', 이기는 생명, 전집 24권, 2장,4부.
[40] 니(Nee), "성경에 나타난 그리스도인의 삶", 이기는 생명(The Overcoming Life), 전집 24권 3장, 4부.

리가 세상을 버릴 때 하는 말입니다.

그러나 니(Nee)는 재정적인 잘못(financial flaws) 때문에 체포되었습니다. 그의 행동은 그의 말과 전혀 일치하지 않았습니다.

불일치

1934년에 니(Nee)는 이렇게 말했습니다: '사역자들은 교회에서 우월한 지위를 차지하지 않습니다.'[41] 그러나 나중에 니(Nee)는 그의 사역 재개 기간 동안 '위임된 권위'를 지나치게 강조했습니다. '안디옥 원칙'에서 '예루살렘 원칙'으로의 그의 과감하고 중추적인 변화는 교회 인도자들과의 논의에서 나온 것이 아닙니다. 그들은 나중에야 동의했습니다. 그가 자신의 견해들을 바꾸고 싶다면, 그는 성경에서 무언가 그것을 지지할 만한 것을 '찾을' 수 있었습니다.

의도적 위반

1933년, 니(Nee)는 한 형제의 말을 인용했습니다:

> 발로우(Barlow)씨가 이곳에서 우리를 만나는 동안[42], 내가 발로우 씨로부터 받은 가장 큰 도움은, 당신이 뭔가 잘못되었는지 알고 싶다면, 해야 할 일은 그것을 100도 과장하여 극단으로 밀어붙이는 것입니다. 100도에서 틀렸다면 1도나 2도 역시 틀렸다고 확신할 수 있습니다... 중국 속담에 '1인치 떨어져도 1,000마일을 놓칠 수 있다'는 말이 있습니다.[43]

니(Nee)는 그의 다양한 과장되고 극단적인 관점을 조사했습니까? 그는 자신에게 극단적인 견해가 많다는 것을 깨달았습니까? 많은 그리스도인들과 교회 지

---

41 Nee, "사역자와 관련된 질문들", 현재의 간증, 전집 11권, 16장, 2부.
42 찰스 발로우(Charles Barlow)는 플리머스 형제단(Plymouth Brethren)의 회원이었다.
43 Nee, "혼의 잠재력(3)", 현재의 간증(The Present Testimony), 전집 10권, 11장, 3부.

도자들이 그의 웅변에 놀랐지만, 니(Nee)는 그가 말한 것에 대해 진지하거나 책임감 있는 태도를 취하지 않았습니다. 야고보는 성경에서 우리에게 다음과 같이 상기시킵니다. "이와 같이 행함이 없는 믿음은 그 자체가 죽은 것이라"(야고보서 2:17).

성적 부도덕

1956년에 니(Nee)의 성적 부도덕이 폭로되었을 때, 상해교회(SCA)의 신자들은 깊은 충격과 혼란에 빠졌습니다. 그는 교회의 어떠한 규제나 감독도 받지 않고 은밀한 생활을 했을 뿐만 아니라, 다른 사람들을 위해 정한 규칙과 규정도 자신에게는 적용하지 않았습니다. 그는 하나님의 자녀들의 '교회 생활'을 자주 강조했지만, 그것은 남을 위한 것이지 자신을 위한 것이 아니었습니다. 그는 항상 예외적이었고 혼자만 제한받지 않았습니다. 다른 사람들의 판단으로부터 자신을 숨기는 것이 그의 방어였습니다.

니(Nee)는 죄에 대해 그렇게 자주 설교하지는 않았지만, 1935년 광저우(Quanzhou) 동역자 집회에서 반복적으로 죄에 대해 말했습니다.

> 어떤 사람이 그의 죄를 이기지 못하는 것을 보는 것은 기쁜 일입니다. 사람에게 가장 나쁜 것은 죄에 대하여 그것을 극복할 수 있다는 것입니다. 우리가 너무 많이 죄를 지어 멈출 수 없고 극복할 방법을 찾지 못한다면, 하나님은 우리를 구원하실 준비가 되어 계십니다… 모든 사람은 그가 극복할 수 없는 한 가지 특정한 죄를 가지고 있습니다… 내가 가진 최악의 두려움은 사람이 너무 적게 죄를 짓는 것입니다. 그런 사람은 선하지도 악하지도 않으며, 그리스도도 사탄도 특별히 좋아하지 않습니다. 아무리 노력해도 특정한 죄를 극복할 수 없는 사람을 보는 것은 좋습니다. 어떤 사람들은 더럽고 비열하고 개탄스러운 죄를 지었을 수도 있습니다. 다른 사람들은 정제된 죄를

범했을 수도 있습니다. 그것이 어떤 종류의 죄든지 간에 그 죄는 사람을 묶습니다. 죄는 한두 가지 정도일 수 있지만 아무리 노력해도 극복할 수 없습니다. 그럴 때 그 사람에게는 희망이 생깁니다... 우리가 해낼 수 없다는 것을 깨달은 후에는 해내려고 해서는 안 됩니다... 구출(죄에서의- 역자 주)을 원한다면 가장 먼저 해야 할 일은 극복하려고 애쓰지 않는 것입니다. 우리는 자신을 바꾸려고 하거나 어떤 결심을 해서는 안 됩니다. 우리는 우리 자신에게 시간을 낭비하거나 어떤 일을 하기로 마음먹어서는 안 됩니다. 이것이 가장 중요한 단계입니다.[44]

오늘날 우리는 그러한 말에 놀라고 어리둥절합니다.

쑨카이(Sun Kai)는 1950년대 젊은 집사로서 영적 성숙함으로 존경을 받았습니다. 그는 고령 훈련(Guling Training)에 참석한 막내 동역자였습니다. 반혁명분자 척결(CEC) 기간 동안 큰 고통과 정치적 압력 아래 그는 1957년에 주님을 부인했습니다. 몇 년 후 하나님의 긍휼로 그는 돌아와서 다시 주님을 섬겼습니다. 그는 1990년대에 장쑤성(江蘇省) 북부 광산지역에서 대부흥을 이끌었습니다. 1994년에 그는 니(Nee)의 성적 부도덕에 대해 다음과 같이 자신의 견해를 밝혔습니다.

만약 니(Nee)가 xxx로서 이단에 들어갔다면, 개인을 숭배하는 문제는 해결되지 않았을 뿐 아니라 더 악화되었을 것입니다. 이 문제를 해결하는 유일한 방법은 그가 영의 유혹과 공격에 완전히 빠지도록 하는 것이었습니다. 이 치명적인 실패는 교회가 사로잡힌 위기에서 하나님의 권위와 영광을 회복할 수 있습니다. 그 당시 누군가는 니(Nee)가 너무 끔찍하다고 느꼈기 때문에 하나님을 저버렸습니다. 그들은 니(Nee) 형제 위에 그들의 믿음을 세웠는데, 이런 종류의 믿음과 경배는 파괴되어야 했습니다. 그것을 파괴할 수 있는 다른 방법은 없었습니다. 누군가 큰 소리로 통곡했습니다. "이 사람이 영

---

[44] Nee, "이기는 생명이신 그리스도를 체험하는 방법", 컨퍼런스, 메시지 및 교통 (1), 전집 41권, 14장, 1부.

적 거인이었습니까?" 그들은 악한 영과 육체와 하나님보다 사람을 존경했던 자신의 실패를 결코 이해하지 못했습니다... 이 접근 방식을 사용함으로써만 그의 숭배자들이 그들의 숭배를 이 사람에 대한 증오로 바꾸어 하나님을 경배하고 경외하는 법을 배우기 시작했습니다. 하나님의 진노의 흑암과 혼돈 아래서 이 사람은 경배의 보좌에서 밀려났습니다. 그 숭배자들은 갑자기 모두 혼란에 빠졌고 사탄은 도처에서 자신의 선전(propaganda)을 자랑스럽게 여겼습니다. 그러나 하나님은 그의 자녀들을 성령의 내적 역사를 따라 한 걸음 한 걸음 인도하여 회복의 바른 길로 되돌아가게 하셨습니다.[45]

순카이(Sun Kai)는 핵심 문제를 분명히 지적했습니다. 니(Nee)는 "하나님의 권위와 영광을 찬탈했습니다." 1994년에 그의 통찰력은 예리하고 독특했습니다. 니(Nee)의 문제가 막 드러났던 1956년으로 돌아가 보면, 우리 중 그 누구도 그런 예리한 통찰력을 갖고 있지 않았습니다. 슬프게도, 반세기 전에 상해에서 하나님께서 니(Nee)의 부도덕을 폭로하시는 것을 목격한 많은 하나님의 자녀들이 오늘날에도 여전히 그렇게 분명한 통찰력을 갖고 있지 않습니다. 니(Nee)의 권위의 그림자는 계속되고 많은 사람들은 여전히 그것을 꿰뚫어 볼 만큼 용감하지 않습니다.

사역자들의 음행의 죄는 단회성인 경우가 드물고 대개 그 실패는 성(性)에서 시작되지 않습니다. 우리가 니(Nee)의 성적 부도덕 문제에만 얽매이면 사탄의 함정에 빠질 수 있습니다. 중요한 문제를 놓치는 일이 없도록 미묘하지만 더 심각한 영적 문제를 신중하고 예리하게 찾아야 합니다. 니(Nee)의 영적 문제를 인식하지 못하는 것은 니(Nee)의 숭배자들 사이에서 비극적인 일임이 입증되었습니다.

"예수께서 이르시되 사람으로 죄 짓게 하는 일이 반드시 임하나 그 일을 행

---

45 순 카이(1922-1997), 1994년 9월 8일에 한 형제에게 보낸 편지. 이 편지는 상해에 있는 일부 형제자매들에게 배포되었다. "시은좌 앞"——'순 카이' 형제의 일화 참조.

하는 자에게는 화가 있으리로다 그가 이 소자 중 하나를 실족케 하는 것보다 연자맷돌을 목에 매고 바다에 던지우는 것이 나으니라"(누가복음 17:1-2).

니(Nee)의 성적 부도덕은 많은 신자들을 넘어뜨렸지만 우리 하나님은 항상 승리하십니다. 하나님은 우리가 그분께 돌아오도록 허락하시고 다시 한 번 우리 마음의 보좌에 앉으십니다. 니(Nee)가 나중에 감옥에서 생활할 때, 하나님은 그분의 지혜와 은혜와 자비를 나타내셨고 또한 우리가 니(Nee)의 실패로부터 엄격한 교훈을 배우도록 이끄셨습니다.

니(Nee)는 투명한 것과는 거리가 멀었습니다. 권위에 대한 지나친 강조를 통해 그는 권위를 위임받은 지위 아래 자신을 '보호'하려 했습니다. 사실 그는 부상당한 의사요, 패배한 전사요, 노예가 된 권위자였습니다. 그에게는 자신의 치유를 위해 다른 사람들과 교회가 절실히 필요했지만, 그 대신 그는 하나님의 도움에서 자신을 고립시켰고, 다른 사람들의 신실한 행보를 통해 돌봄을 받는 것을 회피했습니다.

우리 시대에는 기꺼이 돕고자 하는 많은 전문 목회 상담 전문가들이 있습니다. 하지만 니(Nee)가 우리 시대에 살았다면 그들에게 기꺼이 고백하고 회개하고 도움을 구했을까요?

니(Nee)는 항상 '존재(to be)'가 '하는 것(to do)'보다 더 중요하다고 강조했지만, 그는 자신의 '존재'를 어떻게 다루었습니까? 그것은 우리를 질문으로 이끕니다. 그는 단지 연기자였습니까? 이 세상과 교회들에는 매력적이고 감동적인 '연기자들'이 많이 있어왔습니다. 그러나 그것들은 진정으로 하나님께로부터 온 것이 아닙니다. 반세기가 지난 지금 우리는 통찰력을 가지고 논하여(discuss) 우리가 하나님 앞에 겸비한지 조심스럽게 확신해야 합니다.

< 니(Nee)의 사역의 마지막 2년 >

시간	장소	교회	기업	정치적인 태도
50.2-3	H.K.	확장	확장	
50.3	상해	확장	확장	오늘날 기독교인의 태도
50.5	H.K., 대만 상해	확장 확장	확장	
고령 서명 실패				
50.7	상해	고령서명	확장	고령 서명실패
50.11	상해	이민 출판		기독교 선언문 지지
50.12	상해			삼자교회(TSPM)에 서명
51.3	상해			천풍(TianFeng)에 서명
베이징 대회 후 항복				
51.4	베이징			대회 참석
51.8-9	상해			나는 어떻게 돌아섰는가?
5반 : 저항 및 체포				
52.4.10				체포

· Chapter 18 ·

상해교회(SCA) 내의 문제

일반 개요

　상해교회(SCA, Shanghai Christian Assembly)는 1928년에 설립되었습니다. 처음에는 워치만 니(Watchman Nee), 이연여(Li Yuanru), 왕페이진(Wang Peizhen) 및 몇몇 여성 동역자를 포함하여 소수만이 함께 모였습니다. 장광룽(Zhang Guangrong)은 상해교회(SCA)의 초기 남성 동역자였습니다. 1928년에 그는 병에 걸린 니(Nee)를 돌보기 위해 상해로 왔습니다. 그는 동정심이 많았고 궁핍하거나 가난하거나 어려움에 처한 사람들을 돌보았습니다. 1932년 3월에 니(Nee)는 두종첸, 린광뱌오, 우시후를 장로로 안수했습니다. 그는 또한 집사 제도를 세웠습니다.[1] 나중에 니(Nee)는 유성화(Yu Chenghua)와 주첸(Zhu Chen)을 장로로 선임했습니다.[2] 1936년에 니(Nee)와 이연여(Li Yuanru)는 유성화(Yu Chenghua)를 장로로 상해로 다시 오도록 초청했습니다. 그때부터 유성화(Yu Chenghua), 주첸(Zhu Chen), 두종첸(Du Zhongchen)은 1956년까지 상해교회(SCA)의 장로였습니다. 니(Nee)가 1930년대 초부터 교회에서 권위를 강조했기 때문에 장로들은 니(Nee)에게 매우 복종했습니다. '경건한 복종(pious submission)'은 지방교회의 전통으로 남아 있습니다. 결과적으로, 장로들의 교회를 감독하는 역할이 제한되었습니다. 한번은 유성화(Yu) 형제가 무의식적으로 집에서 자신의 감정을 드러냈습니다. "니(Nee)는 자신이 말한 대로 행동하

---

1 렌종샹(Ren Zhongxiang), "상해 교회의 간략한 역사", p.4-5.
2 유숭가, '유성화(Yu Chongjia, Yu Chenghua) 박사의 일화', 유종은(Yu Chong'en), "하나님과 함께 걷다", 385p.

지 않았다."³ 그러나 그는 여전히 니(Nee)와 그의 권위를 존중했습니다. 렌 종샹(Ren Zhongxiang)은 다음과 같이 말했습니다.

> 그런 종류의 위임에 따라, 장로들은 지방교회를 담당했습니다. 그러면 워치만 니(Watchman Nee), 이연여(Li Yuanru), 왕페이진(Wang Peizhen)과 같은 동역자들은 지역적으로 복음 사역에 집중할 수 있을 것입니다. 또한 동역자들은 다른 지역의 지방교회들을 인도할 것입니다.⁴

니(Nee)는 일찍이 1934년에 위트니스 리를 급속히 승진시켰습니다.⁵ 1942년 상해교회(SCA) 폭풍 때문에 지도자들은 니(Nee)가 설교하는 것을 정지시켰고 그는 상해를 떠나 복주(푸조우)로 갔습니다. 그리고 나중에 중경(충칭)으로 갔습니다. 1946년 중반에 리(Lee)는 상해교회(SCA)를 이끌도록 니(Nee)의 초청을 받았고, 그는 1948년에 니(Nee)의 재개를 촉구했습니다. 그때부터 1949년 중반까지 리(Lee)는 상해교회(SCA)를 책임지고 장로들을 다스렸습니다. 1948년 5월 상하이로 돌아온 니(Nee)는 1952년 체포될 때까지 모든 지방교회의 유일한 지도자였습니다.

장래 우주 교회의 모델

지상의 모든 교회에서 중요한 과제 중 하나는 다른 교회와 적절한 위치와 관계에 자신을 배치하는 방법입니다. 기도회 중에 우리는 우리 자신의 연약함과 실패를 인정하곤 했습니다. 그럼에도 우리는 항상 상해교회(SCA)가 성경에 따라 행하는 가장 좋은 교회라고 믿었습니다. 그 강한 확신이 우리로 하여금 헌신적인 목회자들과 기독교인들을 상해교회(SCA)에 가입하도록 최선을 다해 설득하도

---

3 개인정보, J.Y.
4 렌종샹(Ren Zhongxiang), "상해 교회의 간략한 역사", p. 5
5 위트니스 리, '워치만 니, 금세기 신성한 계시의 선견자', 31장.

록 했습니다. 우리는 그것을 교회의 연합(The Union of the Church) 또는 교회의 하나 됨(The Church United)이라고 미화했습니다.

1948년에 워치만 니는 전국 동역자 집회에서 이렇게 말했습니다.

"루터는 그 시대의 사역자였습니다. 다비(Darby)는 또한 그 시대의 사역자였습니다. 각 시대마다 주님은 그분이 이루고자 하시는 특별한 일들이 있습니다. 그분에게는 자신의 회복 역사에서 해야 할 일이 있습니다. 한 시대에 그분이 행하신 특별한 회복과 일이 그 '시대의 사역'입니다.[6]

역사(work)의 원리는 동일합니다. 각처의 동역자들은 먼저 자신을 내어 드리고 머리 아래 두며 머리의 지시를 받아야 합니다. 그래야만 주님이 하실 수 있고 그래야만 일이 진행됩니다... 이제부터 우리는 몸의 심판을 받아들여야 합니다. 모든 주요 결정과 지시는 몸의 손에 맡겨야 합니다... 장차 몸의 나타남은 오늘날 지방교회들의 간증의 본질에 의해 결정될 것입니다. 지방교회들은 장차 올 우주 교회의 모델입니다.[7]

오늘날 하나님의 사역은 지방교회 안에서 그리고 지방교회를 위한 것입니다. 사역의 일은 교회의 합당한 간증을 회복하는 것입니다. 이것이 '진정한 회복'입니다. 유일한 사역은 유일한 간증을 위한 것이며 유일한 간증의 내용은 지방교회에서 성취됩니다."[8]

교회에 대한 니(Nee)의 메시지는 다음과 같습니다: 1) "지방교회는 다가올 우주 교회의 모델입니다.", 2) "하나님의 사역은 지방 교회 안에 있습니다." 위트니스 리가 워치만 니는 "현 시대의 신성한 계시의 선견자" 는 제목으로 니(Nee)의 전기를 쓴 것은 놀라운 일이 아닙니다.

1950년 이후에 나는 위에서 언급한 니(Nee)의 의견을 공개적으로 전파한 상

---

6 니(Nee), '부서짐과 사역', 워치만 니 사역의 재개, 전집 57권 27장 1부.
7 니(Nee), '교회의 길', 워치만 니 사역의 재개, 전집 57권 7장 6부.
8 니(Nee), '몸의 회복과 사역의 권위', 워치만 니 사역의 재개, 전집 57권 6장 6부.

해교회(SCA)의 다른 지도자를 알지 못합니다. 그러나 우리는 상해교회가 하나님의 뜻을 따르는 유일한 교회라고 굳게 믿었습니다. 지방교회는 성찰이 많지 않았습니다.

니(Nee)는 또한 '그리스도인은 그를 위한 몸의 보호가 있기 때문에 오늘날 매우 안전하다고 말했습니다.'[9] 그것은 우리가 지방교회 안에 있는 한 모든 것이 좋을 것이라는 것을 의미했지만, 슬픈 현실은 정반대였습니다. 니(Nee)의 명백한 실수 때문에 많은 형제자매들과 그들의 가족들이 심각한 핍박과 재난, 그리고 믿음의 혼란을 겪었습니다.

상해교회(SCA)는 니(Nee)의 말을 성경만큼 유효하거나 또는 성경보다 위에 있다고 여겼습니까? 그 위임된 권위(니(Nee)를 말함- 역자주)는 하나님과 절대적인 동등성을 가졌습니까? 그렇지 않다면 왜 아무도 니(Nee)의 문제를 간파하지 못했을까요?

니(Nee)의 문제뿐만 아니라 상해교회(SCA) 내부에도 문제가 있었습니다. 분명히 니(Nee)는 자신의 방식대로 일을 하는 것에 대해 상해교회(SCA)에서 어떤 저항도 받지 않았습니다. 니(Nee)가 교회 지도자들에게 자신의 관점을 제시했을 때 그들은 아무런 방어도 하지 않았습니다. 분명히 교회는 분별력을 잃었습니다.

핵심 이슈 1: 우상숭배와 권위

우상숭배

1928년 상해교회(SCA)의 시작부터 교회는 유성화(Yu Chenghua), 이연여(Li Yuanru), 나중에 장우지(Zhang Yuzhi)와 같은 은사를 가진 그리스도인이 적지 않음에도 불구하고 교회는 니(Nee)의 유일한 독재(sole dictatorship) 아래 있었습니다. 지도자들은 '경건한 복종(pious submission)'의 규칙을 따랐

---

9 니(Nee), '하나님의 회복의 역사', 워치만 니 사역의 재개, 전집 57권 8장 8부.

습니다. 지방 교회 회중의 우상 숭배는 지도자들로부터 세대를 거쳐 물려받았습니다. 니(Nee)가 지방 교회를 잘못 인도하는 동안 교회 지도자들은 그들 자신의 책임이 있었습니다. 그들은 무죄라고 말할 수 없습니다.

누가 권위가 될 수 있습니까?

권위가 누구인가 하는 문제가 교회의 축복을 결정합니다. 성령께서 성경과 함께 계시는지, 혹은 어떤 사람이 있는지, 어떤 규칙과 규정이 있는지 등입니다. 맨 처음부터 니(Nee)는 자신을 지방 교회의 유일한 지도자로 여겼습니다. 특히 1948년 이후에 지방교회에 분명한 성령의 인도가 없었던 이유는 무엇입니까? 니(Nee)에게는 위트니스 리(Witness Lee), 유성화(Yu Chenghua), 이연여(Li Yuanru), 왕페이진(Wang Peizhen)과 같은 몇 명의 중요하고 장기적인 동역자들이 있었습니다. 그러나 그들은 그에게 매우 종속적이었습니다. 사실 그들은 단지 그의 추종자이자 조력자일 뿐입니다. 1948년 이후 그의 독재(dictatorship)는 더욱 명백해졌습니다.

'줄서기'

지방교회에서 니(Nee)는 형제자매들이 복종함으로 줄을 서야 한다는 본질적인 필요성을 옹호했습니다. 그는 그것을 '줄서기'(lining up)라고 불렀습니다. 그는 다음과 같이 말했습니다:

> 그러므로 형제들이 교회에 와서 어떤 일을 할 때, 그들은 자기 위치를 보아야 합니다. 그들은 줄을 서는 법을 배워야 합니다. 오늘날 세 사람이 함께 걷고 있다면, 그들은 그들 앞에 어떤 형제가 있는지 자동적으로 알아야 합니다. 질문이 있으면 그 형제에게 물어봐야 합니다. 이것이 여기 교회의 원리입니다. 이것은 매우 아름답습니다. 형제 두세 사람이 함께 있을 때 어떤 일이 생기면, 어떤 사람은 즉시 순종하는 자세를 취하고 이렇게 물어야 합니

다: '이 일이 결정되어야 하는데 당신은 어떻게 말하시겠습니까?' 두 사람이 함께 있을 때에도 우리 앞에 누가 서 있는지 알아야 합니다. 그 사람이 완전하기 때문에 하나님께서 세우신 권위로 여겨 청종하는 것은 하나님의 뜻이 아닙니다. 오히려 하나님은 이 사람의 권위가 우리보다 높기 때문이라고 말씀하십니다. 그러므로 우리는 그의 말을 들어야 합니다. 그가 우리보다 더 완벽하기 때문에 우리가 그의 말을 듣는 것이 아닙니다. 그가 우리 앞에 있기 때문에 우리는 그의 말을 들어야 하는 것입니다.

그 사람이 완전하기 때문에 하나님이 세우신 권위로 우리가 청종하는 것은 하나님의 의도가 아닙니다. 오히려 하나님께서는 이 사람의 권위가 우리보다 위에 있다고 말씀하십니다. 그러므로 우리는 그의 말을 들어야 합니다. 우리는 이 사람이 우리보다 더 완벽하기 때문에 그의 말을 듣는 것이 아닙니다. 그가 우리 앞에 있기 때문에 우리는 그의 말을 들어야 하는 것입니다. 순종의 기초는 우리가 청종하는 사람이 완전하다는 데 있지 않습니다. 순종의 기본은 듣는 사람이 우리 앞에 있느냐입니다. 뭔가 잘못되면 그 사람이 책임을 집니다... 두 사람이 함께 모이면 자연스럽게 자신의 위치를 알아야 합니다. 어떤 일이 일어날 때 우리는 언제나 옆으로 비켜서서 "형제님, 당신이 말씀하십시오."라고 말할 때를 알아야 합니다. 그가 우리 앞에 있기 때문에 우리는 그가 말할 때까지 기다려야 합니다. 우리는 사람의 선택에 순종하지 않고 하나님의 권위에 순종합니다. 일단 형제가 우리 앞에 서 있으면 우리는 그에게 순종해야 합니다...[10]

우리는 형제자매들이, 두 사람이 함께 있을 때 항상 순종해야 할 한 사람이 있다는 것을 배우기 바랍니다. 세 사람이 함께 있을 때는 순종해야 할 사람이 두 사람이 있을 것입니다. 이것은 사역의 기본 조화(혹 동역, *coordination*)입니다. 순종 없이는 동역이 없습니다... 무슨 일이 있을 때마

---

10 니(Nee), '사역자들 사이의 동역', 교회의 사무에서, 전집 51권, 11장, 3부.

다 순종하는 법을 배우십시오...

하나님의 일과 사역자들 사이의 동역에서 첫 번째 일은 우리의 눈을 열어 우리 가운데 권위를 알 수 있도록 하나님께 구하는 것입니다.[11]

그러므로 우리는 성령의 인도가 아니라 우리 앞에 있는 형제에게 순종해야 했습니다.

당시 나는 상하이 제2의과대학 학생이었는데, 잊을 수 없는 사건이 하나 있었습니다. 주 루오이(Zhou Luoyi)는 치과대 학생이었고, 우리는 항상 다른 사람들을 섬기기 위해 함께 기도했습니다. 어느 날 그녀가 과중한 학업 때문에 학교 봉사를 그만두고 싶다고 말했습니다. 나는 그녀에게 계속하도록 격려했고 모두가 다 빡빡한 일정을 가지고 있다고 생각했기 때문에 그녀를 놓지 않았습니다. 1년 후, 그녀는 학업 기준에 도달하지 못했기 때문에 학교에서 퇴학당했습니다. (나중에 그녀는 코스를 마치기 위해 돌아올 수 있었습니다.) 졸업 후 그녀는 장쑤성 쉬저우(Xuzhou)에서 수련했습니다. 그녀는 일생 동안 치과 진료 외에도 복음을 전파하고 쉬저우 광활한 지역과 산둥성 여러 지역에서 형제자매들을 섬겼습니다.

내 마음은 항상 그녀에게 빚을 지고 있었습니다. 2001년에 나는 그녀의 주소를 알고 사과의 편지를 썼습니다(미국에서 중국 상해로- 역자 주). 나중에 나는 상해에서 그녀에게 직접 사과할 기회가 있었습니다. 그러던 중 그녀에게서 받은 편지는 지금까지도 내 마음을 감동시킵니다. 그녀는 이렇게 썼습니다:

사랑하는 자매님:

당신이 나에게 어떤 것도 빚졌다고 생각하지 않기를 진심으로 부탁드립니다...

1952년에 우리 둘 다 주님을 찾고 사랑했습니다. 당신은 내가 '대학 크리스챤 집회 사역'에 참여하기를 원했지만 나는 마음이 편치 않았습니다. 나는

---

11 니(Nee), ibid, ibid, 전집 51권, 11장, 5부.

여러 번 기도했고 하나님께서는 내가 학생이고 학업에 집중해야 한다는 것을 알려 주셨습니다. 그런 다음 당신은 옌(Yan) 형제에게 내가 사역을 지속하도록 격려해 달라고 요청했지만 여전히 내 마음이 편하지 않았습니다.

당시 나는 어떤 길로 가야 할지 몰랐습니다. 어느 날 저녁 나는 하나님의 뜻을 구하기 위해 리 라지예 (Li Lajie, Rachael Lee) 자매님을 방문했습니다. 뜻밖에도 그녀는 내가 '양의 발자취'를 따라가지 않는다고 두 시간 동안 나를 심하게 책망했습니다. 나는 학교로 돌아가는 길에 눈물을 흘리며 주님께 말했습니다. "주님, 저는 주님을 기쁘시게 하기를 원합니다. 그러기 위해 나는 연장한 그 자매님의 충고에 순복해야 합니다."

1954년 학교에서 퇴학당할 때까지 나는 여전히 사람을 바라보고 있다는 것을 깨달았습니다. 내 마음은 내 앞에 있는 사람을 의지했고 내 앞에 있는 자매님에게 복종해야 한다고 느끼면서 '광명한 천사'(고후 11:14)에게 속임을 당하고 있었습니다. 나의 자매님, 미안해하지 마십시오. 하나님께서는 나로 하여금 눈물의 골짜기의 나날들을 통과하면서 많은 것을 배우게 하셨고, 하나님의 나에 대한 목적은 바로 오늘을 위해 나로 하여금 많은 공과들을 배우게 하시려는 것이었습니다.

그 무렵 나는 하나님을 섬기는 법을 배우는 학생에 불과했습니다. 나는 권위에 대해 아무것도 생각하지 않았습니다. 그러나 선임 동역자 리 라지예(Li Lajie)의 눈에는 내(Luoyi)가 자기 권위에 복종해야 합니다. 우리에게는 하나님께서 세우신 교회의 권위가 필요하고 교회의 사역자들을 존중해야 합니다. 그러나 그들은 하나님의 권위 아래 있어야 합니다. 권력에 대한 인간의 욕망이 교회에서 문제가 되었습니까? 문제는 권력을 추구하는 사람만이 아닙니다. 또한 인간의 권위에 대한 불건전하고 맹목적인 관용(수용)이 일부 교회에 만연해 있습니다. 그것은 '경건한 복종'이라는 영적 용어 아래 있어 왔습니다.

지방교회들의 분열 현상

니(Nee)의 '한 도시, 한 교회' 이론에 따르면, 한 도시(지방)에는 오직 한 지방교회만 있어야 합니다. 그러나 지난 반세기 동안 일부 지역에서는 지방교회의 분열이 현저하게 보여졌습니다. 문제는 동역자들 사이에서 어떻게 '줄을 설 것인가' 또는 '누가 권위(지도자)가 되어야 하는가'와 많은 관련이 있다는 것입니다.

지방교회들 가운데서 지방에서의 권위를 위한 '줄서기'와 우리 신앙의 사소한 불일치를 부각시키려는 열망은 니(Nee)의 가르침과 본에서 쉽게 추적할 수 있습니다. 이것이 지방교회들의 분열적인 현상입니다.

최근에 중국 본토의 연로한 책임 형제인 YYM이 저에게 슬프게 말했습니다. "아마도 해외의 교회들보다 중국 본토에 있는 지방교회들의 분열이 더 많을 것입니다. 교회는 하나님의 왕국을 위해 하나가 되어야 합니다. 이것은 하나님의 뜻에 따른 것이며, 우리는 다른 사람들의 공격에 관계 없이 주님을 위해 굳건히 서 있습니다."[12]

핵심 이슈 2: 죄에 대한 관용

니(Nee)의 성적 부도덕에 대한 관용

상해교회(SCA)의 대다수의 교회 지도자들은 경건하고 헌신적이었지만, 그들 중 누구도 니(Nee)의 부적절하고 죄악된 행동에 맞서지 않았습니다. 그것은 그들이 그의 권위를 받아들이고 그를 이방 신처럼 숭배했기 때문입니다.

1948년 니(Nee)가 사역을 재개하기 위해 상해로 돌아왔을 때, 선임 장로인 유성화는 1942년에 니(Nee)가 떠나게 된 원인인 성적 비행(sexual immorality)에 대해 그에게 맞서지 않았습니다. 오히려 이연여는 전국 동역자들 집회 기간에 그들 앞에서 니(Nee)에게 사과를 했습니다.

---

12 YYM, 2012년 10월 18일 작성자에게 보낸 e-메일.

"오늘 저는 니(Nee) 형제님에게 과거의 모든 태도와 말을 용서해 주시기를 구합니다. 또한 책임 형제들께 저의 과거 태도와 언행을 용서해 주시기를 부탁드립니다. 나는 니(Nee) 형제님의 사업 시도에 동정심이 없었습니다. 생화학 공장(CBC) 실험실에 관해 나는 많은 말을 들었고 그것들은 나를 화나게 했습니다. 결국 그 분노는 니(Nee) 형제님에게까지 미쳤습니다... 나는 니(Nee) 형제님이 아니므로 많은 일에서 그를 대신하여 말할 수 없습니다. 다른 사람들이 니(Nee) 형제님이 틀렸다고 말할 때 내가 어떻게 그런 말을 받아들일 수 있겠습니까?

나는 니(Nee) 형제님을 탓할 수 없었습니다. 그 결과 나는 다른 책임 형제들을 비난하기 시작했습니다. 이미 (벤처 사업이) 하나님의 뜻이라고 약속했는데, 다른 형제자매들을 어찌 막을 수 있겠습니까? 그런데 다른 사람들이 나를 찾아오면 정신이 쇠퇴할 정도로 괴로워했고 나는 그들에게 공감하지 않을 수 없었습니다. 오늘 제가 멘탈붕괴를 겪지 않은 것은 하나님의 은혜입니다. 99%의 책임이 남에게 있다고 해도 1%의 책임은 나에게 있습니다. 사실 나는 1% 이상의 책임을 지고 있다고 말해야 합니다... 생화학공장(CBC) 연구실에 관하여 나는 사람들에게 그것이 '가십 센터'라고 말했습니다. 사업에 대한 나의 동기는 씁쓸했고 니(Nee) 형제님에 대한 나의 태도 또한 씁쓸했습니다. 나는 결코 어떤 것도 정죄하지 않았다고 말하지 않을 것입니다. 참으로 화를 내는 일도 있었습니다. 어떤 사람이 생화학공장(CBC) 연구소에 연루되면 영적 상태가 붕괴하게 되었습니다."[13]

그때까지 복음실에서 일하던 리지쿤 집사는 2008년에 제게 이렇게 말했습니다:

동역자들과 장로들은 그 사실들을 알고 있었지만 단호하지 않았었습니다. 그들은 오랫동안 죄를 용납했기 때문에 하나님께서는 교회를 정결케 하시고

---

[13] 이연여(Li Yuanru), '워치만 니 사역의 재개', 전집 57권, 19장 1부에서 '루스 리 자매의 교통과 간증'.

그의 자녀들을 가증한 것들의 억압에서 건지기 위하여 멸망을 가져오셔야 했습니다.

권위의 그늘 아래 있는 교회 지도자들은 감히 '죄를 범한 사람'을 기분 상하게 할 수 없었습니다. 그들은 하나님을 두려워하기보다 사람의 권위를 더 두려워했습니다. 그들 또한 니(Nee)의 부도덕이 폭로된 1956년에 대다수의 상해교회(SCA) 신자들을 믿음에서 실패하게 한 책임이 있습니다.

공개적으로 니(Nee)를 덮어주던 인도자들

니(Nee)가 재개하고서 1년 반 후, 상해교회(SCA) 지도자들은 상해교회(SCA) 역사상 한 번도 없었던 공식 발표를 했습니다. 일부 출판물에 실린 니(Nee)에 대한 일부 비판으로 인해 상해에 있는 동역자들과 장로들의 공동 서명이 정기간행물 열린문(The Open Door)에 실려 공개적으로 출판되었고 모든 지방교회들과 그 밖의 지역에 배포되었습니다.

해명이 필요한 말[14]

최근에 어떤 외부 출판물은 우리의 간증을 비판하고 우리의 동역자인 워치만 니 형제님을 공격했습니다. 우리는 논쟁하기 싫어서 이러한 출판물에 대해 침묵을 지켰습니다. 한편으로 우리는 주님 앞에서 교훈을 배우기를 원했고, 다른 한편으로는 주님이 친히 우리를 변호하시도록 허락하기를 원했습니다. 최종 분석에서 모든 사람의 마음의 생각과 욕망은 그리스도의 심판대 앞에서 드러날 것입니다. 주님께서 우리에게 자비를 베푸셔서 우리가 항상 그분을 경외하게 되기를 바랍니다! 그러나 워치만 니 형제님의 인격에 관

---

14 탕슈린(Tang Shou-ling) 등, '사역에 있어서 필요한 설명의 말씀' 열린문(The Open Door), 전집 55권, 8장, 11부.

하여 우리는 그가 하나님의 신실한 종들 중 한 사람임을 주님 앞에서 한마음 한뜻으로 간증할 수 있습니다. 그는 어떤 형태의 사업을 하고 있지만, 그의 목표는 결코 자신을 위해 무언가를 얻는 것이 아니었습니다. 우리는 진리의 문제와 봉사의 문제와 그의 일에 있어서 모두 그와 한마음이 됩니다. 저희를 아껴주시는 모든 형제자매님들께 정중히 말씀드리며, 저희를 위해 기도해 주시기 바랍니다.

탕쇼우린(Tang Shou-ling), 유성화(Yu Cheng-hua), 장광룽(Chang Kuang-rong), 스티븐 강(Stephen Kaung), 두종첸(Tu Tsong-chen), 데이빗 수(David Hsu), 주첸(Chu Chen), 장우지(Chang Yu-zhi), 묘윤춘(Miao Yun-chun), 이연여(Ruth Lee), 왕페이진(Peace Wang), 장퀴난(Phoebe Chang)

10월 22일, 1950년

1956년 니(Nee)의 추잡한 삶이 폭로되었을 때, 사람들은 그 문서에 서명할 때의 묘운춘과 푀베 장(장퀴난)의 복잡하고 고통스러운 감정을 상상했을 것입니다. 그들은 니(Nee)의 부패의 희생자였지만, 그러나 두 사람은 이전에 아무 일도 없었던 것처럼 니(Nee)를 덮기 위해 서명하는 것 외에 다른 선택이 없었습니다. 문서에는 다음과 같이 명시되어 있습니다. "우리는 주님께서 친히 우리를 변호하시기를 원했습니다." 실제로 5년 후(1956년) 하나님은 그분의 공의와 의를 나타내시기 위해 그분의 철장을 사용하셨습니다.

생화학 공장(CBC)에서 니(Nee)의 부적절한 행동에 대해 관용적임

교회 지도자들은 니(Nee)의 교회와 생화학 공장(CBC) 경영에서 그의 죄들과 성적 부도덕에 이르기까지 니(Nee)의 많은 죄를 묵인하고 덮었습니다. 생화학공장(SCA) 인도자들 중에는 사업을 운영하는 니(Nee)의 문제에 대해 논의한 기록이 거의 없었습니다.

이연여(Li Yuanru)는 그녀의 집에 오는 생화학공장(CBC) 일꾼들의 빈번한 불만을 참을 수 없었기 때문에 책임 있는 형제들에게 공개적으로 보고하고, 그들이 일꾼들을 도와서 문제를 해결하기 위해 책임과 조치를 취하기를 바랐지만 그녀는 실망했습니다.

존 성(John Sung, Shang Chieh Sung, Song Shangjie), 왕명도(Wang Mingdao) 등과 같은 많은 유명한 중국 목사들도 니(Nee)가 사업을 운영하는 것에 대해 나쁜 인상을 받았습니다. 1930년대 초에 시작된, 기독교계 내에서의 니(Nee)의 사생활에 대한 가십도 있었습니다.

워치만 니는 오늘날까지 현대 중국 교회 역사상 가장 논란이 많은 인물로 알려져 있습니다. 그는 오랫동안 많은 사람들에게 '수수께끼'였습니다. 대부분의 그의 독자들은 그의 출판물만 알고 그의 사생활은 알지 못했으며, 그의 삶은 동료들에게도 전혀 투명하지 않았습니다. 그러나 니(Nee)의 수십 년 간의 도덕적 문제는 상해교회(SCA) 인도자들이 그의 부도덕한 행동을 용인하고 숨기는 것과도 관련이 있었습니다. 위의 해명(Clarification)은 그들의 은폐의 전형적인 예였습니다.

니(Nee)의 특권(prerogative)에 대한 관용

1. 떡을 떼지 않음

떡을 떼는 것(Breaking Bread, 주님의 상)은 지방교회에서 가장 중요한 집회였으며, 니(Nee)가 형제단에서 채택한 입장이었습니다. 그의 투옥과 재판에서 니(Nee)는 10년 이상 떡을 떼는 데에 참석하지 않았다고 자백했습니다.[15] 그것은 그가 예외적이라는 것을 보여주는 한 가지 예일 뿐입니다. 지방교회에는 교회 인도자가 되어 떡을 떼는 일이나 정기 집회에 참석하지 않는 사람이 아무도 없었습니다.

그는 지방교회의 규범을 따를 필요가 없었습니다. 그는 자신이 가르친 것을 할

---

15 Chapter 14 참조.

필요가 없었습니다. 그는 자신이 원하는 것은 무엇이든 감히 할 수 있었고, 남다른 지위와 교활한 웅변으로 피하는 방법을 알고 있었기 때문에 동역자들을 두려워하지 않았습니다. 더 중요한 것은 그가 하나님을 두려워하지 않았다는 것입니다. 하나님이 그를 통제하시지 못하는 것처럼 보였지만, 이제 우리는 하나님이 항상 통제하고 계시며 항상 마지막 말씀을 하신다는 것을 압니다.

2. 남다른 특권

교회 지도자들은 니(Nee)가 뛰어난(예외적인, exceptional) 지도자였기 때문에 용납할 수 없는 행동을 묵인했습니다. 그들은 그의 고집을 아랑곳하지 않고 그가 원하는 대로 하도록 내버려 두었습니다. 니(Nee)에 대한 징계로 이어진 1942년 상해교회(SCA) 폭풍은 유일한 예외였습니다. 나중에 아무도 그를 추적하지 않았습니다.

동역자들과 장로들은 니(Nee)에게 지나치게 복종했지만, 그들 대부분은 뭔가 잘못되었다는 직감이 있었습니다. 그들의 소심함 때문이 아닙니다. 실제로 그들은 주님을 위해 기꺼이 목숨을 바쳤습니다. 또한 그들이 하나님의 말씀에 익숙하지 않기 때문도 아닙니다. 그냥 니(Nee)의 가르침을 분별없이 무조건적으로 반복해서 받아들인 것입니다. 요컨대, 그들은 '경건한 복종'이라는 이름으로 '세뇌당했습니다.'

핵심 쟁점 3. 반지성주의

'영'(성령이 아닌)에 대한 지나친 강조는 그가 회심한 지 불과 몇 년 후에 시작되었지만, 그는 전체 사역을 통해 그 주제를 가지고 갔고 '영에 속한 사람(The Spiritual Man)'은 그 주제에 대한 그의 고전적인 작품이었습니다. 니(Nee)가 '영/혼 분리', '영 우월/혼 열등'의 원칙을 그의 핵심 신학적 개념으로 확고하

극단적으로 붙잡고 있었기 때문에 우리는 깊은 영향을 받았고 반지성주의(anti-intellectualism)로 귀결되었습니다.

'영은 가장 높고 몸은 가장 낮다'

워치만 니가 말했습니다:

> 사람의 세 가지 요소 중에서 영은 하나님과 결합되어 가장 높은 것입니다. 몸은 물질계와 접하고 있는 가장 낮은 것입니다. 그 둘 사이에는 혼이 있습니다... 사람의 영은 사람의 가장 고귀한 부분입니다. 그것은 사람의 가장 깊은 곳에 거합니다. 몸은 가장 낮고 바깥 부분입니다. 혼은 영과 몸 사이에 거하며 둘 사이의 매개체입니다.[16]

> 우리의 온 존재 중에서 오직 한 부분, 즉 거듭난 영만이 성경을 공부할 수 있습니다. 만일 우리가 성경을 대하기 위해 우리 존재의 다른 부분을 사용한다면, 우리는 하나님과 별개의 일을 하는 것이며 그러한 활동은 하나님과 관련된 어떤 것도 만지지 못할 것입니다.[17]

> 사람이 자신의 생각이나 지능으로 하나님의 말씀을 연구할 수 없습니다. 그는 하나님의 말씀을 연구하기 전에 이 영이 있어야 합니다.[18]

니(Nee)의 개념은 처음에 부흥 운동과 복음주의 운동이 뒤따른 18세기 '경건주의' 운동에서 계승된 것입니다. 그리고 확실히 펜 루이스(Penn-Lewis) 부인은 그에게 깊은 영향을 미쳤습니다. 그러나 교리적 극단으로 치우침으로써 성경적 진리에서 위험한 이단으로 표류할 위험이 있습니다. 처음에 니(Nee)는 헌신함으로 이런 종류의 영적 의도를 추구했을 것입니다. 그러나 그는 성경적 지침의 한계를 넘어서 그의 선구자들로부터 너무 멀리 갔고 영지주의(Gnosticism)의 영역에 떨어졌습니다. 사실, 그것이 다른 사람들을 통제하는 그의 도구가 된

---

16 니(Nee), '영에 속한 사람'(1), 전집 12권, 1장, 2부.
17 니(Nee), 성경을 연구하는 방법, 겉사람의 파쇄와 영의 해방, 전집 54권, 4장, 1부.
18 니(Nee), ibid, ibid, 전집 54권, 4장, 1부.

것은 니(Nee)의 빗나감(deviation, 영지주의에로 빗나감을 의미할 것임- 역자 주)이었습니다.

'머리 지식'

지방교회에서는 '머리 지식'은 '영'에서가 아니라 '혼'에서 나온 '지식'을 의미하므로 버려야 한다고 생각합니다. 사실, 우리 뇌의 사고하는 과정을 사용하지 않고 성경을 읽는 것은 불가능합니다. 실제로, 마음과 생각, 앎과 행동, 추론과 지각은 항상 분리할 수 없고 기능적으로 통합되어 있습니다. 우열은 없고 다만 기능이 다를 뿐입니다. 인간의 영과 혼과 몸은 모두 하나님께서 설계하시고 창조하신 것입니다. 성경은 이렇게 말합니다. "하나님이 지으신 모든 것을 보시니 보시기에 심히 좋았더라"(창 1:31).

성경은 이렇게 말씀하십니다. "네 마음을 다하고 목숨을 다하고 뜻을 다하고 힘을 다하여 주 너의 하나님을 사랑하라"(마가복음 12:30). 마음을 다하고 혼을 다하여 하나님을 사랑하라는 것이 하나님의 명령입니다. 지식과 생각은 하나님의 선물이며 성경은 지식과 추론으로 가득 차 있습니다. 사도들의 가르침은 성령의 능력으로 충만합니다. 그러나 또한 추론(이해의 영역- 역자 주)으로 가득 차 있습니다. 그리고 추론도 성령으로부터 옵니다.

바울은 "내가 기도하노라 너희 사랑을 지식과 총명으로 점점 더 풍성하게 하사 너희로 지극히 선한 것을 분별하며 또 진실하여 허물없이(깨끗하고 흠이 없이) 그리스도의 날까지 이르고…"(빌 1:9-10). 그러므로 지식과 통찰력과 비전은 분별에 필요한 전제 조건이며, 그것이 하나님의 뜻입니다. 그것은 니(Nee)가 사역하는 동안 상해교회(SCA) 내에 매우 불충분했습니다.

베드로는 이렇게 말합니다. "그러므로 너희가 더욱 힘써 너희 믿음에 덕을, 덕에 지식을, 지식에 절제를…"(베드로 후서 1:5-6.)

하나님께서는 이렇게 말씀하십니다. "그런즉 서서 진리로 너희 허리띠를 띠고..."(엡 6:14). 그러나, 성경 진리에 대한 지식으로 우리 허리띠를 띠지 않음으로 우리는 하나님의 전신갑주의 일부를 잃어버렸습니다.

반합리주의가 파멸의 원인이었다

니(Nee)는 말하기를:

> 우리는 하나님께 가르침을 받고 통제를 받는 사람이 되어야 합니다. 함부로 말하거나 함부로 자신의 의견을 표현하지 않는 사람만이 하나님께 쓰임을 받을 수 있습니다. 이들만이 머리를 대표할 수 있습니다. 그런 사람만이 형제자매들을 앞길로 인도할 수 있습니다. 하나님께서는 본성적으로 비판하기를 좋아하는 사람들에게 결코 권위를 맡기지 않으실 것입니다. 사람이 복종하려면 먼저 머리가 잘려야 합니다.[19]

지방교회의 역사에서 하나님을 사랑하기 위해 모든 것을 포기하려는 깊은 헌신과 의지는 경이로운 것이었습니다. 당시 중국 본토에 7만 명 이상의 회원이 있던 거의 대부분의 지방교회들이 이에 포함되었습니다. 그러나 하나님께 헌신하기 위해서는 니(Nee)의 가르침을 따라야 했습니다. 그 결과 수많은 경건한 신자들의 '머리'가 자신의 생각이 없이 잘려나갔습니다. 얼마나 비극적이고 위험한 일이었습니까!

하나님은 이렇게 말씀하십니다. "내 백성이 지식이 없으므로 망하는도다"(호세아 4:6). 우리는 이 고통스럽고 끔찍한 교훈을 무시할 수 없습니다.

반지성주의는 맹목적이 되게 한다

1951년에 발행된 니(Nee)의 잘못된 연설 '나는 어떻게 돌아섰는가(How did I Turn Around?)'는 지방교회 인도자들에게 아무런 저항 없이 만장일치로 받아

---

19 니(Nee), '몸의 권위의 행사와 몸의 의식', 워치만 니와 사역의 재개, 전집 57권, 24장, 3부.

들여졌습니다. '인민의 입장을 따르는 것'을 극단적으로 강조한 것은 사실상 무신론 정부에 대한 무조건적 항복이었습니다.

여기에 엄숙한 도전이 있습니다. 성경은 우리에게 완전한 진리를 말하지 않습니까? 그렇다면 '인민의 입장(People's Standpoint)'으로 보완할 필요가 있을까요?

니(Nee)가 체포된 후로 그 몇 년 동안 니(Nee)의 심각한 실수를 지적하기 위해 일어선 인도자들이 있었다면, 상해교회(SCA) 신자들은 1956년의 '전시회(CEC)' 동안 믿음을 뒤흔드는 폭풍으로부터 어느 정도 보호를 받았을 것입니다. 그러나 불행하게도, 그들 영적 인도자들도 세뇌당했고, 그들은 자신도 폭풍으로부터 보호할 수 없었습니다.

어떤 사람들은 믿음과 이성이 서로 반대라고 생각합니다. 그건 잘못된 생각입니다. 믿음과 생각이 합력하여 불합리한 이단과 싸우는 것입니다.

핵심 문제 4: 성경 지식의 부족

그 현상은 너무나 아이러니해서 그 당시 가장 영적이고 헌신적인 지방교회 인도자들이 실상은 성경의 모든 진리를 붙잡고 있지 않았습니다. 사실 마음과 생각(혼)으로 성경을 연구하거나 존중하지 않고 오직 사람의 영으로만 성경을 읽고 계시와 빛을 구한다는 것은 위험합니다.

그러므로 상해교회(SCA) 인도자들과 신자들은 '영성'을 이야기했지만, 대부분의 경우 전체론적으로 성경에 대한 깊은 이해가 부족했습니다. 우리는 소위 '영적인 것들'과 '빛'에 이끌렸지만, 하나님의 균형잡힌 말씀은 아니었습니다. 우리는 '세뇌된' 생각으로 성경을 공부했습니다. 지방교회에는 체계적이고 전체론적이며 균형 잡힌 신학이 부족했습니다. 니(Nee)의 잘못된 말에 대한 분별력과 방어력이 부족한 결과 건강하지 않았습니다. 그 전형적인 예는 1951년 니(Nee)의

'내가 어떻게 돌아섰는가?'라는 연설을 만장일치로 수용한 것입니다.

그 시절 상해교회(SCA)는 교회의 기둥이 되는 건강한 신학과 성경 공부가 부족했습니다.

핵심 이슈 5: 성찰의 부족

상해교회(SCA)는 1956년 하나님께 큰 타격을 받았고 교회 인도자들은 깊은 슬픔에 잠겨 자백과 회개를 했습니다. 그러나 그 원인은 대부분 니(Nee)의 성적 부도덕 때문이었습니다. 그들은 하나님의 보좌에 앉아 하나님의 영광을 도적질한 '니(Nee)의 핵심 문제'를 간파하지 못했습니다. 그로부터 반세기 이상이 지났습니다. 그러나 지방교회에 소속된 많은 형제자매들이 여전히 자만심이 있고 자기 성찰이 부족합니다.

니(Nee)는 약간의 성찰이 있었다

니(Nee)의 찬송에서 우리는 그의 내면의 투쟁과 성찰을 볼 수 있습니다. 또한 그는 자신의 이름을 저주해야 한다고 여러 번 언급했습니다.

1930년대 초반에 지방교회들은 크게 확장되었습니다. 많은 헌신적인 목회자들과 신자들이 지방교회로 이끌려 들어왔고 주류였던 일반 교회들은 막대한 손실을 입었습니다. 1934년 7월에 이연여(Li Yuanru)는 중국 남부의 지방교회들을 여행하며 사역하는 동안 교회의 상황에 관해 워치만 니와 위트니스 리에게 두 통의 편지를 썼습니다. 니(Nee)는 이것을 뉴스 수집(Collection of Newsletters)에 바로 게재했습니다.[20] (이 잡지는 1933년 12월에 창간되었으며, 그 목적은 지방교회들의 발전을 격려하고 촉진하는 것이었습니다.) 1935년 7월에 니

---

20 이연여(리 위안루), '여행 중인 리 자매의 편지', 뉴스레터 모음집 (2) '워치만 니의 간증', 전집 26권 2장 4부; 이연여(리 위안루, 루스 여사)의 두 번째 편지, 이연여(Li)' ibid, 전집 26권 2장, 11부.

(Nee)는 '뉴스레터 수집(Collection of Newsletters)' 잡지를 폐간하기로 결정하고 '동역자들에게 보내는 편지'라는 장문의 글을 썼습니다. : 그는 말하기를,

> 다른 말로 해서, 우리의 영적 교화와 성장이 마땅히 되어야 할 만큼 이루어지지 않았습니다. 오히려 교파를 떠나는 것, 모임의 형태, 침례, 머리 수건 쓰는 것이 우리 진리의 중심이 되었습니다… 또 다른 측면에서 우리는 여러 곳에 있는 교회들 가운데 성장이 부족한 것을 보았습니다. 사역에서 게으르고, 복음에 대해 냉랭하고, 기도 생활이 거의 없고, 성령의 능력이 부족하며, 믿음이 부족하고, 사랑이 부족합니다. 이 모든 것으로 인해 우리는 굵은 베옷을 입고 재를 뒤집어쓰고 금식하며 하나님 앞에서 회개해야 합니다. 우리는 하나님께 우리를 살려달라고 간구해야 합니다. 라오디게아의 영이 우리 가운데 있습니다.[21]

잡지 폐간 결정과 함께 '베옷을 입고 재 가운데서 하나님 앞에서 회개하라', '라오디게아의 영이 우리 가운데 있다'는 니(Nee)의 말은 진심이었습니다. 그 후 주류를 이루는 일반 교회들에서 적극적으로 다른 사람들을 끌어들이는 '양떼 도둑질'이 둔화되었고, 지방교회들과 다른 교회들의 불화와 분열이 완화되었습니다. 그러나 서로 소원함의 결과는 지속되었습니다.

지방교회에 조금이라도 성찰이 있습니까?

지난 반세기 동안 지방교회의 고유한 특성을 덜 강조하고 다른 일반 교회와 사역자들에게 더 개방적인 것 등 다양한 형태로 지방교회에 변화와 발전이 있었습니다. 그러나 교회 인도자들은 일반적으로 니(Nee)와 지방교회의 역사적 문제에 대해서는 침묵을 지킵니다. 과거의 문제에 대한 성찰은 금기(taboo)를 위반하는

---

21 니(Nee), "뉴스레터 수집 취소에 관해 동역자들에게 보내는 편지", 뉴스레터 모음집 (2) 워치만 니의 간증, 전집 26권, 4장, 6부.

것 같습니다. 그들 중 일부는 심지어 다른 교회의 목사들이 '니(Nee)의 가르침'을 이해할 영(spirit)이 없다고 생각하며 다른 사람들을 멸시하기까지 합니다. 그러한 편협함과 '맹목적으로 선진들을 존경하는 것'이 일부 지방교회들에 꽤 만연해 있습니다. 그들은 감히 지방교회의 역사적 문제를 직면하여 정리하지 않습니다. 그것은 그들의 영적 손실로 이어질 수 있습니다.

성찰을 회피하는 것은 누구에게나 어떤 교회에게나 슬픈 일이며 하나님의 축복을 제한하는 것입니다.

니(Nee)를 직면하는 데 방해가 되는 것들

그 당시 상해교회(SCA) 대부분의 교회 인도자들은 경건하고 헌신적이었습니다. 평생 동안 하나님과 함께 거하는 것을 실천한 유성화(Yu Chenghua)와 같은 경건한 장로들이 있었습니다. 예리하고 올곧은 이연여와 왕페이진 같은 현명하고 분별 있는 사람들이 있었습니다. 장우지(Zhang Yuzhi)는 주님께 충성했고 순교했습니다. 또한 란지이(Lan Zhiyi)와 같이 노동 수용소에서 고문을 당하하면서도 기쁨에 찬 인도자들, 저우 싱이(Zhou Xingyi)와 같이 헬라어에 능통한 인도자들, 그리고 많은 다른 사람들이 있었습니다. 그러나 그들 중 누구도 니(Nee)의 죄악된 행동과 그릇된 가르침에 맞서지 않았습니다. 그 근본적인 원인은 무엇입니까?

기름부음을 받은 자를 만지지 말라

상해교회(SCA)의 교회 지도자들은 하나님의 기름부음 받은 니(Nee)를 우러러보았고, 사울 왕을 경외한 다윗의 본을 따랐습니다. 다윗은 하나님을 경외했으며 또한 사울을 하나님께 기름부음을 받은 자로 여겼습니다(삼상 24:6; 26:9; 삼하 1:14). 그는 사울이 블레셋 사람들에게 죽임을 당했을 때 깊은 슬픔을 표현했습니다. 그는 '활의 애가'에서 이렇게 말했습니다.

"그것을 가드에서 말하지 말며 아스글론 거리에서 선포하지 말라. 블레셋 사람의 딸들이 기뻐할까 두려워하며 할례받지 않은 자의 딸들이 기뻐할까 하노라"(삼하 1:20).

그러나 하나님은 우리를 위하여 이스라엘의 왕으로 기름 부으신 사울의 비극적인 결말을 자세히 기록하셨습니다.

"그들은 그의 머리를 베고 그의 갑옷을 벗기고 블레셋 사람들의 땅 전역에 사자를 보내어 우상의 성전과 백성에게 소식을 선포했습니다. 그들은 그의 갑옷을 아스다롯 신전에 두고 그의 몸을 벳산 성벽에 고정시켰습니다"(사무엘 상 31:9-10).

성경에서 하나님께서는 자신의 기름부음받은 자들의 결점이나 슬픈 결말을 덮어주지 않으십니다. 그 역사적인 사건들은 그분의 백성들에게 심각한 경고입니다. 우리는 니(Nee)가 20년 동안 감옥에서 끝난 것을 슬퍼합니다. 그러나 우리는 그로부터 씁쓸하고 중요한 교훈을 배워야 합니다.

하나님은 다윗의 심각한 죄를 간과하지 않으셨습니다. 하나님께서는 그를 폭로하고 징계하기 위해 나단을 보내셨습니다. 다윗은 진심으로 하나님께 회개했을 뿐만 아니라, 또한 회개의 詩(시편 51편)를 기꺼이 기록하여 이스라엘 백성과 그 후손들에게 교훈이 되도록 수석 악사(樂士)에게 넘겼습니다. 다윗은 끔찍한 죄를 지었지만 그의 회개는 진심이었고, 수많은 그리스도인들이 주님께 돌아오도록 도왔습니다. 그러나 하나님은 여전히 다윗의 죄와 그가 받아야 할 가혹한 형벌에 대해 성경에 기록하고 계십니다. 하나님의 인자하심과 의로우심이 서로 짜여져서 하나님의 영광이 비춰었습니다. 그리고 우리는 여전히 다윗(David)을 사랑합니다.

이스라엘 백성이 죄로 고통을 당했을 때 미가는 이렇게 말했습니다,
"가드에게 고하지 말며 도무지 호곡하지 말지어다 베들레아브라에서 티끌에 굴지어다"(미가 1:10).

그러나 주님은 아모스에게 이렇게 말씀하셨습니다.
"아스돗의 요새와 애굽 요새에 선포하라: 너희는 사마리아 산들에 모여 그 중에서 얼마나 큰 요란함과 학대함이 있나 보라"(암 3:9).

하나님께서는 이방의 귀인들을 불러와서 그분의 백성의 죄를 보라고 하셨습니다. 그분은 그 죄를 간과하거나 은폐하기 위해 선지자를 부르지 않으셨습니다. 자기 백성에게 공의와 심판을 나타내셨고 심지어 이방인들에게 그들이 대적(enemy)임을 보이셨습니다. 성경에 있는 그러한 기록은 대대로 심각한 경고가 됩니다.

그렇다면 우리는 어떻습니까?

지방교회들과 연결되어 있거나 영향을 받은 많은 그리스도인들은 니(Nee)의 이미지가 어떻게든 보호되어야 한다고 생각할 것입니다. 니(Nee)의 이미지가 무너지면 어떻게 해야 합니까? 지방교회는 니(Nee)의 본색을 드러냄으로써 그들의 입지를 잃게 될까요?

어떤 사람들은 다음과 같이 생각할 수도 있습니다. '진실을 말함으로써 하나님의 자녀들은 넘어질 것이고, 하나님은 영광을 얻지 못하실 것이며, 현재의 지방교회들 또한 고통을 당할 것입니다.' 심지어 어떤 사람들은 니(Nee)의 실지 역사를 폭로하려는 사람들을 비난할 수도 있습니다.

니(Nee)의 결혼식 후, 가족의 혼란 중에 위트니스 리는 이렇게 말했습니다. "주님의 자비로 왕자매와 나는 이 문제에 대해 아무 것도 모르고, 아무 것도 하지

않고, 아무 말도 하지 않기로 결정했습니다."²² 이전 세대의 지방교회 지도자들 사이에서 이것은 하나의 태도였으며 또한 꽤 흔한 전략이었습니다. 그러나 주님은 "숨긴 것이 드러나지 않을 것이 없고 숨겨진 것이 알려지지 않을 것이 없느니라"(마태복음 10:26, 누가복음 12:2)고 말씀하셨습니다.

과거 역사를 회상하는 것이 오늘날 지방교회에게 피해를 줄까요? 아닙니다. 지방교회에 대한 현재의 인상은 그 역사(history)가 아니라 오늘날 개별 교회의 실행에 크게 좌우됩니다. 만일 어떤 지방교회 믿는이가 니(Nee)를 지도자로 자랑만 할 뿐 현시대에 하나님을 영화롭게 하려고 애쓰지 않는다면 그것은 슬픈 일이 될 것입니다.

심판하지 말라

예수께서 말씀하셨습니다. "심판하지 말라 그렇지 않으면 너희도 심판을 받을 것이다"(마태복음 7:1). 지방교회 초기부터 니(Nee)는 "비판(옳고그름을 판단)하지 말라"고 설교했습니다. 그것은 지방교회들 내에서 깨지지 않는 전통이었습니다. 마태복음 7장 1절의 문맥에 따르면, 이 가르침은 위선자들의 냉혹한 판단을 겨냥한 것입니다. 예수께서 말씀하십니다. "단지 외모로 판단하지 말고 공의의 판단으로 판단하라"(요한복음 7:24). 마태복음 7장 1절과 요한복음 7장 24절에 나오는 '판단'이라는 단어는 그리스어로 같은 단어 '크리노(krino)'입니다. 예수님의 말씀에 따르면, 때로 우리는 올바른 판단으로 판단을 해야 합니다.

니(Nee)도 말했습니다:

> 마태복음 7장 1절, "비판하지 말라 그렇지 않으면 너희도 비판을 받을 것이다". 그리스어로 '판단'의 의미는 '심판(judge)'입니다... 고린도 전서 5장 12절은 또한 다음과 같이 말합니다. "교회 밖에 있는 사람들을 심판(판단)하는 것이 내게 무슨 상관이 있겠느냐 그러나 교중 사람들이야 너희가 심판하

---

22 위트니스 리, '워치만 니, 금세기 신성한 계시의 선견자', 32장 5부.

지 아니하겠느냐?" 이것은 교회 안에서 파문(excommunication)하는 심판에만 해당하는 것입니다. 중국어 성경에서 '심판'으로 번역된 단어는 너무 수다스러워서는 안 되며 다른 사람의 동기와 목적을 함부로 단정해서는 안 된다는 의미입니다. 우리는 모르기 때문에 함부로 조심 없이 비판해서는 안 됩니다. 당신은 자신의 의견을 사실로 여겨서는 안 되며, 개인의 감정, 관심, 성향, 복수심을 거기에 담지 말아야 합니다. 물론 심판하는 사람은 거기서 자신을 제외시켜서는 안 됩니다.

주님은 계속해서 말씀하십니다. "너 위선자(외식하는 자)여!" 이것이 심판입니까? 아닙니다! 주님은 객관적인 사실에 따라 말씀하십니다. 심판(판단)을 반대한 사람은 야고보였습니다. 그러나 야고보는 많은 사람들을 유죄 판결했습니다! 그는 자신의 성향에 따라 말하지 않고 객관적으로 말했습니다. 이것은 심판이 아니었습니다. 주님께서 금하시는 판단은 당신이 감정을 담아 판단하는 것입니다. 당신이 진실을 말하지 않아도 비판이요, 당신이 진실을 말해도 아마 비판일 것입니다. 자신의 감정이 그 안에 있는 한, 애통해하지 않고 기뻐하면서 하는 비판, 회개하지 않고 원망하면서 하는 비판이 판단입니다.[23]

니(Nee)의 해석이 맞습니다. 우리는 하찮은 일로 트집을 잡거나 스스로 의롭다 할 수 없습니다. 그러나 우리는 교회의 거룩함을 위해서는 엄중한 판단을 내려야 합니다. 그렇지 않다면 바울은 고린도 교회에 있는 도덕적으로 타락한 사람들을 심각하게 책망(비난, blame)하지 않았을 것입니다. 바울은 같은 헬라어 크리노(krino)를 다음과 같이 심판(judge)으로 사용합니다.

"교회 밖에 있는 사람들을 '판단'하는 것이 내게 무슨 상관이 있느냐? 그러나 교중 사람들이야 '판단(심판)'하지 않겠느냐?" 밖에 있는 사람들(those

---

23 워치만 니, '최후 미완성 강해' - 마태복음에 대한 관점", p. 120

outside)은 하나님께서 심판하실 것이니 너희는 너희 중에 있는 이 악한 사람을 내어쫓으라는 말씀입니다(고린도 전서 5:12-13).

베드로는 말합니다. "하나님의 집에서 심판이 시작할 때가 되었나니…"(베드로 전서 4:17). 이 심판도 '크리노(krino)'입니다. 따라서 그리스도인들과 교회들에 대한 심판이 전혀 금지된 것은 아닙니다.

노아의 술 취함이 주는 교훈

창세기에서 노아가 술에 취해 벌거벗은 것을 보고 그 아들 함은 밖으로 나가 두 형제에게 알렸고, 노아는 그 아들 함의 자손 가나안을 저주했습니다(창 9:20-27). 1930년대부터 1950년대까지 니(Nee)는 노아가 술에 취해 벌거벗은 것을 보고 형제들에게 고한 아들 함에 대한 저주, 미리암과 아론이 모세가 구스 여인을 취한 것으로 그를 비방하여 하나님께 징벌을 받은 것, 고라와 그의 추종자들이 모세를 비방하고 공격함으로 심판을 받은 것에 대해 여러 차례 설교했습니다. 그는 지도자를 공격한 사람들의 비참한 결말을 강조했습니다. 니(Nee)가 말했습니다.

"하나님은 광야에서 그분의 백성의 열 가지 원망들을 참으실 수 있었습니다. 그러나 그분은 그분의 권위가 모욕당하는 것은 참으실 수 없었습니다." [24]

노아의 그릇 행함에 대한 함의 반응은 당당하거나 건강한 것은 아닙니다. 그러나 노아는 니(Nee)처럼 죄악된 행동을 하지는 않았습니다. 또한 니(Nee)의 성적 부도덕은 노아처럼 일시적인 사건이 아니었습니다. 성경은 장로들에게 죄가 있으면 '죄를 범한 자들을 공개적으로 책망하여 다른 사람들로 경고받게 하라'고 말씀합니다(딤전 5:20). 교회의 거룩함을 위해 심지어 장로들에 의해 야기된 죄일

---

24 니(Nee), 권위와 복종, 교회의 정통과 권위와 복종, 전집 47:148.

지라도 용납해서는 안 됩니다.

　함과 같이 저주를 받을까봐 두려워 교회가 더럽혀지는 편을 선호하는 사람은 옳지 않습니다. 마침내 하나님께서는 니(Nee)를 불신자들의 손에 넘겨주셔야 했습니다.

　니(Nee)는 고라, 다단, 아비람의 결국에 대해 지방교회의 지도자들에게 반복해서 경고했습니다(민수기 16장). 그들이 하나님께 위임받은 권위인 모세를 대적하여 일어섰을 때, 그들은 하나님으로부터 얼마나 무서운 형벌을 받았습니까? 모세는 그의 권위가 하나님께 위임받은 것임을 증명함으로 하나님의 보호를 받았습니다. 그러나 하나님의 종 모세의 성격과 사역, 가장 중요한 결말은 니(Nee)와 완전히 달랐습니다.

아무도 니(Nee)에 대한 사실을 몰랐습니까?

　대부분의 상해교회(SCA) 지도자들은 모든 사실을 알지 못할 수도 있지만, 악을 극도로 혐오하는 성격을 가진 이연여(Li Yuanru)는 이미 1942년에 니(Nee)의 성적 부도덕을 폭로했습니다. 이연여(Li)가 폭로한 정보는 제한적이었지만, 대부분의 인도자들은 니(Nee)보다 이연여(Li)를 더 신뢰했습니다. 그러므로 그것은 사실상 '그들이 아무것도 모르는 것은 아니었다'는 뜻입니다. 1956년에 니(Nee)의 도덕적 문제가 폭로되었을 때, 그것은 놀라운 일이 아니었고, 상해교회(SCA) 인도자들은 그것이 하나님의 심판이라는 것을 즉시 깨달았습니다. 그들은 하나님 앞에서 자백과 회개로 통곡했습니다.

　니(Nee)가 폭로되고서 1년 후인 1957년에 전국적인 동역자 모임이 상해에서 열렸습니다. 황득은(Huang De-en)은 집회에서 교회 인도자들의 고백과 회개에 대해 여러 번 언급했습니다.

　　나는 상해에서 다른 지역의 책임 형제자매들의 교통에 참석했습니다. 첫 만남은 그날 오전부터 오후 2시까지였습니다. 특히 워치만 니의 둘째 누이

(린부지 여사)가 자신이 죄를 지은 것처럼 통곡하는 그 장면은 지금까지 나에게 깊은 인상을 남겼습니다. 은폐의 죄가 죄를 짓는 것만큼이나 중대했던 것입니다... 그녀가 죄인인 것처럼 하나님의 자비를 간구하는, 그 극도로 슬프고 상한 마음의 통곡은 참되고 진실한 것이었습니다.[25]

교회 지도자들의 회개는 그들이 니(Nee)의 죄악된 사실 중 일부를 알고 있음을 증명했습니다.

니(Nee)가 회개하고 하나님께 용서를 받다

상당히 많은 지방교회 회원들과 어떤 사람들은 이렇게 말합니다. '니(Nee)가 이미 하나님께 죄를 자백하고 용서받았는데 왜 우리가 논의해야 합니까?' 그것이 사실입니까?

니(Nee)의 자백에 대한 몇 가지 기록이 있습니다.

1. 니(Nee)는 묘윤춘(Miao Yunchun)에게 여러 번 자백했지만, 1950년대 초까지 간음을 반복했습니다. 또한 그는 여전히 그녀의 누드 필름을 보관했습니다.
2. 1952년에 니(Nee)는 상해교회(SCA)의 인도자들에게 고백하면서(자신이 지은 성적 부도덕의 죄를 적시하여 자백한 것이 아님-역자 주), 그의 이름을 교회에서 제명해 줄 것을 요청했습니다. 그러나 그는 부적절한 판매로 급히 돈을 많이 받았다고 고백할 뿐이었습니다.
3. 니(Nee)는 감옥에서 자백했습니다. 그는 자신이 하나님과 아내에게 고백했기 때문에 마음이 편안해지고 용서받았다고 말했습니다.

---

25 황득은(Huang De'en), 저자에게 보낸 편지(2009년 4월 23일 및 2009년 10월 26일) Lin Buji(림부지) 목사는 유명한 성공회 목사였다.

니(Nee)의 문제는 성적 부도덕 그 이상이었습니다. 1948년에 지방교회의 최고 위임 권위자로서 재개한 후에 그는 하나님과 지방교회 회중을 손상시키는 심각한 실수를 저질렀습니다(He made serious mistakes which offended God, and the Local Church congregation). 그에 대한 그의 고백을 보여주는 문서가 없습니다. 그러나 니(Nee)는 찬송가에서 다음과 같은 깊은 고백을 했습니다.

내가 축복할 수 있는 축복을 받았을 때
6. 하나님이여 내 귀가 주의 말씀을 들었으므로
내가 전파하고 가르칠 수 있나이다
  그러나 파멸되고 타락한 나는
당신에 의해 결코 바뀌지 않았습니다.
  당신의 축복, 내 자존심이 굳어지고,
당신의 은혜, 내 자만심이 커졌습니다.
7. 이제 내 눈이 주를 뵈었고
내 더러운 것이 주의 거룩하심을 나타내었나이다
  당신의 빛은 나를 넘어뜨리고
당신의 영광은 나를 후회하게 합니다.
  내가 어떻게 이 '나'에
그렇게 매혹될 수 있는지 후회합니다.
11. 오 주여, 내 마음은 내가 누울 수 있는
먼지가 있기를 바라며
  나의 파멸을 뉘우칠 수 있도록
재를 내게 뿌리소서.
  부끄러워, 죽을 만큼 부끄러워,
마음이 이렇게 부패했구나! *(찬송가 416장)*

그의 부정한 본성을 깊이 알고 있던 니(Nee)는 이 찬송에서 자신의 고백과 회개를 표현했지만, 이 찬송의 시기와 배경은 불분명합니다. 회개는 하나님께 완전히 돌이키는 것을 의미해야 하지만, 니(Nee)는 체포되기 전까지 그의 옛 모습이었을 것입니다. 아마도 그것은 하나님께 온전히 돌이키지 못한 채 마음속으로의 자백과 회개의 치열한 몸부림이었을 것입니다. 또한 회개의 열매도 맺지 못했습니다. 이것은 우리에게 엄중한 교훈입니다.

다윗의 고백에서 그는 하나님의 자비와 사랑(시 51:1), 그의 의(시 51:4, 14, 19)를 언급했습니다. 그는 또한 순수한 마음, 견고하고 자원하는 심령, 구원의 기쁨을 구했습니다(시 51:10, 12). 다윗은 시편 51편을 썼고 다른 사람들에게 경고하기 위해 기꺼이 자신의 죄악을 드러냈습니다. "그리하시면 내가 범죄자들에게 주의 도를 가르치리니 죄인들이 주께로 돌아오리이다"(시 51:13). 다윗은 용서를 구하고 다른 사람들에게 경고하기 위해 기꺼이 투명하게 고백하는 완전한 고백의 본을 보였습니다. 다윗의 회개의 열매를 볼 수 있습니다.

성경은 하나님의 종 삼손의 회개에 대해 언급하지 않습니다. 그러나 그분은 삼손의 마지막 기도를 들으시고 이렇게 기록하셨습니다. "삼손이 죽을 때에 죽인 자가 살았을 때에 죽인 자보다 더욱 많았더라"(삿 16:30).

우리는 니(Nee)의 회개에 대해 알지 못하지만, 그러나 니(Nee)의 삶의 흥망성쇠와 감옥에서의 그의 솔직한 고백은 무시되어서는 안 됩니다. "스스로 속이지 말라 하나님은 만홀히 여김을 받지 아니하시나니…"(갈라디아서 6:7). 우리는 진지하게 니(Nee)에게서 교훈을 배우기 바랍니다. 이것이 또한 그에게 우리의 사랑을 표현하는 방법이 될 것입니다.

오래된 재를 긁어모으는 이유는 무엇입니까?

상해교회(SCA)의 많은 형제자매들은 1956년에 니(Nee)의 사생활이 공개적으로 폭로되는 것을 목격했습니다. 그들은 증거에 근거하여 니(Nee)의 성적 부도덕을 분명히 알고 있었습니다. 그러나 아직 살아 있는 많은 사람들이 과거에 대해 이야기하는 데 관심이 없습니다. 왜 우리는 오래된 재를 긁어모아야 합니까?

사실상은 끝나지 않았기 때문입니다(It is far from over). 우상 숭배는 일부 지방교회에서 여전히 지속되고 있습니다. 고독한 우월주의와 종파주의는 여전히 홍수 단계에 있습니다. 위임된 권위와 반지성주의라는 별난 신학(erratic theology)은 여전히 시장에 존재합니다.

그렇다면, 왜 덮어야 합니까? 문제는 누군가가 과거를 언급하는 것을 좋아하는가에 있지 않고 오늘날의 교회가 배울 필요가 있는가에 있습니다. 신약의 교회가 불완전했기 때문에 이스라엘 백성의 과거 역사를 통해 상기되고 조언을 받아야 했습니다. 현재의 지방교회와 그 관련자들(affiliates)은 온전하고 문제가 없습니까? 불행하게도, 지방교회들은 겸손한 성찰을 하기가 쉽지 않습니다. 지방교회들뿐만 아니라 우리 모두는 우리 조상들의 비극적인 실수로부터 배워야 합니다.

성경은 대대로 하나님의 백성으로 생각나게 하기 위해 '옛 재'를 간직하고 있습니다. 다윗은 용서받았지만 그의 잘못과 회개가 기록되어 있습니다. 삼손은 생애 말기에 하나님께로 돌아왔지만 그의 실패는 기록되어 있습니다. 발람은 그의 악행 때문에 죽임을 당했습니다(민 31:8). 그의 고집 센 행동은 신약에도 기록되어 있습니다(베드로 후서 2:15, 유다서 11, 계 2:14). 성경에 기록된 하나님의 백성의 성공과 실패에 대한 여러 예가 있습니다. 그렇다면 우리는 그것을 왜 덮어야 할까요?

심판의 날까지 기다려야 하는가

우리 모두가 죄를 처리하기 위해 하나님의 심판의 날까지 기다리고 있다면, 어떻게 교회 지도자들과 회중이 거룩함을 유지할 수 있겠습니까? 성경은 이렇게 말했습니다. "내가 거룩하니 너희도 거룩할지어다"(베드로 전서 1:1). 역사는 비숱한 패턴으로 반복될 것이며, 그것이 이 책이 나온 이유입니다.

'심판의 날까지 기다리라'는 말은 거창하지만 기만적인 변명일 뿐입니다. 니(Nee)의 주요 동역자인 장우지(Zhang Yuzhi)는 감옥에서 잠깐 풀려난 후 그의 가족에게 분명히 말했습니다. "상해교회가 가장 정통적인 교회로 보일지라도, 그러나 교회는 하나님에 의해 파괴되었습니다."[26] '심판의 날까지 기다리는' 태도는 더 심각한 결과와 심판으로 이어질 수 있습니다.

워치만 니와 상해교회(SCA)의 우여곡절

워치만 니는 매우 총명했습니다. 그는 17세에 구원받았고 주님을 섬기도록 부르심을 받았습니다. 초기에 그는 영적 성취도가 높았던 마가렛 바버에게서 수많은 영적 서적을 읽도록 지도를 받았는데, 특히 현대 서양 신학에 관한 것들이었습니다. 그런 다음 니(Nee)는 십자가에 대한 가르침과 삶의 영적 성숙을 강조했으며,[27] 그의 메시지의 출판을 통해 수많은 중국 그리스도인들에게 그것들을 소개했습니다. 그의 상세한 주해는 대부분 플리머스 형제단(Plymouth Brethren)의 방대한 저서에서 나온 것입니다.

1934년 이전에 니(Nee)는 믿음,[28] 회개,[29] 자신의 불완전성,[30] 온전한 진리,[31]

---

26 개인정보, ZX.
27 니(Nee), 교회사를 통틀어 오늘날처럼 십자가의 도가 필요한 때는 없었다. 분명히 그리스도인으로서 피로 구속함을 받은 오늘날의 그리스도인들에게 가장 중요한 것은 십자가의 기본 진리의 더 깊은 측면을 알고 경험하기 위해 1927년, 전진 교회생활과 전쟁('Forward', The Christian Life and Warfare, 전집 1권, 4장, 1부; Nee, 그리스도인의 목적은 무엇인가? 어떤 사람의 이상(ideal), 또는 어떤 '이즘'을 설교하는 것이 아니다. 그것의 사명은 주 예수와 십자가에 못 박히신 그분을 전파하는 것이다. 편집자와 독자들(The Editor and the Readers)', 1926, 기독도보에서(in The Christian) (5), 전집 7권 32장 5부.
28 니(Nee), 믿음의 근원(The Source of Faith), 1927년, 기독도보(The Christian) (4), 전집 6권, 18장, 실행 안에 있는 믿음(Faith in Practice),' ibid, 전집 6권, 19장.
29 니(Nee), '회개', 기독도보(The Christian) (4), 영문번역이 없음(No English Translation).
30 니(Nee), "마침내 내가 은혜로 구원받은 죄인임을 깨달았나이다 내 생각과 내 길은 주 앞에 불완전함이 많도다 내가 가장 미워하는 자는 나 자신이로다 하나님이여 이 쓸모없는 종을 긍휼히 여기소서" 1926년, 편집자와 독자(7), 기독도보(5), 전집 7권, 32장, 4부
31 니(Nee), 오늘날 대부분의 성도들은 진리를 사랑하지만 전체 진리는 아니다, 1926, 기독도보 편집자의 광고

다른 사람들과 하나가 되고자 하는 의지, 그리고 선지자들이 말할 때 다른 모든 사람은 분별하도록 격려하는 것에 대해 설교했습니다.[32] 그는 교회가 결코 사람의 전통과 의견을 결코 따라서는 안 됨을 일깨우고[33] 성경과 성령을 강조하였습니다.[34] 그는 또한 사역자들이 교회에서 우월한 위치를 점해서는 안 된다는 것을 언급했습니다.[35]

1930년대 초에 주류 교회들로부터 수많은 헌신적인 사역자들과 신자들을 끌어들임으로써 지방교회 운동은 상당한 붐이 일었습니다.[36] 주류 기성교회들은 깜짝 놀랐고 심각한 충격을 받았습니다. 이것은 위트니스 리의 진술에 의해 설명될 수 있습니다. "1934년까지 워치만 니의 사역은 일반 교파들에 의해 완전히 거부되었습니다."[37]

1934년 2월, 그는 교회에서 권위를 옹호하기 시작했습니다. 그때부터 지방의 관점, 교회 기반 체계, 권위의 확립이 더욱 명확해지고 강화되었습니다.[38] 1939년 영국으로 여행하기 전에 니(Nee)는 '우리의 사역에 관하여(사역의 재고, The Normal Christian Church Life)'를 영국에서 영어로 출판했지만 잘 받아들여

(Announcement from the Christian Editor), Issue No. 12, 기독도보에서(in The Christian) (5), 전집 7권, 32장, 5부.

32 니(Nee), "비록 기독교의 견해와 당신의 견해가 다를지라도 우리는 결코 이것 때문에 분열되어서는 안 된다는 것을 기억하라. 종파주의 문제에 있어서는 더욱 그러하다. 하나님께서 하나로 연합하시기를... 성경의 가르침에 따르면 모든 사람은 선지자들이 말하는 때를 분별해야 한다."(고전 14:29).(1927) - 올해 '기독도보'에서, 기독도보(5), 전집 7권, 32장, 6부.

33 니(Nee). "오늘날 하나님의 교회가 사람의 전통과 의견을 절대적으로 따르는 상태에 빠졌음을 알기 때문에 나는 이 작은 신문인 '기독도보'에서 이 문제에 관해 신자들에게 자주 상기시켰다." 1927, '기독도보'의 "Preface to Straight Paths"에서 발췌 기독도보(5), 전집 7권, 32장, 8부.

34 니(Nee), "교회에 관하여 나는 오직 두 가지만이 필수 불가결하다는 것을 깊이 느낀다: 성경과 성령", 1927, from ibid, ibid, 전집 7권, 32장, 8부.

35 니(Nee), 일꾼[동역자, 지방 교회의 설교자를 지칭함]은 교회에서 높은 지위를 갖지 못한다. 1934, ["세 번째 이기는 자 집회의 메시지), "부흥보"(3), 니(Nee)]에서 발췌 11:175, 영어 번역 없음.

36 지방교회의 여러 지역의 발전 소식이 소식지 모음집(1932.12 - 1935.6.)에 게재되었다. 니(Nee), 뉴스레터 모음(1), 전집 25권, 니(Nee), 뉴스레터 모음(2) '윗치만니 형제의 간증', 전집 26권.

37 위트니스 리, '워치만 니 - 금세기 신성한 계시의 선견자', 21장 7부.

38 니(Nee), '집회생활', 교회의 집회생활과 기도사역, 전집 22권 4장 2부. 니(Nee), '집회생활', 1934년, '집회생활과 교회의 기도사역', 전집 22권, 4장, '교회' 2부, 전집 22권, 2-7장, '개인 대화'(3), '교회 생활의 실천에 관하여', 1934년, '특별집회 메시지 및 교제'(1), 전집41권, 7장, 1-2부, '물질을 드림에 관하여', 1938, '특별집회 메시지에서와 교통'(3), 전집 43권, 23장.

지지 않았습니다.

니(Nee)는 1939년에 생화학공장(CBC)을 운영하기 시작한 후, 이전처럼 하나님을 섬길 시간이 없었습니다. 1942년에 그의 설교는 그의 성적 부도덕의 폭로 때문에 상해교회(SCA)에 의해 중단되었습니다. 결과적으로, 그의 주요 동역자들은 떠났고 지방교회 운동은 중단되었습니다.

1948년 니(Nee)의 사역 재개는 그의 '내리막길의 전환점'이었습니다. 그의 재개의 앞잡이는 '위트니스 리'였습니다. 니(Nee)는 엄청난 자신감과 용기를 가지고 절대적인 권위와 중국 전체 지방교회의 모든 자원을 장악하기로 결정했습니다. 그의 사상과 계획은 전국 동역자 모임에서의 첫 연설인 '오늘날 우리의 봉사 방식과 그 요점'에서 알 수 있습니다.[39] 또한 그는 각 계층의 리더십을 강화하기 위해 '위임된 권위'와 '줄서기 시스템(lining up system)'을 강조했습니다.[40] 니(Nee)의 초기 전략은 지방교회와 그의 사업체에서 그의 힘을 사용하여 공산주의 정부를 상대할 근거를 마련하는 것이었지만, '고령 서명'에서 실패한 후에 연설한 "내가 어떻게 돌이켰는가?"는 사실상 항복이었습니다.

그의 사역 재개 후, 니(Nee)의 연설은 이전과 상당히 달랐습니다. 그는 더 이상 '그리스도와 그분의 십자가에 못박하심'이나 '심오한 영적인 문제들'을 언급하지 않았습니다. 그는 대담한 것 같았으나 사실상 소심하고 약했습니다. 처음에 SCA 지도자들은 새로운 정권에 대처하기 위해 니(Nee)의 지혜와 능력을 기대하고 의존했지만 결과는 정반대였습니다.

니(Nee)가 1952년에 체포된 후, 1954년 말에 상해교회(SCA) 지도자들은 공식적으로 삼자교회운동(TSPM)으로부터의 분리를 선언했습니다. 그것은 하나

---

39 니(Nee), '오늘날 우리의 봉사의 길과 그 중요한 요점', 1948년, 워치만 니 사역의 재개, 전집 57권, 5장.
40 니(Nee), '권위와 순복', 1949년, '교회의 정통'과 '권위와 순복', 전집 47권, 13-33장, 니(Nee), 워치만 니 사역의 재개 곳곳에서 볼 수 있음. 또한 니(Nee) 참조, '교회의 정통', 1945년, '교회의 정통, 권위와 순복', 전집 47권, 3-12장, 니(Nee), '교회의 권위', 1948년, 새 신자를 세우기 위한 메시지, 전집 50권, 16장; 니(Nee), 교회의 사무, 전집 51권; 니(Nee), '교회의 내용', 1951년, 열린 문, 현재의 간증 1장, 니(Nee), '교회의 길' 교회', 1948년, 전집 57권, 니(Nee), '교회의 연합', 1951년, 워치만 니 사역의 재개, 전집 56권 2장 1-20부.

님에 대한 용감한 증언이었고 당(공산당 정부)을 불쾌하게 했습니다. 1956년에 정부는 니(Nee)의 모든 잘못을 상해교회(SCA) 지도자들에게 돌렸습니다. 그들에게 '워치만 니(Watchman Nee) 반혁명 갱단의 구성원'이라는 꼬리표가 붙었기 때문입니다. 정부는 상해교회(SCA) 지도자들에게 니(Nee)의 책임을 돌리는 수법을 사용하여 교회가 삼자애국운동(TSPM)에 가입하도록 더욱 압력을 가했습니다. 그것은 매우 교활했고 교회 지도자들은 너무 순진해서 간파할 수 없었습니다. 많은 교회 지도자들과 신자들이 감옥에 갇히고, 유배당하고, 노동 수용소에 갇히며 가정이 깨어지고 엄청난 고통을 겪었습니다.

더 나아가, '영에 속한 사람(The Spiritual Man)'(1927)부터 '겉 사람의 파쇄와 영의 해방(The Breaking of the Outer Man and the Release of the Spirit)'(1948)까지 니(Nee)는 일관되게 '영이 우월하고/혼은 열등하다'는 관점을 견지했습니다.[41] 그의 가르침은 사람의 영을 따르는 것을 강조하며 '직관(intuition)은 사람의 영 안에 있는 의식'이라고 했습니다."[42] 이것이 그가 길을 잃은 것(his going astray)의 또 다른 주요 결점이었고 그 영향은 오늘날까지 지속되어 왔습니다.

워치만 니와 상해교회(SCA)의 피비린내나는 역사는 무시되어서는 안 되는 심각하고 고통스러운 교훈으로 남아 있습니다.

---

41 니(Nee), 성경 공부 방법 중 '겉사람의 파쇄와 영의 해방', 전집 54권, 니(Nee)의 사역 재개, 전집 57권; 니(Nee), '겉사람의 파쇄와 영을 훈련함', 고령 훈련 기타 기록(1), 전집 59권, 3-6장; 니(Nee), '몸 전체의 봉사', '워치만 니 사역의 재개', 전집 57권 20장 4부.
42 니(Nee), 영에 속한 사람(1), 전집 12권, 3장, 1부.

• Chapter 19 •
감옥에 있는 워치만 니

워치만 니의 삶은 고난으로 가득했지만, 1952년에 그가 체포되고 투옥된 것은 가장 큰 타격이었음에 틀림없습니다. 체포되기 전에 그가 장로들에게 한 말에 따르면, 그는 자신이 많은 곤경에 처해 있음을 분명히 알고 있었습니다.

니(Nee)는 단호했지만 예민하고 연약했습니다. 그는 자신이 잘못을 저질렀다는 것을 알았고 체포된 후에는 거의 용감해질 수 없었습니다. 그는 지방교회에서 오류가 없는 영적 슈퍼 영웅(superhero)으로 활동했습니다. 그러나 공산당 앞에서 그는 '겁쟁이'였습니다. 그의 속내를 알면 논란이 되는 그의 태도를 이해하는 것이 어렵지 않을 것입니다. 그러나 내가 최선을 다해 모든 출처를 검토하려고 해도 그의 복잡한 성격에 대해 '빙산의 일각'만 건드릴 수 있을 뿐이었습니다.

체포된 후, 그는 자신의 문제를 완전히 알고, 주님과 지상의 권위를 두려워했습니다. 그는 목숨을 구하고 싶었습니다. 하나님께서 그의 사생활이 폭로되는 것을 허락하지 않으셨다면 정부에 말할 필요도 없었을 것입니다.

"내게 가까이 나아오는 자들 가운데서 내가 나의 거룩함을 보이리라: 온 백성이 보는 앞에서 내가 영광을 얻으리라"(레위기 10:3).

하나님은 자신의 거룩하심과 함께 놀라운 은혜와 지혜도 보여 주셨습니다. 우리는 하나님께 감사드려야 하고 그의 마지막 생애에서의 니(Nee)의 진실성에 감사해야 합니다.

하나님께 고백함

감옥에서 니(Nee)의 태도는 매우 순응적이었습니다. 이는 체포되기 전 정부에 대한 그의 태도와 상당히 일치했습니다. 그는 자신의 경제적, 정치적 문제와 대부분의 사람들이 전혀 알지 못했던 성적 부도덕을 스스로 고백했습니다.

2005년 상반기에 나는 당시 니(Nee) 사건의 피고 변호사 인턴이었던 로버트 팬(Robert Fan) 형제와 여러 차례 전화 연락을 할 기회가 있었습니다. 1955년에 팬(Fan)은 상하이에 있는 화동정법대학을 졸업했습니다. 니(Nee)의 가족은 저우시유(Zhou Shiyu) 변호사를 그의 공식 변호인으로 고용했습니다. 저우(Zhou)는 이러한 이유로 니(Nee)의 평결에 그의 이름을 서명한 사람입니다. 후에 팬(Fan)은 그리스도인이 되었고 현재 미국에 살고 있습니다. 그의 가까운 친척 두 명은 나의 평생 좋은 친구이자 상해교회(SCA) 회원이었지만, 팬(Fan)은 상해교회(SCA)와 아무런 관련이 없었습니다.

팬(Fan)은 니(Nee)가 감옥에 있던 상황을 회상하며 이렇게 말했습니다. "나는 하나님께 책임을 져야 하고 역사에 책임을 져야 합니다." 그는 다음과 같이 말했습니다.

[Note: 정치적, 경제적 문제는 생략되었습니다.]

4. 확실히 니(Nee)에게는 성적 부도덕이 있었습니다. 니(Nee)의 사생활 문제는 형량의 기준이 아니었습니다. 또한 그의 법원 판결에는 포함되지 않았습니다.

그의 사생활의 모든 문제는 자신의 고백에서 나온 것이었으며, 아무도 그에게 말하거나 인정하도록 강요하지 않았습니다. 니(Nee)는 솔직하게 말했습니다. "나는 하나님께 고백합니다." (사실 법에 따르면, 그가 젊은 시절이나 해방 이전에 한 일은 포함되지 않습니다. 피해자나 그에 대해 고발한 다른 사람은 없었습니다.)

니(Nee)는 말했습니다. "나는 아내에게 간통한 것을 고백했고, 마음이 편안해지고 용서받았다고 느꼈습니다. 나는 많은 성도들을 속인 것을 이제야 고백합니다."

그의 음란물을 조사하니 해외에서 가져온 것이라고 했습니다. 거기엔 포르노 책이 많았습니다. 그것들은 정확히 사실이었습니다. 누군가 그에게 다른 사람들이 그 영상을 보도록 허락하겠느냐고 묻자, 그는 "아니오(No! No!)" 하면서 "그것은 내가 영적으로 약할 때 일어난 일입니다."라고 했습니다.

아무도 그 두 여성 동역자와 그를 비난하지 않았는데, 그는 스스로 그것을 말했습니다. "나는 신자들을 속였습니다. 사실상 나는 좋은 사람이 아닙니다."

니(Nee)의 사생활에 관하여 법원 판결문에는 아무것도 쓰여 있지 않았습니다. 또한 그는 그것들로 인해 형을 선고받지 않았습니다. (해방 전 그의 사생활에 대해서는 책임을 묻지 않으며, 해방 후에도 상해에는 여전히 많은 사창가가 있었습니다.)

5. 내가 아는 한, 니(Nee)가 체포된 후 정부는 그의 믿음에 대해 한 마디도 말하지 않았습니다.

6. 그 당시 니(Nee)에 대한 나의 인상은: 겁쟁이, '좋은 행동(performance)을 할 줄 아는 순종적인 죄수'였습니다. 그는 모든 것을 고백했고 모든 것을 인정했습니다. 니(Nee)는 이렇게 말했습니다: '내가 요청하는 유일한 것은 정부가 나에게 관대하게 해달라는 것이고, 내 생명을 구해달라는 것입니다.'... 마지막으로 피고인은 자신의 의견을 표현할 권리가 있었습니다. 그의 요청은 사형 선고에서 자신을 구하는 것이었습니다. 니(Nee)의 동역자 중 하나인 장우지(Zhang Yuzhi)는 감옥에서 풀려나서도 계속해서 '정부와 대립했습니다'. 그는 정부에게 '회개'하지 않았으며 결국 총살을 당했습니다. 장우지

(Zhang)는 나에게 깊은 인상을 주었지만, 니(Nee)는 감옥에서 가벼운 형벌을 간청했습니다. 그는 다음과 같이 말했습니다. "나는 많은 범죄를 저질렀습니다. 다만 정부에게 내 생명을 구해달라고 요청할 뿐입니다. 나를 총살시키지 말아주십시오." 나는 아주 분명하게 기억하고 있습니다. "나를 살려주십시오(Keep me alive)." 마지막으로, 검사는 그의 모든 범죄를 판결에 포함시키지 않았습니다. 그렇지 않으면 당시 상황에 따라 총살당해야 했습니다.

7. 마지막으로 평결에서 니(Nee)는 관대한 대우를 받았습니다. 당시 사형을 선고받을 수도 있었지만, 그의 복종적인 좋은 태도로 인해 가벼운 형을 받은 것입니다.

그때 많은 사람들은 니(Nee)의 범죄가 사형을 선고받을 정도로 심각하다고 생각했습니다. '고령의 서명 운동' 외에도, 자주 설교한 '중국 전체를 점령함'이란 표현은 심각한 범죄였습니다. 정권 교체 전날, 그는 양쯔강 남쪽에 위치한 지방 교회들에게 전보를 보내어 하나님께서 광복군이 강을 건너는 것을 막아달라고 기도할 것을 요청했습니다.[1] 그것 또한 심각한 범죄로 간주되었습니다. 니(Nee)는 공산주의 정부의 철권을 아주 잘 알고 있었습니다. 그래서 그는 자신의 생명을 구하기 위해 가능한 한 많이 고백한 것입니다.

니(Nee)는 자신의 추잡한 사생활을 완전히 고백하는 것이 자신의 회개의 진정성을 증명하는 데 도움이 될 것이라고 생각했을지 모르지만, 그 고백은 도리어 정부가 상해교회(SCA)를 단속하고 신자들의 양심에 충격을 주는 강력한 무기가 되었습니다.

니(Nee)는 또한 자신이 사형 선고를 받을 수 있다는 것을 알았기 때문에 죽기 전에 하나님께 완전히 자백해야 했습니다. 그는 하나님을 대면하기 위해 자신을 준비해야 했습니다. 그가 더 많이 고백할수록 그는 이생과 내생에서 더 나은 결

---

1 개인정보, J.Y. 그는 남경에 있는 동안 장유란 장로의 집에 있는 전보를 보았음.

과를 얻게 될 것이라고 여긴 것입니다.

파괴가 없다면 건설도 없을 것입니다. 가면을 벗지 않으면 하나님의 간증이 회복되지 않습니다. 두 여성 동역자의 이름이 노출된 것은 그들의 노년에 견디기 어려운 고통을 가져다 주었습니다. 그러나 오직 이런 식으로만 교회는 사실을 부인할 이유가 없었습니다.

감옥에 있을 당시의 니(Nee)의 믿음의 증인

하나님은 여러 해 동안 니(Nee)에게 젊은 죄수인 우요치(Wu Youqi)를 그의 룸메이트이자 친구로 허락하셨습니다. 1963년에서 1965년 사이에 그들은 상해 티란챠오(Ti Lan Qiao) 감옥에서 룸메이트였습니다. 다시 1968-1972년에 니(Nee)가 죽기 5일 전에 회복기 팀으로 옮겨질 때까지 그들은 '안휘'의 바이마오링 노동 수용소에서 함께 지냈습니다. 처음에 우요치(Wu)는 니(Nee)가 수감자들의 팀 리더로 배정됨에 따라 그에게서 멀어졌습니다. 나중에 그는 니(Nee)가 다른 팀 리더들처럼 간부들을 기쁘게 하기 위해 동료 죄수들에 대해 비판적인 말을 하지 않는다는 것을 알아차렸습니다. 우(Wu)와 니(Nee)는 친구가 되었습니다. 그 가혹한 세월 동안 그들은 함께 살고 같은 감방을 공유했습니다. 우(Wu)는 밤낮으로 감옥에 함께 있었던 워치만 니와의 동거 생활을 자세하게 묘사했습니다. 분명히 하나님은 이 젊은이를 보내셔서 매일 감옥에서 생활하는 니(Nee)를 돌보게 하셨습니다. 우(Wu)는 한 때 니(Nee)가 그의 믿음을 포기하라는 압력을 받았고 즉시 석방될 것이라는 약속을 받았다고 말했습니다. 니(Nee)는 매우 순종적이었고 그의 아내를 매우 그리워했지만 그 유혹을 거절했습니다. 우(Wu)는 니(Nee)가 어떻게 감옥에서 계속 기도하고 그에게 복음을 전해주었는지 설명했습니다. 그는 감옥에서 구원받았고 석방된 후에 침례를 받았습니다.[2]

---

2 우요치, (감옥에 있는 워치만 니), 2003, (미출판자료). 현재 우요치(Wu Youqi)는 미국에 있음..

여전히 당혹스럽다

그의 생애 말년에 니(Nee)는 그의 처형이자 그의 아내의 큰 언니인 장핀청에게 몇 통의 편지를 썼습니다. (부록 3 참조) 여기에 저를 당혹스럽게 하는 두 가지 문제가 있었습니다.

니(Nee)는 우리를 그리워했습니까?

니(Nee)는 아내의 죽음에 깊이 슬퍼했습니다. 니(Nee)가 죽을 때까지 그 모든 고난 속에서도 늘 신실하게 보살핌을 베풀어 주었던 그녀(아내)에 대한 그의 슬픔은 너무도 진심이고 감동적이었습니다. 니(Nee)의 마지막 편지에서 그는 그의 친척들에 대한 생각을 다음과 같이 여러 번 표현했습니다. "나는 늙고 병들었습니다, 낙엽이 뿌리로 돌아가듯이 나는 나의 친척에게로 돌아가기를 간절히 열망합니다."[3] 한 편지에서는 그가 아내의 여섯 번째 삼촌이며 공산당 당원이었던 장루리(Zhang Ruli)를 그리워했다고 언급했습니다.[4] 나는 이 편지들을 주의 깊게 읽으면서, 그가 이전 동역자들이나 형제자매들, 또는 지방교회들을 얼마나 그리워했는지 조금이나마 찾아보려고 노력했습니다. 나는 그가 교회에 대해 어떤 죄의식을 표명했는지 알아보려고 노력했습니다. 나는 하나도 찾을 수 없어서 상당히 실망스러웠습니다. 그는 정말로 그의 교회나 우리를 그리워하지 않았습니까? 그가 공개적으로 표현하기 어려웠다는 것을 이해합니다. 그러나 그는 특히 그의 삶의 마지막 날에 감정의 단서를 표현할 만큼 충분히 스마트한 사람입니다. (1970년대는 정치적 압박이 이전보다는 덜했습니다.) 나는 또한 그의 자백과 뉘우침이 얼마나 깊었는지도 헤아리지 못합니다.

하지만, 제가 틀렸고 오해할 수도 있습니다. 20년 간 투옥된 후에 생애를 마감

---

3 첨부 4, 워치만 니의 사후 편지, 편지 5, 그리고 편지 3, 4, 7을 참조하시오.
4 첨부 4, 편지 3을 참조

하는 니(Nee)를 이해하는 것은 거의 불가능합니다. 나는 그의 마지막 편지에서 그의 진정한 자아를 찾으려고 노력하고 사랑하는 아내를 잃은 슬픔과 친척들과 함께 살기 위해 돌아가고자 하는 그리움을 발견할 뿐입니다. 거기엔 더 이상 이전 그의 사역에서처럼 영적으로 고상한 말이나 권력욕이 없었고, 찬송가에서처럼 자기 몸부림이나 나르시스트적인 감정도 없었고, 모든 상황에 원망함도 전혀 없었습니다. 그가 힘이 있었을 당시에는 그는 신(神)으로서의 화려한 '영적' 아우라를 가지고 있었습니다. 그 당시에는 그가 무엇이든 간에 그는 진짜(또는 온전한) 인간이 아니었습니다. 그러나 그의 삶의 마지막 단계에서 그는 다시 인간으로 돌아왔습니다. 이것이 하나님의 긍휼이요 영광이었습니다. 하나님은 항상 놀라운 일을 행하십니다.

여전히 마르크스-레닌주의에 관심이 있습니까?

니(Nee)는 죽기 8일 전에 그의 처형에게 편지를 썼습니다. "집에 엥겔스의 '전연합 공산당(볼셰비키)', '자연변증법', '반뒤링론'에 관한 책들이 있습니다. 저에게 우편으로 보내주십시오."[5] 그가 말년에 이르러서도 여전히 마르크스-레닌주의에 관심을 가졌던 이유는 무엇입니까? 나는 그의 편지에서 하나님의 말씀에 대한 그의 열망을 표현하는 어떤 힌트도 찾을 수 없었습니다. 비록 그의 마지막 편지들이 니(Nee)의 여러 전기에 포함되었지만, 대부분은 공산주의 문헌을 언급하는 이 두 문장을 생략했습니다.

하나님의 은혜와 구원

승화: 정직으로 돌아가기

잘 알려진 영적 지도자가 갑자기 죄수로 떨어졌습니다. 존경받는 한 사역자가

---
5 첨부 4, 편지 6을 참조

갑자기 공개적으로 멸시를 받았습니다. 워치만 니의 은밀한 삶이 폭로되었고 그의 진정한 자아가 대중에게 완전히 알려졌습니다. [그 당시의 상식에 따르면 니(Nee)는 자신의 고백이 조만간 대중에게 공개될 것임을 분명히 알고 있었습니다.] 그의 고통은 얼마나 깊었겠습니까! 그러나 그것은 하나님의 자비와 구원의 일부로 이해되어야 합니다.

니(Nee)에 대한 진실이 공개되었고, 그가 감옥에 있는 상황은 그에게 유익했습니다. 투옥을 통해 이중성(duplicity)의 고통스러운 삶을 멈추지 않을 수 없었습니다. 여러 해에 걸친 성적 부도덕, 영적 위선, 권력을 위한 투쟁이 완전히 그쳐졌습니다. 그의 외부 환경의 극적이고 무감각한 변화는 그를 겸손케 하고 정직하게 만들었습니다. 니(Nee)는 고통스러운 결과를 받아 마땅했지만, 그의 마음은 해방되었습니다. 그는 이제 자신이 나쁜 사람이었다는 것을 솔직히 인정할 수 있었습니다. 그는 이렇게 말했습니다. "나는 편안하고 용서받았습니다." 그것은 일종의 구출(extrication)이자 회복의 시작이었습니다.

수감 기간 동안, 수십 년 동안 영적 지도자였던 그는 극도로 힘든 고통을 겪었습니다. 또한 육체적 질병과 쇠약함으로 인해 몸의 모든 움직임이 불편했습니다. 그러나 죽기 하루 전 몸이 가장 쇠약해졌을 때 그는 이렇게 썼습니다. "나는 나의 질병 가운데서 여전히 기뻐합니다."[6] 그것은 참된 기쁨임에 틀림없습니다. 거기에 그의 진정한 '영적 실재'가 있습니다. (그는 처음 몇 년을 제외하고는 '기쁨'에 대한 설교를 거의 하지 않았습니다. 그의 절제된 태도는 기쁨을 표현하는 경우가 거의 없었습니다.) 이제 그 기쁨의 마음은 하나님께 영광을 돌렸습니다.

니(Nee)의 생애의 마지막은 많은 그리스도인들을 슬프게 했지만, 그가 마지막 날에 가졌던 기쁨을 깨닫는 사람은 거의 없습니다. 니(Nee)가 예수 그리스도의 십자가 아래서 가졌던 그의 생애 마지막 기간의 기쁨을 이해하고 함께 나눈 사람은 거의 없습니다! 우리를 고무시키는 것은 감옥에서의 니(Nee)의 용감한 믿음

---

6 첨부 4, 편지 9를 참조

이 아닙니다. 오히려 그것은 그가 하나님께로 돌이키고 그의 위선과 죄와 숨은 고통에서 벗어나는 것입니다. 마침내 그는 자신에게 정직하고 세상에 정직할 수 있었습니다. 그것은 지방교회들과 그 너머의 귀중한 자산입니다.

하나님은 삼손과 매우 유사한 니(Nee)를 사용하셨습니다. 그러나 그의 부도덕과 영적인 빗나감은 삼손보다 훨씬 더 나빴습니다. 삼손은 극도의 수치심과 외로움 속에서 죽었고 이방인 무리들에게 조롱을 당했으며, 니(Nee) 또한 수치심과 외로움 속에서 이 세상을 떠났습니다. 성경은 삼손에 대해 다음과 같이 알려줍니다. "삼손이 죽을 때에 죽인 자가 살았을 때에 죽인 자보다 더욱 많았더라"(삿 16:30).

니(Nee)가 죽은 후, 그의 베개 밑에서 공책에서 찢은 종이 한 장이 발견되었습니다. 거기에는 큰 글자로 이렇게 쓰여 있었습니다. "그리스도는 하나님의 아들이시며, 인간의 구속을 위해 죽으시고 사흘 만에 부활하셨습니다. 이것은 우주에서 가장 위대한 사실입니다. 나는 그리스도를 믿음 안에서 죽습니다."[7] 그것은 니(Nee)가 하나님께 대한 기본적인 믿음을 지켰음을 보여주는 마지막 공표였습니다. 그는 갇혀있던 진흙탕에서 기어나와 하나님께로 돌아왔습니다. 비록 기본적인 신앙고백이었지만, 20년 동안 투옥과 고문 끝에 하나님의 자녀로서 여전히 믿음을 붙잡고 있는 것은 결코 쉬운 일이 아니었습니다. 이것은 우리가 배워야 할 또 다른 자산입니다.

하나님의 자녀들인 우리 모두가 니(Nee)의 참된 삶에서 배울 수 있다면, 우리는 모든 가짜 신들을 버리고 하나님께서 우리 마음의 보좌에 앉으신 하나님이 되시도록 할 것입니다. 그는 삼손처럼 극도로 수치스럽게 죽었지만, 삶에서 더 기억에 남을 사람이 되었습니다. 그것은 삼손의 죽음과 같습니다. "삼손이 죽을 때에 죽인 자가 살았을 때에 죽인 자보다 더 많았더라"(삿 16:30). 그는 그의 모든 설교보다 더 귀한, 눈물과 피로 기록된 교훈을 우리에게 남겼습니다!

---

[7] 우쉬량(오수량, 吳秀良), "껍질을 깨고 솟아오르다(破殼飛騰)", p.143.

「결론」

워치만 니의 장기 투옥은 극도로 가혹한 것이었습니다. 그러나 하나님께서는 그에게 그분의 지혜와 인자(loving-kindness)와 의를 나타내셨습니다. 니(Nee)의 삶을 통해 하나님은 우리에게 준엄한 교훈을 주십니다.

성경은 하나님의 종들을 어떻게 기록합니까?

모든 성경은 하나님의 호흡으로 된 것입니다. 그것들은 우리 그리스도인의 삶의 규범입니다. 하나님은 그의 종들의 강점을 기록하시며 그들의 약점을 덮어주지 않으십니다. 그들의 삶은 우리 모두에게 거울 역할을 합니다.

모든 재능과 지혜는 하나님의 선물입니다. 하나님에 대한 우리의 모든 추구와 충성은 그분의 자비에서 비롯됩니다. 하나님의 자녀로서 모든 사람에게는 책임이 있습니다. 우리가 그분의 보좌 앞에서 그분을 뵈올 때, 그분은 우리의 은사와 책임에 대해 청지기 직분을 놓고 우리를 심판하실 것입니다.

하나님께서는 그분의 종들을 선택하신다

하나님은 더 나은 종을 사용하셔야 하지 않겠습니까? 하나님의 종들은 모두 하나님의 은혜로 구속받은 죄인들입니다. 그들 안에는 바로 하나님의 영이 거하십니다. 성령은 우리의 죄 많고 연약한 본성과 함께 거기에 계십니다. 하나님의 은혜와 지혜는, 불완전하지만 새로워진 종들을 통해 빛을 발합니다.

성경은 하나님께서 '거룩한 불완전함'을 사용하신다는 것을 우리에게 상기시켜 줍니다. 그분은 자신의 뜻에 따라 삼손과 다윗과 솔로몬을 선택하셨습니다. 삼손은 하나님의 이름을 욕되게 했습니다. 그는 마지막으로 하나님께 부르짖었습니다. "오 하나님, 저를 한 번만 더 강하게 해 주십시오!"(삿 16:28) 하나님께서는 그의 기도를 들으셨습니다. 깊은 부끄러움 속에서 삼손은 이방인들 가운데서 하나님의 이름에 영광을 돌렸습니다. 솔로몬은 하나님의 축복을 받아 여호와의 거룩한 성전을 건축하고 영토를 넓히며 이스라엘 민족을 번성케 하는 일을 맡게 되었습니다. 그는 하나님의 영감 아래 잠언, 전도서, 아가서를 썼습니다. 그리고 하나님은 이 기록들을 성경에 두어 그분의 말씀이 되게 하셨습니다. 그러나 하나님은 솔로몬이 어떻게 하나님을 배반하고 우상을 섬기며 첩들을 두었는지도 자세히 기록하셨습니다. 우리에게 경고하기 위해 이러한 교훈을 전기적으로 새기는 것이 하나님의 뜻이었고, 우리는 이러한 일들을 무시해서는 안 됩니다.

니(Nee)와 지방교회가 기여한 것

니(Nee)와 상해교회(SCA)의 기여한 바와 사역은 무시되어서는 안 됩니다. 20세기 전반기에 중국의 복음주의 운동은 선교사들과 중국 목회자들의 연합된 노력으로 인해 축복을 받고 호황을 누렸습니다. 영혼을 구하는 것이 최우선이었습니다. 그러나 니(Nee)는 신자들이 영적 전쟁, 십자가의 길, 종말론, 토착 지방교회 형성과 같은 깊은 영적인 것들을 추구해야 한다는 것을 보는 선견지명이 있었습니다. 그는 또한 아침 부흥, 성경 공부, 기도, 복음 전파, 교회 사역에 지역적인 참여를 통한 매일의 영적 훈련을 격려했습니다. 신자들은 단순히 '주일 신자(Sunday Christians)'로 만족해서는 안 됩니다.

근대 중국 교회 역사에서 니(Nee)는 영적인 문제를 개척했습니다. 영적 성숙을 추구하는 것은 중국과 해외의 중국 기독교 공동체의 전통적인 특성이 되었습니다.

니(Nee)의 신학적 사상은 대부분의 중국 목회자들, 특히 나이든 세대에게 어느 정도 영향을 미쳤습니다. 중국 교회에서 일반적으로 사용되는 많은 '영적 용어'는 니(Nee)에 의해 시작되었지만, 엄밀히 말하면 전체적으로 성경적이지는 않습니다.

니(Nee)의 유창한 언변과 서양 신학의 본질을 요약하는 탁월한 재능에 비추어 볼 때, '정상적인 그리스도인의 생활'과 같은 그의 영적 메시지 중 많은 부분이 전 세계적으로 갈채를 받았습니다. 그의 자신감 넘치는 정기 간행물은 많은 하나님의 자녀들과 그들의 목자들에게 용기를 주었습니다. 그의 처음 몇 년 간의 사역과 초기 영적 성취는 특히 영향력이 컸습니다. 키니어(Kinnears)는 다음과 같이 말했습니다. 육충신[Faithful Luke, 니(Nee)의 초기 동역자]은 그가 다니엘서와 요한 계시록을 열성적이고 매우 효과적으로 설명하면서 청중들이 인자의 오심을 준비하기 위해 어떤 대가도 지불할 준비가 되어야 함을 상기시켰다고 했습니다.[1] 니(Nee)의 말은 항상 마음을 끄는 힘이 있었기 때문에 그의 영향력은 지방교회를 훨씬 넘어 확산되었습니다. 니(Nee)는 40년 전에 세상을 떠났지만 그의 영향력은 지속되고 있습니다. 미국과 해외에 있는 현재 중국 교회의 대다수는 여전히 경건성과 개인적인 헌신에서 많은 미덕을 보존하고 있습니다. 이것에 대해 우리는 부분적으로 워치만 니에게 감사해야 할 것입니다.

그러나 나중에 니(Nee)는 지식에 관해 편향되고 정상적인 궤도를 벗어난 초점으로 빗나갔습니다. 그것은 덕을 세우는 것이 아니었으며, '지식은 교만하게 한다'는 성경의 경고를 고려하지 않은 것입니다(고전 8:1). 결과적으로, 그는 하나님과 자신의 관계를 숙고하거나 신실하게 유지하지 않았습니다. 그는 심지어 수년 동안 신자들과 함께 떡을 떼는 일도 중단했습니다.

그리고서 20년 동안 비극적인 투옥 생활을 했습니다. 니(Nee)는 그의 믿음을 포기하지 않았으며, 오히려 마지막 공헌을 했습니다. 바로 정직함으로 승리한 것입니다. 성경은 이렇게 말합니다. "하나님의 말씀을 전한 인도자들을 기억하

---

1 키니어(Kinnear), A. 파도를 넘어서(Against the Tide), p. 63.

십시오. 그리고 그들의 생활 방식의 결과를 생각하고 그들의 믿음을 본받으십시오."(히브리서 13:7)

니(Nee)와 상해교회(SCA)로부터 무엇을 배워야 합니까?

이 책의 목적은 나의 개인적인 경험을 통해 중국의 지방교회 운동과 그 지도자인 워치만 니를 소개하는 것이었습니다. 그것은 기본적으로 중국 교회 역사의 한 장입니다. 그러나 그 영적 교훈은 세계적이고 심각합니다.

우리는 한 몸 안에 있다

이 책을 읽은 후, 많은 독자들은 워치만 니의 본색에 경악하게 될 것이며, 그에 대해 강하고 부정적인 감정을 갖게 될 것입니다. 그러나 우리는 우리 모두가 구주 예수 그리스도에 의해 구속되었기 때문에 우리가 하나라는 것을 기억해야 합니다(요 17:11, 20-23). 우리는 모두 그리스도의 몸 안에 있습니다.

니(Nee)의 실화를 폭로함이 우리 중 누구도 그보다 더 의롭다고 여기게 할 수 없습니다. 그는 좋은 공연 기술을 사용하여 교회를 속였지만, 오늘날에도 공연은 여전히 일부 교회에 만연해 있습니다. 더 나아가 니(Nee)는 '그의 영성'으로 그리스도의 몸인 교회를 분열시켰습니다. 그의 오만함과 배타성은 오늘날까지도 지방교회의 문신(tattoo)이 되었습니다.

겸손으로 하나 됨에 도달함

지방교회 역사를 더 이상 은폐할 수는 없지만, 니(Nee)의 실패에 대해 비웃는 것은 하나님을 기쁘시게 하지 않습니다. 우리는 모두 은혜로 구원받았습니다. 우리는 완전하지 않지만 하나님의 구원의 은혜를 찬미하며(magnifying) 완전에 이르는 길에 있습니다. 우리는 성도가 되기 위해 거듭났습니다. 그러므로 우리는 교훈을 배우고 어떤 앞서 가신 분들이 그랬던 것처럼 악에 빠지는 것을 피하는 것이 매우 긴요합니다.

왕명도(Wang Mingdao)는 그의 일기에서 니(Nee)와 그의 독선(자기 의-self righteousness)을 여러 번 언급했습니다.[2] 그것은 사실이고 명백했습니다. 불행하게도, 지방교회의 많은 그리스도인들은 무의식적으로 이 특성을 물려받았습니다. 겸손으로 완전함에 도달하는 것이 우리가 모두 하나의 그리스도의 몸이 되는 유일한 길입니다.

몸 안에서의 관계

그리스도의 몸인 교회는 종종 교만이 있을 때 분열됩니다. 성경은 말합니다. "그러나 겸손한 마음으로 남을 자기보다 낫게 여기십시오."(빌 2:3).

그럼에게 불구하고 니(Nee)는 자신의 팀이나 회중과 건강한 관계를 맺은 적이 없었습니다. 그는 자신이 우월하고 경외심을 불러일으키는 존재라고 생각했습니다. 그는 어느 누구와도 친밀한 관계를 맺을 수 없었습니다. 심지어 아내와도 친밀한 관계를 맺을 수 없었습니다. 왜냐하면 그러한 관계는 그의 약점을 드러내어 그를 존경할 수 없게 만들기 때문입니다.

니(Nee)는 훌륭한 지도자인 것 같으면서도 늘 외로웠습니다. 사역하는 기간 동안 그는 그리스도의 몸에 묶여 사는 대신 독립적이고 혼자이며 자유로운 삶을 선택했습니다.

니(Nee)는 죽기 전에 그의 베개 밑에 메모를 남겼습니다. "그리스도는 하나님의 아들입니다. 그분은 인간의 구속을 위해 죽으셨고, 사흘 만에 부활하셨습니다. 이것은 우주에서 가장 큰 사실입니다. 나는 그리스도를 믿는 믿음으로 죽습니다." 그의 마지막 날의 믿음의 선언은 우리에게 위로가 되었습니다.

그러나 나는 그의 마지막 편지에서 그가 그리스도 안에 있는 그의 형제자매들

---

[2] 왕명도(王明道), 왕명도 일기 선집(王明道日記選輯), p. 272, 355.

을 그리워했다는 어떤 단서도 찾을 수 없어서 상실감을 느끼게 됩니다. 한번은 TX 형제가 나에게, "니(Nee)가 그의 동료 그리스도인들을 그리워했다는 어떤 단서도 보이지 않은 것에 대해 정말 관심이 있느냐?"고 물었습니다. 그래서 나는 이렇게 말했습니다. "그렇습니다. 나는 니(Nee)가 간단한 표현으로라도 '미안합니다. 나는 여러분 모두를 그리워합니다.'라고 표현할 수 있었기를 바랍니다. 용서는 무조건적이기 때문에 용서를 위한 어떤 낱낱의 고백과 회개를 기대하지는 않습니다. 나는 단지 그리스도의 몸 안에서 우리와 그의 연결을 보여주는, 그의 마음에서 우러나오는 간단한 문장을 원하는 것입니다. 나는 이것이 그와 우리 모두에게 필요한 것이라고 믿습니다."

나는 니(Nee)가 죽었고 그가 주님과 함께 있다는 것을 압니다. 하지만 우리는 어떻습니까? 그는 동료 그리스도인들과의 영적 교제도, 보이지 않는 우호적인 관계도 없이 외롭게 죽은 것 같습니다.

사역자는 늘 외로움을 견디지만 그것이 건강하지 않다는 말이 있습니다. 또한 많은 그리스도인들이 혼자 있는 것을 선호하고 방해받는 것을 좋아하지 않습니다. 어떤 사역자들은 방어를 위해 철수를 선택합니다. 외로움은 외상을 입지 않도록 보호하는 것 같지만, 실제로는 잘린 팔다리처럼 그리스도의 몸을 지탱하는 영양분을 공급받는 데서 차단된 것입니다. 외로움은 그리스도의 몸에 만연해 있습니다.

그리스도의 몸 안에서의 진정한 영적 관계는 매우 중요한데 너무 오랫동안 무시되어 왔습니다. 외로운 사역자들과 하나님의 자녀들에게 그리스도의 몸 안에서의 관계에서 그 마음에 부르짖음이 있지만, 많은 사람들이 종종 자신을 여는 것을 두려워합니다. 이것은 슬픈 일입니다.

기독교계 영역 안에서

성경적 교리와 현실에 따르면, 지방교회만이 지상 유일의 정통교회라고 권하는 것은 옳지 않습니다. 일부 지방교회 사역자들의 분리주의는 지방교회들과 다른 교회들 모두에게 해를 끼칩니다. 우리는 작은 차이를 제외하고는 예수 그리스도 안에서 하나입니다. 상호 존중과 이해, 소통이 필요합니다.

지난 수십 년 동안 지방교회들과 거기서 파생된 교회들은 그들을 외부 세계와 분리시키는 보이지 않는 벽을 뚫는 데 있어서 약간의 개선을 이루었습니다. 그러나 자만심과 분리주의의 그림자는 다소 끈질기게 지속됩니다. 하나님의 최종 뜻은 '하늘과 땅에 있는 모든 것을 한 분 그리스도의 머리 되심 아래로 이끄는 것'인데(엡 1:10), 이것이 지방교회와 그 확장된 사역에서 너무 오랫동안 무시되어 왔습니다.

권력을 조심하라

모세는 하나님께서 위임하신 권위자였는데, 성경은 이렇게 말합니다. "모세는 온유함이 지면의 모든 사람보다 승하더라"(민수기 12:3). 빌립보서에서 바울은 주 예수님에 대하여 다음과 같이 말합니다. "그는 근본 하나님의 본체시나 하나님과 동등됨을 취할 것으로 여기지 아니하시고 오히려 자기를 비어 종의 형체를 가져 사람들과 같이 되었고"(2:7).

반 세기 전, 지방교회는 그 영적 실재를 깨달았지만, '위임된 권위' 및 '줄서기'에 대해 니(Nee)를 옹호하는 것이 해롭다는 것을 깨닫는 사람은 거의 없었습니다. 성령의 인도를 기다리지 않고 권력을 갈망하는 것은 항상 교만과 독선을 키워 배타주의와 교회 분열을 초래합니다. 그럴 때 소위 '영적 실재'는 곧 존재하지 않게 됩니다.

과감하게 나눠지는 지방교회 현상이 계속되고 있습니다. 일부 지역, 특히 중국 본토에서는 다른 지역보다 더 심각합니다. 권력욕은 질병입니다. 분열이 곧 그 증상입니다. 권력에 대한 욕망은 추앙받고자 하는 욕망, 심지어 숭배받고자 하는 욕망으로 이어집니다. 헌신적인 기독교인들이 '경건한 복종'이라는 미명 아래 교회 지도자들을 맹목적으로 숭배하는 쪽으로 기울어져 있다면, 그것은 우상 숭배와 멀지 않습니다. 스스로 지지하는 우상과 눈에 보이는 숭배할 우상을 찾는 사람들은 변색된 동전의 양면과 같습니다. 눈에 보이는 우상/신을 숭배의 대상으로 삼고자 하는 인간의 나약함입니다. 그것은 이스라엘 백성의 반복된 실패이며, 지금은 새 이스라엘 백성 안에서 새롭게 단장되고 있습니다. 언제 우리는 이 교훈을 엄중하게 받아들일 것입니까?

지각과 합리성

니(Nee)의 영의 우월함/혼의 열등함(spirit superior/soul inferior)의 관점은 성경적이지 않습니다. 이 가르침을 더 확장하면 영지주의의 구렁텅이에 빠지기 쉽습니다. 그러나 성령님의 진정한 인도 아래서의 느낌과 생각은 우리로 하여금 하나님과 그분의 말씀을 사랑하고 알게 합니다. 성경은 '여호와를 경외하는 것이 지식의 근본'이라고 가르칩니다(잠언 1:7). 지식은 분별력에 필요하며 버리지 말아야 합니다. 그러나 워치만 니가 말한 '여러분의 머리를 사용하지 말라(Do not use your head)'는 말은 반지성적이고 모호합니다. '성령'이 아닌 '영'을 강조하는 것은 50년 전 상해교회(SCA)가 경험한 것처럼 위험합니다. 성령과 성경의 가르침보다 '영'[spirit, 니(Nee)가 해석한 본능, 직감(instinct)]이 우선 순위를 갖는 것은 니(Nee)의 가르침의 주요 문제 중 하나입니다. 성경의 총체적이고 균형 잡힌 지식을 따르는 것이 필수입니다. 맹목적으로 어떤 사람이나 어떤 가르침을 따라가서는 안 됩니다.

성적 부도덕

니(Nee)의 성적 부도덕이 공개적으로 폭로된 것은 1956년에 상해교회(SCA) 신자들에게 심각한 트라우마였지만, 그것은 단지 빙산의 일각에 불과했습니다. 1994년에 순카이(Sun Kai)는 교회에 더 큰 해를 끼친 것을 날카롭게 지적했습니다: "니(Nee)는 하나님의 권위와 영광을 찬탈했습니다."[3] 큰 타격은 니(Nee)

---

3 순카이(Sun Kai), 17장을 보라, 참조. 38.

의 성적 부도덕만이 아니라 그가 사기꾼이자 이중적 행동을 했다는 우리의 인식이었습니다. 위대한 영적 지도자에 대한 우리의 비전은 단지 환상에 불과했습니다. 해방(공산당의 정권 장악을 의미함) 시기의 지방교회의 '영적 대계획과 행동'은 모두 환상이었습니다. 헌신한 신자들 사이의 환멸의 과정은 가장 충격적이고 고통스러웠습니다. 우리는 신(神)을 잃었기 때문에 산산조각이 났습니다!

상해에서 멀리 떨어진 곳에 있는 대부분의 기독교인과 지방교회들에 관해서는 자세한 내용을 들어본 적이 없습니다. 니(Nee)와 상해교회(SCA)에 대한 사실은 은폐되고 왜곡되고 오도되었습니다. 어떤 사람들은 심지어 니(Nee)에 대해서 입증된 사실도 없이 삼자(Three-self)에 맞서 싸운 순교자이자 영웅으로 묘사했습니다. 대부분의 지방교회 지도자들은 진실을 말하지 않고 침묵을 지켰습니다.

구약에서 이스라엘 백성의 가장 큰 죄는 여호와를 버리고 우상을 따르는 것이었습니다. 성적 부도덕은 그 다음이었습니다. 우리 하나님은 질투하시는 하나님이십니다. 현재 일부 지도자들은 지방교회들과 다른 교회들 사이의 권세, 영광, 지위, 영향력 영역에 관심을 갖고 있습니다. 진정한 영적 실체가 없는 위선적인 연기자들이 있습니까? 성적으로 부도덕한 지도자들이 있습니까?

1970년대 이후 니(Nee)의 책 대부분이 영어로 번역되었습니다. 권위에 대한 니(Nee)의 강조는 지방교회의 영역을 넘어 해외로 퍼졌습니다. 미국의 '목양운동'[4]이 그 대표적인 예입니다. 1956년에 하나님께서 어떻게 지방교회들을 징계하셨

---

[4] 목양 운동(Shepherding Movement)'은 1970년대 전반기 미국의 은사주의 운동에서 일어났다. 좋은 제자 훈련이나 목양의 부족으로 인해 많은 새로운 그리스도인들이 떠나려갔다. Bob Mumford와 Ft. Lauderdale Five는 제자 훈련을 위해 목양운동(Shepherd Movement)을 시작했다. 서구 기독교계에서 워치만 니에 대한 관심이 높아지기 시작한 것도 같은 시기에 있었다. 현대 은사주의 운동 신자들은 워치만 니와 그의 가르침에 박수를 보냈다. '목양 운동'은 머리를 덮고 '위임된 권위에 복종'하라는 니(Nee)의 옹호를 흡수했다. 처음에 그들은 영적 성장을 강조했다. 그러나 나중에는 다소 호전적이 되었다. 목자들은 영적 군대의 총사령관이었다. 목자들은 위임받은 권위자들이었고, 그들의 제자들은 복종하고 머리를 가려야 했다. 모든 구성원에게는 목자가 있었는데, 그는 데이트, 배우자 선택, 부모가 되는 시기 및 기타 일상생활에 대한 결정을 내리는 데 있어서 리더였다. 어떤 사람이 '위임된 권위에 불순종하면' 그는 하나님께 불순종하는 것이었다. 그들은 '우리가 목자에게 복종하면 보호를 받을 것이고 그렇지 않으면 그 반대일 것이다.'라고 말했다. 문제는 위임된 권위자가 옳은가 그른가에 달려 있는 것이 아니었다. 심지어 죄를 짓는 일이라 해도 복종은 지켜져야 했다. 이 운동은 잠시 동안만 호황을 누렸다. '스티브 콜먼, 크리스천': '당신의 덮개(권위자)는 누구입니까?' '목양 운동에 대한 기독교인의 시선', 1981; 스티브 콜먼, 목양에 대한 성경적 답변, 2005년.

는가에서 교훈을 배우지 않는다면, 환상과 실수는 계속될 것입니다. 시련과 유혹을 항상 피할 수 있는 것은 아니지만 과거의 고통스러운 비극에서 배움으로써 니(Nee)의 이야기는 오늘날의 교회에 시의적절하고 심각한 경고가 될 것입니다.

상해교회(SCA)와 지방교회는 교훈을 얻었습니까?

1956년 상해교회(SCA)의 반혁명분자퇴치운동(CEC)은 사실 하나님의 의와 지혜를 우리에게 보여주신 하나님의 위업(偉業)이었습니다.

2008년에 나는 상하이를 방문하여 예전 형제자매들을 직접 만났습니다. 일부는 오랫동안 연결되어 있었습니다. 그들 대부분은 많은 우여곡절을 거쳐 마침내 주님께 돌아와 그분을 섬겼습니다. 그러나 그들 중 상당수는 내가 그랬던 것처럼 '니(Nee)의 사건'은 단지 역사적 사건일 뿐이며 오늘날은 논의할 필요가 없다고 생각했습니다. 어떤이들은 과거를 잊기 위해 최선을 다해야 한다고 말했습니다. 어떤이들은 이렇게 말했습니다. "워치만 니의 이름은 이제 그리 자주 언급되지 않습니다. 니(Nee)를 숭배하는 경향은 더 이상 중요하지 않습니다. 왜 우리가 과거를 다시 언급해야 합니까?" 그리고 상당히 많은 사람들이 저에게, "주님의 심판의 날까지 기다리십시오."라고 했습니다. 오직 소수만이 예리한 통찰력을 가지고 제 글(책)을 지지했습니다.

사실상 1956년의 폭풍을 경험한 상해교회(SCA) 그리스도인들과 기성세대인 상해교회(SCA) 지도자들은 진실을 말하고 너무 오랫동안 은폐되었던 것을 말해야 할 책임이 있습니다. 이것은 과거를 위한 것만이 아니라 오늘날의 교회들을 위한 것입니다. 다윗이 시편 51편에 그의 회개를 기록한 것처럼, 우리에게는 그 일을 후대에게 드러낼 책임이 있습니다.

이 책이 특히 권위적 위치에 있는 목회자들과 사역자들과 교사들에게 깊은 자기 성찰의 기회를 주어 우리를 겸손하게 인도하기를 기도합니다.

「맺음말(Epilogue)」

Dana Roberts, M.A., M.T.S.[1]

성경은 우리에게 그리스도를 본받을 것을 요구합니다. 우리는 물 위를 걷거나 바다를 잔잔하게 할 수는 없습니다. 우리가 그리스도와 같이 되는 것은 성품과 신앙과 하늘에 계신 아버지에 대한 헌신의 문제입니다. 때가 되면 성령의 인도하심으로 우리는 점점 더 그리스도를 본받으며 영적으로 성숙해집니다. 다른 그리스도인들은 우리가 더 나은 그리스도인이 되고 더 그리스도를 닮도록 도와줍니다. 장성한 그리스도인과 친구가 될 때면 우리는 죽음의 그늘 속에서도 고요하고 안정된 희망의 느낌을 경험할 수 있습니다. 성숙한 그리스도인은 신자와 불신자 모두에게 증인입니다. 신앙생활 40년 동안 저를 도와준 그리스도인들의 이름은 6포인트 활자로 한 페이지, 한 칸을 쉽게 채울 수 있습니다. 목록 맨 위에는 구약과 신약의 영감받은 저자들이 있습니다. 나는 워치만 니를 친구나 교회 장로로서가 아니라 작가로서 페이지에 포함시켰습니다.

니(Nee)가 말하는 것을 본 사람들은 그가 가르칠 때 별 움직임 없이 앉아서 말했다고 합니다. 그는 중국 교회의 교사의 지위나 전통을 따르지 않았습니다. 그것은 하나의 연기였고 공연이었습니다. 그가 성경 공부를 인도하든, 전도하든, 설교하든, 외적인 성과가 중요했습니다. 배우는 연기하는 사람입니다. 성경은 연기자의 진정한 마음이 반영되지 않는, 그저 외적으로 연기하는 배우, 위선자

---

1 다나 로버츠(Dana Roberts)는 Eastern Nazarene College와 Gordon-Conwell Theological Seminary에서 대학원 학위를 받았다. 그의 출판물에는 '워치만 이해'(1981), '워치만 니의 비밀'(The Secrets of Watchman Nee, 2005) 등이 있으며, 현재 예술, 환경 및 창조에 관한 새로운 책을 집필하고 있다. 그는 대학 수준에서 서양 문명과 세계 종교를 모두 가르쳤다. 그는 중국에서 8년 동안 봉사한 후, 현재 애틀랜타 지역에 거주하고 있다.

에 대해 경고합니다. 언어가 종교적일지라도 그런 식의 설교는 여전히 일개 행위(an act)입니다. 마가복음 7장 6절에서 예수님은 이사야서 29장 13절을 인용하십니다.

"이 백성이 입술로는 나를 공경하되 마음은 내게서 멀도다…
그들이 나를 헛되이 경배하는도다.
그들의 가르침은 사람의 규례일 뿐이다"

예수님은 이사야서를 인용하심으로써 하나님의 백성의 외식하는 문제가 최근의 현상만이 아님을 상기시켜 주셨습니다.

유다는 신약 성경에서 최초의 위선자였습니다. 왜 다른 열한 제자들은 그것을 보지 못했습니까? 그들의 눈이 유다가 아닌 예수님께 있었기 때문입니다. "예수께서 이르시되 보라 내가 양을 이리 가운데 보내듯 너희를 보내노니 뱀같이 지혜롭고 비둘기같이 순결하라"(마태복음 10:16). 우리는 헌신적인 사람들이 동료 신자들의 사생활과 공생활 사이의 갈등을 항상 보고 있을 것이라고 기대할 수는 없습니다. 분별력 있는 리더십이 요구됩니다. 분별의 은사를 행사하는 것은 지도자의 책임입니다. 집사, 장로 또는 감독은 자신의 임무가 단순히 현재 사역을 보호하는 것만이 아니라 사역하는 사람들이 하나님의 말씀과 성령에 순종하도록 보장하는 것임을 이해해야 합니다. 교회의 우두머리를 목자라는 뜻의 목사라고 합니다. 그(목사)는 먹일 뿐만 아니라 보호합니다. 불행하게도 많은 교회 지도자들이 분별력을 가지고 보호하는 훈련이 부족합니다. 우리는 상해교회에서 일어난 일이 다른 곳에서도 일어났다고 해서 놀라지 말아야 합니다.

그렇다면 왜 상해교회 지도자들은 영적으로 건전한 말보다 행동으로 사람을 판단하라는 명확한 성경의 지침을 보지 못했습니까? 그 이유는 아주 간단합니다. 우리는 올바른 결정을 내렸다는 생각의 평강을 추구합니다. 우리는 옳고, 저들은 틀렸다는 확인을 찾고 있습니다. 우리는 그리스도의 재림의 연대기적 모호함에 대하여, 올바른 정치적 부분, 올바른 교회 및 올바른 해석에 있다는 증거를 쉽게 볼 수 있습니다. 우리는 우리의 견해를 뒷받침하는 징후를 찾습니다. 우리는 모호하거나 명백히 모순되는 증거에 대해서는 마음을 닫습니다. 우리는 모호함을 확신으로 바꿉니다. 우리 모두는 철학자, 신학자, 심리학자가 '확증 편향'이라고 부르는 것에 영향을 받습니다.

지방교회의 많은 구성원들은 가장 영적인 교회인 완전한 교회를 찾기 위해 복음주의 교회를 떠났습니다. 릴리 박사(Dr. Hus)가 상해교회(SCA)에서 예배하던 시절, 중국에서 '완전함'이란 외국인 선교사에 의한 계속적인 통제를 포함하지 않았습니다. 이것은 정당한 우려이지만 더 급진적이고 정치적인 입장은 외국이라는 제한이 없었다는 것입니다. 그러나 후자의 반외국정서는 정당화하기가 어렵습니다. 그리스도인들은 중국이나 미국이 아닌 하늘에 있는 영원한 시민권을 가지고 있습니다(빌 3:20-21). 다른 선교사 교회의 구성원들 사이에서는 선함을 찾을 수 있습니다. 선과 악은 민족주의 정부와 공산주의 혁명 모두에서 찾을 수 있습니다. 세 그룹 중 선교사 교회는 실수를 인정하는 경향이 더 컸습니다. 다른 두 당사자는 우리 모두가 하나님의 영광에 이르지 못한다는 사실을 인정할 가능성이 훨씬 적었습니다.

니(Nee)와 지방교회에게 하나님과의 올바른 관계와 복음적 열정은 참된 교회가 되기에 충분하지 않았습니다. 그들의 편견은 그들이 가장 위대하고 가장 영적이며 가장 참된 믿음을 가졌다고 가정하는 것이었습니다. 지방교회 지도자들은 모호함이 있을 수 없다고 이해했습니다. 그들은 성경에서의 경고와 니(Nee)의 사생활에서의 경고에도 불구하고 니(Nee)의 지도력을 확신했는데, 그는 주의 만찬에 참여하는 것을 공개적으로 거부했습니다. 그들이 교회의 창립 영적 지도자를 징계했다면, 진정한 영성에 대한 그들의 추구가 허황된 것임이 명백했을 것입니다. 전 세계의 정당들과 마찬가지로 그들은 상해교회(SCA) 외부의 다른 사람들에게는 명백해 보이는 것을 볼 수가 없었습니다.

성경은 인간의 본성과 성도에 대한 참되고 편견 없는 그림을 제시합니다. 성경은 베드로가 어리석은 말을 한 것이나 모세가 죄를 범한 것이나 다윗의 사생활에 대해 우리에게 말하는 것을 두려워하지 않습니다. 우리가 가장 좋아하는 교회, 우리가 가장 좋아하는 가수, 우리가 가장 좋아하는 선생님에 대해 우리는 결점이 없다는 인식을 가져서는 안 됩니다. 우리의 믿음과 사랑을 온전하게 하시는 분은 오직 하나님이십니다. 하나님께서는 말씀과 성령을 교회에게 공급하여 우리로 하여금 날마다 예수 그리스도 안에 있는 하나님의 온전한 사랑을 향하여 나아가게 하십니다. 그리스도의 영성은 말 그 이상입니다. 그것은 사랑입니다. 세상은 그분 안에서 가장 큰 사랑을 보았습니다. 그분은 말과 행동에 있어서도 완전함을 나타내셨습니다. "모든 사람이 죄를 범하였으매 하나님의 영광에 이르지 못하더니 그리스도 예수 안에 있는 구속으로 말미암아 하나님의 은혜로 값없이 의롭다 하심을 얻은 자 되었느니라"(롬 3:23), 그리스도께서는 모든 사람을 위하여 자기 목숨을 버리셨습니다.

우리는 워치만 니의 가르침에 대해 신중해야 합니다. 그는 항상 분별력을 가지고 가르치거나 다른 교사의 이해와 지침을 참고하여 가르치지는 않았습니다. 그는 신약 서신의 처음 몇 구절을 사용하여 '지방성(locality)'이 하나님의 교회에서 가장 중요하다고 가르쳤습니다. 그런데 '고린도에 있는 하나님의 교회'는 영적 주소입니까, 아니면 단지 '배달 주소'입니까? 기독교 이외의 많은 '그리스나 로마에 보내는 편지'는 특정 위치에 있는 사람이나 그룹에게 발송되었습니다. 그것은 우편 주소에 도시를 나열하는 것과 동등합니다. 성경에는 로마 교회가 하나의 지방성 이상에서, 한 가정 이상에서 모였다는 증거가 있습니다. 그러나 북로마교회나 남로마교회라는 이름의 교회는 없습니다. 에베소인들에게 보낸 편지의 초기 사본 중 일부는 지역을 명시하지도 않습니다. 모든 교회의 진정한 위치(locality)는 믿음의 반석 위에 있습니다. 베드로가 믿음을 고백할 때 예수께서 베드로에게 하신 분명한 말씀(마태복음 16:13-19)은 교회의 기초(

반석)를 가리킵니다. 그것은 거리, 도시, 심지어 이스라엘 국가가 아니라 그리스도를 살아 계신 하나님의 아들로 고백하는 반석입니다. 교회, 심지어 새 예루살렘(계 21장)은 오직 그리스도께 대한 고백 위에 세워져 있습니다. 모든 방언과 나라에서 온 성도들의 얼굴은 인종, 소속 교단, 물리적 위치에 관계 없이 그리스도 안에서 구속받은 기쁨을 반영합니다. 교회는 공통 교단이나 지리적(geographical), 시민적(civil) 좌표보다 '공통된 고백(common confession)'으로 연합됩니다.

교회는 헬라어 단어에서 보여지듯이, 예배와 구원과 성화(성경적인 義)에 대한 훈련을 위해 '함께 부르심을 받은' 사람들의 무리입니다. 교회는 또한 복음화의 중심 역할을 합니다. 그리고 교회는 어떻게 함께 부르심을 받습니까? 성령님은 신자들 마음에 형제애와 다른 사람들과 함께 예배하려는 갈망을 심어주십니다. 함께 모이라는 부르심은 행정구역이나 마을 이름이나 국경이 바뀐다고 해서 바뀌지 않습니다.

워치만 니의 마지막 사역은 영적 권위에 초점이 맞추어졌습니다. 그러나 영적 권위란 명령이 아니라 행동으로 보여지는 어떤 것입니다. 진정한 영적 권위는 섬김과 겸손으로 표시됩니다. 모든 교사와 목사는 민수기 12장 3절에 기록된 모세의 본을 따르도록 부르심을 받았습니다("모세는 온유함이 지면의 모든 사람보다 승하더라"). 그 권위 있는 언명(dictum)에 따라 회당의 사람들은 성경의 신성한 두루마리를 집어들고 같은 구절이나 주제를 해석하여 응답했습니다. 그것은 성경 연구였습니다. 모세의 겸손이라는 명칭 아래 회당의 사람들은 거칠게 반대하면서 "너는 틀렸어!"라고 말할 수 없었습니다. 오히려 다음 연사는 "반면에…" 하면서 어떤 다른 견해를 소개하는 식으로 했습니다. "오직 예수님만이 권위를 가지고 말씀하시되(마태복음 7:29, 22:29), 하늘에 계신 아버지께 복종하려는 의지를 갖고 계십니다.

모세에게는 영적인 권위가 있었으며, 그의 삶에는 겸손이 있었습니다. 바울은 초대교회의 지적인 천재였습니다. 그는 고대 이스라엘뿐 아니라 온 세상에 대한 하나님의 사랑의 깊이를 알았습니다. 그러나 그는 또한 자신의 약함을 자랑했습니다(고린도 후서 12:6). 바울의 연약함, 육신의 가시는 하나님의 뜻 안에 있었습니다. 워치만 니가 감옥에서 기적적으로 풀려나지 않은 것은 아마도 하나님의 자비 때문일 것입니다. 바울은 자랑하려고 문을 활짝 열어젖히지 않았습니다. 그와 그가 세운 교회들은 교회와 그들의 삶에서 하나님의 족한 은혜를 배웠습니다(고린도 후서 12:9).

그러면 오늘날 그리스도인 교사들은 어떠합니까? 우리는 교회 예배나 성경 공부에서 주어진 메시지들을 신뢰할 수 있습니까? 기독교 서점에서 구입한 기독교 서적은 어떻습니까? 우리는 은혜롭고 또한 신중해야 하는 우리의 책임을 소홀히 할 수 없습니다. 신약 성경은 우리가 교회 중의 예언도 시험해야 한다고 말합니다. 모든 것을 헤아려(test) 선한 것을 취하십시오(데살로니가 전서 5:21). 마찬가지로 바울은 디도에게 경고했습니다(1:11). "패역한 사람, 말만 하는 사람, 속이는 사람이 많습니다…그들은 잠잠해야 했습니다. 그들은 부정한 이득을 위하여 가르쳐서는 안 될 것을 가르쳐 집안[교회]을 온통 무너뜨리고 있기 때문입니다." 오늘날 많은 교회들에서는 우리가 모든 피조물과의 관계와 친구 관계와 우리의 결혼 등 하나님과 관련하여 더 큰 부요함을 필요로 할 때, 재정적인 부를 약속합니다.

문제의 중심에는 우리 인간의 마음이 있습니다. 어떤 사람은 잔의 겉만 깨끗이 닦고 안의 더러운 것은 방치합니다. 예수님은 구약의 현명한 전통들을 따르셨습니다. 속을 깨끗하게 하면 겉도 깨끗해집니다(마태복음 23:23-25). 마음이 깨끗해지면 행동도 깨끗해집니다. 오늘날의 거짓 교사들은 종종 거룩하고 영적으로 보이기 위해 우리의 상식을 넘어서는 난해한 가르침에 의존합니다.

우리의 연구와 저서에서 릴리 박사(Dr. Hsu)와 나는 '영에 속한 사람'에 대한 니(Nee)의 생각을 그의 삶과 신학의 기초로 봅니다. 그런데 그 기초가 약합니다.

성령님과 우리 자신의 거룩함 사이에는 어떤 관계가 있습니까? 그의 책 '정상적인 그리스도인의 생활(The Normal Christian Life)'은 우리 자신을 죄에 대하여는 죽은 자요 그리스도에 대하여는 산 자로 여기라(롬 6:11)는 부르심을 정확하게 이해하고 있습니다. 그러나 니(Nee)가 거의 말하지 않는 거룩함의 본질적인 요소가 있습니다. 그것은 교회 가운데 성령 안에서의 단체적인 교제입니다. 우리가 로마서와 구약과 신약 전체에서 읽게 되는 '우리', '우리 자신'은 거룩하게 부르심을 받은 백성입니다. 지속적인 성결의 일은 공동 활동입니다. 우리 모두에게는 영적으로 강점과 약점이 있습니다. 영적 성숙은 영적인 권위가 가장 큰 영적인 사람으로부터 가장 작은 영적인 사람에 이르기까지 줄처럼 늘어서 있는 한 줄의 영적 권위로 측정할 수 있는 것이 아닙니다. 그보다 우리는 다양한 은사와 다양한 지체를 가진 몸입니다. 우리는 강해지기 위해 다른 사람들의 다양한 은사/사역에 의존합니다. 우리는 단지 '영적인 남자'가 되도록 부르심을 받은 것이 아니며 '거룩한 여자'가 되도록 부르심을 받은 것도 아닙니다. 우리는 '거룩한 백성', '거룩한 나라'가 되도록 부르심을 받은 것입니다. 천국에서 성화는 홀로 이루어지지 않습니다. 그것은 국경과 교파를 떠나 전 세계 모든 교회의 모든 성도들이 그리스도의 한 몸으로 모인 사역 가운데 있습니다.

지방교회는 니(Nee)의 가르침으로부터 유익을 얻었지만, 니(Nee) 자신은 다른 사람들의 영적 성숙으로부터 유익을 얻지 못했습니다. 너무 자주 그는 전체 교회의 사역과 치유의 교제로부터 분리된 고립된 삶을 살았습니다. 그의 사역 말년에 그는 주님의 상에 겸손한 태도로 참여하지 않았습니다. 도리어 여러 면에서 자신의 더 높은 영적 권위를 주장한 것이 그의 몰락이었습니다. 그는 다른 사람에게 도움을 청할 수 없었고, 따라서 그는 고통을 겪었습니다.

'진리를 알라(Know the Truth)'에서 브루스 밀른(Bruce Milne)은 '거룩하고 영적인 교회'가 아닌 '거룩하고 영적인 사람'에게 초점을 맞추는 것의 위험에 대해 경고합니다. "...모든 기독교 상담가가 알고 있듯이, 이런 식으로 영적인 사람을 강조하는 것은 많은 사람들을 절망과 환멸로 끝나는 고독한 투쟁으로 몰아갔고, 더 나쁘게는 이중적인 삶을 사는 위선으로 이어졌습니다."[2]

하나님의 감추인 지혜는 구약에 예언되어 있습니다. "여호와의 이름을 부르는 모든 민족에게 구원이 있도다." 확실히 그것은 숨겨져 있었지만 그리스도의 생명과 성령으로 태어난 모든 사람 안에서 회복됩니다. 그리고 여기에 니(Nee)의 가장 큰 오류가 있습니다. 그 영 곧 성령(The Holy Spirit)은 침례교, 감리교, 루터교, 성공회 및 기타 여러 종파의 신자들에게 지혜를 계시합니다. 초대 교회처럼 우리는 여전히 사람의 사변적인, 혹 이론적인 교리(speculative doctrine)를 받아들이도록 속임을 당할 수 있습니다. 하나님의 감추인 구원의 교리는 예수 그리스도 안에 있는 하나님의 구원 계획에서 모두 드러납니다. 최종 완성의 때인 재림은 오직 하나님만이 알고 계십니다.

그러면 니(Nee)의 가르침을 따르거나, 아니면 우리 자신의 교회의 영성과 명칭에 의문을 제기하는 교회들에게 우리는 무엇을 말해야 합니까? 그들을 형제처럼 사랑하십시오. 교회는 기독교 지도자의 가르침에 근거한 이단(heresy)에 끌려갈 수 있지만, 반드시 그래야 하는 것은 아닙니다. 회당의 랍비처럼 우리는 '다른 면에서 말한다면…' 하면서 더 나은 비전을 제공함으로써 가르칠 수 있습니다. 랍비들은 말하기를 좋아합니다… 그들은 논쟁에서 이기기 위해서가 아니라 천국을 위해, 진리를 찾기 위해 다른 사람들과 논쟁합니다.

하나님은 사람의 마음과 그들의 모든 행위를 보십니다. 빌리 그레함은 사람들이 그에게 20세기의 가장 위대한 그리스도인이라고 말하는 것을 들었을 때 다르게 생각했습니다. 그는 그런 자는 아마도 자기가 아니라 '농부의 겸손한 삶을 사는 사람'일 수도 있다고 했습니다. 많은 훌륭한 중국 목회자들이 때를 가리지 않고(in and out of season) 전파했습니다. 그들은 믿음 때문에 죽었습니다. 그들은 전 세계 교회가 알아주는 것도 없고 칭송도 없이 감옥에 갔습니다. 그들은 하나님께 영

---

2 브루스 밀른, '진리를 알라': 기독교 신앙 핸드북, 인터바서티 출판사(InterVarsity Press), 1982. P. 194.

광을 받고 천사들의 칭송을 받았습니다. 그들의 믿음의 말과 기쁜 소식은 결코 출판되지 않았습니다. 랴우이우(Liao Yiwu)가 저술한 "하나님은 빨간색이다: 기독교가 중국 공산당 치하에서 어떻게 투쟁하고 생존했는지에 대한 비밀 이야기" (God is Red: The Secret Story of How Christianity Struggled and Survived in Communic China, (2011)[3]라는 책은 중국과 우리 이웃에 있는 겸손한 성도들의 이야기가 종종 보고되지 않는다는 사실을 상기시켜 줍니다.

많은 그리스도인들이 워치만 니에 대해 들어왔습니다. 왕명도(Wang Mingdao, 1900-1991)와 송상절(John Sung, 1901-1944)에 대해서도 들어본 사람이 있을 것입니다. 그러나 왕지밍(Wang Zhiming, 1908-1973)의 용감한 신앙을 아는 사람은 거의 없습니다. 왕목사님은 중국 남서부 윈난성에 있는 몽족/묘족을 섬기셨습니다. 니(Nee)와는 달리 그는 외국 선교사들을 제국주의자로 분류하는 것을 거부했습니다. 그는 정부의 의도가 기독교를 근절하려는 것임을 알았습니다. 그는 타협을 거부했고 1973년 12월 29일에 처형당했습니다.

올림픽 선수 에릭 리델(Eric Liddell)과 스콧(Scots) 선교사(1902-1945)는 20년 이상 중국에서 섬겼습니다. 그는 중국에서 섬기기 위해 대영제국(Great Britain) 사람들로부터 얻은 명성을 포기했습니다. 전쟁이 발발하자 그는 현재 산동성 웨이펑시 제2중학교에 있는 일본 강제 수용소로 보내졌습니다. 에릭 선교사는 1945년 수용소 해방 직전 뇌종양으로 사망했습니다. 수용소에 관한 두 권의 책이 출판되었습니다. 둘 다 에릭 리델이 기쁨과 열렬한 순종으로 하나님을 섬겼다는 것을 증언합니다. 리델(Liddell)은 예수님을 친구이자 구주, 위대한 신, 만물의 주인으로 보았습니다. 왕 목사님과 에릭 리델처럼 우리 모두는 세상이 만물 위에 계신 하나님을 사랑하는 데 이끌리도록 하나님의 나라를 선포하고 살아야 할 사명이 있습니다.

---

3 랴오이우. '하나님은 빨갛다(God is red)': 공산주의 중국에서 기독교가 어떻게 살아남고 번성했는지에 대한 비밀 이야기. 황웬광(Wenguang Huang)이 중국어 번역, Harper One, a division of Harper Collins Publishers, 2011. Pp. 107-112.

· 부록 1 ·

워치만 니의 전기 기록

· 참고 : 대부분의 용어는 Hanyu, Pinyin(한유, 핀인)에 따른다.
  – 부록 5 : '중국어 용어: 현대와 옛 용법의 비교'를 참조하라.

· 워치만 니(Watchman Nee):

니 슈주(Ni Shuzu), 징푸(Jingfu), 토셍(Tuosheng), 또는 헨리 니(Henry Nee). 슈주(Shuzu)는 그의 원래 이름이었다. 개종 후 그는 자신을 징푸(Jinfu)라고 불렀고 나중에 토셍(Tuosheng)이라고 불렀다(그 둘은 동의어였다). 정부는 그가 체포된 후 그를 니징푸(Ni Jinfu)라고 불렀다. 워치만(Watchman)은 징푸(Jinfu) 또는 토셍(Tuosheng)의 영어 번역이었다.

· 원래 가족 마을: 복주, 복건.
· 출생 및 출생지: 1903년 11월 14일 광동성 산터우에서 출생.
· 교육: 1916년—1922년 복주의 교회 선교사회(Church Missionary Society) 중학교 및 트리니티 칼리지(고등학교 및 전문대학 수준).
· 1920년 4월 29일: 얼마 지나지 않아 하나님이 구원하시고 부르심.
· 1921년 3월: 어머니와 동생 조지와 함께 마가렛 바버에게 세례를 받음.
· 1922년: 사역을 시작하다.
  · 니(Nee)의 가족은 연합감리교회에서 분리되었다.
  · 왕재(Leland Wang)와 함께 주님의 상(만찬상) 시작.

- 1923년: 왕재(Leland Wang)를 포함한 몇몇 젊은 목사들과 함께 복주(Fuzhou)의 Shi Er Jian Pai에서 교회를 시작함. 그들은 화수은(Barber) 교사에게서 1년 이상 함께 교육을 받았다.
- 1924년 1월: 왕재(Leland Wang) 등으로부터 분리.
- 1925년: 말씀을 전파하며 방문하는 자들과 함께 라성탑(Pagoda island)에 거주함.
- 1926년 3월: 샤먼과 구랑위를 방문하다.
  결핵(TB)에 걸려 영에 속한 사람(The Spiritual Man)을 쓸 것을 의도함
- 가을: 9개월 동안 남경의 링광 잡지사(Ling Guang Magazine)에서 근무.
- 왕페이진(Wang Peizhen)과 이연여(Li Yuanru)가 남경(Nanjing)에서 주님의 만찬을 시작하다.
- 1927년: 왕페이진(Wang)과 이연여(Li)가 상해로 이동하여 주님의 만찬을 시작하다.
- 니(Nee)가 5월에 합류하다.
- 1928년 1월: '상해 그리스도인 모임' 혹은 상해교회 (SCA, Shanghai Christian Assembly)가 합동로(Hardoon Road)의 문덕리(Wende Li)에서 설립됨.
- 1930년 12월: 찰스 발로우(Charles R. Barlow, 형제회)가 10일 동안 상해교회(SCA)를 방문함.
- 1932년 7월: 옌타이에서 위트니스 리를 만남.
- 1932년 10-11월: 형제들(Barlow, House 등)이 상해교회(SCA)를 방문함.
- 1933년: 런던 및 기타 지역에 있는 형제회를 화답 방문함.
- 1934년 10월 19일: 채리티(핀훼이) 장과 결혼.
- 1935년 7월 2일: 상해교회(SCA) 지도자들이 '배타적인 형제회'에 편지를 써서 그들의 배타적인 태도에 동의하지 않음.

- 7월 30일: '배타적 형제단'에 의해 공식적으로 그들과의 연결이 끊어짐.
- 영적 침체 후 쯔난에서 부흥.
- 1935년 8월 11일: 은사적 운동을 옹호함.
- 1938-39: 런던의 오스틴 스팍스(Austin-Sparks)를 방문.
- 1938년: 케스윅(Keswick) 대회에 참석함.
- 1939년: 상해로 돌아와 중국 생화학 연구소를 시작함.
- 1942년 6월: 상해교회(SCA)에 의해 설교 사역 중단.
- 1943년 5월 2일: 상해교회(SCA)에 그를 제명하도록 요청함.
- 1943년 5월: 중경(충칭)에 거주하며 중경에서 생화학 공장(CBC)을 시작함.
- 1945년 8월 항일전쟁 종전.
- 상해와 복주를 왕복하다.
- 1948년 4-5월: 전국 동역자 집회에서 니(Nee)의 사역 재개.
- 1948년 5월 10일, 1949년 4월 7일: 동역자들의 고령 훈련 2회 코스.
- 1949년 초: 상해교회(SCA)가 남양로의 새 위치로 이전함.
- 니(Nee)의 출판물을 위해 복음서방이 쇄도하다.
- 1949년 가을 상해교회 건물 (SCA New Assembly Hall) 완공.
  (5/27: 공산주의자들에 의해 상해가 해방, 혹은 점령되다)
- 1949년 8월- 1950년 3월 12일: 홍콩에 머물다.
- 90,000명의 교인을 가진 중국의 600개 지방교회.
- 기업을 확장하다.
- 1950년 7월: 고령을 위한 서명 드라이브에 서명서를 제출하다.
- 1950년 12월: 기독교 선언문(Christian Manifesto- 삼자운동선언, 역자 주)을 지원하기 위해 서명 운동(Signature Drive- 원래 고령 토지를 위한 서명-역자 주) 사본을 제출하다.
- 1952년: 니(Nee)가 상해교회(SCA)에서 자신의 이름을 삭제할 것을 요청하다.

- *1952년 4월 10일*: 오반(五反) 때 동북공안국이 니(Nee)를 체포하고 라오닝성(요녕성) 심양(센양)으로 호위함.
- *1954년 말*, 상해교회(SCA)는 삼자주의에서 분리됨.
- *1956년 1월 29일*: 상해교회(SCA) 지도자들이 '반혁명분자 제거 운동' 중에 '워치만 니 반혁명갱단'의 일원으로 체포되다.
- *1956년 6월 21일*: 공개 재판; 15년형을 선고받음.
- *1957-65년*: 상해 시립 감옥에서 과학 및 의학 자료를 번역하고 정치 연구 팀장을 역임했음.
- *1967년*: 15년 형이 종료되었음. 상해 칭동 노동개혁 수용소로 이동. (문화혁명: 1966-1976.)
- *1969년 말*: 안후이성 백마오령(바이마오링) 노동수용소로 이동.
- *1971년 11월 7일*: 니(Nee)의 아내인 장핀훼이가 세상을 떠남.
- *1972년 5월 25일*: 바이마오링 캠프(Baimao Ling Camp)의 퐁주링 상시아포(Fongshu Ling, Shanxia Po), 회복요양팀(convalescent team)으로 이동.
- *1972년 5월 6일-30일*: 7통의 유고 편지
- *1972년 5월 31일*: 워치만 니 사망, 화장되다(cremated).
- *1972년 6월 2일*: 장핀청[Zhang Pincheng, 니(Nee)의 처제], 우칭(Wu Qing, 조카), 왕시오링(Wan Xiaoling, 손녀)이 니(Nee)의 화장된 유골(remains)을 가지러 상시아포(Shanxia Po)로 가다.
- 니(Nee)와 그의 아내의 화장용 관(crematory caskets)은 한동안 우칭(조카)의 집에 놓였다가 절강 하이닝 마싱타오[니(Nee)의 사촌의 사위]의 뽕나무 밭에 묻혔다.
- *1989년 5월*: 니(Nee)와 그의 아내의 화장용 관이 장쑤성의 쑤저우에 묻혔다.

• 부록 2 •

내가 어떻게 돌아섰는가?[1]

워치만 니

· 참고: 고발 과정에서 지난 두 달 동안[2] 우리는 여러 심포지엄과 보고회를 가졌습니다. 우리는 또한 니(Nee) 형제의 마음이 돌아선 것에 대해 간증하도록 초청했습니다. 우리는 그의 말이 평범한 형제자매들에게 큰 도움이 되었다고 생각합니다. 신(新) 중국에 있는 우리는 애국해야 하고 또한 헌신적인 기독교인이어야 합니다. 우리는 그의 연설 노트를 다음과 같이 인쇄했습니다. 1) 내가 어떻게 돌아섰는가? 2) 우리가 가져야 할 정치적 태도, 3) 우리는 어느 길로 가야 하는가?

상해에 있는 교회, 1951년 10월[3]

---

[1] 워치만 니의 이 연설 자료는 장시캉(Zhang Xikang)의 자서전 '육십 년 회고록'(六十年來的回顧)에서 번역한 것이다. 1951년 8월과 9월 이 연설의 정치적 배경은 다음과 같다.
1) 한국전쟁 당시, 중국에서 전국적인 미국 운동과 한국 돕기(이는 미국제국주의를 물리치는 것과 북한을 위해 중국 인민군을 지원한 것을 뜻함- 역자 주)'Campaign America and Aid Korea' (1950/10/1950-7/1953), 2) '미국 보조금을 받는 기독교 단체 처리 협약'(베이징 협약) (The Convention of Handling Christian Groups Accepting American Subsidies, Beijing Convention)은 종교국에서 개최되었다. 중앙정부 업무(BRA), 1951년 4월 16-19일. 제국주의 운동에 대한 고발과 함께 반제국주의 애국 운동(AIPM)은 이 대회에서 시작되었다. 정부 종교국(BRA)은 외국 선교사들이 종교를 이용하여 문화 침략을 하는 제국주의자라고 비난함으로써 외국 선교사들로부터 중국 교회의 종교적, 재정적, 개인적 유대를 완전히 차단하는 것을 목표로 했다. 비록 지방교회가 토착 교회였지만 니(Nee)는 옵저버(Observer)의 신분으로 대회에 참석했다(5장 참조). 이것은 니(Nee)의 마지막 일련의 메시지였다. 그는 6개월 후 정부에 의해 체포되었다.

[2] '중국 개신교의 미 제국주의자들에 대한 고발 운동'은 1951년 베이징 회의에서 시작되었다. 모든 국가 교회 지도자들이 참석하도록 초청되었다. 그때까지 이 운동은 공산당 종교국(BRA)과 삼자교회의 지도 아래 전국의 모든 교회에서 강력하게 추진되었다. 운동을 옹호하는 데 장애가 없는 것은 아니었다. 대다수의 교회 지도자들과 회중은 모든 선교사들이 제국주의자로서 비난받아야 한다는 개념을 받아들이기를 매우 꺼려했다. 상해에서는 여러 교회에서 고발 활동을 추진하는 데 몇 달이 걸렸다. 상해교회(SCA)는 외국 선교사들과 아무런 관련이 없었지만 교회 지도자들은 여전히 정부에 순응했다.

[3] '상해 지방교회(The Church in Shanghai)'는 SCA의 다른 이름으로 사용되었다. 집회는 회중에게 공개되지 않았다. 여느 때처럼 니(Nee)는 상해교회(SCA)에 있는 모든 동역자들, 장로들, 집사들, 일부 헌신적인 젊은이들

I. 내가 어떻게 돌아섰는가?

1951년 8월 20일

최근에 우리는 무언가가 좀 다르고 관습적이지 않다고 느낍니다. 그것은 사실 우리 생각의 문제 때문입니다. 오늘 나는 비난하는 것이 아니라 내 죄를 자백할 것입니다. 나는 일주일 전까지만 해도 내 마음이 분명하지 않았다는 것을 인정합니다. 그 때 상황을 조금 더 잘 깨닫게 해주는 여러 가지 일들이 일어났습니다. 오늘 나는 이것들에 대해 이야기하고 싶습니다.

나는 먼저 제 자신의 간증으로 시작하겠습니다. 북경집회(Beijing Conference) 이후 상해로 돌아와서 가장 치열한 투쟁을 겪었습니다. 가장 치열한 '정신적 투쟁'이라고 할 수 있습니다. '정치에 대한 초연함(aloofness from politics)'이 허용될 수 있는가? 굉장히 심각한 문제라고 느꼈습니다. 여러분 중에는 저와 30년 동안 동역한 자매들이 있고, 또 일부는 20년 이상 나와 함께했습니다. 지난 30년 동안 우리는 종교만 가르쳤고 그 외에는 아무것도 설교하지 않았습니다. 종교적인 일 외에는 다른 어떤 것에도 관심이 없는 것 같았습니다. 그런데 오늘, 지난 삼십 년의 모든 것이 흔들리는 것 같습니다. 베이징에서 나는 '정치에 대해 초연함'이 옳지 않다는 말을 들었습니다. 나는 그것이 뭐가 잘못되었는지 이해하지 못했기 때문에 딜레마에 빠졌습니다. 내 심장 문제가 재발했습니다(relapsed). 여러 해 동안 나는 많은 사건을 겪어 왔지만 결코 절망 속에서 기도한 적이 없습니다. 그러나 이번에는 주님께 나를 다시 부르시도록 기도하며 구했습니다.

또 다른 문제가 있습니다. 최근 '조정하는 사람(coordinator)'[4](말씀드리기가 죄송하지만, 이제는 끝났습니다)은 미제국주의자들이 상해교회(SCA)를 어떻

을 포함한 소수의 그리스도인들과 이야기했다. 그러나 그의 노트 출판물은 회중이 배울 수 있도록 전국의 모든 지방교회에 신속하게 배포되었다. 그의 중심 주제는 대회의 목적을 홍보하는 것이었다.
4 코디네이터는 교회 고발 활동을 주도하고 조정한 상해 종교사무국(BRA)의 정부 간부였다.

게 이용했는지 고발해야 한다고 강조했습니다. 이런 식으로 고발해야 한다면 거짓말을 하도록 강요당하는 느낌이 들었습니다. 형제님들, 나는 정말 힘들었습니다. 나는 사람의 심판을 피하기 위해 거짓말을 하는 것이 불가능하다고 느꼈습니다. 그래서 나는 또 다른 기도를 했습니다. '주님, 제발 저를 집으로 데려가 주십시오!' 형제 여러분, 제가 오늘 여러분에게 말하는 것은 지난 몇 달 동안 제가 극도로 충격적인 투쟁을 한 결과입니다.

저에게 매우 어려운 몇 가지 기본 질문이 있었습니다. 너무 힘들어서 빨리 죽고 싶었습니다. 우리가 함께 하나님을 섬길 때 이러한 기본적인 어려움은 오늘밤 여기 계신 여러분에게 공통적이라고 생각합니다. 그러므로 내가 돌이킨 경험을 여러분에게 말하여 여러분으로 하여금 하나님 앞에서 이것들을 보도록 해야 할 것 같습니다. 결국 우리는 이 길을 걸어가야 합니다.

1. "정치에 대한 무관심"의 실수

나의 첫 번째 문제는 '정치에 대한 무관심(aloofness from politics)'이 옳은가 그른가였습니다. 류량모(Liu Liangmo)[5]씨에게 정치에 대한 무관심은 잘못된 것이라고 말한 것을 기억합니다. 그러나 나는 오늘밤 류량모(Liu Liangmo)씨에게 내가 말한 '정치에 대한 무관심은 잘못된 것'이라는 표현은 아직 철저하지 않다고 말하겠습니다. 복주(푸저우)에서의 고발은 나에게 큰 충격이었습니다. 정정광(Zheng Zhengguang)[6] 형제는 복주(푸저우)에 있는 교회[지방교회]가 제국주의자들로부터 돈을 받은 교회들보다 더 제국주의에 도취되어 있다고 말했습니다.

그가 말한 것을 읽고 나는 그가 다소 과장하는 것이 틀림없다고 생각했습니다. 그는 젊었고 초안을 작성하는 동안 아마도 과장되었을 수 있습니다. 그런데 예

---

5 류량모(Liu Liangmo)는 삼자(Three-Self)에서 우야종(Wu Yaozong)의 지도력 아래 있는 2인자였다.
6 정정광(Zheng Zhengguang)은 복주 지방교회(푸저우 기독교회)의 책임 형제(장로)였다.

상과는 달리, 복주(푸저우)의 한 형제는 왕페이전 자매도 같은 관점을 가지고 있다고 말했습니다. 그 이후로 나는 며칠 밤 잠을 잘 이루지 못했습니다. 내가 보지 못한 무언가가 있는 게 틀림없다는 생각에 나는 침대에서 뒤척였습니다. 복주(푸저우)의 그 형제는 '정치에 대한 냉담함'이 잘못된 것이라고 말했습니다. 하지만 나는 그들의 경험이 충분하지 않다고 생각했습니다. 나는 그것을 받아들일 더 설득력 있는 이유가 필요했습니다. 지금은 돌아섰지만 그것은 순식간에 일어난 과정이 아니었습니다.

지난 몇 달 동안 제 이해력은 매일 향상되었습니다. 그리고 지난 목요일 저녁이 되어서야 그 문제를 완전히 이해하게 되었습니다. 과거에 우리는 신자들이 정치에 대해 초연할 수 있다고 생각했습니다. 그날 밤, 나는 신자들이 정치에 초연할 수 없는 모습을 보았습니다. 당신이 깨닫든 못 깨닫든, 당신이 느끼든 느끼지 않든, 당신에게는 특정한 정치적 관점이 있습니다. 예수를 믿는다고 해서 정치적인 관점이 없다고 말할 수는 없습니다.

내가 북경(베이징)에 있을 때, 나는 몇몇 외국인들에 대해 방어적이었습니다. 비록 내가 30년 동안 외국인들에게 배타적이었지만, 여전히 일부 외국인들이 진정으로 주님을 사랑했음을 인정해야 합니다. 그들은 복음을 전하고 영혼을 구원하러 왔습니다. 우리는 모든 것을 무시하고 말할 수 없었습니다. 그들 모두는 제국주의자였습니다. 그러다가 지난 목요일 저녁, 나는 돌아섰습니다. 아마 제국주의자가 아닌 외국인을 찾기란 어려울 것 같습니다.

한 외국인 선교사가 생각납니다. 우리의 기준에 따르면 그는 선한 신자였고 주님을 사랑했습니다. 그는 사람들이 구원받기를 바라는 전도자였습니다. 그러나 그가 상해에 있을 때, 그는 삼선(three-bars, 계급을 나타냄, 역자 주)의 영국 경찰, 상해시 위원회, '치외법권(extraterritorial)' 또는 외국 군인 등을 보면서[7] 불편함을 느끼지 않았습니다. 그가 그 모든 것을 보면서도 별 느낌이 없다는

---

[7] 니(Nee)는 그 기간 동안 상해 외국인 정착지 내의 다양한 현상을 언급했다. 1842년 아편전쟁 이후 난징조약의

것이 매우 이상했습니다. 그에게는 이러한 일들이 놀랄 만한 것이 아닌 것 같았습니다. 그것들은 아주 자연스러웠고, 의심의 여지 없이, 아니 더 말할 것도 없이 당연한 것이었습니다. 그는 의문이 없었습니다.

목요일 저녁, 나는 그를 생각하면서 종교적 신념과 정치적 관점은 별개라고 스스로 말했습니다. 정치적 관점이 진정으로 제국주의적인 사람은 이런 사람입니다. 만일 내가 런던에 가서 영국 경찰의 통제를 받지 않아도 되고, 무기도 마음대로 소지할 수 있는 중국인을 본다면 이상할 것입니다. 나는 즉시 깨달았습니다. 신앙과 정치적 견해는 별개였습니다. 많은 사람들이 진정한 믿음을 가지고 있지만, 또 제국주의적인 정치적 관점을 가지고 있습니다.

그날 저녁 나는 인도에서 본 것도 기억했습니다. 나는 인도의 성 토마스 교회의 초청을 받아 교인들에게 설교했습니다. 성 토마스 교회에 복음을 전한 사람은 바로 도마[8][사도]였습니다. 그들은 모두 카톨릭보다 먼저 그곳에 있었던 인도인들이었습니다. 몇몇 영국 선교사들도 내 말을 들으러 왔습니다. 어느 날 영국 선교사가 나에게 이렇게 물었습니다.

"니(Nee) 선생님, 인도의 선교사 사역에 대해 어떻게 생각하십니까?"

"발전시켜 나갈 수 없습니다."

그는 "그럼 어떻게 해야 하나요?" 하고 물었습니다.

"영국 정부가 인도에서 철수할 때, 그리고 영국 선교사들이 인도에서 철수할 때에만 가능합니다. 그러면 교회가 앞으로 나아갈 수 있습니다."

"5대 조약 항목"에 따라 상해는 외국에 개방된 항구 중 하나가 되었다. 영국, 미국, 프랑스는 상해에서 자신들의 자치권을 가지고 통제하는 독특한 정착지를 갖기 시작했다. 영국인과 미국인은 연합하여 각자의 경찰, 군인, 국회의원, 세리 등으로 구성된 소위 상해 시위원회를 설립했다. 또한 영국인과 미국인은 그들의 법에 따라 외국인과 중국인을 통제했다. 규칙, 규정. 정착지의 행정은 중국 정부의 통치로부터 독립되었다. 이는 분명히 중국과 중국인에게 불공평한 일이었다.

외국 경찰 고위 간부들은 직위와 권위를 상징하는 '가로 3줄' 태그를 달고 다녔다. 사람들은 그들을 "세 개의 막대"라고 불렀다.

정착지 내에서 외국인들은 '영토 밖의 권리'를 가졌다. 외국인들은 자국의 재판관과 함께 자국의 법률에 따라 대우를 받았다. 더욱이 정착촌에 있던 중국인들도 영사의 지휘 아래 외국 판사들에게 복종해야 했다. 이를 영사 관할권이라고 한다.

8 토마스, 예수님의 제자인 사도 도마.

그는 물었다. "왜 그렇습니까?"

내가 말했습니다. "당신이 여기 있기 때문에 인도 사람들은 당신이 영국인인지 그리스도인인지 구분할 수 없습니다."

그들은 내 말에 언짢아했습니다. 그들 중에는 교회 행정을 담당하는 자매가 있었습니다. 그녀는 오랫동안 나를 응시하더니 말했습니다. "영국인이 인도에 머무르는 것이 잘못되었다는 뜻입니까?"

보다시피, 어떤 사람이 진정한 믿음을 가지고 있을지라도 인도인의 요구에 무감각할 수 있습니다. 그들은 아무런 느낌이 없었습니다. 그녀의 정치적 관점은 제국주의적이었습니다.

2. 당신은 어느 편인가?

목요일 저녁에 나는 이런 생각을 했습니다. 종교에서는 참되지만 정치에서는 제국주의적일 수 있습니다. 나는 믿음이 한 가지이고 정치적 관점이 또 다른 것임을 발견했습니다. '나를 포함한 형제자매들 사이에서 신앙 외에 우리의 정치적 견해는 무엇인가?' 오직 두 가지 가능성이 있습니다. 당신이 친제국주의가 아니라면 당신은 그것에 반대해야 하고, 그 반대도 마찬가지입니다. 인민의 입장에 맞지 않으면 반인민의 입장에 서야 한다는 것입니다. 즉, '정치에 초연할' 수 없습니다. 정치에 초연하다고 해도 당연히 정치적인 관점이 있습니다. 그것은 접시와 일치하는 컵과 같습니다. 컵은 종교인데 어떤 접시와 매치가 되나요? 갑자기 나는 정부가 당신에게 당신의 컵이 무엇이었는지 묻지 않는다는 것을 깨달았습니다. 그들은 당신의 접시가 무엇인지를 물었습니다.

당신의 종교적 신념이 무엇인지는 정부에게 중요하지 않지만, 그들은 당신의 접시가 무엇인지를 묻습니다. 정부는 당신의 종교가 무엇이든 상관하지 않습니다. 당신의 종교가 길든 정사각형이든 상관없습니다. 그러나 그들은 당신이 어떤 종류의 접시와 일치하는지, 당신의 정치적 입장이 무엇인지를 주의합니다.

당신은 반제국주의적인 기독교인입니까, 아니면 반민족적인 기독교인입니까? 우리는 그리스도인이라고 말합니다. 그러나 그 질문이 아닙니다. 당신이 어떤 유의 그리스도인인지를 묻는 것입니다.

오늘날 사람들의 질문은 당신이 그리스도인인지 아닌지를 묻는 것이 아닙니다. 그들은 이미 당신이 그리스도인이라는 것을 알고 있습니다. 문제는 당신의 정치적 관점입니다. 당신은 제국주의 그리스도인입니까, 아니면 반제국주의 그리스도인입니까? 입장을 표명해야 합니다. 지난 화요일, 저우(Zhou) 국장은[9] 여기에 단 하나의 관점이 있다고 말하는 연설을 했습니다. 정말 나에게 깊은 영감을 주었습니다. 오늘 인민(people)은 우리에게 인민의 입장에 설 것을 요구하고 있습니다. 그것은 신앙에 부착된 민중의 입장에 서는 것을 의미합니다. 오늘날 관건은 당신에게 부착된 정치적 관점이 무엇인가 하는 것입니다.

오늘 나는 내가 아주 명료한지 확신할 수 없지만 한 단계를 통과한 것 같습니다. 신앙인으로서 정치와 거리를 두어야 한다고 생각했던 예전의 제 태도가 잘못되었다는 생각이 듭니다. 오늘은 그것이 불가능하다고 말씀드리고 싶습니다. 우리의 마음은 우리가 초연하다고 생각하지만 실제로는 그렇지 않습니다. 당신이 그것을 말하든 말하지 않든 우리는 항상 정치적 관점을 가지고 있습니다. 반제국주의가 아니라면, 그렇다면 그것은 반인민주의인 것입니다.

3. '인민의 입장'에 서다

우리는 정치적 입장을 표명할 기회를 찾아야 합니다. 종교적인 관점에서 보면 명확하게 볼 수 없습니다. 정치적인 관점, 인민의 관점에 서게 되면 그것이 완전히 명백해질 것입니다. 앞서 그 외국인 선교사에 대해 말씀드렸는데, 종교적인 범위에서 보면 형제였습니다. 그러나 인민과 반제국주의적 입장에 선다면, 그는

---

9 저우 국장. 저우리싱은 1951년 1월부터 1952년 2월까지 화동종교사무국 국장을 지냈다. 저우(Zhou)와 류량모(Liu Liangmo)는 상해교회 "고발 운동"의 두 지도자였다. 저우는 개인적인 문제로 인해 1952년 3월 공산당에서 제명되었다. 많은 기독교인들은 그의 무례하고 관료적인 태도와 말투에 불쾌감을 느꼈다.

신앙에서는 형제였지만, 정치에서는 진정한 제국주의자였다고 해야 할 것입니다. 그의 정치적 관점은 제국주의적이었습니다. 그러므로 우리는 정치와 종교를 명확히 분리해야 합니다. 종교적 관점을 정치적 관점으로 끌어들일 수는 없습니다. 인민의 입장에 서면, 우리가 옳다고 생각했던 많은 일들과 사람들이 실제로는 틀렸다는 것을 쉽게 볼 수 있습니다.

예를 들어, 우리의 삼자(Three-Self)에 대해 말하자면, 종교적 관점에서 볼 때 우리는 30년 동안 진정한 삼자(三自)였습니다. 그러나 정치적인 관점에서 볼 때 우리는 단 하루도 삼자가 되지 못했습니다. 과거에 우리는 반제국주의 관점에 서지 않았습니다. 우리의 삼자(三自)는 정치적으로 반제국주의적이고 애국적인 삼자와는 다릅니다.

형제자매 여러분, 오늘밤 나는 우리가 생각했던 선행을 종교의 범위에 두기 바랍니다. 오늘날 정부나 국민이 우리에게 요구하는 것은 정치적 또는 인민적 관점에 따라 당신이 무엇을 했느냐는 것입니다. 우리는 아무것도 하지 않았다는 것을 인정합니다.

4. 아담 안에서인가, 그리스도 안에서인가?

나는 비유를 사용할 것입니다. 신학에서 우리는 인간의 두 부류가 있다는 것을 압니다. 하나는 그리스도 안으로 부르심을 받은 것이고, 다른 하나는 아담 안에 있는 것입니다. 그리스도 안에 있는 사람은 구원받았고, 아담 안에 있는 사람은 구원받지 못했습니다. 아담 안에 있는 것들이 전혀 좋지 않습니까? 아닙니다. 우리는 아담 안에 있는 누군가가 좋은 도덕성을 가지고 있고, 교육을 잘 받았거나 매우 사랑이 많으며, 일부는 매우 인내하고 은혜롭다는 것을 압니다. 그러나 종교적인 관점에서 볼 때, 그들은 구원을 받았습니까? 우리는 모두 고개를 저으며 '아니오'라고 말할 것입니다. 그들이 부족해서일까요? 아닙니다. 그리스도와 성령의 부활 생명을 받아들이지 않은 아담 안에 있기 때문입니다. 아무리 선행이 있어도 소용이 없습니다. 유용한 것은 아담 안에 있지 않고 그리스도 안에 있는 것입니다. 아담 안에 있느냐, 그리스도 안에 있느냐는 우리 가운데 가장 보편적인 교리입니다.

이제 묻고 싶습니다. 우리에게 강점이 있더라도 이것들은 어떤 범주에 속합니까? 우리의 모든 강점은 종교의 범주에 있을 뿐이고, 정치의 범주에서는 아무것도 하지 않았습니다. 우리는 30년 동안 외국인들과 싸워서 구 교파에서 제명되거나 양육과 가르침을 받은 구 교파에서 해고되었습니다. 우리가 제국주의의 영향을 받아 왔다고 어떻게 말할 수 있습니까? 우리가 얼마나 많은 일을 했든지 모두 종교의 범주에 속한 것이지 정치에 속하지 않았다는 것을 기억하십시오. 그것들은 아담 안에서 이루어진 것이며 정치의 범주에 속하지 않았습니다. 그것은 '아담 안에서' 이루어진 것이고, 그것을 '그리스도 안에' 있는 것으로 여길 수 없습니다. 우리가 외국인들과 벌인 투쟁은 완전히 종교의 범주에 속한 것이었고 정치와는 전혀 무관한 것이었습니다. 우리는 구원받았을 때 이런 경험을 했습니다. 한편으로 우리는 모든 죄가 아담의 죄 속에 있다고 여겼지만, 다른 한편으로 우리는 또한 아담 안에 있는 모든 의도 죄로 여겼습니다. 우리가 아담 안에서 행한 모든 선행은 계산할 수 없습니다. 오늘날 사람들도 당신에게 같은 요구를 하고 있습니다. 당신이 종교에서 행한 모든 것은 책임이 없으며, 오직 정치에서 행한 것만이 책임이 있습니다. 인민의 입장에서 책임을 져야 합니다. 당신이 한 선행이나 종교의 강점을 언급하지 마십시오.

여러분의 과거를 돌이켜보면, 모든 고발은 정치와 인민의 입장에서 행해져야 했습니다. 과거에 여러분은 인민의 편에 섰습니까, 반(反) 인민의 편에 섰습니까? 반제국주의 편에 섰습니까, 제국주의 편에 섰습니까? 이 문제가 해결되지 않은 채 종교라는 범주를 정치로 끌어들인다면 모든 것이 엉망이 될 것입니다.

형제자매 여러분, 요청이 있습니다. 주님 앞에서 조금만 시간을 갖고 좀 더 생각하고 기도하시기를 바랍니다. 나는 '인민의 입장'이 또 다른 문제라는 것을 하나님께서 여러분에게 알게 해주시기를 기도합니다. 정치에 대한 관점과 생각입니다. 과거에 우리는 영적인 일만 중시하고 반제국주의나 인민의 입장을 주의하지 않았습니다.

5. 관점은 하나뿐이다

과거에 또 다른 실수가 있었습니다. 저는 두 가지 관점이 있다고 생각했습니다. 하나는 종교적 관점이고 다른 하나는 정치적 관점이었습니다. 사실 관점은 하나이지 둘은 없습니다. 정치의 관점에서는 인민의 입장만 있을 뿐입니다. 정치적 입장과 종교적 입장이 모순된다는 생각은 절대 받아들일 수 없습니다. 정치적인 관점에서 보면 나는 단지 그리스도를 믿는 사람일 뿐이고, 그 사람은 그리스도를 믿지 않는 사람일 뿐입니다. 여기 한 사람은 그리스도를 믿고 다른 사람은 믿지 않습니다. 모두 사람입니다. 단지 일부는 믿음을 갖고 일부는 그렇지 않은 것이지 민족의 입장과 다른 종교적 입장이 있다는 뜻이 아닙니다. 관점은 하나뿐입니다. 그게 인민(people)의 입장입니다. 오늘날 나는 사람들 중 한 사람이 되는 것이 매우 간단하고 그리스도인이 되는 것도 간단하다고 느낍니다. 우리는 그리스도인이 되기 위해 인민의 입장에 서 있습니다. 즉, 컵이 둥글든 사각형이든 상관없습니다. 가장 중요한 것은 딱 한 가지입니다. 즉, 올바른 접시가 있어야 합니다. 당신의 정치적 관점이 옳아야 합니다.

지난 화요일, 여러분은 성경과 신앙생활과 전도의 열심을 이용한 제국주의자들에 대한 저우(Zhou) 국장의 연설을 들었습니다. 일부 형제자매들은 그의 말에 불편함을 느꼈습니다. 종교 자체를 다루었던 것 같습니다. 성경, 영적 생활, 전도를 다 활용했는데 믿음을 가질 참된 자유가 있습니까? 그러나 '인민의 입장'에서 보면 제국주의자들이 모든 것을 어떻게 이용하고 있는지 알 수 있습니다.

기독교인의 관점에서 볼 때 많은 것들이 거룩합니다. 성경이 거룩하고 기도가 거룩합니다. 그러나 제국주의적 관점에서 볼 때, 아무 것도 거룩한 것이 없고, 모든 것이 그들의 실지 목적에 이르는 데 사용될 수 있습니다. 제국주의자들의 눈에는 그 어떤 것도 거룩하지 않습니다. 그들은 목표를 달성하기 위해 무엇이든 사용할 수 있습니다. 그러므로 종교적인 관점에서 당신은 불편함을 느낍니다. 그들은 이것저것을 어떻게 사용할 수 있습니까? 기다리십시오! 당신은 자신의 입장에 굳게 서 있었습니까? 당신이 반제국주의 그리스도인이라면, 성경을 읽을 때 그들은 당신을 이용할 수 없습니다. 당신이 반제국주의가 아닌 그리스도인이라면, 성경을 읽으면서 제국주의자들에게 이용당할 수도 있습니다. 대체로 그것은 당신이 반제국주의 기독교인이냐 아니냐에 달려 있습니다. 반제국주의 기독교인이라면 영적으로 되는 데 문제가 없습니다. 금요일에 저우 국장(혹은 부장)과 이야기를 나누었을 때 그는 같은 말을 했습니다. 당신은 당신의 정치적 입장에 굳게 서 있기만 하면 됩니다. 당신이 영적인지의 여부는 중요하지 않습니다. 누군가가 자신의 입장을 모른다면 문제가 있습니다. 당신이 적극적으로 반제국주의적이지 않다면, 제국주의자들은 당신의 기도와 성경공부와 영적생활을 이용할 것입니다.

정부를 오해하고 그것이 우리의 영적 생활이나 종교적 헌신에 위배된다고 생각해서는 절대 안 됩니다. 문제는 제국주의자들이 건전한 정치적 관점이 부족하면 종교적 헌신을 사용할 수 있다는 것입니다. 당신이 반제국주의자라면 그들은 당신을 사용할 수 없습니다. 오늘날의 문제는 당신의 컵에 무엇을 가지고 있느냐가 아니라 어떤 종류의 접시를 가지고 있느냐입니다. 반제국주의인가, 아닌가? 그러므로 여러분은 반드시 반제국주의 입장과 인민의 입장을 가져야 합니다.

II. 우리는 어떤 정치적 태도를 가져야 하는가?

1951년 8월 21일 말씀

오늘밤 우리는 우리가 가져야 할 정치적 태도에 대해 이야기할 것입니다. 특히 하나님의 자녀라면 어떤 입장에 서야 할까요? 우리 형제자매들도 저와 마찬가지로 마음속에 질문이 많은 것 같습니다. 하나님께서 우리에게 원하시는 길을 우리가 보지 못한다면 실수를 저지르고 사람들에게 버림받기가 매우 쉽습니다. 오늘 밤 여러분 중 절반 이상이 어젯밤에 오지 않았습니다. 그러므로 나는 최근에 다루었던 세 가지 다른 질문에 대해 어젯밤에 이야기한 것을 반복하고 싶습니다. 지난 4월 베이징 컨벤션에서 돌아온 후, 지난 몇 개월 동안 대동맥 심장 질환과 교감 신경계가 한 번 재발하여 많은 고통을 겪었습니다. 돌아온 후 또 한 번 발작했습니다. 지난 몇 달 동안 나는 침대에 누워 생각할 시간이 많았습니다. 주님은 우리가 어느 길로 가기를 원하시는가?

1. 정치에 대해 초연함의 문제

형제자매들은 우리 모두가 수년 동안 영적인 것에 대해 이야기해 왔고 정치적인 문제를 다룬 적이 없다는 것을 모두 알고 있을 것입니다. 많은 분들이 과거 우리의 정치에 초연한 태도가 잘못되었고 그렇게 될 수 없다고 말씀해 주셨습니다. 나는 베이징에서 상해까지 온 이 소식을 들었고 내가 괴로웠다는 것을 인정합니다. 나는 여러분의 기분이 어떤지 모르겠습니다. 나는 우리가 중국에서 30년 동안 간증을 제시했다고 느꼈습니다. 나는 우리를 감동시킬 수 있는 어떤 것과도 기독교가 섞이지 않기를 바랍니다. 이제 갑자기 우리는 정치에 대한 우리의 무관심이 잘못되었다는 말을 듣게 됩니다. 내 마음이 극복할 수 없을 정도로 괴로웠다고 말씀드립니다. 최근 묵상하면서 정치에 대해 초연함의 문제와 관련하여 우리가 주목해야 할 세 가지 사항이 있음을 알게 되었습니다.

과거와 현재에 대한 이해의 차이

과거에 우리가 알고 있던 '정치'는 오늘날과 달랐습니다. 과거에 우리가 알고 있던 '정치'는 '관료가 되는 것'이었습니다. 오늘날 정치는 인민의 정치입니다. 과거와는 다릅니다. 오늘날 정치의 영역은 전 국민의 삶으로 확대되고 있습니다. 그러므로 죽지 않는 한 정치에서 초연할 수 없습니다. 살아 있다면 정치에서 초연할 수 없습니다. 예전에 우리가 '정치'에 대해 했던 말과 지금은 다릅니다. 나는 형제자매들이 이 문제를 분명히 보기 바랍니다.

정치적 관점 없는 것은 불가능함

우리가 말로 어떻게 표현하든지 간에, 사실 우리 마음속에는 특정한 정치적 관점이 있습니다. 우리에게 특정한 정치적 관점이 없다고 말할 수 없습니다. 당신이 그것을 표현하든 안 하든 당신의 마음에는 정치적 판단과 규범이 있습니다. 전혀 생각해본 적이 없다고 말할 수 없습니다.

오늘날 우리는 세상에 단 두 진영이 있다는 것을 압니다. 하나는 반제국주의 진영이고, 다른 하나는 제국주의 진영입니다. 하나는 인민을 위한 것이고 다른 하나는 인민을 반대하는 것입니다. 오늘날 하나는 다수 사람들의 이익에 부합하는 정치이고, 다른 하나는 그들의 이익에 반하는 정치입니다. 아무리 정치에서 초연하다고 해도 마음속으로 두 진영 중 하나를 선택해야 합니다. 말로는 정치와 무관하다고 말하지만 마음은 한쪽으로 치우쳐 있습니다. 당신의 마음은 정치적 관점 없이는 존재할 수 없으며 양쪽 모두를 흐리게 합니다. 마음속으로 대다수 사람들의 이익을 위하는 정치가 아니면, 당신은 그들의 이익에 반하는 정치를 위하는 것입니다. 반제국주의적 입장에 서지 않는다면 제국주의적 입장에 서야 합니다. 당신은 정치와 정치적 태도에서 초연할 수 없습니다.

신자들의 정치적 태도

그러므로 우리가 봅시다. 정부는 우리 그리스도인들이 무엇을 믿고, 어떻게 기도하고 하나님과 접촉하며, 우리가 어떤 종류의 영적 생활을 하는지에 대해 개의치 않습니다. 지난 금요일, 종교사무국에서 저우(Zhou) 국장은 우리에게 이렇게 말했습니다. "그것은 당신의 일입니다. 즉, 영적 생활, 종교 생활, 신앙의 문제는 우리가 상관하지 않는 당신의 일입니다. 정부는 당신의 정치와 정치적 관점을 돌보고 싶어합니다. 귀하의 정치적 의향은 어느 편으로 기울어져 있습니까? 당신은 자신이 신앙의 자유를 가지고 있으니 정치적 관점의 자유도 있다고 말할 수는 없습니다. 종교 신앙의 자유만 있을 뿐, 반인민적 정치적인 시각의 자유는 가질 수 없습니다. 당신은 중국인 중 하나입니다. 중국 인민의 입장에 서야 합니다. 반인민적 정치관의 자유에 슬그머니 끼어들어서 '나에게는 신앙의 자유가 있다'고 할 수는 없습니다. 그것은 허용되지 않습니다. 신앙의 자유가 있어도 정치적으로 인민을 배신하면 배신자가 됩니다. 이 두 가지는 섞이지 않습니다. 그렇지 않으면 큰 문제가 발생할 것입니다. 정부가 우리에게 물을 수 있는 질문은 정치적인 관점일 뿐 신앙의 문제는 아닙니다. 우리는 그것을 분명히 해야 합니다.

예를 들어, 란지이 형제[10]는 토지개혁운동에 참여했습니다. 토지개혁 당시 기독교인 지주[11]가 있었는데, 이 사람이 고발을 당했다면 우리는, '그가 토지주인이었기 때문에 고발당한 것입니까, 아니면 기독교인이기 때문이었습니까?'라고 물어야 했습니다. 그는 예수님을 믿었지만 토지 주인으로 고발당했습니다. 그러면 우리는 그를 예수 믿는 쪽으로 끌고 갈 수 없었습니다. 신앙의 문제를 정치와 혼동할 수 없습니다.

어떤 사람은 우리에게 중국에 온 거의 모든 선교사들이 제국주의자라고 말했습니다. 말씀드리지만, 저는 이 표현에 문제가 있다고 느꼈습니다. 예전에 그 말을 들었을 때에는 나도 같은 심정이었을 것입니다. 지난 30년 동안 나는 선교사들과 관계를 맺지 않았지만, 지난 몇 달 동안 여전히 그것이 너무 과장된 것이라고 느꼈습니다. 오늘 그것을 생각해볼 때 우리의 생각은 정확하지 않았습니다.

매우 헌신적인 한 선교사가 있었던 것을 기억합니다. 그는 지극히 주님을 사랑

---

10 지방교회의 주요 동역자인 란지이(Lan Zhiyi).
11 농지개혁운동은 1950년대 초 공산당에 의해 전개되었다. 지주들은 다른 사람들이 노동을 하도록 토지를 임대했기 때문에 "계급의 적"으로 멸시당하고 낙인이 찍혔다. 그것은 착취로 해석되었다.

했습니다. 항일전쟁 이전에 그는 상해에 있는 복주로와 장시로[상하이] 사이를 걸으며 시위원회, 팔에 삼봉을 두른 외국 경찰, 총을 든 외국인을 보았습니다. 식민지에 살았던 모든 중국인들은 외국의 지배를 받았습니다. 중국인에게서 세금을 징수하는 세금 징수원으로 외국인이 있었습니다. 법을 위반한 외국인이 있다면, 그들은 중국법에 의거하지 않고 자국의 재판에 따라 벌을 받게 됩니다. 더군다나 많은 외국 군인들이 있었을 뿐만 아니라 거리에는 경찰관들이 있었습니다. 그가 그런 것들을 본다면 뭐라고 말할까요? 그는 무엇을 느낄까요? 그는 그런 것들이 잘못되었다고 느꼈을까요? 그는 그리스도인 양심으로 이러한 것들에 대해 의문을 제기했을까요? 내가 중국에서 법을 어겼는데 어느 법원에 가야 합니까? 왜 우리 국민은 상해에서 중국인을 다스릴 수 없습니까? 그것은 매우 이상했습니다. 한 그리스도인뿐만 아니라 내가 아는 많은 외국인 그리스도인들(좋은 형제자매들)도 그런 것들에 대해 전혀 느낌이 없었습니다. 그들은 상관하지 않았습니다. 그들은 거류지(정착지)가 있든 없든, 군함이 있든 없든, 외국 해병이 있든 없든, 치외법권이 있든 없든 아무런 느낌이 없었습니다. 그들은 그들이 이렇게 되어야 하는 것을 보통으로 느꼈습니다. 그것은 놀랍거나 이례적인 일이 아니었습니다.

그러므로 여러분이 보시다시피, 여기에 한 개인의 생활은 하나님 앞에서 선하지만 그의 정치적 관점은 제국주의적인 사람이 있습니다. 그의 종교적 부분은 선하지만 그의 정치적 관점은 제국주의적이었습니다. 그는 제국주의에 익숙했고 그것은 놀라운 일이 아닙니다. 오늘의 질문은 '사람들은 당신이 어떤 종류의 종교를 가지고 있는지에 관심을 갖고 있는가, 아니면 당신이 어떤 종류의 정치적 견해를 가지고 있는지에 관심이 있는가'입니다. 여기 종교에 열심인 사람이 있지만 그의 정치적 관점은 제국주의적입니다. 종교에 헌신하는 사람들에 대해 그의 정치적 견해가 항상 신뢰할 수 있다고 생각하지 마십시오.

나는 한 선교사를 만났는데 그의 믿음이 어떤지 잘 몰랐습니다. 그러나 우리는 대화를 나누면서 중국에서 중국 법을 준수하는 외국인에 대한 것 외에는 모든 것을 이야기하는 동안 갈등이 없었습니다. 간단했습니까? 매우 간단했습니다. 외국인은 중국에 있는 동안 중국 법을 따라야 합니다. 제 기준으로는 정상이었습니다. 그러나 그의 입장에 따르면 이것은 터무니없는 일이었습니다. 아마 좋은 형제이고 따뜻한 사람이었겠지만, 정치에 관해서는 그의 제국주의가 느껴졌습니다. 그러므로 누군가의 종교와 정치적 관점은 서로 다른 두 가지이며 함께 섞일 수 없습니다. 종교는 종교이고 정치는 정치입니다. 무의식적으로 모든 사람이 정치적 관점과 일치했습니다.

어제 저녁에 언급한 것에 대해 다시 한 번 이야기하고 싶습니다. 저는 인도의 '성 토마스 교회'에서 스태프들과 함께 성경 공부를 하자는 초청을 받았습니다. 성 토마스 교회는 천주교보다 먼저 토마스가 복음을 전파한 교회입니다. 많은 외국 선교사들이 들으러 왔습니다. 나는 또한 식사를 하기 위해 교회 매점에 갔습니다. 키가 크고 뚱뚱한 담당 자매는 확실히 헌신적인 자매였습니다. 우리가 믿음에 관해 논의할 때 그녀는 박식했습니다. 그러나 내가 먹으려고 앉았을 때 나는 불편함을 느꼈습니다. 식사를 수종 들기 위해 오는 인디언들은 모든 사람에게 'Sayi,'라고 말해야 했습니다. 그것은 경(Sir)을 의미합니다. 거기에 앉아 있는 사람들은 중국인인 나 외에는 모두 영국인이었는데, 계속 '주인님(Master)'이라고 불러서 식사를 계속할 수 없었습니다. 그게 무엇입니까? 그게 기독교(Christianity)였습니까?

한 선교사가 나에게 이렇게 물었습니다. "니(Nee)씨, 인도에서의 선교 사업에 대해 어떻게 생각합니까? 당신의 생각은 무엇입니까?" 나는 그들에게 솔직하게 말했습니다. "영국 정부가 인도에서 떠날 때까지 기다려야 기독교가 발전할 수 있습니다." 그들은 매우 화를 내며 '무슨 뜻이냐'고 물었습니다. 나는 말하기를, "그 대답은 매우 간단합니다. 오늘날 인도인들은 당신을 볼 때 당신이 영국인인지 기독교인인지 모릅니다. 오늘 여러분 모두가 돌아가고 영국 정부가 인도에서 떠나면, 여러분은 복음을 전파하기 위해 돌아올 것이며, 그때 그들은 당신이 영국인이 아닌 기독교인이라는 것을 알 것입니다."라고 했더니 그녀는 한참동안 나를 흥미롭게 바라보았습니다. 요즈음 생각해보니 믿음과 거기에 부합하는 정치적 입장은 별개라는 생각이 듭니다. 유감스럽게도, 나는 아는 선교사가 많지 않습니다. 내가 더 많이 알고 있다면 더 많은 예를 가질 수 있었을 것입니다.

그러므로 오늘 우리는 한 가지 기본적인 문제를 이해할 필요가 있습니다. 오늘날 인민 정부는 영적인 일에 관심이 없고 우리의 믿음을 무너뜨리지 않습니다. 오늘의 질문은 당신이 동의하는 정치적 입장이 무엇인가입니다. 반제국주의적 관점에 일치할 것인가, 제국주의적 시각에 일치할 것인가? 당신이 기독교인인데 친제국주의적 기독교인인가, 아니면 반제국주의적 기독교인인가 하는 것입니다. 반제국주의 기독교인으로서 증거나 증언을 하지 못한다면, 사람들이 불편해하며 의문표를 붙일 것입니다. 왜 그들은 기독교인을 불편해합니까? 제대로 된 기록(decent record)이 없기 때문입니다. 역사적으로 기독교인들은 제국주의에 매우 가깝습니다. 오늘의 질문은 이것입니다. '당신은 제국주의 정치와 일치합니까, 반제국주의 정치와 일치합니까?' 이것이 오늘 우리가 풀고자 하는 질문입니다.

처음에는 내 자신도 불편했습니다. 우리 중에 나처럼 불편함을 느끼는 형제자매가 있을지도 모릅니다. 어느 지점에서 내가 불편함을 느끼는가? 원래 우리는 기독교인들이 정치와 무관하다고 생각했지만 오늘날 사람들은 우리가 그렇게 되는 것을 원하지 않기 때문입니다. 우리는 기독교의 본질을 바꿔야 한다고 느꼈습니다. 우리는 어떻게 해야 합니까? 사실 오늘날의 문제는 기독교의 본질을 바꾸는 것이 아닙니다. 오늘날의 문제는 그리스도인에게 부합하는 정치가 제국주의냐 반제국주의냐 하는 것입니다. 내가 이것을 분명히했을 때 나는 해결되었습니다. 더 이상 문제가 없습니다. 방금 언급했던 선교사처럼 그는 다른 면에서 나보다 나을 수 있습니다. 그는 주님 안에서 나의 형제였지만, '인민'과 정치적인 관점에서 볼 때, 그의 관점은 명백히 제국주의적이었습니다. 그의 눈이 열렸다면, 내가 그를 제국주의자라고 말한 것에 대해 분명히 그렇다고 시인해야 합니다. 이 두 범주는 완전히 다릅니다. 종교계에는 형제자매가 많지만, 정치적으로는 제국주의자가 많습니다. 이 둘은 분리해야 하며 결합될 수 없습니다.

성경에 따른 우리 그리스도인들의 정치적 관점과 입장은 어떠해야 할까요? 책임 형제들과 몇 번 이야기를 나눴습니다. 우리 모두는 성경이 절대 제국주의 편이 아니라는 것을 인정합니다. 성경은 절대적으로 반제국주의적입니다. 그러므로 우리가 성경적인 정치적 관점을 갖고자 한다면 반제국주의적인 관점을 가져야 합니다. 이에 대해서 형제자매들이 분명해졌으면 합니다. 오늘의 문제는 종교적인 문제가 아닙니다. 그것은 당신이 어떤 종류의 정치와 일치하는가입니다. 이건 매우 중요합니다. 이때 돌이키지 않으면 많은 어려움을 겪게 됩니다. 이쯤에서 돌아보면 많은 의문들이 풀릴 것입니다.

예를 들어, 중국인의 80%는 농민입니다. 그들은 오늘 해방되어 혜택을 입고 땅을 얻었기에 이미 극적인 변화를 겪었습니다. 그러나 어떤 사람들은 계급 문제 때문에 조금 덜 자유를 누리고[12] 불편함을 느낍니다. 그들의 정치적 관점은 대다수의 사람들과 다릅니다. 그들의 이기심 외에 다른 이유는 없습니다. 과거에 그들은 더 많은 돈을 벌 수 있었고 상업적 행위를 하는 데 더 많은 자유를 누렸습니다. 그들은 돈이 더 많았고 원하는 대로 쓸 수 있었습니다. 오늘날 일부는 좀 더 제한적이며 그들의 정치적 관점은 사람들과 다릅니다. 나는 당신이 아마도 기독교인일 것이라고 말하겠습니다. 그러나 당신이 이런 종류의 정치적 관점과 일치한다면, 내가 보기에, 당신은 완전히 틀렸습니다.

---

12 수업 문제. 1949년 해방 후 처음 수십 년 동안 공산당의 이론과 정책에 따라 사람들은 부르주아, 소부르주아, 노동자, 농민의 네 계층으로 나뉘었다. 농민은 다시 4개의 하위 계층, 즉 지주, 부유한 농민, 빈농/중하위 농민, 빈농으로 세분화되었다. 각 계층 내의 사람들은 자신만의 독특하고 특징적인 관점과 입장을 가지고 있는 것으로 분류되었다. 그러한 관점은 그들의 사회경제적 지위와 공산정권하의 득실에 따라 결정되었다. 농지개혁 이후 지주들은 땅을 잃었다. 그들은 적으로 간주되어 공산당 정부와 인민을 미워하기 때문에 반드시 구금되어야 한다.

오늘날 하나님께서는 우리 그리스도인들이 종교에 헌신하고 복음 선교에 열심히기를 원하시며 동시에 우리가 '인민의 입장'에 일치하기를 원하십니다. 그것은 대다수 사람들의 이익과 일치하는 관점입니다. 개인의 자유나 이익의 관점이 아닙니다. 그것이 그리스도인의 모습이어야 합니다. 그렇지 않으면 당신은 그 반대입니다. 이때에 우리에게 대한 하나님의 요구이자 인민들의 요구이기도 합니다.

2. 이용당하는 문제

또 다른 문제가 있습니다. 북경에 있을 때 제국주의자들이 성경을 사용한다는 말을 듣고 가슴이 철렁 내려앉는 것 같았습니다. 나는 제국주의자들이 성경을 사용했다면 우리는 성경을 갖지 못할 것이라고 생각했습니다. 며칠 전에도 누군가가 우리는 하나님을 모시고 있는데 제국주의자들도 '하나님을 모시고 있다'는 말을 사용할 것이라고 했습니다. 그렇다면 우리는 하나님마저도 잃은 것 같습니다. 또한 어떤 사람은 제국주의자들이 '통일(연합)'을 사용했고 우리는 '통일(연합)'을 잃어버렸다고 말했습니다.[13] 제국주의자들이 지방교회라는 용어를 사용하므로 지방교회는 없을 것이라고 들었습니다. 제국주의자들이 영적 생명을 이용했다면 우리는 영적 생명을 잃게 될 것입니다. 그렇다면 우리에게 남은 것은 무엇입니까? 마음이 몹시 아팠습니다.

우리는 어떤 관점에서 바라봐야 하는가?

오늘날 돌이켜보면 절대적으로 그 길은 아닙니다. 우리는 '입장'에 대해 매우 명확해야 합니다. 우리는 어떤 '입장'에서 문제를 바라볼 것인가? 종교적인 관점에서만 본다면 혼란스러울 것입니다. 오늘 우리는 정치적 문제에 대해 이야기하고 싶습니다. 그래서 정치적 인민의 입장에서 바라봐야 합니다. 성경을 밤낮으

---

13 '통일'은 교회를 하나로 묶는 노력을 의미한다.

로 연구하고 다른 일을 하지 않는 사람이 있다면, 그는 제국주의자들의 압제와 침략을 개의치 않고 다른 것에 관심이 없을 것입니다. 종교적인 관점에서 보면, 물론 성경을 많이 읽을수록 좋고 기도를 많이 할수록 좋습니다. 그러나 인민의 입장에서 볼 때, 그런 사람이 성경을 읽는다면 인민을 위하는 사람은 하나 줄어들 것입니다. 이렇게 기도하는 사람이 한 명 더 있으면 인민의 유익을 위하는 사람이 한 사람 줄어들 것입니다. 그러므로 제국주의자들이 성경을 이용한다고 그들을 탓할 수는 없습니다. 이것은 제국주의자들이 착취와 침략, 지배를 외면하고 성경을 공부하기 때문입니다. 물론 인민은 피해자들이며, 그들은 한 명의 유용한 사람을 잃게 됩니다. 인민의 입장에서 보면, 당신의 성과는 사람들을 잃게 만듭니다. 물론 당신이 의도적으로 사람들을 잃게 하는 것은 아니지만, 결과는 인민을 잃게 만듭니다. 당신의 의도는 종교적이지만 당신의 행위는 인민을 잃게 합니다.

또 다른 예를 들면, 오늘날 우리에게는 4억 7500만 명의 중국인이 있는데, 1,000,000명이 기독교인입니다. 이것이 반대로 된다면, 우리에게는 4억 7400만 명의 기독교인과 100만 명의 불신자가 있게 될 것입니다. 우리의 정치적 입장이 인민의 입장이 아니라 제국주의자의 입장이라면, 제국주의자들은 중국을 공격할 필요가 없습니다. 4억 7400만 명이 그들과 같은 입장을 가지고 있기 때문입니다! 우리가 인민의 입장에 서지 않기 때문에, 일부 사람들이 그리스도인들을 제국주의자들이 이용한다고 말하는 것은 당연합니다. 어떤 사람들이 중국에 기독교인이 한 명 더 있으면 중국인이 한 명 줄어들 것이라고 말하는 것은 놀라운 일이 아닙니다.

따라서 문제는 매우 명확하고 간단합니다. 오늘날 정부는 우리에게 그리스도인이 되지 말라고 요구하지 않습니다. 당신은 정부가 우리에 대해 그리스도인이 되지 않게 하려는 의도가 없다는 것을 분명히 해야 합니다. 정부가 우리에게 요구하는 것은 오직 반제국주의·친인민적 기독교인이 되라는 것뿐입니다. 반제국주의라면 자유롭게 기독교인이 될 수 있습니다. 당신이 반제국주의자이고 기독교인이 4억 7500만 명이라면 중국인은 여전히 4억 7500만 명입니다. 반제국주의가 아닌 유사한 중국 기독교인이 4억 7500만 명이라면 중국은 4억 7500만 명의 인민을 잃을 것입니다.

그러므로 오늘 정부의 요구는 '인민의 입장'에 서라는 것입니다. 이 요청은 분명합니다. 이것은 정부가 한 인민을 잃지 않기 위하여 한 사람이 그리스도인이 되는 것을 허락하지 않기 때문입니다. 나는 여러분이 객관적이기를 바랍니다. 만약 여러분의 진영 안에서 어떤 사람이 그리스도인이 되어 사라지고, 다른 사람이 그리스도인이 되어 다시 사라지는 것을 본다면, 여러분의 심정은 어떠하시겠습니까? 물론 당신은 그리스도인들이 제국주의자들에게 이용당했다고 생각할 것입니다.

기독교인이 되지 말라는 뜻이 아니다

제국주의자들이 기독교를 이용했다고 믿는다면, 우리는 그리스도인이 되지 않아야 합니까? 아닙니다. 우리는 여전히 그리스도인이 되기를 원합니다. 이전보다 훨씬 더 실제적이고 견고하게 그리스도인이 되어야 하지만, 거기에 확고한 반제국주의적 입장을 덧붙여야 합니다. "나는 기독교인이다; 또한 나는 반제국주의자이다. 나는 기독교인이다; 또한 나는 '인민의 입장'에 서 있다." 그렇다면 누가 제국주의자들이 기독교를 이용한다고 말할 수 있겠습니까? 당신은 자신이 '반제국주의 사람'이라고 그에게 말할 수 있습니다. 형제자매 여러분, 감정에 따라 '이것이 옳다' '저것이 틀리다'라고 주관적으로 말해서는 안 됩니다. 결정을 내리려면 전체 질문을 객관적으로 살펴봐야 합니다. 오늘날 전체 문제는 이것입니다: '우리가 진지하게 인민이 되기를 원하는가?' 나는 그리스도인이 되기를 원하고 이전보다 더 헌신하기를 원합니다. 전보다 더 성경을 공부하고 기도하기 원하며, 내 마음은 전보다 더 주님을 사랑할 것입니다. 동시에 나는 확고한 반제국주의이며 조국을 열렬히 사랑하는 인민입니다. 당신이 반제국주의 입장에 선다면 아무도 당신을 비판하지 않을 것입니다. 그리고 아무도 당신이 제국주의자들에게 이용당하고 있다고 말하지 않을 것입니다. 그렇지 않으면 이 문제를 해결할 수 없습니다.

　모든 책임 형제자매 여러분은 모두 이 문제를 분명히 하시기 바랍니다. 다음 주에 모든 형제 자매들이 그룹 토론을 하는 것이 가장 좋습니다. 먼저는 많은 형제자매들이 스스로 분명해져야 합니다. 우리는 모두가 남양로(상해교회)[14]의 형제자매들이 진정으로 가장 영적이고 가장 반제국주의적이라는 것을 알기 바랍니다. 우리는 모두 진정으로 가장 좋은 인민이며 가장 헌신적인 그리스도인입니다. 이것만으로도 우리는 문제를 해결할 수 있습니다. 사람들은 우리를 미신적이라고 비판할 수 있겠지만, 여기서 멈출 수는 없습니다. 우리는 우리가 가장 친인민적이고 가장 반제국주의적임을 다른 사람들에게 보여주기 바랍니다. 그럴 때 우리는 하나님의 요구와 인민들의 요구에 응답할 수 있습니다. 그렇지 않으면 우리에게 미래가 없습니다. 우리가 반제국주의, 가장 반제국주의, 절대적 반제국주의에 이르면 좋을 것입니다.

　그러므로, 여러분은 제국주의자들이 기독교, 성경, 영적 생활, 하나님을 믿는 믿음을 이용한다고 우리를 비평하는 사람을 결코 비난하지 않을 것입니다. 이 말이 틀리지 않다고 말하는 사람들을 기억하십시오. 그러나 우리를 이용하는 사람들은 참으로 잘못되었습니다. 제국주의자들이 우리를 이용한다는 말은 틀린 것이 아니지만, 우리를 이용하는 제국주의자들은 정말 역겹습니다. 우리의 관점에서 볼 때, 하나님, 기독교, 교회, 영적 생명은 거룩합니다. 하지만 누군가가 침략 목적을 달성하기 위해 이것들을 사용한다는 것은 역겨운 일입니다. 목표를 달성하기 위해 기독교를 이용하는 사람들은 역겹습니다.

14　상해교회(SCA)의 새 모임장소는 난양로(Nanyang Road)에 위치했다.

3. 자치, 자립, 자전

우리는 우리의 남양로 교회가 25년 동안 '자치, 자립, 자전' 교회였다고 느낍니다. 종교적 관점에서 볼 때 우리는 25년 동안 삼자(三自, Three-Self)였습니다. 친제국주의나 반제국주의가 아닌 입장에 서게 된다면, 우리는 25년 동안 삼자(三自)가 된 것입니다. 오늘날 사람들은 우리에게 반제국주의가 되라고 요구합니다. 사람들이 우리에게, "반제국주의적 삼자주의자가 된 지 며칠이나 되었습니까?"라고 묻는다면, 우리는 단 하루도 삼자(三自)가 아닌 적이 없었다고 말해야 합니다. 오늘날의 삼자 운동(Three-Self Movement)은 반제국주의를 절대적으로, 적극적으로 옹호하고 있습니다. 우리가 반제국주의적이지 않다면; 우리는 오늘날 성공적으로 '혁신적인 삼자'(Renovated Three-Self)가 될 수 없습니다.

반드시 반제국주의적이어야 한다

오늘날 우리는 종교적이고 영적인 문제의 범주를 제쳐두길 원치 않는다는 것을 기억해야 합니다. 이것은 확보되어야 합니다. 우리는 이것을 확보해야 할 뿐만 아니라, 이전보다 더 낫고 더 영적으로 되어야 합니다. 그러나 한편으로는 '인민의 입장'에서 문제를 바라봐야 합니다. 그렇지 않으면 명확하지 않을 것입니다. 오늘날 사람들은 우리에게 무엇을 요구합니까? 우리가 반제국주의자가 아니면 대답할 수 없습니다. 반제국주의가 아니면 아무 말도 할 수 없습니다. 다른 사람과 대화하려면 사람(인민, People)의 입장에 서야 합니다. 오늘날의 근본적인 문제는 그리스도인이냐 아니냐가 아닙니다. 우리가 어떤 기독교인인가 하는 것입니다. 오늘날의 근본적인 문제는 내가 반인민적인 기독교인이 되고 싶은가, 아니면 반제국주의적인 기독교인이 되고 싶은가 하는 것입니다. 이 두 가지 反(anti) 중 하나를 가져야 합니다. 하나도 갖지 않을 수 없습니다. 반제국주의가 아니라면 반인민이 되어야 하며, 그 반대도 마찬가지입니다. 하나의 정치적 관점을 선택해야 합니다. 오늘날 인민의 요구는 여러분에게 반제국주의 기독교인이 되라는 것입니다.

'아담 안에와 그리스도 안에'

오늘날 우리는 문제가 있음을 느낍니다. 누군가 남양로 교회(상해교회)에 약점과 잘못이 있다고 한다면 우리는 매우 다루기가 힘듭니다. 우리는 이것이 가장 어렵다고 느낍니다. 어떤 형제들은 우리에게 대단한 힘이 있다고 느낍니다. 우리 중 많은 사람들이 필요할 때마다 행진(march)[15]을 했습니다. 우리도 '항미항조운동(미국에 저항하여 조선(북한)을 돕는 운동)'에 많은 노력을 기울였습니다. 남양로 교회가 뒤쳐졌다고(lagging behind) 할 수 있습니까? 그러나 우리는 항상 우리의 강점을 바라보면 안 됩니다. 지난 목요일 저녁에 나는 한 가지 사실을 보았습니다. 세상 정치에는 오직 두 종류, 즉 반제국주의와 제국주의, 그리고 인민의 입장과 반인민의 입장이 있다는 것입니다. 이것은 기독교 교리와 같습니다: '그리스도 안에' 對 '아담 안에'입니다. 그리스도 안에서는 실패해도 누구든지 (그리스도의) 보혈로 사함을 받을 수 있습니다. 그가 구원을 받았기 때문에 여전히 어려움이 없습니다. 어떤 사람이 아담 안에 있으면 그에게 약간의 도덕성과 인내와 겸손이 있을지라도 여전히 쓸모가 없습니다. 아담 안에서는 아무리 선행을 해도 생명이 없기 때문입니다. 요약하면, 당신은 어떤 입장에 서 있습니까? 당신은 그리스도 안에 있습니까, 아니면 아담 안에 있습니까? 당신은 인민의 입장에 서 있습니까, 아니면 반인민의 입장에 서 있습니까? 얼마나 많은 선행을 했는가, 혹은 종교에 헌신하고 있는가의 문제가 아닙니다. 문제는 '당신은 어디에

---

15 행진. 해방 후 처음 수십 년 동안 정부가 주도한 전국적인 정치 운동이 많이 일어났다. 광범위한 대중의 열렬한 지지를 보여주고 전국의 따뜻한 정치적 분위기를 고양하기 위해 정부는 교회와 사찰을 비롯한 각계각층의 군중이 참가하는 여러 차례의 대규모 전국 행진을 시작했다. 행진하는 동안 군중은 매우 잘 조직되었다. 그들은 깃발을 들고 구호를 외치며 전국 여러 도시의 주요 거리에서 몇 시간 동안 장거리 행진을 했다. 종교인들도 정치 운동을 지지한다는 것을 보여주기 위해 교회들에게 참석을 요청했다. 교회 활동의 일환으로 상해교회(SCA, 남양로교회)의 교회 지도자들은 수백 명의 신자들에게 "상해 교회"라는 기치 아래 다양한 정치 행진에 참여하도록 동기를 부여했다. 몇몇 교회와 일부 교인들은 교회라는 이름으로 행진에 참여하는 것을 불편하게 여겼다. 상해교회 (혹 SCA, 남양로 교회) 회원 대부분은 지지를 보여주기 위해 여전히 행진에 참여하려는 동기를 갖고 있었다.

있느냐?'입니다. 당신의 행동에 대해 묻는 것이 아니라 어떤 입장에 서 있느냐는 것입니다. 우리는 우리가 수백 번 행진을 하며 많은 노력을 기울였다고 말하지만, 당신이 '아담 안에' 있다면 아무 소용이 없습니다. 형제들이여, 이에 대하여 분명합니까? 반제국주의적 입장에 서지 않으면 우리가 하는 모든 일은 다 '아담 안에' 있는 것이고 아무 소용이 없습니다. 당신은 행진에 참여하고 좋아 보이지만; 그러나 내적으로는 반제국주의가 아니라면 당신은 아무것도 아닙니다. 당신은 겉모습은 좋지만 속으로는 반제국주의적이지 않습니다. 그것은 쓸모가 없습니다. 행진이 좋지 않아서가 아니라 행진에 반제국주의의 본질이 없기 때문입니다. 문제는 당신의 공헌이 좋지 않아서가 아니라 당신의 공헌이 반제국주의적인 것이냐의 여부입니다. 근본적인 문제는 반제국주의적 입장, 인민을 위한 입장입니다. 그렇지 않고 아무리 좋은 일을 해도, 입장이 없으면 아무 소용이 없습니다. 남양로 형제자매들이 반제국주의 입장에 서지 않은 채 우리의 돈을 모두 기부한다 해도 소용이 없습니다. 오늘날 기본적인 문제는 우리가 '인민의 입장'에 서야 한다는 것입니다.

종교적 믿음이 더해진 인민

오늘날 우리는 중화인민공화국 인민이며 거기에 종교의 신앙이 더해졌습니다. 우리는 단 하나의 관점만 가지고 있습니다. 그것은 인민의 입장이며, 거기에 우리의 기독교 신앙이 더해진 것입니다. 오늘 여러분에게 '인민의 입장'에 서기 위해 기독교인인 자신을 전복시키라는 것이 아닙니다. 오늘 제국주의적인 생각 속의 많은 것들을 전복시키라는 것입니다. 그런 것들은 인민의 이익과 일치하지 않습니다. 우리가 다른 인민들, 즉 광범위한 대중에게 우리가 인민의 입장에 서 있다는 것을 알 수 있도록 하기 위해 우리는 우리의 모든 잘못을 회개하기 바랍니다. 우리는 자료를 찾기 위해 서두르지 않습니다. 먼저 인민의 입장을 견지하는 것이 가장 기본적인 문제라고 생각합니다. 우리가 인민의 입장을 굳게 지키고

서서 말하고 행동한다면 양심에 문제가 없을 것입니다. 오늘 우리는 인민의 입장에 서야 하며, 우리가 행한 일이 잘못되었음을 돌아보며, 우리의 죄를 인민에게 자백해야 합니다. 그러면 우리는 깨끗한 그리스도인이 될 수 있습니다.

III. 우리는 어느 길로 가야 합니까?
1950년 9월 12일 말씀

오늘밤, 형제들은 여전히 내가 여러분 모두에게 좀더 이야기해주기를 바라고 있습니다. 내가 생각한 것을 말하겠습니다. 하나님의 모든 자녀들 앞에는 세 가지 길이 있는 것 같습니다. 오늘의 문제는 우리가 하나님 앞에서 어떤 길을 걸어가야 하는가에 대한 선한 결정을 내려야 한다는 것입니다.

첫 번째 길: 우리는 하나의 인민이 되는 길을 무시하고 오직 우리의 믿음을 헌신적이고 온전하게 지키는 것입니다. 나는 단지 신앙의 자유를 원할 뿐 다른 어떤 것도 원하지 않습니다.

두 번째 길: 진보적(progressive)이 되기 위해[16] 믿음을 포기하는 것입니다. 생각의 진보를 이루고 성경을 포기하기 위해 우야종(삼자 교회 대표)[17]처럼 되려는 것입니다. 이것이 두 번째 길입니다.

세 번째 길: 내가 주님을 신실하게 사랑하기를 원하면서 우리의 생각이 진보적이 되고 '인민'의 입장에 굳건히 서는 것입니다. 이것이 세 번째 길입니다.

---

16 '전진'이나 '후진'은 해방 이후 주로 사용된 대중적인 정치 용어였다. 사상적으로 진보하거나 앞으로 나아간다는 것은 사람들이 공산당과 정부의 도전에 부응하기 위해 정신과 행동이 진보하기를 원한다는 것을 의미한다. '후진하다', '뒤처지다'라고 표현되는 정치적 상황이나 태도는 그 반대이다.

17 우웨이쥰("중국의 에바브라")은 평생 신앙을 위해 항복하느니 차라리 죽기를 택한 헌신적인 기독교인이었다. 그런데 다소 논란이 되는 사건이 하나 있었다. 1951년 6월 10일, 니(Nee)의 "인민의 입장에 확고히 서다"라는 연설을 받아들인 후, 그는 일어서서 "머리 수건" 문제에 대해 지방교회를 비난하고 일부 찬송가를 비난했다. 상해교회(SCA)에서 이런 식으로 말하는 것은 전혀 용납될 수 없는 일이었다. 그러자 워치만 니는 그를 "성경을 포기했다"고 비난했다. 그 사건은 이 기사에 나오는 니(Nee)의 특별 연설이 있기 전에 일어났다. 그는 하나님을 믿음으로 말미암아 여러 동안 감옥에 갇혔고
명확한 설명 없이는 석방되기를 원하지 않았다. From 우웨이쥰(Wu Weizun, Epaphras, 중국의 에바브라), "평신도의 증인" p. 49-53;

오늘 우리는 이 세 가지 길 중 하나를 선택하고자 합니다. 당신은 사상적으로 후진적(back ward)이고 반동분자가 되기를 원하거나[18] 사상적으로 진보(advance)하여 믿음을 포기하고 싶거나 둘 중 하나입니다. 이 둘은 극단입니다. 혹은 오늘날의 새로운 이데올로기와 우리의 신앙을 결합하여 선량한 기독교인이 되기를 원하는 것입니다. 이것은 또 다른 길입니다. 오늘날 우리 그리스도인들은 이 세 가지 중에서 하나를 선택해야 합니다. 오늘 어떤 길을 택해야 할지 보겠습니다. 이 문제에 대해 말하는 우리는 우리 그리스도인 신분에 따라 어떤 길을 선택해야 하겠습니까?

분명히 첫 번째 길은 절대적으로 잘못되었습니다. 오늘날에 아무도 "나는 오직 하나님 앞에서 주님을 사랑하기를 원하고 인민 앞에서는 반동적이다."라고 말하지 않을 것입니다. 이것은 절대 불가능합니다. 왜냐하면 그것은 하나님의 명령에 어긋나기 때문입니다. 성경은 우리가 하나님께서 정하신 권위에 복종하기를 원합니다. 성경의 가르침은 우리에게 다음과 같이 보여줍니다: 우리 그리스도인들은 인민의 입장에 서야 합니다. 그러므로 나는 믿음만 지키고 인민의 입장에 서지 않겠다고 말할 수 없습니다. 이렇게 하면 정치적인 과오뿐 아니라 영적인 과오를 범하는 것입니다. 그것은 정치적으로 공격적일 뿐만 아니라 영적으로도 공격적입니다. 이런 길을 걷는 것은 절대 불가능합니다. 그러므로 오늘날 우리는 믿음만 지키고 인민의 입장에는 서지 말라고 할 수 없습니다.

그러면 두 번째 길을 걸을 수 있습니까? 진보적이 되어 믿음을 포기해야 합니까? 두 가지 다 잘못된 것입니다. 첫째, 새로운 이데올로기부터 잘못된 것입니다. 이 신민주주의 시대에 우리를 이끌고 있는 공산당은 우리에게 신앙을 포기하게 할 의도가 전혀 없습니다. 나는 진보적인 생각을 가진 친구들과 이야기를 나눴습니다. 그들은 우리 두 사람이 신중국 건설을 위한 공동 강령(common

---

18 '반동분자'는 마오쩌둥 시대에 정신, 말, 행동에서 '정부에 맞서 싸우는' 사람들을 묘사하기 위해 흔히 사용했던 모호한 용어였다.

program)¹⁹의 기초 위에 협력적으로 서기를 원한다고 말합니다. 그들은 우리를 공산당에 가입시키려고 밀어대려는 의도가 전혀 없습니다. 10명의 기독교인, 20명의 기독교인, 또는 50명의 기독교인이 진보적이 되기 위해 그들의 믿음을 포기했다고 가정해 보십시오. 그러면 열한 번째, 스물한 번째, 오십일 번째 그리스도인들은 인민의 입장을 고수하기가 어렵다는 것을 알게 될 것입니다. 많은 사람들이 사상적으로 진보적이 되기를 두려워하고 또 다른 사람들은 인민의 입장에 서는 것이 적절하지 않다고 생각하여 경계하게 될 것입니다. 그들은 일단 인민의 입장에 서면 그들의 믿음은 지켜질 수 없다고 생각할 것입니다. 일부 그리스도인들은 이렇게 말할 것입니다. "내가 인민의 입장에 서서 믿음을 전복시키기를 원한다면, 나는 오히려 인민의 입장을 견지하고 싶지 않습니다." 그렇게 되면 많은 기독교인들이 '통일전선(United Front)'을 포기하게 될 것입니다.²⁰ 그것은 '인민의 진영' 내의 세력이 분열되는 결과를 가져올 것입니다. 그러므로 오늘날 인민 정부의 정책과 정책 책임자들은 우리가 신앙을 포기하고 인민의 입장에 확고히 서기를 기대하지 않습니다. 그렇게 하면 결과는 도움이 되기는커녕 큰 좌절이 될 것입니다. 따라서 정부에 따르면 이런 방식은 합당하지 않습니다. 둘째, 그리스도인의 관점에서도 불가능합니다. 우리가 믿는 주님은 참인가, 거짓인가? 기독교는 생각의 산물인가, 아니면 하나님의 계시인가? 우리가 알고 있는 예수는 역사적 예수인가, 성령이 함께한 예수인가? 우리가 아는 예수는 책에 나오는 예수인가, 아니면 우리 영 안에 거하시는 살아계신 예수인가? 그분은 단지 나에게 새로운 생각을 주시거나 혹은 나에게 새 생명을 주시는가? 나의 구원은 사실인가, 아니면 이상적인 희망(idealized hope)인가? 나의 거듭남은 심리적인 변화

---

19 공통 프로그램. 중국 공산당(CCP)이 이끄는 중화인민공화국은 1949년 10월 1일에 건국되었다. 이에 앞서 중국 공산당은 1949년 9월 '중국인민정치협상회의(CPPCC)'를 조직하여 다음과 같은 사태를 준비했다. 새로운 정권, 이는 8개 정당이 참여하는 헌법 총회 역할을 했다. 공통 프로그램은 이번 대회에서 승인되었다. 어느 정도의 민주주의와 포용성을 갖춘 이 헌법은 향후 5년 동안 임시 헌법의 역할을 했다.
20 '통일전선'은 공산당의 세 가지 핵심 전략 중 하나였다. 민족공동의 목표를 달성하기 위해 사회 각계각층을 단결하고 동원하는 것이다.

인가, 아니면 생물학적 변화인가? 하나님을 아는 사람은 누구나 우리가 아는 주님은 참되고, 우리가 아는 하나님이 참되고, 우리의 구원이 참되고, 우리가 얻은 생명도 참되고, 우리가 아는 성령도 참되고, 우리가 원하는 모든 축복도 참되다고 말할 것입니다. 여러분이 하나님 앞에서 이 사실을 보면서 인민의 입장에 서서 믿음을 포기하고 싶다고 말할 수 있습니까? 포기할 수 없습니다. 누군가가 나에게 믿음을 포기하라고 한다면 그것은 오히려 나의 살과 피를 포기하는 것과 같습니다. 내 믿음이 내 몸보다 더 견고하다는 것을 인정합니다. 내 내면의 생명은 내 몸의 살보다 더 현실적입니다. 포기할 수가 없습니다. 그러므로 우리는 두 번째 방법도 취할 수 없습니다.

내 개인적인 관점에서, 나는 첫 번째 방법도 두 번째 방법도 취할 수 없습니다. 세 번째 방법은 어떻습니까? 세 가지 방법밖에 없습니다. 그런데 이것도 옳지 않다면 우리는 여전히 그 위를 걸을 수 없습니다. 제 경험을 말씀드려 죄송합니다. 지난 몇 달 동안 저는 아팠고 매우 고통스러웠으며 40파운드가 감량되었습니다. 내가 아플 때 무엇이 골칫거리였을까요? 첫 번째 방법이나 두 번째 방법을 절대로 취할 수 없다는 것을 알고 있었기 때문입니다. 세 번째 방법이 맞는지도 확신할 수 없었습니다. 나는 형제자매를 속이고 나 자신을 속이는 것을 참을 수 없습니다. 한 자매가 저에게 다음과 같은 쪽지를 주었습니다. '인민이 되는 것과 그리스도인이 되는 것이 모순되면 어떻게 해야 합니까?' 또 다른 젊은 형제가 물었습니다. '내가 어떻게 해야 합니까? 하나님과 사람의 요구 사이에 모순이 있다면 하나님을 따릅니까, 사람을 따릅니까?' 오늘 나는 여기에서 내가 길을 찾았다고 형제자매들에게 말하고 있습니다. 나는 좋은 인민이 될 수 있고 또한 좋은 그리스도인이 될 수 있습니다. 나는 하나님의 가장 높은 요구를 충족시킬 수 있으며, 또한 나는 인민을 섬길 수 있습니다. 나는 '내 마음과 영혼과 힘과 생각을 다하여' 하나님을 사랑할 수 있고 또한 '다른 사람을 내 자신과 같이' 사랑할 수 있으며, 동시에 진보적인 마음도 가질 수 있습니다. 오늘은 둘 다 할 수 있습니다. 그러므로 나는 매우 즐겁고 행복합니다. 오늘날 이 두 가지는 함께 통합될 수 있습니다. 나는 최고의 그리스도인이 될 수 있으며 또한 최고의 인민이 될 수 있습니다.

나는 이것에 대해 너무 많이 말하고 싶지 않으며 기꺼이 계속 나아갈 것입니다. 이 두 가지는 어떻게 통합될 수 있습니까? 내가 어떻게 그리스도인이면서 동시에 인민이 될 수 있습니까? 어떻게 하면 좋은 그리스도인이 될 수 있고 또 참으로 좋은 인민이 될 수 있습니까?

며칠 전, 나는 인민의 권익 문제에 대해 여러분과 이야기를 나눴습니다. 내가 반복하는 것을 양해해주십시오. 반복하지 않도록 최선을 다하고 있습니다. 중국인의 대다수가 누구인지 생각해 봅시다. 우리는 그들이 농민임을 인정해야 합니다. 인구의 거의 85%가 농부입니다. 우리 중에는 지식인 형제자매가 많이 있습니다. 그러나 지식인으로서 우리는 소(小)부르주아에 속합니다. 소부르주아에 속하는 프리랜서도 있습니다. 소상공인도 소부르주아입니다. 그러므로 이념적으로 우리는 우리의 마음이 소부르주아에 속했음을 인정해야 합니다. 오늘날 많은 소부르주아들은 실제로 이전처럼 자유롭지 못합니다. 그것은 아마도 당신이 다소 제약을 받고 하루하루가 쉽지 않다고 여길 것이기 때문입니다. 여러분은 모두 기독교인입니다. 오늘 저는 여러분에게 기독교인의 태도로 이 문제를 보도록 요청하고 싶습니다. 사실은 오늘날 대부분의 인민들의 삶이 이전보다 훨씬 나아졌습니다. 85%의 인민(농민)의 삶은 이전보다 수월하고 편안합니다. 그들의 지위가 바뀌었습니다. 우리는 대부분의 인민이 혜택을 입었다는 것을 인정해야 합니다.

심양(셴양, Shenyang)의 노스이스트 호텔(Northeast Hotel)은 일본의 군벌만을 위해 사용되었습니다. 7층짜리 큰 빌딩입니다. 이제 인테리어가 더 잘 되어 있고 장식이 매우 정교합니다. 우리 공장이 심양으로 이전하자 정부 직원들은 우리를 아주 잘 대해 주었고 우리를 그 호텔에 머물게 해주었습니다. 우리는 많은 노동자 형제들도 이 멋진 호텔에 머무르는 것을 보았습니다. 그들은 식당에서 식사를 할 때 시끄럽게 떠들며 매우 촌스러워 보였습니다. 그들의 매너는 식당과 어울리지 않아 보였습니다. 우리와 동행한 가장 진보적인 사람들 중 일부는 소부르주아였는데 그들도 불편함을 느꼈습니다. 그러나 가장 크게 느끼게 되는 점은 일제 강점기에는 그들이 호텔에 들어갈 수 없을 뿐만 아니라 우리도 들어갈 수 없었다는 것입니다.

오늘은 완전히 바뀌었습니다. 오늘날 정부는 그들(인민)이 그곳에 유숙하기를 원합니다. 이것은 그들의 장소입니다. 당신이 거기에 조금 더 머물렀다면 대다수의 인민이 바뀌었음을 인정해야 했을 것입니다. 과거에는 그곳에서 머물 수 없을 뿐만 아니라 잠시 동안 문 앞에 서 있는 것도 허락되지 않았습니다. 오늘날 그들은 들어갈 수 있을 뿐만 아니라 머물 수도 있습니다. 머물 뿐만 아니라 보스들이 될 수 있습니다. 아마도 소부르주아는 불편함을 느낄 것입니다. "아, 이 사람들이 더 높은 데로 올라가고 있네요!" 나는 당신에게 묻고 싶습니다: 당신은 기독교인입니까, 아니면 단지 소부르주아입니까? 소부르주아 계급이 불편함을 느끼는 것은 이상한 일이 아닙니다. 그러나 그리스도인은 어떻습니까? 당신이 그리스도인임을 인정한다면, 당신은 인민대중의 전복(顚覆)과 그들의 행운(幸運)에 대해 기뻐해야 합니다. 당신은 "주님께 감사합니다. 당신은 이 시대에 기적과 위대한 일을 행하셨습니다."라고 말해야 합니다. 우리의 마음은 그들이 뒤바뀌어짐을 기뻐해야 합니다. 아직도 자기 생각만 하고 있다면 그리스도인이냐고 묻고 싶습니다. 우리 그리스도인들은 자기희생, 자기포기, 자기부인을 믿습니다. 자기를 포기할 것인가, 자기 부인을 할 것인가? 자신을 부인할 기회가 있다면 당신은 그렇게 하시겠습니까? 자신을 내려놓을 기회가 있다면 그렇게 하시겠습니까?

형제들이여, 오늘날 우리는 많은 사람들과 그들의 재산이 뒤집히는 것을 기뻐해야 합니다. 그렇다면 우리는 그리스도인입니다. 우리 그리스도인들은 정부를 지지하는 것이 우리 자신의 유익만을 위한 것이 아닙니다. 우리 그리스도인들은 우리 자신에게 유익이 되지 않더라도 인민의 입장에 서야 합니다. 오늘날의 기본 쟁점은 일반 대중이 혜택을 받는가 아닌가입니다. 작년에 나는 누군가가 "우리 모두 고통을 느끼고 있다."고 말하는 것을 들었습니다. 그에게 묻고 싶습니다. 누구에게서 들었습니까? '고통을 당한다'라는 단어를 항상 들었다면, 당신에게는 잘못된 친척과 친구들이 많은 것 같습니다. 눈을 조금만 더 뜨고 귀를 조금 더 기울이면, 대부분의 인민이 일어섰다는 것을 알게 될 것입니다. 우리 그리스도인들이 어찌 그들을 인해 기뻐하지 않을 수 있겠습니까?

과거에 우리는 전심으로 주님께 헌신하고, 전심으로 주님을 사랑하고, 전심으로 다른 사람의 영혼을 사랑하고, 주님을 위해 모든 것을 포기한 그리스도인이었습니다. 그러나 오늘 나는 좋은 그리스도인이 아니었기 때문에 나 자신을 자책해야 합니다. 우리는 뭔가 부족했습니다.

형제 여러분, 역사에 대해 말하게 되어 죄송합니다. 우리 교회의 역사는 30년이 되었고 돌이켜보면 참 대단한 일이었습니다. 1920년대에 하나님은 우리의 마음을 감동시키시고 어떻게 하나님을 사랑하는가를 배우도록 인도하셨습니다. 이것이 처음 10년이었습니다. 1930년대까지 우리는 오늘날만큼 이해하지 못했던 형제 사랑을 발견하기 시작했습니다. 처음에 우리는 형제 사랑에 대해 많이 이해하지 못했습니다. A 지방의 형제들이 B 지방의 형제들을 알지 못했을 뿐만 아니라 A 지방 형제들도 서로를 잘 알지 못했습니다. 서로 인사도, 소통도 하지 않았습니다. 같은 벤치에 앉아 있어도 교제가 없었습니다. 1930년대에 이르러 하나님은 우리에게 자비를 베풀기 시작하셨습니다. 그리스도인으로서 초대교회 그리스도인들처럼 서로 사랑해야 한다는 것을 보게 하셨습니다. 그리하여 1930년대에 형제들은 주님을 사랑하는 것에 더하여 형제 사랑의 교훈을 하나 더 배웠습니다. 1940년대까지 주님께서는 교회를 긍휼히 여기시고 우리에게 영혼을 사랑하는 마음을 강하게 주셨습니다. 우리는 영혼을 사랑하는 법을 배웠고, 영혼을 구원하는 복음을 전하는 법을 배웠습니다. 누군가 1945-1948년에 왜 우리가 공격적으로 복음을 전하고 많은 사람을 구원하는 일을 했는지 물었습니다. 우리에게는 영혼을 사랑하는 마음 외에는 아무것도 없었습니다. 매우 특별했습니다. 우리는 이전에 그렇게 헌신적이지 않았습니다. 그때부터 오늘에 이르기까지 복음 전파에 대한 열심은 계속되고 있습니다. 그러므로 과거에 주님은 우리가 주님을 사랑하는 것에서 형제를 사랑하는 것으로, 영혼을 사랑하는 것으로 단계적으로 인도하셨습니다.

그러나 성경에는 또 하나의 사랑이 있습니다. 그것은 모든 사람을 사랑하는 것입니다. "그러므로 우리는 기회 있는 대로 모든 이에게 착한 일을 하되 더욱 믿음의 가정들에게 할지니라".. '더욱'은 강화를 의미합니다. '더욱'은 두 번째 단계입니다. 우리가 첫 걸음을 내딛지 않는다면 무엇을 더 할 수 있겠습니까? 모든 사람에 대한 사랑이 없다면 우리는 어떻게 형제들을 더 사랑할 수 있겠습니까? 우리가 모든 사람을 돌아보지 않는다면 어떻게 성도들의 가정을 돌아볼 수 있겠습니까? 성경에는 '모든 사람에 대한 사랑'이 있습니다. 오늘날의 언어로 하자면, 이것은 '인민에 대한 사랑'입니다. 우리 가운데 '인민을 사랑하는 것'이 없습니다. 나는 나 자신에 대해 말하는 것뿐입니다. 오늘 도움이 필요한 형제가 있으면 주머니에 있는 돈을 모두 기꺼이 그에게 줄 것입니다. 하지만 믿지 않은 사람을 보면 마음에 뭔가 다른 것이 있습니다. 다시 말해, 사랑이 없습니다. 모두를 사랑하는 마음이 부족한 것입니다.

그러므로 오늘 나는 성경에 '모든 사람을 사랑함'이라는 한 가지 특별한 것이 있음을 언급하고 싶습니다. 그리스도인으로서 우리에게 이러한 종류의 사랑이 없다면, 우리는 큰 부분이 결여된 것입니다. 개인적으로, 나는 주님께서 1950년대에 우리에게 한 걸음 더 나아가라고 요구하시는 것이라고 생각합니다. 우리는 주님을 사랑하고, 형제를 사랑하고, 영혼을 사랑하는 것에 대해 어느 정도 배웠습니다. 그러나 오늘, 1950년대에 이르러 주님은 우리에게 모두를 사랑하는 법을 배우라고 요구하십니다.

오늘날 우리의 문제는 주님이 우리에게 그리스도인이 되거나 '인민'이 되는 것 중에 선택하라고 요구하지 않으신다는 것입니다. 주님은 우리가 그리스도인으로서 좋은 인민이 되는 것을 보기 원하십니다. 문제는 이 둘을 서로 모순되지 않게 함께 결합하는 것입니다. '빼기'가 아니라 '더하기'의 문제입니다. 오늘날 보통 사람들(인민)은 사람(인민)을 사랑하는데, 이는 그들이 '인민'이기 때문입니다. 우리 그리스도인들은 그 이상입니다. 우리는 우리 자신이 사람(인민)이기 때문에, 또한 주님을 사랑하기 때문에 사람(인민)을 사랑합니다. 다른 사람들은 인민에게 봉사하는 동기가 하나뿐입니다. 우리에게는 인민에게 봉사하는 데에 두 가지 동기가 있습니다. 즉, 인민을 섬기는 일에 있어서 그리스도인은 보통 사람보다 더 잘해야 한다는 것입니다. 당신이 더 낫지 않다면 당신은 좋은 그리스도인이 아닙니다.

종교적인 신앙에 따라 신자와 불신자가 다르지만, 우리가 기억해야 할 것은, 다른 한편으로 하나님의 사랑을 보아야 한다는 것입니다. 사랑과 은혜에 있어서 하나님은 사람을 공평하게 대하십니다. 이슬비와 해와 같은 하나님의 사랑은 신자와 불신자 사이에 차이가 없습니다. 하나님은 우리가 하나님처럼 온전하기를 원하십니다. 우리는 하나님의 완전하심과 겨룰 수 없지만, 하나님은 우리가 하나님이 사람을 대하시듯 사람을 대하기를 원하십니다. 형제 여러분, 사실 이것이 저의 가장 큰 약점이었기 때문에 제 자신을 자책합니다. 과거에는 그것에 대해 완전히 무지했습니다. 그러므로 주님은 이 시대를 위해 우리를 한 걸음 앞으로 나아가게 하시고 눈을 뜨게 하시기를 원하시는 것이라 믿습니다.

과거에 우리는 복음 전파를 매우 강조했습니다. 오늘날 우리는 여전히 그렇게 할 수 있습니다. 그러나 주님은 우리에게 또 다른 요구를 하십니다. 직장에서 당신은 그리스도인으로서 자신을 희생할 수 있는 철저한 사람으로 자신을 표현할 수 있습니다. 여기에서 당신은 주님의 복음을 전파하고 그리스도인들이 나쁘지 않다는 것을 그들에게 보여줄 수 있습니다. 그러면 다른 사람들이 하늘에 계신 아버지께 영광을 돌릴 것입니다. 그러므로 나는 우리에 대한 하나님의 요구가 10년 전보다 더 높다고 믿습니다. 결코 이제부터 우리의 영성이 낮아진다고 생각해서는 안 됩니다. 하나님의 요구는 이전보다 더 높아질 것입니다. 우리는 영성을 낮추는 것이 아니라 더 높여야 합니다. 그렇지 않으면 좋은 그리스도인이나 좋은 '인민'이 될 수 없습니다. 오늘날 나는 항상 우리 각자가 타인을 위한 자기희생을 배워야 한다고 생각하고 있습니다.

오늘 우리는 또한 세상을 포기하는 법을 배워야 합니다. 나는 당신에게 현실과 분리되라고 요구하는 것이 아니라 세상을 포기하라고 요구하는 것입니다. 오늘 나는 인민의 입장에 굳건히 서서 인민이 최대의 이익을 얻길 바랍니다. 나는 내 자신의 이익을 위해 신경쓰거나 주장하지 않습니다. 나는 사람들의 이익을 위해 모든 것을 하고 싶고 기꺼이 할 것입니다. 그것이 우리가 세상을 포기할 때 하는 일입니다. 이렇게 세상을 포기하는 행위를 비난할 수 있는 사람은 아무도 없을 것이라고 생각합니다. 오늘 우리는 나 자신의 이익과 나만의 세계를 제쳐두고 일반 대중의 이익을 위해 배우고 싶습니다. 나 자신도 약간의 불편함과 제약, 상실감을 느낍니다. 그럼에도 나는 여전히 하나님 앞에서 매우 기뻐하며 감사하고 있습니다.

물론 우리가 그렇게 행한다면, 우리는 여전히 그리스도인입니다. 우리는 하나님과 그분의 계시를 믿습니다. 우리는 하나님이 그의 아들 주 예수를 우리 안에 계시하심을 믿습니다. 우리는 그분을 믿을 뿐만 아니라 그분을 사랑합니다. 우리는 우리 마음에 주 예수님과의 관계를 가지고 있을 뿐만 아니라 또한 애정어린 관계이기도 합니다. 나는 주 예수님을 사랑하고 주 예수님과 나의 관계는 아주 친밀합니다.

유물론자들은 언젠가 사회가 좋아지면 종교는 저절로 소멸할 것이라고 말합니다. 이 소식을 듣는다면, 우리는 어떤 태도를 가져야 합니까? 우리는 사회를 개선하고 다른 사람들도 그렇게 할 수 있도록 최선을 다할 것입니다. 사회가 좋아지면 종교도 소멸한다는 말을 듣고서 사회가 덜 발전하기를 바람으로 종교의 소멸을 미루는 것이 아닙니다. 우리에게 이런 생각이 있다면 우리는 주님을 알지 못하는 것입니다. 우리는 하나님의 자녀입니다. 우리는 하나님을 사랑하고 모든 사람을 사랑함으로 우리 자신을 포기할 수 있습니다. 사회가 좋아지면 종교가 소멸될 것이라면 그냥 소멸되게 합시다! 우리는 우리 자신의 무덤을 파는 것을 두려워하지 않습니다! 정말 사회가 좋아져서 종교가 소멸될 수 있다면, 우리 그리스도인들도 자신의 이익을 생각하지 않고 자신을 버리고 더 나은 사회를 만들기 위해 최선을 다해야 합니다. 물론 우리는 사회의 상태를 개선하는 법을 믿을수록 하나님이 더 필요합니다. 후에 사회 상황이 나아질 때까지 기다렸다가 이야기할 수 있습니다. 오늘 그것에 대해 이야기할 필요가 없습니다. 그러나 오늘날 우리 그리스도인들은 하나님을 믿기 때문에 사회를 개선하고 일반 대중과 단결하여 더 나은 새 중국을 만들기 위해 최선을 다해야 합니다.

오늘 우리가 가장 먼저 해야 할 일은 무엇입니까? 우리는 하나님 앞에서 온전하고 철저한 헌신을 해야 합니다. 하나님께서 그의 백성들에게 새로운 요구를 하실 때마다 하나님의 백성들은 새로운 헌신을 해야 합니다. 이것은 영적인 원리입니다. 그분이 요구하시는 대로 우리는 헌신해야 합니다. 분명히 오늘날 하나님은 하나님의 백성에게 새로운 요구를 하십니다. 하나님의 자녀들은 하나님께 새로운 헌신을 해야 합니다. 오늘날 하나님은 우리가 모두를 사랑하고 인민들을 사랑하기를 원하십니다. 우리가 다른 사람을 거의 만나지 않으면 하루아침에 사랑이 식을 수도 있습니다. 우리의 사랑은 약간의 요구라도 좀더 용인하기에 부족합니다. 귀찮은 일이 한두 가지만 더 생겨도 아마 포기할 것입니다. 그렇다면 우리는 하루 동안 인민이 되지 않기를 원합니다.

그러므로 우리는 하나님으로부터 더 많은 능력을 받아야 합니다. 그렇지 않으면 우리는 좋은 인민(사람)이 될 수 없습니다. 형제자매 여러분, 2년, 3년, 5년 전에 하나님께 배운 것들을 사용하는 것만으로는 충분하지 않습니다. 2년, 3년, 5

년 전의 상태를 유지하는 것만으로는 절대 부족합니다. 오늘날 주님의 요구는 더욱 커지고 있습니다. 나에게 새로운 힘이 없으면 우리는 선한 사람(인민)이 될 수 없을 뿐만 아니라 좋은 그리스도인이 될 수도 없습니다.

나는 내 마음에 매우 강한 느낌을 가지고 있습니다. 여러분은 어떤지 모르겠습니다. 같은 관점을 가진 동역자가 한두 명 더 있습니다. 오늘날 주님은 많은 새로운 그리스도인들을 형성하기 원하십니다. 과거에 우리는 영적인 삶과 인민들의 유익은 별개라고 느꼈습니다. 죄의 느낌 같은 그리스도인의 패턴은 오늘 끝났습니다. 저는 삼십 년 가까이 사역을 해왔습니다. 30년 동안 나는 죄에 대해 설교했지만, 내가 대항한 죄는 개인적인 죄일 뿐임을 인정해야 합니다. 성경이 개인의 죄와 맞서 싸우는 것은 맞습니다. 그러나 다른 한편, 우리가 주목해야 할 또 다른 종류의 죄가 있습니다. 성경은 또한 사회의 죄에 대하여 싸웁니다. 구약 성경과 신약 성경 전체를 함께 읽으면, 성경이 두 종류의 죄, 즉 개인의 죄와 사회의 죄에 맞서 싸우는 것을 볼 수 있습니다. 나는 과거에 개인의 죄에만 주의를 기울였을 뿐 사회의 죄에 대해서는 전혀 주의를 기울이지 않았다는 것을 인정해야 합니다. 예를 들어, 땅값을 징수하는 것은 하나님의 뜻이 아니라 희년이기 때문입니다. 49년 동안 땅 주인이 되는 것은 하나님의 뜻이 아닙니다. 하나님은 희년을 사용하여 사람들의 잘못을 바로잡고 사람들에게 하나님의 뜻으로 돌아가라고 요청하셨습니다. 인간은 49년 동안 하나님의 뜻을 떠났고 희년은 그들을 하나님께로 돌아오게 했습니다. 그러므로 50년 중 49년은 하나님의 뜻이 아니고 마지막 해만 하나님의 뜻이었습니다. 비록 많지는 않지만 우리 성도들 가운데 땅 주인이 있습니다. 그것이 죄라고 느껴본 적이 있습니까? 거짓말을 한 형제가 있다면 형제자매들은 그가 형편없다고 말할 것입니다. 말이 정확하지 않아서 큰 죄를 지었습니다. 만일 어떤 사람이 10단(60킬로그램에 해당)의 쌀을 어깨에 메고 들어와서 땅값을 지불한다면, 나는 그것이 죄라고 느끼지 않을 것입니다. 즉, 개인의 죄에 대한 감정은 있었지만 사회적 죄에 대한 감정은 없었다는 것입니다.

나는 과거에 죄에 대한 충분한 느낌이 없었다는 것을 인정해야 합니다. 개인의 죄만 보았고 사회의 죄는 보지 않았습니다.

세리와 죄인은 복음서에 자주 언급됩니다. 세리는 '죄인'에 포함되지 않았습니까? 당연히 죄인에는 세리뿐만 아니라 우리도 포함됩니다. 그렇다면 세리를 특별히 언급한 이유는 무엇입니까? 성경을 읽을 때마다 이상하게 느껴지지 않으시나요? 어찌하여 죄인들에 더하여 세리들이 언급될까요? 죄인은 영원하고 세리는 때와 관련이 있기 때문입니다. 세리는 당시 사회에서 비난을 받았습니다. 세리는 당시 그 사회에서 죄인이었습니다. 오늘날 땅 주인은 원칙적으로 세금 징수원입니다. 그들은 반동입니다. 성경은 특정 시기에 특히 두드러진 죄인의 무리를 예로 보여줍니다. 오늘날 우리는 죄에 대한 이해에 주의를 기울여야 합니다. 과거에 우리는 항상 죄인들에게 주의를 기울였으나 세리들에게는 거의 주의를 기울이지 않았습니다. 오늘날 우리는 성경의 교리만 지키는 것이 아닙니다. 또한 우리가 놓친 것을 보충하고 싶습니다. 과거에 가졌던 것을 놓치지 말아야 할 뿐만 아니라 과거에 부족했던 것을 보충해야 합니다. 그러므로 나와 여러분은 이전보다 더 철저한 그리스도인이 되어야 합니다. 형제자매 여러분, 이 시대의 돌이킴이 우리 그리스도인의 정죄 범위를 포함하여 뿌리까지 깊이 돌이키는 것이 되기를 바랍니다. 나는 과거에 내가 얼마나 부끄럽게 일탈했는지 여러분에게 말하고 있습니다. 절반만 봤습니다. 오늘날 우리는 철저하기 위해 더 깊은 이해를 가져야 합니다. 과거에 우리는 자기 자신만 챙기고 인간 사회의 잘못과 부당함과 억압과 착취와 비인도적인 대우를 외면한 기독교인이었습니다. 나는 오늘날 하나님께서 그분의 교회에서 그리스도인의 새로운 패턴을 만들고자 하신다고 믿습니다. 이것이 우리의 낡은 관념과 현재 사회의 죄에 대한 관점을 결합할 수 있는 그리스도인일 것입니다.

한 형제가 이렇게 질문했습니다. "그렇다면 모든 사람이 '인민의 입장'에 굳게 서야 한다고 하기 때문에 우리도 그에 대처하기 위해 인민의 입장에 굳게 서야 하는 건가요?" 나는 '아니오' 라고 말하겠습니다. 인민의 입장을 견지하는 것이 진리가 아니라면 그렇게 하지 말 것을 당부드립니다. 그것이 만일 진리라면 어떤 상황에서도 인민의 입장에 굳게 서도록 모든 노력을 기울이라고 조언하고 싶습니다. 오늘날 당신은 영국에 있든 미국에 있든 인민의 입장에 서기를 원합니다. 인민의 입장에 서야 합니다. 인민의 정부 아래에서 인민의 입장을 견지한다면, 어디에서나 인민의 입장을 견지해야 합니다. 근본적인 문제는 그것이 진리라는 것입니다. 성경은 우리에게 어떻게 말합니까? 오늘날 우리가 자기 이익만 생각하고 인민의 이익은 잊어버리고 인민의 입장을 견지하지 않는다면, 우리는 정치적으로 잘못되었을 뿐만 아니라 종교적으로나 영적으로도 잘못되었습니다. 사실 우리가 인민의 입장에 서느냐 마느냐는 단지 정치적인 문제만이 아닙니다. 그것은 또한 우리의 영성과 진리의 문제이기도 합니다.

인민 정부가 있기 때문에 인민의 입장에 서야 하는 것이 아닙니다. 또 다른 상황에 있다고 해서 내가 인민이 될 필요는 없습니다. 그것은 옳지 않습니다. 하나님의 정죄 범위가 전보다 넓어지고 하나님의 요구가 전보다 넓어진 것을 볼 때, 우리가 인민의 입장에 선 것은 진리입니다. 우리가 참으로 인민의 입장에 굳게 서 있다면, 그리스도인들도 좋은 사람으로 보여질 것입니다. 나는 얼마 안 가서 그리스도인의 새로운 패턴이 형성될 것이라고 믿습니다. 과거의 영적 그리스도인들이 하나의 본이었고, 오늘날 영적 그리스도인들은 또 다른 본입니다. 오늘날 시대는 바뀌었고 우리는 과거로 돌아갈 수 없습니다. 오늘날 모든 것이 바뀌었습니다. 새로운 형태의 그리스도인들이 형성되고 있습니다.

그러므로 나는 요즘이 매우 영광스럽다고 느낍니다. 여기서 하나님은 그리스도인의 또 다른 본을 형성하실 것입니다. 몇 달 또는 1~2년 안에 큰 변화가 있을 것입니다. 악하고 속이고 이기적인 자들을 선하게 바꿀 수 있는 새로운 제도가 있다면, 그리스도의 생명이 있는 우리, 성령의 능력으로 거듭난 우리가 변화될 수 있다는 것은 당연한 일입니다. 그렇다면 종교는 정말 소멸되어야 합니다. 누군가가 좋은 사람으로 바뀔 수 있다면, 우리는 더 나아질 수 있다고 믿습니다. 형제자매들이 하나님 앞에서 새로운 헌신을 하기 바랍니다.

　우리는 하나님의 새로운 요구를 만날 때마다 새로운 헌신을 해야 합니다. 다시 한 번, 이 시간을 위해 하나님은 우리에게 새로운 요구를 하셨고 우리는 다시 한 번 새로운 헌신을 하기 원합니다. 하나님께 나를 받아달라고 구하십시오. 나는 나 자신을 하나님께 온전히 맡기고 그분의 생명과 성령이 나를 통해 그분 자신을 나타내시게 합시다. 예전에는 주님을 사랑하고 영혼을 사랑하는 것을 표현했습니다. 오늘 우리는 앞으로 한 발 더 나아가야 합니다. 모든 사람을 사랑하는 일도 나타냅시다. 이제부터는 모든 형제자매들이 여기까지 이르도록 합시다. 우리는 또한 우리와 교제하는 사람들이 이 지점에 도달하기를 원합니다. 직장에서 일하는 모든 형제자매는 여러분이 좋은 인민이라는 것을 표현해야 합니다. 우리는 사람들이 우리가 그리스도인이라는 것을 아는 것은 두려워하지 않지만, 만일 누군가 우리가 그리스도인이기 때문에 뒤로 쳐져서 더 좋은 일을 하지 못한다고 말할까봐 두렵습니다. 형제자매들에게 큰 변화가 일어났으면 좋겠습니다. 그동안 표현하지 못했던 것을 표현하여 하나님께 영광을 돌립시다!

부록 3

워치만 니의 사후 편지

• 참고: 이 편지들은 니(Nee)가 그의 생애 마지막 기간에 그의 친척인 장핀칭(Zhang Pincheng)과 마싱타오(Ma Xingtao)에게 쓴 것입니다. 장 핀칭(장핀청)은 니(Nee)의 아내 장 핀훼이(Charity Chang)의 큰 언니였습니다. 니(Nee)의 아내(장핀훼이)는 1971년 11월 7일에 세상을 떠났습니다. 바오샹링(Bao Xianling)은 장핀훼이(Zhang Pinhui)의 조카입니다. 마싱다오(Ma Xingtao)는 워치만 니의 사촌 니성주(Nee Chengzu)의 사위입니다. 마싱다오(Ma)의 아내는 니휘이(Ni Huiyi)입니다. 워치만 니(Watchman Nee)는 또한 홍콩에서 그를 재정적으로 지원해 준 그의 큰 누나 니궤이첸(Nee Guicheng, Ni Kuei-chen)에 대해서도 언급했습니다. (이름은 현행 국제 한어병음에 따라 표기됩니다. 괄호 안의 이름은 옛 Wade-Giles 병음에 따라 표기됩니다.)

모든 편지는 니(Nee)가 죽기 전 6개월 이내에 작성된 것입니다. 징푸(Jingfu)와 슈추(Shuzu)는 니(Nee)의 원래 이름이었습니다. 워치만 니는 1972년 5월 30일에 세상을 떠났습니다.

이 편지는 오수량(吳秀良, Silas Hu)의 '껍질을 깨고 솟아오르다, 破殼飛騰'-워치만 니의 투옥과 변화(倪柝聲的被囚與蛻變)에서 번역, 인용하다. p. 177-185.

1. 장핀칭(Zhang Pincheng)과 바오셴링(Bao Xianling)에게 보낸 편지

핀칭(Pingcheng) 이모와 조카 셴링(Xianling):[1]

상해에 화장한 유해를 보관하는 서비스를 제공하는 묘지가 있는지 듣고 싶습니다. 귀하께서 해당 서비스에 대한 비용을 지불하시기 바랍니다. 언젠가 내가 상해에 갈 수 있다면 좀더 잘 마무리하도록 하겠습니다. 매우 감사합니다. 재를 보관할 곳이 없다면 집에 잘 보관해 두시겠습니까?

훼이[니(Nee)의 아내]의 사진은 확대되었지만 뒤집혔습니다. 사본 두 개를 확대하되 뒤집히게 하지 않으셨으면 좋겠습니다. 그녀의 방에도 사진이 있습니다. 당신의 손녀의 정보에 따르면[2] 사진이 두 장 더 있습니다. 찾으시면 넷째 이모(훼이)를[3] 사진관에서 확대해서 메일로 보내주세요. 또 사진을 넣을 수 있는 지갑을 구입해주시기 바랍니다.

임종 당시에 네 번째 이모(니의 아내)는 나에게 포스포에스터라제 복합제를 복용하라고 했습니다.[4] 3개월 분량으로 구입할 수 있는 방법을 찾아보세요. 나는 넷째 이모에게 새로운 것을 원하는 것이 아니라, 그녀가 마지막 날들 사용했던 운동복 셔츠와 바지,[5] 스카프, 머리 덮개,[6] 낡은 양말, 손수건, 칫솔, 그리고 다른 작은 기념품. 그리고 가죽 바지 벨트를 구입해달라는 것입니다. 간단할수록 좋습니다. 플라스틱 밴드 한 롤(폭 약 1펜[7]), 코르티손 크림(프레드니손 아님) 10통, 복통 시 사용하는 뜨거운

---

1 핀칭은 워치만 니의 맏처형이었다. 중국 남성들은 존경심에서 대개 처형 혹 처제를 '이모'라고 부르고, 그의 조카를 '좋은 조카(nice niece)'라고 부른다. 이 편지는 니(Nee)의 아내가 죽은 지 약 40일 후에 쓴 것이다.
2 "당신의 손녀"는 아마도 시얀링(Xianling)의 딸 왕시오링(Wan Xiaoling)을 가리킬 것이다.
3 장핀휘(張平悲)는 바오셴링(寶熙陵)의 네 번째 이모였으며, 그녀의 이름은 '휘'로 축약되었다. 이 편지에서 니(Nee)는 바오의 입장에서 그의 아내를 "넷째 이모"라고 불렀다.
4 포스포에스테라제 복합체: 신진대사, 식욕 및 생리적 과정을 촉진하기 위한 여러 관련 효소를 함유한 건강 제품이다.
5 당시 중국인들은 겨울에 스웨트셔츠와 바지를 속옷으로 입곤 했다.
6 머리덮개: 지방교회에서 여성들은 교회 모임 중에 머리덮개를 착용한다.
7 펜(Fen): 중국 측정 시스템: 1펜 = 0.3cm.

물 담는 고무주머니[8] 1개.

모든 것에 감사드립니다. 큰 누나[9]가 나의 생활비를 지원해 줍니다. 과거에는 장핀훼이의 인장이 사용되었습니다. 이때 나의 인감이 필요합니까? 내 인감이 집에 있는지 확인해주세요. 그렇지 않으면, 저에게 편지를 보내 주시면 즉시 인감을 우편으로 보내 드리겠습니다.

잘 지내길 바라며.

니 징푸

1971년 12월 16일

2. 장핀칭(Zhang Pincheng)과 바오셴링(Bao Xianling)에게 보낸 편지

핀칭(Pingcheng) 이모와 셴링(Xianling) 조카:

패키지를 보내주셔서 감사합니다. 내 인감을 우편으로 보내드릴까요? 넷째 이모님이 돌아가셨으니 기념할 만한 기념품을 좀 갖고 싶습니다. 나는 그녀의 스웨트셔츠와 바지, 그리고 최근에 신은 낡은 신발 두 켤레를 원합니다. 저에게 메일을 보내주세요. 제발! 감사합니다.

나는 더스트 코트(dust coat)[10]가 없어서 입을 수 없는 큰 솜 패딩 재킷을 가지고 있습니다. 재킷의 길이는 42인치입니다. 소매는 42인치, 허리는 20.3인치입니다.[11] 품질이나 색상에 대해 걱정하지 마세요. 내마모성이 뛰어나고 더스트 코트로 오랫동안 착용할 수 있기를 바랍니다. 팔꿈치 부분은 패딩 처리되어야 합니다.

---

8 그 당시 중국인들은 보통 복통을 완화하기 위해 뜨거운 물이 담긴 고무주머니를 배에 올려놓았다.
9 니의 큰누나 니퀴쳉(Ni Guicheng)은 홍콩에 살았다.
10 방진 코트: 당시 대부분의 중국인은 추운 날씨에 면 패딩 재킷이나 스웨트셔츠 위에 방진 코트를 입었다. 보통 사람들은 방진 코트가 없이 재킷을 입는 것을 꺼려했다.
11 니(Nee)는 중국어 치수를 썼는데, 원래 재킷의 길이는 3피트 2인치, 소매 길이는 3피트 2인치, 허리는 1피트 5.5인치였다. (당시 그는 매우 말랐다.)

쿠션이 필요해요. 크기는 약 13 x 10.5 x 2.6인치이며[12] 플라스틱 폼으로 패딩 처리되어 있고 손잡이가 있는 것입니다. 커버는 내구성이 있고 쉽게 건조되며 어두운 색상의 면 소재여야 합니다.

꼭 넷째 이모[니(Nee)의 아내]의 의료기록을 찾아 메일로 보내주세요. 그리고 그녀의 사망 증명서도 나에게 우편으로 보내주세요. 사진은 정면이 보여야 하며, 2매의 경우 확대되고, 1매의 경우 4인치로 확대되어야 합니다. 손녀는 다른 사람들과 함께 찍은 전신 사진이 두 장 있다고 말했습니다. 네거티브, 확대본 두 장을 구해서 저에게 우편으로 보내주시는 것이 가장 좋을 것 같습니다.

건강이 별로 좋지는 않지만 염려하지는 않습니다.

당신이 행복하길 바랍니다.

슈추, 1월 9일 [1972]

3. 장핀칭에게 보낸 편지

핀칭 이모:

내일 5월 7일은 훼이가 세상을 떠난 지 6개월이 되는 날입니다. 그 이후로 너무 많은 변화가 있었습니다. 과거를 회상하고 그녀가 남긴 것들을 만지며 마음속으로 슬픔을 금할 수 없었습니다. 20년 동안 나는 단 한 번도 그녀를 돌보지 못했습니다. 그것이 내 평생의 후회입니다. 결국 나는 그녀에게 빚을 졌고 그녀로 하여금 힘든 나날을 보내게 했습니다. 내 병은 잦은 재발로 오래 지속되어 왔습니다. 나는 다른 사람에게 짐이 되지 않도록 내 삶을 단순하게 유지하려고 최선을 다합니다. 나는 병을 앓고 있는 동안 친척들이 정말 그립습니다. 그리고 그들과 함께 있고 싶습니다. 그러나 나는 상황의 조정에 순종합니다. 최근 열흘 넘게 훼이(그의 아내)를 그

---

12 쿠션은 원래 중국어로 1피트로 측정되었다. x 8인치 x 2인치.

리워하는 마음을 주체하지 못하고 있습니다. 건강은 어떻습니까? 나는 당신을 많이 생각합니다. 나이가 들면서 우리가 할 수 있는 유일한 일은 자신을 돌보는 것뿐입니다. 아직도 남쪽으로 오고 싶나요?[13] 무슨 말을 해야 할지 모르겠습니다.

나는 단지 당신이 잘되기를 바랄 뿐입니다.

슈추, 5월 6일 [1972]

방금 27일자 귀하의 편지를 받았습니다. 감사합니다.

당신이 와서 나의 사람들을 더 많이 볼 수 있다면 정말 기분이 좋을 것입니다. 손전등(고장이 좀 났습니다) 외에는 아무것도 필요하지 않습니다. 당신은 나에게 필요한 약을 알고 계시며 다른 것은 필요하지 않습니다. 이곳은 경치가 매우 좋습니다. 이번에는 여기에 더 오래 머물 수 있었으면 좋겠습니다. 서둘러 이곳을 떠나지 마시기 바랍니다. 일정 기간 동안 이곳에서 휴식을 취할 수 있습니다. 하지만 동행할 사람이 필요합니다. 그렇지 않으면 매우 불편할 것입니다.

해방 무렵, 여섯째 삼촌인 루리[14]가 내 사고방식에 많은 도움을 줬습니다. 그의 주소를 아시나요? 그리고 조카인 싱타오(Xingtao)의 주소도 알고 싶습니다.

약을 먹은 후에는 건강이 악화되지는 않습니다.

슈추, 5월 6일 [1972]

소염진통제 연고 12팩, 코르티손 복합 연고 10박스 이상, 그리고 훼이의 낡은 신발도 필요합니다.

---

13 당시 핀칭은 베이징에 살고 있었고 니(Nee)를 방문하기 위해 남쪽으로 내려와야 했다.
14 장루리는 핀훼이의 여섯째 삼촌이자 공산당원이었다. 그는 니(Nee)에게 당 정책에 관해 이야기하곤 했다.

4. 장핀칭에게 보낸 편지

핀칭 이모:

저는 베이징에서 6일, 상해에서 11일에 보낸 귀하의 편지를 받았습니다. 오시면 이곳에 더 오래 머물면서 더 많은 휴식을 취하시고 제가 투병 중에 있는 친척들과 더 많은 관계를 맺을 수 있도록 해주시기 바랍니다. 이곳의 풍경은 그림처럼 아름답습니다. 여기서 한 가지 중요한 점은 아이들이 이전에 보았던 상해의 아이들보다 유난히 잘 자라고 있다는 것입니다. 좀 더 쉬시기 바랍니다.

훼이(그의 아내)의 화장된 유해를 어떻게 처리할 것인지에 대해서는 좀 문제입니다. 오셔서 상담해 주시길 기다립니다. 나는 특별한 필요가 없습니다. 손전등을 지참해주세요.

잘 지내시기를…

슈추 5월 16일 [1972]

5. 마싱타오에게 보낸 편지

나의 좋은 조카 싱타오(Xingtao):

내 생각엔 당신의 이모[15]가 살아 계실 때 틀림없이 당신과 의논을 하셨을 것입니다.

아시다시피 나는 큰 누나가 생활비를 지원하고 있습니다. 그러므로 나는 나 자신을 부양하는 데 아무런 문제가 없습니다. 나는 늙고 병들어 내 친족에게로 돌아가기를 간절히 바라고 있습니다. 떨어진 나뭇잎이 뿌리로 돌아가듯이. 나는 당신이 나를 위해 합당하게 수행해주기를 간절히 바랍니다. 나는 전적으로 당신에게 의지하고 있습니다.

---

15 '당신의 이모'는 고인이 된 니(Nee)의 아내를 의미한다.

당신의 이모(니의 아내)는 6개월 반 전에 세상을 떠났습니다. 나는 가슴이 아팠고 매일이 나에게 너무 힘듭니다. 최선을 다해 여기로 인증서를 보내주시면 좋겠습니다. 이모님(니의 아내)이 살아 계실 때 혜이[16]와 아이들에 대해 여러 번 말씀하셨어요. 당신의 아이들은 어떤지 모르겠습니다. 그들은 내 마음 속에 있습니다. 내가 절강에 가면[17] 식권 발행이 어려울 수도 있다고 들었습니다.[18] 내가 먹는 양이 아주 적기 때문에 문제가 되지 않을 것 같습니다. 우리는 20년 넘게 서로 연락하지 않았습니다. 보고 싶습니다.

잘 지내길 바라며.

슈추, 5월 22일 [1972]

6. 장핀칭에게 보낸 편지

핀칭 이모:

나는 수용소에서 석방되는 것에 관해 지도자와 이야기를 나눴습니다.[19] 그는 이렇게 말했습니다. "당신들은 베이징이나 상하이에 갈 수 없습니다. 그곳에서 발급된 증명서가 있는 한, 작은 지역이나 시골로 갈 수 있습니다. 정부는 정책을 따라야 합니다… 나를 위해 말할 필요 없습니다."

그럼 우리 친척 중에 내가 연락할 수 있는 사람을 찾아주시겠어요? 내가 생활비

---

16 혜이(Huiyi)는 Ma Xingtao의 아내이다.
17 절강성(Zhejiang Providence)은 마싱타오(Ma Xingtao)가 살았던 지역이다.
18 당시에는 곡물, 기름, 옷감의 공급량이 제한되었다. 모든 사람은 곡물 우표, 기름 우표, 천 우표 등으로 매달 자신의 몫을 받았다. 식량 수당은 각 개인의 연령과 노동 강도에 따라 결정되었다.
19 그때쯤 워치만 니는 안휘성 노동 수용소에 수감되었다. 그는 포로가 아니었지만 엄격한 통제 아래 정부의 관리를 받았다. 그는 원하는 곳 어디든 갈 자유가 없었고 수용소에서 쫓겨날 수도 있었다. 노동 수용소에서 석방되기 위한 요건은 작은 도시의 지방 정부나 시골 지역의 인민 공동체로부터 누군가가 니(Nee)와 함께 살기 위해 그를 기꺼이 받아들이겠다는 허가를 받는 것이었다. 그 무렵 그는 이미 15년의 투옥 생활을 마치고 어딘가에 받아들여지면 석방될 수도 있었다.

를 지원할 수 있다고 말하고 그냥 나를 받아달라고 요청할 수도 있습니다.

코뮌[20]에 내가 승인되어 그곳에서 거주할 수 있다는 증명서를 제공하도록 요청하십시오.

우리 친척 중에 누군가를 찾을 수 있었으면 좋겠어요. 또한 마싱타오(Ma Xing-tao)와 논의할 수 있는 사람도 있습니다. 그 사람이나 다른 사람에게 얘기해 보세요.

나는 토요일 밤에 몇 시간 동안 또 다른 심방세동(Atrial fibrillation)을 겪었습니다. 디곡신을 복용한 후 상태가 좋아졌습니다. 나는 일요일에 하루 종일 잠을 잤습니다. 병중에도 낙엽이 뿌리로 돌아가듯이 나도 다시 가족과 함께할 수 있기를 간절히 바라고 있습니다. 나는 20년 동안 그들과 연락을 끊었습니다. 이를 위해 나는 당신에게 도움을 요청해야 합니다.

오실 때 건고기 한 진[21]과 건 쇠고기 한 진을 지참해 주세요. 심근경색이 있으니 의사 선생님은 달걀 노른자, 기름진 고기, 각종 내장 등을 먹으면 더 심해진다고 하셨습니다. 그래서 살코기만 먹을 수 있어요. 먹지 않으면 단백질을 통한 아미노산 보충이 부족해질 것입니다. 어렵습니다.

잘 지내길 바라며

슈추, 22일 [1972년 5월]

집에 있는 책 '소련 공산당(볼셰비키)의 역사'와 엥겔스의 책 두 권 '자연 변증법'과 '반(anti) 듀링'을 우편으로 보내주시기를 부탁해요.[22]

---

20 '코뮌'이란 지방인민코뮌을 말한다. 이는 정부와 행정 당국 모두를 위한 농촌 지역의 기본 단위였다.
21 진(Jin): 중국의 체중 측정법. 1진은 500g에 해당한다.
22 이 세 권의 책은 1950년대 공산주의 세계(중국 포함)의 주요 고전 저서이자 교과서였다. 소련 공산당(볼셰비키)의 역사는 스탈린이 소련 당사에 대한 관점을 가지고 집필한 것이다. 1939년에 출판된 이 책은 해방 이후 중국의 모든 대학을 포함한 공산주의 국가들 사이에서 '필독서'가 되었다.
1956년에 흐루시초프가 스탈린에 대한 개인적인 숭배를 비판한 이후로 그 책의 출판은 중단되었다. 자연 변증법(Natural Dialectics)은 자연 과학 연구에 변증법적 접근 방식을 사용하는 엥겔스의 미완성 작품이다. 엥겔스는 '반 듀링'에서 마르크스주의의 기본 이론을 광범위하게 요약했다.

7. 장핀칭에게 보낸 편지

핀칭 이모:

내일 아침 펑수링(Fengshu Ling)에서 상시아포(Shanxia Po)[23]로 이동할 것입니다. 오시려면 펑수링(Fengshu Ling) 대신 상시아포(Shanxia Po) 티켓을 구매하세요. 펑수링(Fengshu Ling)보다 한 정거장 더 멉니다. 제가 이전에 당신에게 편지를 보냈는데, 당신이 받았는지 안 받았는지 모르겠습니다. 곧 만나볼 수 있기를 바랍니다.

잘 지내길 바래요!

슈추, 5월 25일 [1972]

8. 마싱타오에게 보낸 편지

싱타오:

펑수링(Fengshu Ling)에 있을 때 편지를 보냈어요. 당신이 나를 받아들이고 내 생활비를 기꺼이 제공하겠다는 증명서를 당신의 공동체로부터 얻을 수 있도록 도와주셨으면 좋겠습니다. (큰 누나가 나를 도와줄 것을 알고 있습니다.) 당신의 태도는 확고하고 분명해야 합니다... 오늘 나는 펑수링(Fengshu Ling)에서 백운산 요양팀으로 옮겨졌습니다. 이를 이루기 위해 노력하시길 바랍니다. 저에게 편지를 써서 알려주세요. 증명서는 백운 캠프 14팀으로 직접 우송되어야 합니다. 귀하의 '코뮌'에서 '바이마오링' 농장으로 작성되어야 합니다. 그리고 백운산농장(White Cloud Mountain Farm) 팀으로 메일을 보내야 합니다.

안후이성 광덕현 14번지.

---

23 펑수링(Fengshu Ling)은 펑수령(Fengshu Hill)이다. 상시아포는 '상시아산 경사'(Shanxia Po는 Shanxia Mountain Slope)이다.

나는 내 친족에게 돌아가기를 간절히 원합니다. 할 수 있는 한 최선을 다해 주세요. 잘 지내길 바라며

슈추, 5월 26일 [1972]

9. 장핀칭에게 보낸 편지

핀칭 이모:

저는 14팀 상시아포(Shanxia Po)로 이동했습니다. 기차역에서 10마일 떨어져 있습니다. 역시 언덕을 넘어야 합니다. 매우 편리하지 않아서 굳이 올 필요가 없어요.

나는 여전히 내 병에 대해 기뻐하고 있습니다. 나에 대해 걱정하지 마세요. 나는 아직도 내 자신을 돌보기 위해 최선을 다하고 있습니다. 내 병을 슬퍼하지 마십시오.

내가 핀훼이(그의 아내)의 화장재(ash remains)를 관리하도록 하겠습니다. 나는 모든 것에 대해 당신을 신뢰하고 모든 것에 대해 당신의 의견에 동의합니다.

잘 지내길 바라며… 글(paper)은 짧지만 느낌(sentiment)은 깊습니다.

슈추, 5월 30일 [1972]

- 메모 : 이것은 워치만 니가 그의 아내의 맏언니 장핀칭에게 보낸 마지막 편지였다. 다음 날 새벽 2시에 워치만 니는 숨을 거두었다.

• 부록 4 •

이연여(리 위안루, Li Yuanru)와 왕 페이진(Wang Peizhen)

　이연여(Li Yuanru)와 왕페이진(Wang Peizhen)은 워치만 니의 가장 중요한 두 동역자였습니다. 그들은 1927년 말부터 니(Nee)가 지방교회를 설립하도록 도왔습니다.

　수년 동안 그들은 교회 지도자들과 광범위한 지방교회의 회중들로부터 큰 존경을 받았습니다. 1956년에 그들은 체포되어 석방되지 못했습니다. 여러 가지 가혹한 일을 겪으면서 그들의 믿음은 흔들렸습니다. 그들의 신앙의 마지막 상황은 아직 알려지지 않았습니다.

[이연여 (1894-1972)]

구원받음

　이연여(Li Yuanru)는 1894년 후난성 면양(Mianyang)의 가난한 집에서 태어났습니다. 그녀가 아주 어렸을 때 아버지가 돌아가셨습니다. 그녀는 우창성 제1성 여자사범대학을 졸업할 때쯤 어머니를 잃었습니다. 이연여는 매우 비관적이었습니다.

　이후 이연여는 장쑤성 국립 사범대학(난징 사범대학)에서 교사로 재직했습니다. 24세의 나이에 그녀의 무신론에 대한 확고한 믿음에도 불구하고 하나님께서 기적적으로 그녀를 구원하셨고 그녀의 믿음은 강했습니다. 기독교인이 된 후, 이연여는 국립학교를 그만두고 선교 고등학교인 민덕 여학교에서 일했습니다.

민덕(Mindeh)의 동료인 묘윤춘(Miao Yunchun)과 장퀴난(Zhang Qinian)은 거의 30년 동안 주님 안에서 좋은 우정을 유지해 왔습니다. 묘(Miao)는 이연여보다 약간 나이가 많았고 장퀴난(Zhang)은 이연여의 학생이었습니다.

이연여는 중국어에 뛰어난 문학적 재능을 가지고 있었습니다. 그녀의 생각은 영적 이해에 매우 예리했습니다. 이연여는 26세에 하나님께 부르심을 받은 후 지아요밍(Jia Yuming) 목사(Chia Yu-ming)에 의해 명망 있는 기독교 정기 간행물인 영광잡지사(Ling Guang Magazine, The Magazine of the Spiritual Light)의 편집장으로 승진했습니다. 그 시간 동안, 그리고 그 후에 그녀는 또한 난징 금링 여자 신학교(난징 연합 신학교)에서 교사로 일했습니다. 1922년 28세였을 때에 이연여는 워치만 니를 만났습니다. 1926년에 이연여와 묘(Miao), 장(Zhang)은 왕페이진(Wang Peizhen)과 리훼펜(Liu Huifen)이 주관한 성찬에 참석하기 시작했습니다. 그것은 니(Nee)의 가르침을 따르는 것이었습니다. 나중에 니(Nee)는 난징에 왔을 때 그들의 집회에 참석했습니다. 이것이 지방교회의 첫 시작이었습니다.

1927년 난징에는 군사적 혼란이 있었고 많은 기독교 기관들이 군대의 잔혹한 공격을 받았습니다. 이 자매들은 모두 상하이로 이사했고 집회와 성찬은 계속되었습니다. 나중에 니(Nee)는 상해로 이주하면서 그들을 모아 상해 그리스도인 모임(상해교회, SCA)을 구성했습니다. 그때부터 이연여와 왕페이진(Wang Peizhen)은 니(Nee)의 가장 중요한 조력자들이었습니다. 또한 묘윤춘(Miao Yunchun)과 장퀴난(Zhang Qinian)이 교회의 동역자가 되었습니다. 그 자매들은 모두 하나님의 부르심을 받고 결혼하지 않았습니다.

니(Nee)의 오른팔이 되다

이연여(Li Yuanru)는 민첩하고 분명한 생각을 가졌습니다. 그녀는 솔직하고 결단력 있고 정직했습니다. 그녀는 매우 성격이 좋았으며 다른 사람의 말을 기꺼이 들어주었습니다. 그녀의 높은 문학적 성취로 인해 그녀는 처음부터 1956년 체포될 때까지 복음실의 편집장을 맡았습니다. 그녀는 니(Nee)의 설교를 거의 모두 편집했습니다. 니(Nee)는 항상 출판의 중요성을 강조했고 이연여는 그의 오른팔이었습니다. 니(Nee)는 그녀를 존중했고 그녀가 상해교회(SCA) 자매들의 지도자가 되도록 허락하였습니다.

1942년에 이연여는 니(Nee)가 수년 동안 함께 살았던 가장 친한 친구인 장퀴난(Zhang Qinian)을 강간했다는 소식을 듣고 분노했습니다. 교회가 니(Nee)의 설교 사역을 중단한 후, 이연여는 여전히 깊은 절망에 빠져 있었습니다. 그녀와 장퀴난(Zhang Qinian)은 상해교회(SCA를)를 떠나 상해에서 그리 멀지 않은 쑤저우에 거주했습니다.

체포되다

1948년에 이연여(Li Yuanru)는 니(Nee)의 재개를 지지했고, 니(Nee)의 설교를 편집하기 위해 복음실에서 열심히 일했습니다. 1952년에 니(Nee)가 체포된 후, 그녀는 더 열심히 일했으며 조만간 출판 기회를 잃을 수도 있다는 것을 깨달았습니다. 이연여(Li Yuanru)와 왕페이진(Wang Peizhen)은 또한 중국 전역의 지방교회에 영적 지원을 제공했습니다. 두 여성은 모든 지방교회들 중에서 가장 높은 존경을 받았습니다.

1954년 말, 이(Li), 왕(Wang) 및 기타 지도자들의 지도하에 상해교회(SCA)와 삼자교회 사이의 모호한 관계(dubious relationship)가 단절되었습니다. 상해교회(SCA)는 삼자교회에서 공식적으로 분리되었습니다. 삼자교회 지도자들 대부분은 자유 신학을 믿었으며 정부에 의해 교회를 통제하는 데 이용당했습니다. 상해교회(SCA)는 상해에서 삼자교회에 가입하지 않은 유일한 교회가 되었습니다. 이 용기 있는 행동은 정부를 불쾌하게 만들었지만, 대다수의 지방교회와 전국의 다른 교회들에게는 엄청난 격려가 되었습니다. 그러나 그들은 앞으로 어려움을 겪게 될 것임을 알고 있었습니다.

1955년에 타 지역의 일부 지방교회 지도자들이 체포되었다는 소식이 전해지면서 상해교회(SCA)에 대한 박해가 임박했습니다. 1956년 1월 29일, 이연여(Li Yuanru)와 왕페이진(Wang Peizhen)은 상해교회(SCA)의 다른 주요 동역자들과 함께 '워치만 니 반혁명 조직원'이라는 혐의로 체포되었습니다.

감옥에서 주님을 부인하다

그들이 체포된 지 8일 만에 시작된 '워치만 니 범죄 증거 전시회'에서 우리는 '이연여'와 '왕페이진'의 자신들이 반혁명 세력임을 인정하는 울부짖는 목소리를 들었습니다. 이는 그들이 정치적인 문제가 있음을 인정했다는 뜻입니다. 그 방송은 확성기를 통해 반복해서 들렸습니다.

왕춘이(Wang Chunyi)는 상해 '생명의 떡' 교회의 목사였습니다. 그녀는 체포되어 상해 감옥에 갇혔습니다. 1963년 11월 23일 시립 교도소에[1] 이연여(Li Yuanru), 왕페이진(Wang Peizhen)과 같이 있었는데, 그녀의 책 '얼마나 놀라운가(How Amazing!)'의 감옥 증언에서 이(Li)와 왕(Wang)이 신앙을 부인한 사실을 적었습니다. 그들('이'와 '왕') 체포된 지 7년 만이었습니다. 그녀가 말했습니다:

"팀장[2]은 나의 믿음을 포기시키는 데 실패했습니다. 나중에 그녀(팀장)는 이미 자신의 신앙을 부인한 이연여(Li Yuanru)와 함께 지내도록 나를 배정했습니다...

1962년경에 이연여는 이 시립 교도소에 수감되었는데, 그녀는 이미 그리

---

[1] 왕춘이(汪純懿), (How amazing, 얼마나 기이한가! 감옥 증언), p. 89.
[2] 교도소에서 팀장은 수감자들이 선출한 것이 아니라 교도관이었다.

스도에 대한 믿음을 포기했고, 동료인 왕페이진(Wang Peizhen)에게도 믿음을 포기하라고 강요했습니다...

그녀는 우리 주님의 이름을 부인했을 뿐만 아니라 자주 성경을 비판하기도 했습니다. 그녀는 또한 그리스도의 구원을 부인했습니다...

내가 그녀의 감방으로 옮긴 후, 그녀는 내가 식사 전에 감사기도를 했기 때문에 내가 기독교인이라는 것을 알았습니다. 그녀는 우리 감방에서뿐만 아니라 팀 토론 중에도 나를 비판했습니다... 나중에 관리직원에게 내가 식사 기도를 했다고 일러바치기도 했습니다.[3]

팀 회의에서[4] 그녀는 50년 넘게 신앙을 지킨 것에 대해 자주 스스로를 비난했고, 그녀는 지금까지 자신이 틀렸었다는 것을 깨달았다고 했습니다...

얼마 지나서 그녀는 나에게, "사람이 어떻게 죄를 지을 수 있습니까?"라고 물었습니다.

팀 회의에서 그녀는 단 하루만이라도 감옥에서 나와 '인민'이 되고 싶다는 말을 자주 했습니다. 그녀는 빨리 출옥하고 싶은 마음에 자신이 섬겼던 교회를 자주 비판했습니다. 그녀는 비판하는 동안 이전 동역자 왕페이진(Wang Peizhen)에게 물었고, 이전 교회의 사람들과 사건들(events)에 대해 이야기했습니다. 그 때 감옥 간수가 거기 있었습니다.[5]

1965년 시립교도소 강당에서 이연여는 남자와 여자를 불문하고 모든 수감자들에게 방송을 통해 자신이 신앙을 포기한 이유를 설명했습니다. 또 다른 경우에는, 특히 여자 감옥에 갇힌 수감자들에게 이야기했습니다. 이연여가 강연을 마친 후, 팀 리더는 종교적 신념을 가진 모든 사람(개신교, 천주

---

3 왕춘이(汪存懿), (How amazing!, 何等奇妙), p.295-296. 본문에서 이연여(Li Yuanru)는 Y.R.로 설명되고, Wang Peizhen은 P.Z. Wang로 표기되었다.
4 팀 회의. 수감자들은 매일 정기적인 집단 정치학습을 통해 자신의 생각과 감정을 공유해야 했고, 직원들로부터 정치 교육을 받아야 했다.
5 왕춘이(汪純懿), ibid, p. 300-301.

교, 불교도, 무슬림 및 '이관도' 신자)[6]에게 자신의 감정을 표현하도록 요청했습니다.

1965-1967년에 우요치(Wu Youqi)는 감옥에서 니(Nee)와 같은 감방을 썼습니다.[7] 그들은 이(Li)와 왕(Wang)과 같은 시 교도소(same municipal prison)에 있었습니다. 1965년에 그는 '니징푸 고발 회의'에 참석했는데[니징푸(Ni Jingfu)는 감옥에서 사용된 니(Nee)의 원래 이름임], 우(Wu)는 이렇게 말했습니다.

"니(Nee)를 고발하려는 나이든 두 여자가 있었습니다. Nee 아저씨가 자기들을 이용했다고 하더군요. 내가 기억하는 바에 따르면, 그들은 많이 늙지 않았으며, 대략 50세 남짓 되었습니다. 아마도 니(Nee) 아저씨 정도였을 것입니다. 처음에 그들은 정부로부터 교육을 받았고, '니징푸(워치만 니의 원이름)'가 자신들을 속였다는 것을 깨달았다고 말했습니다. 이제 그들은 대중 앞에서 믿음을 포기하고 싶어했습니다. 그것은 그들이 더 이상 기독교를 믿지 않는다는 것을 의미했습니다.

성이 왕(Wang)인 사람이 있었는지 기억이 나지 않습니다. 성이 이(Li)인 사람이 있었습니다. 그들은 키가 크지 않았고, 백발에 몸집이 작고 안경을 썼습니다. 나는 그녀의 이름을 기억할 수 없습니다."[8]

왕춘이(Wang Chunyi)는 1963년과 1965년에 이(Li)와 왕(Wang)이 신앙을 부인한 사건을 기록했습니다. 우요치(Wu Youqi)도 1965년에 이것을 기록했는데, 이는 왕춘이의 것들과 일치합니다.

---

6 왕춘이(汪純懿), ibid, p. 296-297. "이관도(Yit Kuan Tao)"는 중국에서 발전했는데, 이는 다른 나라의 유니테리언과 다소 유사하지만 도교에 더 가깝다.
7 오수량(吳秀良), (破殼飛騰, 겉사람의 파쇄와 솟아오름), p.17-18.
8 오수량, ibid, p.83-84. 이연여(Li Yuanru)는 몸집이 작고 안경을 끼고 있었다.

안식을 취하다

왕춘이(Wang Chunyi)는 이연여의 마지막 시점에 대해 언급했습니다. 그녀가 말하기를:

"1970년 겨울, 이연여(리위안루)는 병에 걸렸습니다. 그녀는 며칠 동안 병원에 보내졌다가 회복된 후 다시 감옥에 갇혔습니다...

그로부터 약 2년 후, 이(Li)는 몸이 아프고 의식을 잃었으며 심지어 자신의 대변을 만지기도 했습니다. 팀 리더는 그녀를 돌볼 사람을 두었습니다. 결국 그녀는 병원으로 후송됐으나 사망했습니다."[9]

이연여(Li Yuanru)는 티란치아오(Ti Lan Qiao)의 상해 시립 교도소 또는 그 부속 병원에서 사망했을 가능성이 높습니다.

[왕페이진(1899-1971)]

구원받고 부르심받음

왕페이진(Wang Peizhen)은 안후이성 시우닝(Xiuning) 출신입니다. 그녀는 청나라 고위 관직의 가문에서 태어났습니다. 그녀는 선교 고등학교에서 주님을 영접한 직후, 주님을 섬기도록 부르심을 받았습니다. 그녀의 부모는 그녀가 교회 활동에 나가지 못하도록 집에 머물게 했습니다. 그녀의 믿음은 너무나 강해서 집 담을 뛰어넘었고 마침내 난징여자신학교에 입학했습니다. 난징에서 그녀는

---

9 왕춘이(汪純懿), ibid, p.306. '병원'은 사실 입원환자들만 진료하는 특수병동이었다. 인근 지역사회병원 내에 위치해 있었다.

이연여(Li Yuanru)와 워치만 니(Watchman Nee)를 만났습니다.

  1921년 신학교를 졸업한 후, 그녀는 복음을 전하도록 많은 교회의 초청을 받았습니다. 그녀는 얼마 지나지 않아 유명한 여성 전도자가 되었습니다. 사람들은 그녀가 명문가의 젊은 아가씨였고 기꺼이 목사(minister)가 되기를 희망했기 때문에 매우 감동을 받았습니다. 그 봉건 문화 시대에 젊은 여성이 용기를 내어 대중에게 복음을 전하는 것은 매우 드문 일이었습니다. 그러나 가장 중요한 영향력은 성령의 능력으로 충만한 그녀의 강력한 설교였습니다.

워치만 니의 중요한 조력자가 됨

  난징에서 왕페이진은 이연여(Li Yuanru)와 몇몇 다른 자매들과 함께 성직자가 아닌 여성 그리스도인들로서 스스로 집회와 성찬을 시작했습니다. 상해로 이주한 후, 니(Nee)의 지도력 아래 그들은 상해지방교회를 세웠습니다. 그때쯤 왕, 이(이연여), 그리고 거의 모든 다른 자매들이 주님으로부터 온 마음을 다해 그분을 섬기도록 부름을 받았습니다.

  비록 왕페이진과 이연여는 이미 유명한 전도자였으며 주님을 섬기기 위해 많은 교회의 초청을 받아 여러 곳을 다니고 있었지만, 그들은 기꺼이 니(Nee)에게 복종하고 지방교회에 가입했습니다. 그들은 1956년에 체포될 때까지 니(Nee)의 중요한 조력자였습니다.

  왕페이진(Wang Peizhen)은 특히 1948년에 워치만 니가 사역을 재개한 후 더 많은 책임을 맡았고, 이연여(Li Yuanru)는 니(Nee)의 출판을 위해 모든 노력을 기울였습니다. 고령(Guling)에서 니(Nee)가 동역자들의 훈련을 담당하는 동안, 왕(Wang)은 여러 지역에서 온 모든 동역자들의 행정 업무를 담당하도록 임명되었습니다. 지방교회의 규율에 따르면 여성은 머리를 가리고 복종해야 하지만,

니(Nee)가 없는 동안 '왕'은 고령에서 영적인 지도자로서 전적인 책임을 맡도록 니(Nee)에 의해 임명되었습니다.

오랜 기간 동안 니(Nee)나 상해교회(SCA)와 관련된 어떤 종류의 혼란에도 불구하고 왕(Wang)은 니(Nee)에게 항상 복종하고 충성했습니다. 하지만 그녀의 마음 한구석에는 여전히 걱정이 남아 있었습니다. 왕주웬(Wang Zhuen)이 정부를 불쾌하게 하는 위험을 피하기 위해 니(Nee)의 '고령(Guling)을 위한 서명운동'을 중단하라고 촉구하는 것을 들었을 때, 왕(Wang)은 이렇게 말했습니다. "루안 페일리(Luan Feili)가 아직 살아 있었다면 이런 일은 일어나지 않았을 것인데… 루안 페일리(Luan Feili)가 죽자 이 나라에는 워치만 니에게 조언을 해줄 수 있는 사람이 아무도 없습니다. 우리에게는 워치만 니를 균형 잡아주고 제지할 수 있는 동역자가 부재했습니다."[10]

체포 후

체포된 직후, 이연여(Li Yuanru)와 왕페이진(Wang Peizhen)은 자신들이 반혁명분자임을 인정했습니다. 왕춘이(Wang Chunyi)의 증언에 따르면, 체포된 지 7년이 지난 지금, 이(Li)는 이미 신앙을 포기하고 왕춘이(Wang Chunyi)에게도 신앙을 포기하도록 강요했습니다. 두 사람 모두 니(Nee)를 비난하고 공개적으로 기독교를 부인한다고 선언했습니다. 왕춘이는 이렇게 말했습니다.

"팀장은 나에게 믿음을 포기하라고 강요한 왕페이진과 함께 지내라고 명령했습니다. 내가 식사 전에 기도하는 것을 보고 그녀(왕페이진)는 이렇게 말했습니다. "왜 종교의식을 행하려고 합니까? 의식 없이 기도해도 마찬가지 아닙니까? 처음에는 나도 기도했습니다. 나중에 로마서에서 '각각 위에 있는 권세들에게 복종하라 권세는 하나님의 정하신 것이니…'(롬 13:1)라는

---

10 황득은(黃得恩), (왕페이진 전기, 汪佩真傳), p.144-145.

말씀이 생각나서 더 이상 기도하지 않습니다."[11]

　감옥 내의 팀 토론 중 왕페이진은 하나님이 존재하지 않는다는 것을 증명하는 예를 말했습니다. 마침내 그녀는 "하나님은 기도를 듣지 않으신다. 하나님은 존재하지 않는다."라고 했습니다. 그녀는 왜 주님을 부인했을까요?... 이 말을 듣는 동안 마음이 아팠습니다... 그 때 그녀에게 부인하는 말을 하라고 강요하는 사람이 아무도 없었는데 왜 그녀는 주님을 부인했습니까?[12]

안식을 취하다

　왕페이진(Wang Peizhen)의 말년에 관한 신뢰할 만한 기록이 별로 없습니다. 왕춘이는 이렇게 말했습니다.

　"투옥 기간을 마친 왕페이진은 상해 칭푸 노동교화소로 보내졌습니다. 이 소식은 같은 노동 수용소에서 지냈던 사람으로부터 전해진 것입니다. 그 후 그녀는 심하게 아팠고 특별한 약도 부족하여 수용소에서 사망했습니다."[13]

　왕페이진(Wang Peizhen)의 조카인 왕메이시안(Wang Meixian) 박사는 최근 나에게 다음과 같이 말했습니다.

　"나의 고모인 왕페이진(Wang Peizhen)은 어렸을 때 교회 생활을 계속하기 위해 집을 떠났습니다. 아주 오랜 기간 그녀는 가족과 간헐적으로만 접촉했습니다.

　나의 아버지는 왕페이진(Wang Peizhen)의 남동생이었는데, 1940년대에 그녀가 상해에 있는 동안 때때로 우리와 함께 살았습니다. 1950년대에 그녀는 나의 아버지와 계모(수아이 시아오팅, Shuai Xiaoting), 그리고 나의 가족

11　왕춘이(汪純懿), ibid, p. 304.
12　ibid, p.302.
13　ibid, p.307.

과 함께 살기 시작했습니다. 1956년에 그녀는 우리 집에서 체포되었습니다.

새어머니(계모)는 고모를 아주 잘 대해줬습니다. 면회가 허용된 기간에 그녀는 항상 왕페이진을 방문하여 음식, 비타민 및 기타 물건을 가져다주었습니다.

왕페이진은 1966년에 부종(edema)으로 인해 집으로 가도록 풀려났는데, 올케에게 버림받았다고 했습니다. 그것은 나의 계모 수아이 시아오팅(Shuai Xiaoting)에게 말해주어야 합니다.[14] 그것은 단지 소문일 뿐입니다. 당시에 나의 아버지는 이미 몇 년 전에 돌아가셨고, 나의 계모는 그 문제에 대해 나에게 아무 말도 한 적이 없습니다. 그녀는 언제나 나에게 모든 것을 말하곤 했습니다. 고모를 받아들이거나 받아들이지 않는 것은 우리 대가족에게 큰 사건이었을 것입니다. 새어머니가 스스로 결정을 내리는 일은 불가능했습니다. 무슨 일이 생기면 그녀는 나에게 알려주곤 했습니다. 나는 그런 일이 일어나지 않았고 단지 소문일 뿐이라고 말하고 싶습니다.

1971년에 고모(왕페이진)는 15년의 형기를 마치고 뇌졸중으로 쓰러져 의식을 잃었습니다. 지역 경찰서 간부들이 와서 이를 우리에게 알렸습니다. 고모를 받아들이는 결정은 다른 삼촌들의 동의를 얻어야 했습니다. 문화대혁명이 한창이었을 때와 마찬가지로 지방 경찰서 간부들과 '인민위원회' 간부들의 태도는 냉혹하고 끔찍했습니다. 그 후 고모(왕페이진)는 상해 교외 지역에 있는 칭푸 노동 수용소로 이송되었고, 얼마 지나지 않아 숨을 거두었습니다. 우리는 지역경찰서로부터 그녀가 남긴 물건을 수거해가라는 통지를 받았습니다. 1971년 후반이었을 것입니다.

왕페이진 고모님은 정말 순수하고 깨끗한 분이셨습니다."[15]

---

14 2010년 11월 15일과 17일의 저자와 왕 메이시안(汪梅先) 박사 간의 전화 대화에서 발췌.
15 이연여(Li Yuanru), 왕페이진(WangPeizhen)의 전기와 그의 영적 가르침 및 이연여(Li Yuanru) 저작 전집

나(릴리 수)는 상해에 있을 때 왕메이시안(Wang Meixian) 박사와 긴밀하고 장기적인 관계를 유지했습니다. 1952년에 그녀는 상하이 제2의과대학에서 나의 선생님이었습니다. 나중에 그녀는 1956년부터 1981년까지 나의 선배였습니다. 우리는 신화병원 소아신경과 같은 학과에 있었고 같은 하위 전문과목을 맡았습니다. 미국에 온 뒤에도 계속 연락을 하고 있습니다. 왕페이진에 관한 정보는 믿을 만합니다.

이연여(Li Yuanru)와 왕페이진(Wang Peizhen)을 생각하며

이연여(Li Yuanru)와 왕페이진(Wang Peizhen)을 생각할 때마다 나는 마음이 아픕니다. 나는 그들의 애정어린 친절과 현명한 조언에 격려를 받곤 했습니다. 그들은 회중 가운데서 큰 존경을 받았습니다. 그러나 또한 그들이 반혁명분자임을 인정했다는 사실도 잊을 수 없습니다.

나는 그들이 기독교 신앙을 부인했다는 설명을 받아들이기가 매우 어렵습니다. 나로서는 그들의 고독과 고문, 감옥에서의 고난보다 그들의 흔들린(staggered) 믿음이 내 마음을 더욱 찔렀습니다. 두 여성 동역자가 강간당했다는 소식을 듣는 것보다 더 마음이 아팠습니다. 영적 실패는 성적 학대로 인한 신체적, 정신적 트라우마보다 훨씬 더 심각합니다. 그 동안 나는 나를 위해 죽으신 주님을 부인했던 나 자신의 고통을 잊을 수 없습니다.

그러나 그들이 하나님을 섬기는 데 충실했든, 믿음을 지키지 못했든, 주님을 따르는 우리는 마음속에 그러한 쓰라린 교훈을 받을 수밖에 없습니다. 우리는 그들에게서 가혹한 교훈을 긍정적인 방법으로 배워야 합니다. 우리 조상들의 피묻은 발자국은 분명 다음 세대의 여정에 빛을 비춰줄 것입니다.

가장 큰 타격

그 기간 동안 중국에는 극심한 박해 속에서도 용감하고 확고한 간증을 보여준 수많은 기독교인들이 있었습니다. 그들은 믿음을 굳게 잡고 주님을 위해 기꺼이 고난을 받았습니다. 이연여(Li Yuanru)와 왕페이진(Wang Peizhen)은 상해교회(SCA)의 많은 형제자매들과 함께 앞으로 다가올 고난을 잘 알고 있었습니다. 그들은 상해교회(SCA)의 그리스도인들이 '삼자(三自)'로부터 분리되도록 확고하게 이끌었습니다. 그들의 행동은 지방교회를 넘어 중대한 영향을 미쳤습니다. 그리고 그들이 주도한 사건들은 정부가 "워치만 니 반동세력 근절" 운동을 벌이고 상해교회(SCA) 지도자들을 체포하는 근본적인 원인이 되었습니다.

1956년에 워치만 니는 이미 3년 넘게 체포되어 있었습니다. 그가 어떻게 상해교회(SCA)에서 추가적인 '반동적 행동'을 이끌어낼 수 있었겠습니까? 상해교회(SCA)는 1954년 말 이후 상해에서 삼자교회에 가입하지 않은 유일한 교회였습니다. 정부가 상해교회(SCA)를 반혁명 교회로 분류한 목적은 니(Nee)의 정치적, 재정적, 도덕적 결점을 상해교회(SCA)로 하여금 삼자교회에 가입하도록 강압하는 강력한 무기로 사용하기 위해서였습니다. 1956년 상해교회(SCA)에서 열린 반혁명세력 근절운동(CEC) 기간에 대부분의 기독교인들은 정치적 공격의 주요 목적을 간파하지 못했습니다. 정부의 주요 무기는 정치적 압력뿐 아니라 니(Nee)의 충격적인 사생활을 폭로하는 것이었습니다.

이연여와 왕페이진은 니(Nee)의 성적 부도덕에 대한 사실로 극도의 충격을 받았을 것입니다. 정부는 분명히 그들에게 니(Nee)의 문제에 대해 모두 말했을 것입니다. 우리가 감옥 밖에서 훨씬 나은 삶을 살았음에도 불구하고 그 소식을 듣고 큰 타격을 입은 것처럼, 그것은 그들에게 결코 참을 수 없는 일이었습니다. 수십 년 동안 니(Nee)의 가까운 동역자인 이연여와 왕페이진에게 있어서 그것은 가장 충격적이고 낙담이 되는 일이었습니다. 만일 그들이 니(Nee)의 부도덕한 행위에 그들의 생각과 마음을 집중한다면, 그들의 믿음을 유지하지 못할 수도 있습니다. 그들은 아마도 수치심, 분노, 혼란에 압도당했을 것입니다. 그러나 그들이 하나님을 바라보고 그분을 신뢰하고 안식했다면 결과는 달라졌을 것입니다.

이 두 선배 자매님들과 그들의 영적인 성취에 대한 나의 개인적인 이해에 따르면, 니(Nee)가 하나님을 향한 신실함으로 인해 체포되었다면, 그들은 자신들의 믿음을 굳게 붙잡았을 가능성이 높습니다. 감옥 안의 온갖 압력이 그들이 믿음을 포기하게 된 주된 이유는 아닐 수도 있습니다. 니(Nee)의 행위로 인해 그들 마음 깊은 곳에 찌르는 듯한 고통과 절망이 있었을 것입니다. 확실히 그것은 그들이 견딜 수 없는 가장 큰 타격이었습니다. 절망의 현장에서 나는 그들의 상실감과 괴로움을 이해합니다. 그들이 니(Nee)와 친밀하고 주님과 상해교회(SCA)를 위해 평생을 온전히 희생했기 때문에 그들의 고통은 참을 수 없을 만큼 컸을 것입니다. 만일 니(Nee)가 그들의 우상이었다면, 그들은 거품이 터지듯이 그들의 '환상'이 흩어지면서 땅에 내동댕이쳐져야만 했습니다.

어떤 사람은 교회 지도자들이 삼자교회에서 물러나지 않았다면, 1956년에 상해교회(SCA)가 완전히 소용돌이에 휩쓸리지는 않았을 것이라고 말했습니다. 그러나 이연여와 왕페이진은 교회 지도자들과 신자들 대다수의 뜻을 대표하여 삼자교회에 반대했습니다. 이 때문에 주요 교회 지도자들도 동시에 체포되었습니다. 지난 반세기 동안 우리의 사랑하는 교회 지도자들이 막대한 대가를 지불했음에도 불구하고 대부분의 상해교회(SCA) 그리스도인들은 삼자교회에서 상해교회(SCA)를 분리하는 조치를 계속해서 승인해 왔습니다.

우리는 상해교회(SCA)가 삼자교회에서 분리되는 것을 지지하는 선의를 갖고 있었지만, 결과는 예상보다 훨씬 나빴습니다. 대개 하나님의 은혜로 인해 박해가 심할수록 우리의 믿음은 더욱 강해집니다. 하지만 우리 대부분은 슬픔에 잠기고 혼란스러워했으며 심지어 하나님에 대한 믿음도 잃었습니다. 하나님께서는 삼자교회를 따르지 않는 우리에게 상을 주시지 않는 것 같았습니다. 오히려 그분은 지방교회의 치명적인 약점을 대중에게 폭로하셨습니다. 워치만 니의 죄는 우리가 삼자교회를 따르지 않는 행동의 결과로 드러났습니다. 하나님은 무엇을 하고 계셨나요? 상해교회(SCA)의 '우상 숭배'와 '영적 현실'에 대한 자부심은 가장 혹독한 도전을 받았습니다. 결국 상해교회(SCA)는 패배하고 삼자교회에 항복했습니다.

하나님은 무엇을 하고 계셨나요? 우리가 되돌아볼 때 하나님의 엄숙한 대답은 다음과 같습니다. "나는 하나님이다!" 하나님께서는 이렇게 말씀하십니다. "하늘이 땅보다 높음같이 내 길은 너희 길보다 높으며 내 생각은 너희 생각보다 높으니라"(이사야 55:9).

그들은 정말로 믿음을 포기했는가?

이연여와 왕페이진은 정말로 자신들이 반혁명분자라고 생각했을까요? 그들이 어떻게 그것을 인정할 수 있었습니까? 고령을 위한 서명 운동을 주도하고 상해교회(SCA)를 '삼자체제'에서 분리시키는 데 그들이 참여했기 때문에 자아비판을 하게 되었고, 그들은 '워치만 니의 반혁명분자'임을 인정하고 정부에 순응하게 되었습니다. 그러나 그들의 인정은 상해교회(SCA)의 형제자매들에게는 매우 실망스러운 일이었습니다. 우리는 그들의 고백을 받아들였지만 그들에 대한 동정심을 잃었습니다. 그들이 고백한 것처럼 우리도 반혁명분자임을 인정해야 하는 것 같았습니다.

이(Li)와 왕(Wang)은 지방교회를 넘어 많은 기독교인들의 사랑을 받았습니다. 이연여(Li Yuanru)의 가르침은 2004년에 출판된 '루쓰 리(Li Ruth) 전집'[15]으로 편찬되었습니다. 왕페이진(Wang Peizhen)은 1948년에 니(Nee)에 의해 고령 훈련을 위한 그리스도인 사역자 가족의 영적, 행정적 지도자로 임명되었습니다. 단지 니(Nee)의 임명 때문만이 아니라 그 자매의 영적인 성취 때문이기도 합니다. 고령훈련에 참석한 모든 지방교회의 동역자들은 그녀를 존경하고 깊이 사랑했습니다. 결국 이(Li)와 왕(Wang)은 매우 높은 평가를 받았습니다. 공산주의자들이 그들의 신앙을 무너뜨리는 것이 가능했습니까? 많은 그리스도인들은 그것을 받아들이지 못합니다.

왕춘이(Wang Chunyi)의 저서 '얼마나 놀라운가! (How Amazing!)' 감옥 증언은 1980년대에 출판되었고, 2003년에 '신판'이 나올 때까지 여러 판이 출판되었습니다. 일부 기독교인과 목회자들은 이연여와 왕페이진의 실패에 대한 그녀의 이야기에 불편함을 느꼈습니다. 일부에서는 관련 내용을 생략해 달라고 요청하기도 했습니다. 정보를 삭제하도록 그녀를 설득하기 위해 진지한 편지를 쓴 사역자도 있었습니다. 그러나 그녀는 그 권고를 고려하지 않고 그것을 지켰습니다. 대부분의 사람들은 미국의 중국 기독교계 내(within the Chinese circle in US)에서 왕춘이(Wang Chunyi)의 성실함과 높은 명성 때문에 그녀를 신뢰했습니다.

왕춘이의 기사가 사실이고 타당해도 두 번째 증인이 없다면 여전히 설득력이 없을 것입니다. 그러나 실제로 두 번째 증인이 있었습니다. 그 사람은 감옥에 있던 워치만 니의 감방 동료인 우유치였습니다. 나는 2004년 7월 캘리포니아에서 우유치를 만났습니다. 그는 감옥에서 목격했던 그 일을 나에게 동일하게 말했습니다.

누가 그들의 고통을 이해할 수 있는가?

니(Nee)에게 성적(性的)으로 당한 두 여성 동역자 묘(Miao)와 장(Zhang)은 1928년 지방교회가 설립되기 전부터 이연여(Li)와 왕(Wang)의 좋은 친구였습니다. 그리스도 안의 이 네 자매는 오랫동안 친밀한 우정을 나눴습니다. 그들 모두는 지방교회의 창립 멤버들이었습니다. 이연여(Li Yuanru)는 매우 정직하고 악을 용납하지 못했습니다. 1942년에 이연여(Li Yuanru)는 니(Nee)가 장(Zhang)을 강간했다는 사실을 알고 분노했습니다. 니(Nee)의 본색이 완전히 드러나는 것을 그들이 어떻게 견딜 수 있었겠습니까? 특히 체포되어 감옥에 갇혔을 때, 그들의 심정은 어떠하였겠습니까? 정말 끔찍한 충격이 아닐 수 없습니다!

네 명의 여성 동역자들은 지방교회들을 위해 많은 노력을 기울였으며 진심으로 니(Nee)를 따랐습니다. 그들 모두는 기꺼이 독신으로 지냈습니다. 그럴 때 그들에게 보상은 무엇이었습니까? 그들 중 두 명은 니(Nee)에게 강간당했습니다. 다른 두 명은 결국 감옥에서 종말을 맞지 않았나요? 그들은 거의 전 생애를 니(Nee)를 따르는 데 보냈으며, 결국에는 니(Nee)의 성적 스캔들에 대해 들었습니다. 지방교회의 초기 지도자 중 한 분이 2010년에 나에게 이렇게 말했습니다. "워치만 니는 지방교회의 여성 동역자 네 명을 파멸시켰습니다."[16]

왕춘이는 왕페이진과 이연여가 감옥에서 신앙을 부인하는 것을 목격했습니다. 그녀는 "왜 그(왕)가 주님을 부인했습니까?"라고 질문했습니다. 분명히 그녀는 그들의 실패를 보고 매우 슬퍼했지만, 그들을 깊이 관통하는 고통, 상실, 슬픔을 이해할 길이 없었습니다. 또한 그런 종류의 절망은 보통 남자들은 완전히 이해하기가 어렵습니다. 내가 아는 한, 당시 함께 체포된 상해교회(SCA) 남성 지도자들 중 신앙을 포기한 사람은 한 명도 없었습니다. 그들의 상황과 배경은 달랐습니다. 이연여와 왕페이진은 미혼 여성이었으며 체포된 남성 지도자들 대부분은 가족의 강력한 지원을 받았습니다.

왕춘이(Wang Chunyi)와 우유치(Wu Youqi)의 증언에 따르면, 우리는 이(Li)와 왕(Wang)의 믿음이 실패했음을 부인할 수 없습니다. 많은 그리스도인들, 특히 오래된 세대의 지방교회 지도자들에게 사실을 직면하는 것은 너무 어려운 일임을 발견합니다. 그들에게는 사실을 부인하는 것이 변호를 위한 최선의 선택입니다.

내 자신의 실패로 인해, 나는 네 여성의 고통이 훨씬 깊고, 나보다 더 혼란스러웠을 것임을 압니다. 그들은 우울하고, 고립되고, 비인간적인 환경에 있었으며, 감옥에 있는 모든 사람들로부터 '정치적으로 열등하다'는 낙인이 찍혀 경멸을 받았습니다.

그들은 인민의 가장 열등한 적으로 간주되었습니다. 그들은 내적으로 수십 년

---

16 개인정보, J. Y.

동안 니(Nee)에게 완전히 속임당했다는 괴로움을 견뎌야 했습니다. 그들이 지불한 대가는 그들의 인생 전체였습니다.

그들은 무엇을 얻었습니까? 그들은 교회나 하나님의 자녀들의 지원을 받는 것이 불가능했습니다. 그 기간 동안 두려움은 공동체 전체에 편만했습니다.

가장 슬펐던 점은, 그들이 오직 하나님께만 초점을 맞추지 않았다는 것입니다. 믿음으로 주님을 붙잡지 않고는 괴로움과 절망, 사탄의 계략에서 벗어날 길이 없습니다.

결과는 어떻게 될까요

성경은 이렇게 말합니다.

"인자야 너는 네 동족에게 이르기를 의인이 범죄하는 날에는 그 의가 그를 구원하지 못하고 악인이 돌이켜 악에서 떠나는 날에는 그 악이 그를 엎드러 뜨리지 못할 것인즉 의인이 죄를 범하면 이전의 의로움을 인하여 살지 못하리라"(겔 33:12).

이 문제에 있어서 하나님의 말씀은 매우 엄중합니다.

그들의 믿음이 약한 이유는 무엇입니까

중국 현대 교회사에서 니(Nee), 이(Li), 왕(Wang)과 같이 중대한 하나님의 종들의 타락과 많은 상해교회(SCA) 기독교인들이 신앙을 포기한 도미노 효과는 독특합니다. 이연여(Li)와 왕(Wang)과 같은 신실하고 축복받은 하나님의 종들이 말년에 넘어져 주님을 부인하는 것을 보는 것도 이례적입니다. 그러나 우리는 그들의 마지막 믿음을 알지 못합니다. 많은 사람들이 박해를 받을 준비가 되어 있었지만, 존경받는 지도자의 비극적인 실패에는 준비가 되어 있지 않았습니다. 하나님께서는 "의인은 믿음으로 말미암아 살리라"고 말씀하셨습니다(갈 3:11).

· 부록 5 ·

중국어 용어 : 현대와 옛 사용법의 비교

- 자주 사용되는 단어는 다음 약어로 식별됩니다.
  BPS : 공공사회국
  BRA : 종교국
  CBC : 중국 생물화학 연구소
  CEC : 반혁명 세력 제거 캠페인
  SCA : 상해 그리스도인 모임(상해교회)
  TSPM : 삼자애국운동

[로마자 표]

메모 : 1. 대부분의 한자는 서유럽 언어에서 사용하는 표준 로마자 형식에 비해 발음 방법에 대한 표시가 거의 없다. 발음을 돕기 위해 Wade-Giles 시스템은 Thomas Wade에 의해 도입되어 Herbert Giles 중국어-영어 사전 1892에서 완성되었다. 1979년 이후 Wade Giles는 1958년에 개발된 Hanyu Pinyin으로 대체되었다. Wade Giles는 오래된 출판물과 친숙한 이름 및 장소에서 지속된다.

2. 참고의 편의를 위해 일부 이름은 Wade-Giles 발음 없이도 나열된다.

< 한자 Wade-Giles 및 병음 로마자 표기 | 현대와 옛 용법의 비교 >

새 이름 (옛 이름) 한유 병음 (Wade-Giles 외)	중국어
· **People**	
Chen Zexin (Chen Tsen-hsin, James Chen)	陳則信
Chen Zhongdao (Stephen Chen)	陳終道
Chen Zhuyan (Daniel Tan)	陳主言
He Naiyi (Ho Nai-yee)	何乃詒
Huang De-en (Benjamin Huang)	黃得恩
Jia Yuming (Chia Yu-ming)	賈玉銘
Jiang Shoudao (Stephen Kaung)	江守道, 德茂
Li Changshou, Witness Lee (Shang- chou Lee)	李常受
Li Lajie (Rachel Lee)	李拉結
Li Yuanru (Lee Yuen-ju, Ruth Lee)	李淵如
Lin Guangbiao (Lin Kuang Piao)	林光表
Lu Zhongxin (Faithful Luke, Liok Tiong-sin)	陸忠信
Luan Feili (Luan Fei-li, Philip Luan)	欒腓力, 宏斌, 永生

Ma Mu (Shepherd Ma, Ma Muh)	馬牧
Miao Shaoxun (Miao Shouxun, Simon Meek)	繆紹訓, 繆受訓
Nee Guizhen (Ni Kuei-chen)	倪規箴, 閨貞
Nee Huaizu (Ni Huai-tsu, George Ni)	倪懷祖
Watchman Nee(Ni Jinfu, Ni Shuzu, Henry Nee)	倪柝聲, 述祖, 儆夫
Nee Lin Heping (Peace Lin Nee)	倪林和平
Song, Shangjie (John Sung)	宋尚節
Shi Bocheng (Newman Sze)	史伯誠
Tian Yage (James Tian)	田雅各
Wang Lianjun (John Wang)	王連俊
Wang Mingdao (Wang Ming-tao)	王明道
Wang Peizhen (Wang Pei-chen, Peace Wang)	汪佩真
Wang Zai (Wang Tsai, Leland Wang)	王載
Wang Zhi (Wang Tse, Wilson Wang)	王峙
Wei Guangxi(Wei Kwang-his, K.H. Weigh)	魏光禧
Wu Yaozong (Y.T. Wu)	吳耀宗
Yang Shaotang (David Yang)	楊紹唐
Yu Chenghua (Yu Cheng-hua, C.H. Yu)	俞成華
Yu Chidu (Yu Tsi-tu, Dora Yu)	余慈度
Xu Dawei (David Hsu)	許大衛, 達微
Zhang Guangrong (Chang Kwang-yung, John Chang)	張光榮, 約翰
Zhang Pincheng (Chang Pin-tseng)	張品琤
Zhang Pinhui (Chang Pin-huei, Charity Chang)	張品蕙
Zhang Qinian (Phoeba Chang)	張耆年, 琪年
Zhao Shiguang (Timothy S. K. Zao)	趙世光

· **Places**

Beijing (Peking)	北京
Cangqian Shan (Tsang Chien Shan)	倉前山, 倉山
Fujian (Fukian)	福建
Guangdong (Kwangtung)	廣東
Guangxi (Kwangsi)	廣西
Guangzhou (Canton)	廣州
Guling (Kuliang)	鼓嶺
Hankou (Hankow)	漢口
Hatong Road (Hardoon Road)	哈同路
Huai En Tang (Grace Memorial Church)	懷恩堂
Jiangxi (Kiangsi)	江西
Jiaojilu(Chiao-Chi railway line)	膠濟鐵路
Luoxinta (Pagoda Anchorage)	羅星塔
Nanjing (Nanking)	南京
Northwest of China (Manchuria)	東北
Qingdao (Tsingtao)	青島
Shandong (Shantung)	山東
Tianjin (Tientsin)	天津
Wende Li(Wen Teh Li, Wenteh Lane)	文德里

Bibliography

Watchman Nee, The Collected Works of Watchman Nee, Anaheim, CA, Living Stream Ministry. http://www.ministrybooks.org/books.cfm?id=%22%26%2FD%20%0A

Witness Lee, Watchman Nee - A Seer of the Divine Revelation in the Present Age, Anaheim, CA, Living Stream Ministry. http://www.ministrybooks.org/books.cfm?id=%22%26%2F%20%0A

Kinnear, Angus I, The Story of Watchman Nee: Against the Tide, CLC Publications, Fort Washington, PA, 1973.

Liao Yiwu, God Is Red: The Secret Story of How Christianity Survived and Flourished in Communist China, New York, NY, Harper-Collins Publishers, 2011.

Milne, Bruce, Knowing the Truth: A Handbook of Christian Belief, InterVarsity Press, 1982. P. 194.

Roberts, Dana, Understanding Watchman Nee. Plainfiled, NJ, Logos Haven Books, 1981.

Roberts, Dana, Secrets of Watchman Nee. Orlando, FL, Bridge-Logos, 2005.

Sun, Timothy W, Oh! How He Loves! Hong Kong, 2002.

Sze, Newman, Hymnary, 9th ed., Culver City, CA, Testimony Publications, 1999.

Sze, Newman, The Martyrdom of Watchman Nee, Culver City, CA: Testimony Publications, (Chinese Version 1995, English Version 1997.)

Yu, Chen Hua, The Path of Life, with Drawing Near to God by Chong Jia Yu, Alhambra, CA: Chinese Christian Testimony Ministry, 2001.

Yu, Joshua, The Cross and Suffering, Alhambra, CA, Chinese Chris- tian Testimony Ministry, 2005.

The following Chinese references are arranged alphabetically, mostly according to Hanyu Pinyin of the authors' names. The English translation of the authors and the titles are in brackets.

陳終道,《我的舅父倪柝聲》(新增訂版), 香港, 金燈臺出版社, 1999. (Stephen C.T. Chan, My Uncle Watchman Nee, New enlarged edition, Hong Kong, Golden Lampstand Publishing Society, 1999.)

趙天恩、莊婉芳,《當代中國基督教發展史》(1949-1997), 臺北, 中國福音會出版部, 1997. (Jonathan Chao, Rosanna Chong, A His- tory of Christianity in Socialist China (1949~1997), Taipei, CMI Publishing Co. Ltd, 1997.)

陳福中,《柝聲傳》, 香港, 基督徒出版社, 2004. (Chen Fuzhong, The Biography of Watchman Nee, Hong Kong, The Christian Publications, 2004.)

陳福中,《李淵如傳—倪柝聲的得力助手》, 香港, 基督徒出版社, 2005. (Chen Fuzhong, The Biography of Ruth Lee, Hong Kong, The Christian Publications. 2005.)

陳則信,《倪柝聲弟兄簡史》(增訂版), 基督徒出版社, 香港, 1997. (James Chen, Meet Brother Nee, Hong Kong, Christian Publications, 1997.)

陳則信、黃得恩、陳福中,《汪佩真傳》, 香港, 基督徒出版社, 2006. (James Chen, Benjamin Huang, Chen Fuzhong, Biology of Peace Wang, Hong Kong, The Christian Publications, 2006.)

黃得恩,《汪主恩老弟兄遺作簡輯》, 加拿大, 2003. (Benjamin Huang, The Brief Collection of the Posthumous Works of Senior Brother Wang Zhu-en, Canada, 2003.)

許梅驪,《從"倪柝聲殉道史"所引起的探索》(未發表資料), 1998. (Lily Hsu, The Exploration After The Martyrdom of Watchman Nee, unpublished, 1997.)

許梅驪,《難泯歲月：我和上海地方教會及倪柝聲》, 美國, Xulon出版社, 2011. (Lily M. Hsu, The Unforgettable Memoirs: My Life, Shanghai Local Church, and Watchman Nee, USA, www.xulonpress.com, 2011.)

李佳福,《倪柝聲與中國<地方教會>運動 (1903－1972)》, 臺灣, 國立臺灣師範大學, 2001. (Lee Jiafu, Watchman Nee and Chinese "Local Church" Movement, Taipei, National Taiwan Normal University, 2001.)

李強,《"基督徒聚會處"的歷史形成、結構和社會機制》, (未發表資料,)上海, 上海社會科學院, 1989. (Li Qiang, The Historical Formation, Structure and Social Mechanism of the "Christian Assembly," unpublished, Shanghai, Shanghai Academy of Social Sciences, 1989.)

李文蔚,《關於史伯誠著<倪柝聲殉道史>一書違反史實的參考資料》, 未發表資料, 1998. (Li Wenwei, References About the Violation of the Historical Facts regarding The Martyrdom of Watchman Nee written by Newman Sze, unpublished, 1998.)

李淵如,《李淵如著述全集》, 香港, 拾珍出版社, 2004. (Li Yuanru, The Complete Compilation of Ruth Lee, Hong Kong, Found Treasure Publications, 2004.)

李子昆,《一朵雲彩》, 上海, 2006. (Li Zikun, A Piece of Cloud, Shanghai, 2006.)

倪林和平,《恩愛標本》, 上海, 1943. (Peace Lin Nee, The Specimen of Love, Shanghai, 1943.)

任鍾祥.《上海基督徒聚會處簡史》. 上海, 上海市基督教三自愛國委員會及上海市基督教教務委員會, 1996. (Ren Zhongxiang, The Brief History of Shanghai Christian Assembly, Shanghai, Shanghai Council of the Three Self Movement and the Shanghai Christian Administrational Committee, 1996.)

沈德溶,《在三自工作五十年》, 上海, 中國基督教三自愛國運動委員會及中國基督教協會, 2000. (Shen Derong, Fifty Years Working at Three-Self, Shanghai, The Chinese National Christian Three-self Patriotic Movement Committee and the Shanghai Protestant Association, 2000.)

上海基督教聚會處,《通訊》, 上海, 1956-1957, 未發表資料. (SCA, The Communication, not periodically issued, Unpublished,1956-1957.)

汪純懿,《何等奇妙》(新版) 阿罕布拉, 加州, 中國大陸聖徒見證事工部, 2003. (Wang Chunyi, How Amazing! (Not periodically issued), New Edition, Alhambra, CA, Chinese Christian Testimony Ministry, 2003.

王明道,《王明道日記選輯》, 香港, 靈石出版社, 1997. (Wang Mingdao, Selected Works of Wang Mingdao, Hong Kong, Spiritual Rock Publishers, 1997.)

吳秀良,《倪柝聲的被囚與蛻變：破殼飛騰》, 波斯頓, 麻州, 比遜河出版社, 2004. (Silas Wu, Watchman Nee: His Imprisonment and Posthumous Popularity, Boston, MA, Pishon River Publication, 2004.)

邢福增,《反帝、愛國、屬靈人-倪柝聲與基督徒聚會處研究》, 香港, 基督教中國宗教文化研究社, 2005. (Fuk-tsang Ying, Anti-imperialism, Patriotism and the Spiritual Man: A Study on Watchman Nee and the "Little Flock." Hong Kong, The Christian Study Centre on Chinese Religion and Culture, 2005)

俞成華,《與神同行》, 附《俞成華醫師軼事》, 阿罕布拉, 加州, 中國大陸聖徒見證事工部, 1999. （Yu Chenhua, Abiding in the Lord, with Yu Chongjia, The Anecdotes of Dr. Yu Chenhua, Alhambra, CA, Chinese Christian Testimony Ministry, 1999.)

俞崇恩,《十架窄路》(第四版), 阿罕布拉, 加州, 2000. (Joshua Yu, The Cross and Suffering, Alhambra, CA, Chinese Christian Testimony Ministry, 2000.